言いにくいこと はっきり言うにゃん

Jam

笠間書院

仕事の悩み……
仕事で辛いことがあって…全部私のせいだと思う…
あるある〜ムカつく上司とかいるよな〜
うんうん
わかる〜
職場の人間関係も辛いわよね〜
モヤッ
何が辛いかどうしたいかはっきり言えっての…

友情の悩み……
友達のことでイライラしてて…
そういうこともあるよ…
つらいね…
すごくわかる〜
本当に友達？…って思うことあるわよね
モヤッ…
誰のことか聞けないけど…私も友達なんだよなぁ…

恋愛の悩み……

私っていつも恋愛で苦労が絶えないの…
かわいそうに…
あ〜…
うん…
あ〜…俺もあるかな…
モヤッ。。。
お前の場合は自分にも原因あるだろ…

自分の悩み……

一人で考えすぎちゃう…
人に言えない悩みだってあるよな…
私もそういうのたくさんある〜…
……
……
……
モヤッ
ここはさ…「どうしたの？」…って聞くとこだよね？

なんも解決しないな…
チッ…
フー…
ハァ〜…
「あるある」「辛い」「わかる」って
本当にそう思ってる？
何が辛いの？どうしてほしいの？
ハッ
全部自分が悪いと思うのは謙虚じゃなくて驕りだぞ？

悪口言うなら対象をぼやかすな
なっ!!
気にしなくていい奴ほど気にするから
お前は少し人の気持ちも考えろ
はぁ!?
うんうん
言いにくいことはっきり言うなよ
でもそれ誰かに言ってほしかったー!!

はじめに

好きな色はなんですか？　と聞かれたら、私は多分、「黒」と答えます。

赤・黄・青、もしくは、青と橙・赤と緑・黄と紫などの補色同士、青・茶を混ぜ合わせると、黒になります。

よく、「生まれたばかりの赤ちゃんはまっさら…」という表現があります。

まっさらというと、白のイメージでしょうか？　長い人生の間に、人は色々な経験をします。もし、体験に色をつけるなら、それはどんな色でしょう？

空を照らす太陽は赤、温かい光は黄色、初めて見る空の色は青…

色々な色が混ざって、最後はきっと黒になります。

だからでしょうか？　重い色や暗い色とも言われますが、私にとって黒は、楽しいことも、辛いことも知っている、経験豊かな優しい色に見えるのです。

はじめまして、Ｊａｍと申します。

もしも色で例えるなら、今までの人生で、私を助けて支えてくれた人たちは、みんな、黒が似合う人でした。

友達や恋人、同僚や上司、普段はとても優しいけれど、それでいて、悪いことをしたら、ちゃんと叱ってくれて…。ときには恨まれる覚悟で、嫌なことを代わりに言ってくれたこともあります。言われたこともあります（苦笑）。

当時は若くて今よりもっと未熟だったこともあり…

「あんなに厳しく言わなくても…！」

…と、腹を立てたこともあります。でも、何年、何十年経った今、やはりあのときに、ちゃんと言ってくれたから、今があるのだと。感謝することの方が多いのです。

私は嫌なことって、できることなら言いたくないです。嫌いな相手になら、多少は言えるかもしれませんが、自分が好きな人たちに対して言えるかと言えば、それは、とても勇気がいります。

優しさってなんでしょう？

幼いころは、ただ、褒めたり甘やかしたり。楽しい気持ちにしてくれるのが、優しい人だと思っていました。でも、大人になってからは、甘やかすだけでなく、ときには憎まれる覚悟で、嫌なことも言える人ほど、優しい人はいないと思いました。

今みたいな漫画を描き始めた数年前、私はできるだけ、今までの経験で得たことを、優しい視点で描くようにと心掛けてきました。だから、今回の本の元になる漫画をネットに載せたとき、正直、怖かったです。これで好きな人たちに嫌われちゃったら悲しいなって。そう思うと改めて、恩師たちの強さに頭が下がりました。きっと、こういう思いを何度もして、それでも時には心を鬼にして、叱ってくれたのだと思います。

あの日、私が助けてもらったように、厳しくも優しい人たちとの経験で得たものが、少しでも、誰かのお役に立てたら嬉しいです。

私を助けて支えてくれた人たちは、黒が似合う人たちだったので、キャラクター設定をしたら、案内人は、やっぱり黒い猫になりました。

優しい言葉が気持ちを柔らかくしてくれるように、厳しい言葉は、ほんの少しだけ、強くなるための勇気をくれます。

この本を手に取ってくださった方にとって、少しでもお役に立てる一冊となれたら嬉しいです。

言いにくいことはっきり言うにゃん

Contents

はじめに ―― 008

Chapter 01 仕事の悩み ―― 019

01 人に助けを求められない ―― 020
02 「失敗すればいい」と妬んでしまう ―― 022
03 やる気が出ない！ 続かない！ ―― 026
04 完璧を求めすぎて手を抜けない ―― 030
05 上から目線でアドバイスされた！ ―― 032
06 ライバル心を持たれて面倒くさい ―― 036
07 ミスを指摘したら同僚が逆ギレ！ ―― 038
08 時間にルーズな自分を直したい ―― 040
09 人の手柄を自慢する奴にうんざり ―― 042

10 どうしたらいいでしょう？ — 044
11 相手の気持ちを考えすぎる — 048
12 プライベートに踏み込みすぎる相手にイライラ — 050
13 失敗と同じく成功も恐れてしまう — 052
14 上司に面と向かって言えない — 056
15 機嫌が悪いのは自分のせいかも？ — 060
16 相手の要望に応えようと無理をする — 062
17 評価してもらえない — 064
18 パワハラから逃げられない… — 066

Chapter 02

友情の悩み — 069
19 相談された相手にキレられた — 070
20 友達の悪口を聞くのが辛い — 072
21 友達が価値観を押しつけてくる — 076
22 苦労せず生きてる友達が妬ましい — 080

23 「幸せそうでいいよね」と言われて辛い —— 084
24 人の話を聞かず自分のことばかり話す —— 086
25 友達と恋愛観が合わない —— 088
26 毎日誘ってくる友達がうざい —— 090
27 信用していたのに… —— 092
28 友達がいろんなことをすすめてくる —— 096
29 ライフスタイルを非難された —— 098
30 悩みや愚痴を聞かないとひどい奴？ —— 102
31 男の前でだけいい顔をする女 —— 104
32 生活環境が変わって話が合わない —— 106

Chapter 03 恋愛の悩み ― 111

33 人のせいにばかりする恋人…… ― 112

34 なんでモテないんだろう? ― 114

35 恋人が嫉妬深い ― 116

36 辛いことを忘れようとするほど忘れられない ― 120

37 先を考えずに感情をぶつけてしまう ― 122

38 ダメな男とばかり付き合ってしまう ― 124

39 恋人だから意見を合わせてほしい ― 126

40 いい人なのに結婚に踏み切れない ― 128

41 わかっているくせに… ― 132

Chapter 04

自分の悩み ― 135

42 ついSNSなどで愚痴ってしまう ― 136

43 理想の自分を演じてしまう ― 140

44 褒められても馬鹿にされてると感じる ― 142

45 死ぬのが怖い ― 144

46 自分にないものばかり求めてしまう ― 148

47 「どうせ自分なんか…」と落ち込んでしまう ― 150

48 どこにも居場所がない ― 152

49 死ぬことばかり考えている ― 156

50 占いにはまるのは変？ ― 160

51 人と親密な関係が築けない ― 162

52 お金に執着しすぎて引かれる —— 164

53 いつも不安に駆られてしまう —— 166

54 異常がないのに病気な気がする… —— 168

55 アイドルにはまるって変？ —— 170

56 自分で自分を追い込んで逃げられない —— 172

57 貯金したくてもお金が貯まらない —— 176

58 自分はいったい何をやってたんだろう？ —— 178

59 大切な存在を亡くして立ち直れない —— 180

60 将来のことを考えると暗い気持ちに… —— 184

おわりに —— 186

Chapter

01

仕事の悩み

モヤモヤ No. 01

人に助けを求められない

相手の承認欲求を満たせてWin《ウィン》-Win《ウィン》だぜ

人に助けを求めるのって、簡単なようでとても勇気がいります。これが苦手な人は、人に頼るのは「よくないこと」と感じているのではないでしょうか？「人に甘えるのはよくない」「人に迷惑をかけるのはよくない」。でも、一人で抱え込んで手に負えなくなれば、結局、最後は周りの人の手を借りなくてはいけないことにもなります。

助けを求めるって本当によくないことでしょうか？人助けをすると大抵の人は気分がよくなります。もちろん、頼る相手は選ぶべきだし、お互いの信頼関係にもよりますが、頼られることで、「自分は頼りになる人間なんだ」と嬉しく感じる人も多いです。

困ったときに助けてくれる存在と言えばヒーローです。誰かを助けているとき、その人はヒーローになれます。でもヒーローって、誰も困ってないと登場できないんです。「助けて」と言う以上に「助けてあげようか？」は言いにくいものです。

だから、助けが欲しいときは、言うだけ言ってみてはどうでしょう？自分だけでなく、相手にも得があるかも？と思うと、少しは頼る勇気が出ませんか？

こちらが助けを求めることで、相手が困ったときもこちらを頼りやすくなるはずです。

モヤモヤ No. 02

「失敗すればいい」と妬《ねた》んでしまう

うまくいくのは一緒に幸せになりたい奴

人生を振り返ると、私の周りで物事がうまくいっている人って、人の成功を心から喜んでくれる人ばかりでした。困ったときは率先して助けてくれたし、うまくいったときは「おめでとう！」って間髪入れずに褒めてくれて、一緒にいると自分までモチベーションが上がっていく。

そういう人と行動すると、驚くくらいに物事がトントン拍子に進んでいきます。だから、「この人とこれから先も仲良くしたい」「この人にはうまくいってほしい！」と、本心から思いました。なんというか、「一緒に幸せになりたい！」と思える人でした。人の成功を我がことのように喜んでくれる人って、周りにその人と一緒に幸せになりたい人がたくさんいて、協力してくれる人も多いから、色々な場面で物事がうまくいくのだと思います。

それとは逆に、いつも「うまくいかない」とぼやいていた人ほど、人に対して嫉妬をしたり、足を引っ張ったりしていました。「失敗すればいいのに…」とまでは言わなくても、「よいことがあれば悪いこともあるよね」とか、「いつまでもうまくいくとは限らない」とか水を差すようなことを言ったり。人の不幸を願う言葉って〝呪い〟です。聞いているだけで、こちらまで気持ちがモヤモヤとしてきます。人を悪く言えば敵も増えます。こういう人が身近にいると何かとトラブルも多いので、「この人とはあまり関わりたくないな…」と。自然と距離を置くようになりました。

話は変わりますが、私はよく神社などでお参りをするときは「みんなで幸せになれますように」と願うようにしてます。人って、自分だけで幸せになるのは難しいと思うんです。自分が昇進した日に家族が会社をクビになったら喜べないし、素敵な人に出会った日に、友達が結婚詐欺に遭ったら笑えません。自分にいいことがあっても身近な誰かに不幸があれば、簡単に幸せな気持ちはなくなってしまいます。

変な話ですが、人ってどこか「自分だけ幸せになる」ことに罪悪感があります。それが消えない限り、「自分だけが幸せになる」ことを受け入れるのは難しいです。同じように無意識の正義感もあり、「悪い人が幸せになる」ことに対して、受け入れがたい気持ちを抱く人が多いです。よくニュースとかでいい人が亡くなったときに、

「なぜこの人が…」と思うことはありませんか？　また、誰が見ても極悪な人が大金持ちだったりすると、「なんでこんな奴が…」と感じたり。

「みんなで幸せになりたい」って、自分の幸せを受け入れやすくするための願いでもあるんです。「一緒に幸せになりたい」人がうまくいっていれば、自分の中にも安心や幸せが増えます。罪悪感なく自分が幸せになるチャンスを受け入れることができます。また、自分が人の不幸を願う人間ではなく、人の幸せを願うことができる人間なのだと意識した方が、幸せになることに対して抵抗が少ないです。

だから、自分もうまくいきたいと思うなら、人の幸せは妬まない方がいいです。そしてできれば、「一緒に幸せになりたい」人を増やしてください。無意識の罪悪感や正義感は、よほどの覚悟がないと消せません。

「私はみんなが不幸でも、自分一人が幸せなら幸せ」

もし、これに対して、パッと浮かぶ答えが「ＮＯ」なら、人の幸せは妬まない方がいいと思います。

モヤモヤ

No. 03

やる気が出ない！　続かない！

今は余裕を食いつぶしとけ

「やらなきゃいけないことがあるのに、やる気が出ません！」

「物事を続けることができません！　どうすればいいでしょう？」

今までに一番相談されたことが多いのが、この2つだと思います。

インターネットでこの2つを検索すると、「やる気が出ない理由」「やる気を出す方法」「物事を続ける方法」などが山のように出てきます。でも、それを見てもやる気が出ないし続かないから、いつまで経ってもこの悩みが消えないのだと思います。

正直なところ、私はやりたくないことに対してやる気って出ないと思っています。例えば、私はダイエットがなかなか続かないのですが、つい最近、きっちりと半年のダイエットを続けて6kg痩せたことがあります。なぜそれを始めて続けられたかというと、「ダイエットの企画で半年間連載してほしい」という仕事の依頼があったからです。私の中で「仕事」というのは「絶対にやらなければいけないこと」で、仕事がなくなると生活ができなくなります。こんなふうに「やるしかないとき」は、普段はできないことでも続けられたりします。

でも、これは、多くの人が期待するような、「やる気を出して続ける方法」ではありません。「やる気がなくても続ける方法」です。ネットや本に載っている「やる気を出して続ける方法」は、ほぼこれに当てはまると思います。無理やり習慣化したり、区切りをつけたり。つまり何が言いたいかと言うと、「やる気」がなくても「やる」ことはできるし、「続ける」ことはできます。やりたくないのにやらなきゃいけないことなら、やる気にこだわる必要はないんです。

苦もなくやる気が出て続くのは好きなことだけです。本当にやりたいことに出会ってしまうと、それはもう止められません。

「恋はするものじゃない、落ちるものだ」なんて言葉がありますが、「やる気」も「出すぞー」と言って出てくるものではないと思います。多分本当にやらなきゃいけなくてがむしゃらにやっているときは、やる気のことなんて考えていません。もう

「落ちて」います。やる気を出す方法を探すのって、「いい人に出会う方法」を探すようなものです。本当に好きになる人に出会ってしまうと、そんな方法とかどうでもよくなるし、役に立ちません。恋に相手が必要なように、やる気を出すには「やる気になる対象」が必要です。来るべきときが来たら誰に止められてもやる気は出てくるので、それまでどっしりと構えていればいいと思います。

それでも今、やらなければならないことがあるなら、「惰性で続けてしまう」のはどうでしょう？ 人はやる気がなくてもやめられない状態は作れます。「会社に行きたくないけど行く」「なんとなくジムに通っている」、そういう「ただなんとなく、やめられない」ことってありませんか？ もし自分が惰性で続けていることがあれば、それらと同じように始めるのがいいと思います。言葉のイメージ的にはネガティブですが、熱意もないことを始めて続けるにはうってつけです。

「やる・続ける」ことだけが目的なら、やる気にこだわるより、手っ取り早いと思います。

モヤモヤ No.04

完璧を求めすぎて手を抜けない

どこまでやれば完璧なんだ？

仕事を完璧に仕上げたいって、すごくいいことだと思います。でも、もしそれで気持ちが疲れてしまうなら、少し立ち止まって、「完璧とは何か？」を考え直してみてはどうでしょう？

完璧って、どこまでやれば完璧だと思いますか？　自分の中では完璧でも他人から見たらどうでしょう？　完璧の基準って意外と曖昧《あいまい》だし、自分と他人では評価の仕方も違います。ぶっちゃけ、見る人によって変わります。

完璧にこだわる人の大半は、クオリティへのこだわりが強いのだと思います。でも、実はクオリティの評価が一番、人それぞれで曖昧です。なので、ちょっと視点を変えてみるのはどうでしょう？　例えば、「納期を完璧に守る」なら、締切さえ守れば完璧です。また、「体調を完璧に管理する」なら、無理も減らせます。この2つってプロとしては「完璧なクオリティ」と同じくらい重要です。期日を守る人は現場で一番重宝されるし、自己管理がしっかりできる人には安心して仕事を任せられます。

完璧にも色々あるので、疲れたら「完璧の視点」を変えてみるのもいいと思います。

モヤモヤ No. 05

上から目線でアドバイスされた!

下から目線で反撃しようぜ!

仕事だけとは限りませんが、世の中には頼んでもいないのに、上から目線でアドバイスをしたがる人がいます。

正直な話、マウントを取られて嬉しい人はあまりいません。それが同僚や近い立場の人で、能力的にも自分とあまり差がなかったりすると、「一体この人は何を根拠に自分の方が立場が上だと思っているのだろう？」とモヤモヤすることもあります。

何にせよ、聞かれてもいないのに教えたがる人というのは、周りからするとあまり心地良い存在ではありません。

根拠もなく自分が上だと思っている人は、多分、とてもプライドが高い人なのだと思います。また、マウントを取りたがる人は、認めてもらうことで承認欲求を満たすので、そのためには周りに「いい評価」をしてもらわなければなりません。

しかし残念なことに、大抵の人はマウントを取られたくないし、馬鹿にされるのも嫌なので、こういうタイプには困ったときには相談しないし、自分から何かを聞こうとは思いません。そうなると、「上から目線でアドバイスしたい」人は、承認欲求を満たすために、自分から「頼られに行く」しかないわけです。

プライドが高い人って、自分が一番でなければ気がすまないので、絶対に一番になれないとわかっている場所には、あまり行きません。せっかくあれやこれやと自慢しても、それが自慢にならない場所や、すごいと思って話したことが「井の中の蛙」で笑われてしまう場所では、心は満たされません。

だから、圧倒的に立場が上の人たちは「上から目線でアドバイス」の被害に遭うことはめったにありません。でも、同僚や立場の近い人だとそういった避け方はできません。なので、相手のプライドの高さを利用していづらい状況を作るのがいいと思います。

そこで「下から目線でアドバイス」というのはどうでしょう？

既に知っていることを「教えてあげに来る」人に対して、多少角は立ちますが「もう知っていますよ」と返すと、大抵はそれ以上言ってこなかったり、次からは「教えてあげに」来なくなります。でも気を使って曖昧な返事をしちゃうと、また教えにやって来ます。

人って、自分から見て下だと思っていた人から反撃にあうと、ものすごく居心地が悪いです。だから「下から目線でアドバイス」は結構効果があると思います。

相手の自尊心を傷つけることが目的じゃないので、「もう知っています」「こんな方法もありますよ」と、一度返せばよいと思います。プライドが高い人は何度も恥をかきたくないから、反撃は一度で十分です。必要以上に恨みを買うことはありません。

大事なのは「ここはマウントを取れない場所だ」と伝えることです。できるだけ穏やかに退場していただきましょう。

モヤモヤ
No. 06

ライバル心を持たれて面倒くさい

放っておけば勝ち逃げできるぜ

ライバルがいるって、張り合いがあるし悪いことじゃありません。でも争う気のない相手が、やたらライバル心を燃やして対抗してきたら、それは結構面倒くさいです。

相手がライバル心を持つのは、あなたに勝ちたいからです。勝つためにはあなたに負けを認めてもらわなければなりません。また、「勝ちたい」ということは、現時点では相手は負けを認めています。だから、どうしても一方的にライバル心を燃やされて面倒なときは、相手にしないのが一番だと思います。

変な話、「相手にもしてもらえない」のは、ライバルと認めてもらえない状況です。どんなにがんばって「俺の勝ちだ！」って言っても、相手にされてなかったら、「勝った」とは思えないんです。悪く言えば、あなたが相手にしないだけで勝ち逃げできます。

一番いいのは自分を誰とも比べず、自分の努力を自分で評価できるようになってもらうことですから、無理に争いに参加することはないと思います。

モヤモヤ
No. 07

ミスを指摘したら同僚が逆ギレ!

上から教えるのが仕事の奴に任せよう

ミスを指摘されるって、あまりいい気分ではありません。もちろん、間違いを教えてもらって素直に感謝できる人もいますが、大抵の場合は相手のために言ったとしても、あまり感謝してもらえないし、人によっては逆に恨まれてしまうこともあります。

特に立場や年が近い人に人前でミスを指摘されたら、きっとすごく恥ずかしいし、周りの目も気になって「何もここで言わなくても…」と思うのではないでしょうか？

もし職場で同僚にミスを伝えたいときは、本当にこっそり、多少恨まれる覚悟で、その人だけにわかるようにするか、上司や先輩など、上の立場の人が気づくまでそっとしておくのがいいと思います。なぜなら、部下や後輩のミスをカバーするのが上の人たちの仕事だからです。

ミスに気づいて教えないことに罪悪感を覚えるかもしれませんが、それで怒る人にとって、同僚にミスを指摘されるのは「嫌なこと」です。相手のためにも「ミスを指摘するのが仕事」の人に任せましょう。

モヤモヤ
No. 08

時間にルーズな自分を直したい

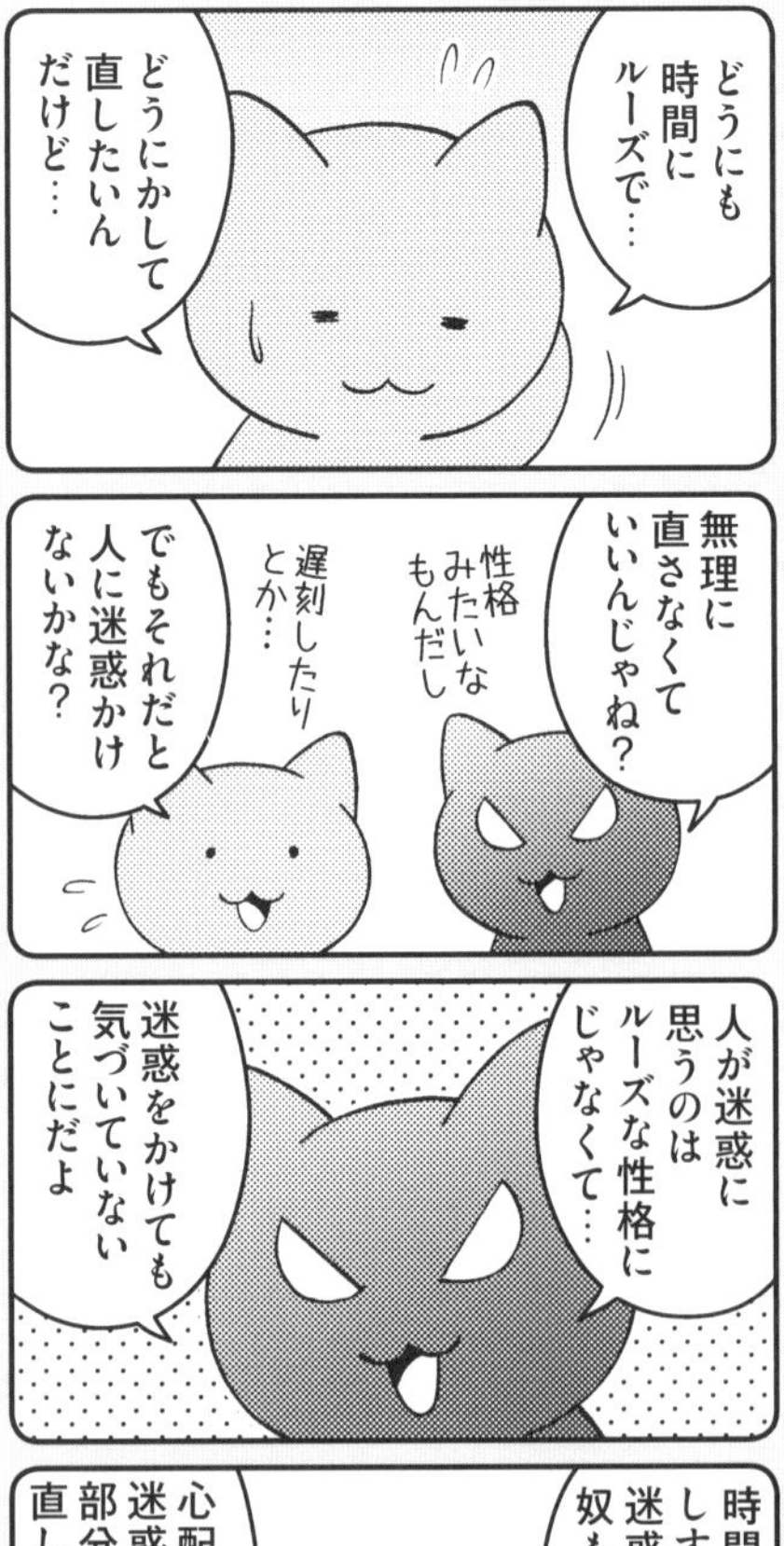

人に迷惑をかける部分だけ直せばいい

時間にルーズって、そんなに悪いことではないと思います。

現代は時間に振り回されている人の方が多いし、そこに焦りを感じないで過ごせるのは、周りの干渉を受けず自分のペースを守れるということでもあるので、ある意味ちょっとうらやましいです。


でも、よく聞くのは「時間にルーズな自分を直したい」という言葉。

おそらく、待ち合わせに遅れたり、仕事の締切を守れなかったり、ルーズなことで人に不快な思いをさせたり、自分の評価を落としてしまったからではないでしょうか？


…ということは、直すのはそこだけで十分だと思います。時間にルーズな部分をすべて直すのだと日常生活をガラッと変えるくらいの努力が必要ですが、「人に迷惑をかけない」「大事な約束は守る」なら、その時々だけ守れば大丈夫です。

世の中には時間にきっちりしすぎてうとまれたり、周りにピリピリとした緊張感やプレッシャーを与えてしまう人もいます。人に迷惑をかけたり、あとで後悔するような失敗がないなら、ルーズは性格や個性でもあるので、気にしすぎなくていいと思います。

モヤモヤ No.09

人の手柄を自慢する奴にうんざり

みんなそう思っているから

人の手柄を我がことのように自慢したり、虎の威を借る狐のような人って、あまりいい気分がしませんよね。一生懸命がんばってきた人から見たら、なおさらだと思います。そういう人は全く気にせず放っておくのがいいと思います。いちいち自慢のネタにされたことにイライラする必要はありません。なぜなら、「みんなそう思っている」からです。

人は自慢話を聞くのがそんなに好きじゃありません。「自慢ばかりする人」は嫌われるタイプの代表格の一つです。その自慢が自分がやったことではなく、関わっていただけのことや自分以外の人の実績なら、大抵の人は「お察し」します。

自分がやってもいないことを自慢する人って、いつか必ずボロが出ます。「あの人は俺の友達なんだ」「あの仕事に俺も関わっていた」なんて言えば、いつかそれが本当か確認する人が出てくるし、人の手柄を自分のことのように話す人は大抵よそでもやっているので、言葉を鵜呑みにして信じる人は少ないです。何かの際に恥をかくのも信用を失うのもその人です。気にせず放っておきましょう。

モヤモヤ
No. 10

どうしたらいいでしょう？

どうしたいかだけは自分で決めろ

こんな相談がありました。

「一見魅力的で口達者で、でも平気で嘘をつくし。人を傷つけても悪いと思わない人がいて、どうしても仕事の都合で付き合わなければならないのだけど、どうすればいいでしょう?」

これって相談しているようで、答えはもう出ているのだと思います。だって褒めている部分も「一見」「でも」と否定しているし、その上で、平気で嘘をついて人を傷つける悪い人だと言っています。多分、相手のことが既にかなり嫌いで、仕事じゃなければ付き合いたくない。でも、「どうしても付き合わなければならない」と言い切っています。これに返事をするとしたら…。

「仕事だから諦めなよ」か「そんな仕事は辞めちゃいなよ」…くらいではないでしょうか? 「どうしても逆らえない」って言われちゃ、仕事と思って諦めるか、その仕事を辞める以外に方法がありません。

選択肢がない状態での「どうすればいいでしょう?」は、相手にも答えの選択肢がありません。極論、「生きるべきか死ぬべきか、それが問題だ」の後で、「どうしたらいいでしょう?」と言われたら、自殺幇助になっちゃうから「生きなよ」としか言えません。

愚痴を聞いてほしいだけなら、こういう話題もいいと思います。選択肢がなく答えが決まっていることでも、「私ならこうするな〜」と共感してもらうことで、スッとした気持ちになれたり、前向きになれることもあります。

でも、真剣に悩んでいるなら、「どうしたいか」だけは自分で決めるべきです。「どうしたいか」は気持ちです。本人にしかわかりません。他人に相談するなら「自分はこうしたいから、方法を一緒に考えてほしい」と、意思だけはしっかりと伝えた方がいいと思います。そうでなければ、どうされたって文句は言えません。

前述の話で言えば、「仕事の都合だろうがなんだろうが、付き合いたくないから、どうすればいいと思う?」と、相談すればいいと思います。

仕事に関しては「どうしても」と思っているものは、法的に覆《くつがえ》せるものも多いです。近頃は人権やハラスメントに対する対応も社会問題になっていますし、状況を変えるための方法も、探せば見つかると思います。

「どうすればいいか」を他人に決めさせるのは、自分を好き勝手に動かす権利を渡すようなものです。自分の意思を他人に委ねる癖は、あまりつけない方がいいです。

「どうしたい」かを自分の意思で決められるって、とても幸せなことなんです。世界には、そういったことを選べない国もあるし、決めさせてもらえない人もたくさんいます。

理不尽なことはたくさんありますし、人に決めてもらえれば楽なこともたくさんありますが、それでも、自分の意思で決める権利を自分から手放さないでください。

モヤモヤ

No. 11

相手の気持ちを考えすぎる

それ全部…妄想だから

相手の気持ちを考えるのはいいことだと思います。「かもしれない」で行動すれば、車の運転と同じで、事故やトラブルを未然に防げます。

でも、もし相手の気持ちを考えすぎて振り回されてしまうなら、直接相手から聞いたこと以外は「妄想」だって割り切った方がいいと思います。だって、どんなに考えても人の心の中は覗けませんから。

他人から聞いた話だってそうです。
「○○ちゃんはこう思っていると思う」という言葉の中に、○○ちゃんはいません。勝手にそう思った人が、自分の思ったことを言っているだけです。

自分と反対の意見を言われたり気になる態度をとられても、こちらの意見を伝えたら「そっちの方がいいね」ということもあるし、態度がきついと思っていたら、相手も緊張してただけ…なんてことは多々あります。相手の気持ちを悪い方に考えて決めつけてしまうのも失礼ってものです。気にするのは、ほどほどがよいと思います。

No.《モヤモヤ》12

プライベートに踏み込みすぎる相手にイライラ

質問には全部質問で返そう

プライベートについて深く聞かれるのは、あまり気持ちのいいことではありません。できればズカズカと踏み込まれたくないし、個人的には、人に何かを聞くならまず自分から語るべきだと思います。自己紹介もせずにこちらの名前を聞いてくるのが失礼なのと一緒です。なので、答えたくないことには、全部質問で返すのがいいと思います。

漫画のようにあおる必要はありませんが、「自宅は?」と聞かれて「あなたは?」と返したり、「恋人は?」と聞かれて「秘密☆」と返しても、不自然ではありませんよね。合間に当たり障りのない質問に答えれば、角が立つこともありません。

もしそれでもストレスを感じてしまうなら、はっきりと「プライベートのことは話したくない」と言ってしまうのもありだと思います。今の時代、個人情報の流出を防ぐのは当たり前のことですから。

自分について全く何も聞かれないと、「私に関心がないんだ」と、落ち込んでしまう人もいます。視点を変えればプライベートについて聞いてくる人って、相手のことをたくさん理解したい、優しい人なのかもしれません。

モヤモヤ
No. 13

失敗と同じく成功も恐れてしまう

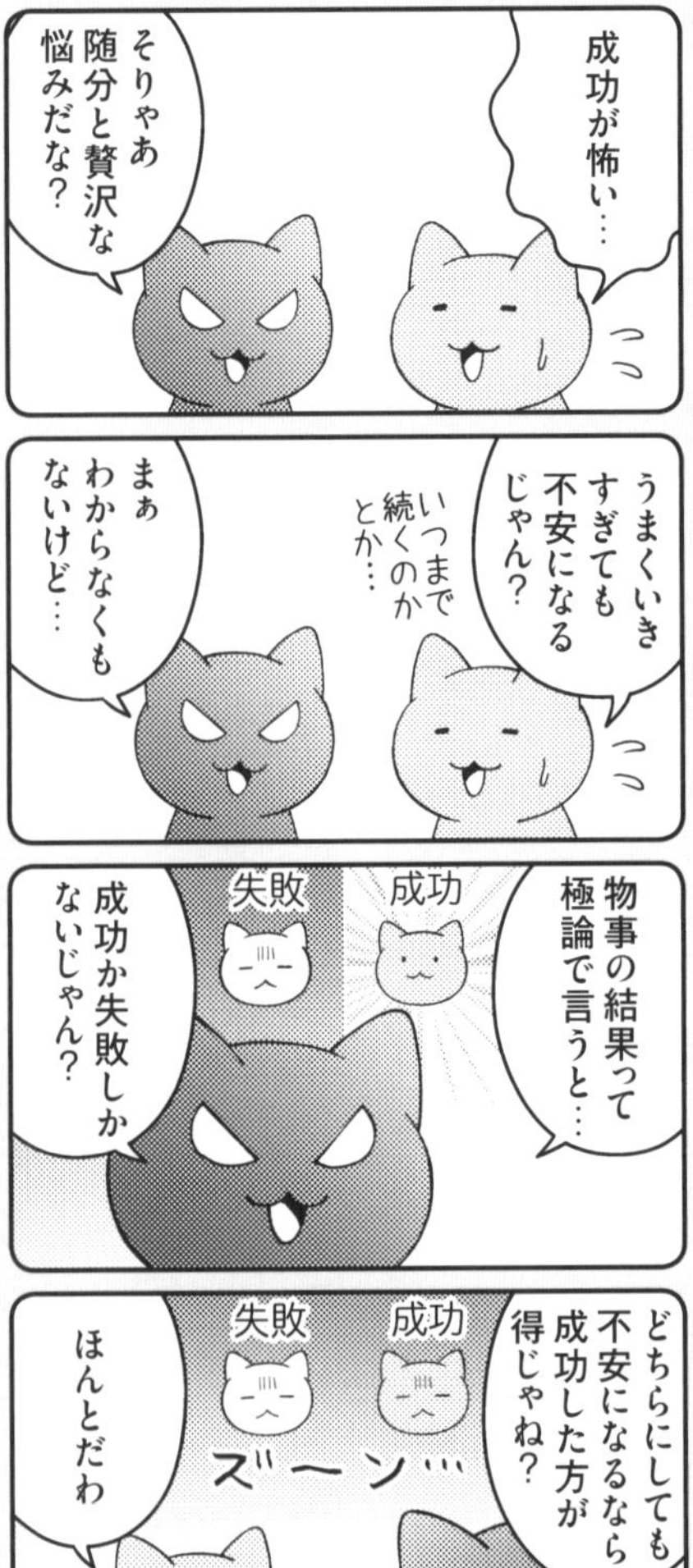

どっちも怖いなら成功した方が得

成功が怖いっていう気持ち、私は少しわかる気がします。すべての人がそうではありませんが、人はうまくいっているときは少し保身に走ります。その状態を少しでも長く維持したいし、現状に満足してはいけないと、自らハードルを上げてしまうこともあります。また、うまくいけば周りから期待されます。プレッシャーが増します。関わる人間が増えて、善い人だけでなく、それを利用したい悪い人も寄ってきます。毎日、昨日までの自分と闘うことになります。

では、失敗が怖くないかというと、それもまたよくわかるのですが、このままだったらどうしよう、一生成功できなかったらどうしよう…と、かなり気持ちが焦ります。たとえば経済的な失敗が続くと、生活にも困窮していきます。お金がないと生活のために行動に制限が出てきて、やりたいことができません。そうなると、心が満たされません。ネガティブな気持ちを共有したい人や、怪しい人が寄ってくることもあります。毎日、昨日までの何もできなかった自分が足を引っ張ろうとします。

人間って、ポジティブな気持ちを維持するのは難しいけれど、ネガティブな気持ちは放っておけば泉のごとく湧いてくるので、成功しても失敗しても、考え出したらきりがないほど、不安になる要素が出てきます。

つまり、成功しても失敗しても「怖い」という気持ちからは逃げられません。それなら、成功した方が得じゃありませんか？　選べるなら、怖がりながらも成功した方がいいと思うんです。

大抵の人は成功したくてがんばるのだと思います。それで何を得るかは人それぞれですが、成功するためにがんばってきたのに、成功をつかんだり、成功を目の前にして「怖い」という理由で失敗する道を選ぶなら…、どちらにしても怖いことはあるから、ひとまず成功しようよ！　と言いたいです。

極論を言えば、生きてるだけで怖いことはたくさんあります。でも、それは「怖い部分」だけを見ているからです。見ようと思えば「楽しい部分」もたくさんあります。

成功すれば努力が報われて満たされた気持ちになります。好きなことができたり、生活が少し潤ったり、孤独でがんばっていた人なら応援してくれる人が現れたり、新しい出会いだってあります。

失敗の中には成功につながる経験があります。抱えているものが少ないときの方が、正直、身軽です。ハングリー精神が強いから保身に走ることもなく、迷わずいろいろなことにチャレンジすることができます。一番自由に動ける時期です。そういった努力の先に、「成功」という名のゴールがあります。

成功って、一つのゴールです。人間にとって一番辛いのは、終わりが見えない努力を続けることです。永遠に逃れられない場所にいたら、いつか気持ちも病んでしまいます。

一つ成功したってそこで終わるわけじゃありません。また次の目標に向かって成功と失敗を繰り返していきます。だから、怖いという理由だけなら、成功しても失敗しても怖いことはあるから、迷わず成功に向かって突き進んでほしいです。

モヤモヤ No. 14

上司に面と向かって言えない

上司のせいだから気にすんな

仕事で、上司や立場が上の人に対して、面と向かって「言いたいこと」が言えないとき、つい気弱な自分を責めてしまいますが、ときには、そう思わせてしまう環境や上司の方にも原因があると思います。言いたいことが言えなくなるのは、大抵は言うのが怖いか、言うことによってデメリットがあるときだからです。

私にも経験があります。昔、ゲーム会社に勤めていたのですが、入社した当時、チームの上司がたまたま強面《こわもて》の人たちでした。任侠映画に出てきそうな風貌で、いつもビシッと、どこかの若頭のようにスーツがきまっていて…。誤解が解けるまでは怖くて、面と向かって言いたいことが言えませんでした。結局この上司はいい人たちだったのですが、外見に圧倒されてしまうだけでも、「怖くて言えない」ということはあります。

やっかいなのは、言いたいことを言うことで、本当にデメリットがある場合です。査定をちらつかせてきたり、同僚の前でネチネチと嫌味を言い始めたり…。こういうタイプが上司だと、面と向かってでなくても何も言えなくなります。こういった状況では、明らかに悪いのは上司です。本来、部下を育てて管理する側の人が、こういう空気を作ってしまっているのですから、「私は部下の管理ができません」と言っているのと同じなので、自分を責めるのはやめましょう。

深く掘り下げていけば色々なパターンがあると思いますが、言いたいことが言えないときは、こんなふうに自分の外側に原因があることもあります。だから、もし「この上司にだけ」「この会社でだけ」言いにくいことがある場合は、自分を責めないでください。「上司や環境にも責任がある」くらいに思っておけばいいと思います。

ちなみに、単に「面と向かって」言えないだけなら、上司に対しては失礼かもしれませんが、慣れるまでメールや人に仲介を頼むのもありだと思います。きちんと話し合いができる上司なら、それで怒ることはありません。伝えることに慣れていけば、面と向かっても言いたいことが言えるようになると思います。

ただ、どんな場所でも、どんな人にでも面と向かって言えないなら、自分にも原因がある可能性を考えた方がいいです。そういった場合は月並みですが、コミュニケーション能力を養う必要があります。私も今でこそトークショーで話したりしていますが、フリーランスになるまでは裏方の仕事ばかりで、喋ることが苦手でした。でも、自分の代わりに営業をしてくれる人がいなかったので、自分が喋らないことには仕事がもらえないし、ある意味弱肉強食の世界だったので、うまく喋れないと足元を見られたり、強く押されて支払いを値切られてしまうこともありました。そんなわけで、とにかく場数で何年も慣らした結果、ようやく今くらいに喋れるようになりました。私が話す努力を始めたのは30代に入ってからなので、年齢に関係なく、場数を踏めばきっとなんとかなります！

立場が上の人に面と向かって言いたいことが言えないときは、まずは環境や状況を考えてみてください。自分だけのせいと決めつけず、ときにはメールや仲間に仲介してもらうなど、頼れるものはなんでも頼って、臆せず冷静に対応していきましょう。

モヤモヤ No. 15

機嫌が悪いのは自分のせいかも？

機嫌がいいのも自分のせいかも

身近な人や視界に入る人がイライラしていると、「もしかして、私のせいで機嫌が悪いんじゃ…」なんて考えてしまうことはありませんか?

例えばSNSなどでもそうですが、「誰とは言わないけどムカついた!」なんていう知人の書き込みを見ると、身に覚えがなくても気になってしまうものです。

でも、これってぶっちゃけ、誰に向けて怒っているのかわかりません。思いつく理由は大抵は自分の思い込みか妄想です。実際に「お前のせいでイライラする!」と言われていないなら、気にするだけ無駄というやつです。

そう思うと、別に機嫌が悪い人でなく、楽しそうな人を見て自分のせい(自分のおかげ)だと思ってもいいわけです。

「もしかしてあの人、私のおかげで機嫌がいいんじゃないかしら?」

身に覚えなんて全くいりません。悪く取ろうが、よく取ろうが、どちらも自分の思い込みで妄想です。実際に何か言われるまでは、いい方に取ってしまいましょう。

モヤモヤ No. 16

相手の要望に応えようと無理をする

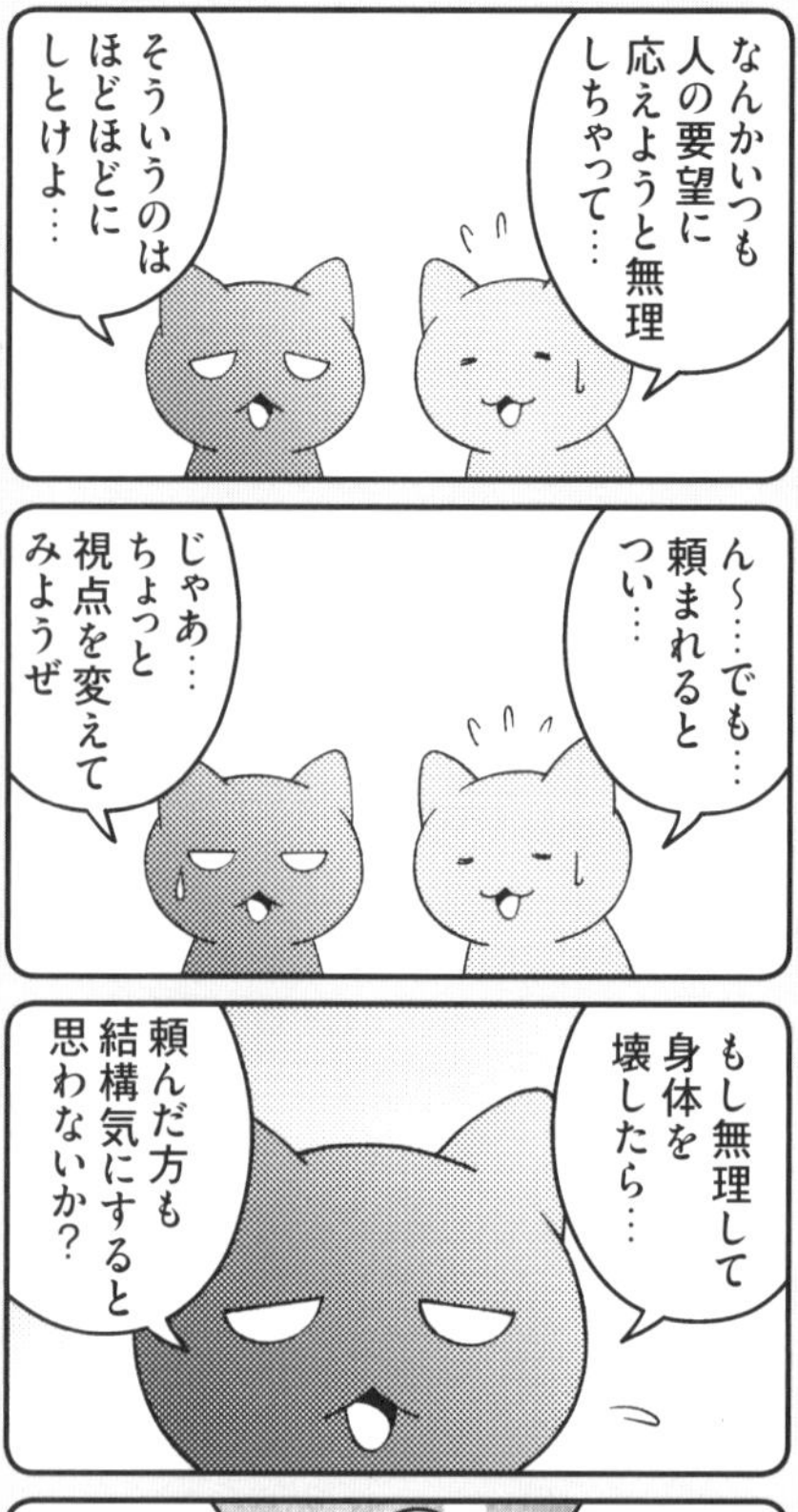

相手のためにほどほどにしよう

相手の要望に応えようと無理をしてしまうときは、こう考えることにしてます。もしそれで身体を壊してしまったときも、相手が喜んでくれるかどうか。

何かを期待されると、人ってできれば要望に応えたいとがんばってしまいます。それが無理のない範囲でならいいのですが、度を越せば身体を壊したり、気持ちを病んでしまうときもある。人のためにがんばれちゃう人って、自分のために何かをするのは苦手なことが多いんです。だから、自分をいたわるための加減はとてもへたくそです。

昔、忙しいときに友達に会う時間を作りたくて無茶をしたら、喜んでもらえると思ったのに、逆に心配されてしまったことがあります。そのときに、もし逆の立場だったら私も同じように感じるだろうなって思いました。

だから、自分のために加減ができない人は、「相手のために」ほどほどにしてください。無理して身体を壊したら、頼んだ方だって気にします。元気でいてくれた方が、きっと相手も喜ぶはずです。

モヤモヤ No. 17

評価してもらえない

問題もないってこと

どんなにがんばっても、自分が思うほど周りが評価してくれないときもあります。でも、落ち込む前にこう考えてみてください。正当な評価をするには、評価をする側にもそれを評価するための能力が必要なんです。

私は誰かに称賛の気持ちを伝えたいとき、どんな言葉を選べばいいかすごく悩みます。的外れなことを言っていないか？　こんな月並みな表現でいいのか？　自分の語彙力に自信をなくしてしまうこともあります。文句を言うのと違って、褒めるためにはより表現力も必要で、それを形にして伝えるのはとても難しいし、勇気がいるんです。

「便りがないのは元気な証拠」ではありませんが、よくも悪くも何も言われないのは、「問題がない証拠」でもあります。人間ってネガティブなものに対しての方が敏感なので、あなたのがんばりが認められないなら、そのことは真っ先に伝えてくると思います。

だから、特に評価がされないときは、「現状で問題がないんだな」くらいに思ってください。少なくとも、落ち込む必要はないと思います。

モヤモヤ
No. 18

パワハラから逃げられない…

サスペンスなら全員犯人の山荘

よく、逃げた方がいいときの例えで、「それって、永遠に逃げられないブラック企業みたいなものだよ」と伝えることがあります。でもまれに、本当にブラック企業やパワハラ上司から逃げられないという相談を受けることがあります。

ぶっちゃけた話、仕事って、変えられるものの中では一番変えやすいです。例えば学校から逃げたいとき、これは家族の仕事の事情や手続きの問題もあって結構大変です。離婚や血のつながった身内とのトラブルも、ときには裁判になったりで、解決までにとてつもない労力を使います。そういうものと比べたら、仕事の縁は一番切りやすいし、辞めたときに国の補助を使えたりと、リスクが少ないんです。

だから上司のパワハラから逃げられない、もっと上の上司にも相談できない、同僚も助けてくれない、孤立無援の状況で会社という空間の中で獲物にされてしまったときは…、サスペンスなら全員犯人の山荘に閉じ込められて完全に詰んだ状態なので、全力で逃げてください。やられるまで待つことはありません。やれることをやって逃げましょう。

Chapter 02

友情の悩み

モヤモヤ
No. 19

相談された相手にキレられた

「あなたが言ったから」って言われるぞ

人から相談をされて、親身になって対策を考えたのに、「そんなことを言ってほしいわけじゃない！」と言われた経験が私にもあります。正直、びっくりしました。言ってほしい言葉が既に決まっているということは、自分の中ではもう答えが出ているのに、なんで相談したんだろう？って。例えば賛同を得たいなら、「私はこう思ったのだけど、あなたならどうする？」と聞けばいい話です。

あるとき別の友達から言われたのが、「それ、責任押しつけたいだけじゃないの？」でした。

答えはもう決まっているけど、失敗したときに自分で責任を負いたくない。誰かに背中を押してもらえば、もし失敗したときは言った人のせいにできる。

相談詐欺とでもいうか…自分の考えた対策がビンゴの答えに当たらなくてよかったし、そういう相談（？）もあるのだと思うと、少し怖くなりました。

言ってほしい言葉が初めから決まっている人に相談を受けたら、「あなたはどうしたいの？」など、聞き返してみるのがいいかもしれません。

モヤモヤ No. 20

友達の悪口を聞くのが辛い

よそでは自分も言われてるかも

友達の悪口って、聞かされて気分がいいものではありません。

「誰かの悪口を言いたい」

よほど不満が溜まっているなら、人間ですし、そういうときもあると思います。でも、共通の知り合いや友達に悪口を言うのは、少しタチが悪いと思います。

私も悪口を言われる側、聞かされる側の、両方の経験があります。

「言われる側」になったときは、私の悪口を聞かされ続けた友達が、体調を崩してしまいました。結果的には、私から尋ねたことで状況がわかったのですが、もう少し早く気づいていれば…と、申し訳ない気持ちになりました。

詳細を書くと、それもまたこの場にいない人の悪口になってしまうので控えますが、いい人って、友達の悪口を聞かされても、告げ口ができないんです。友達がそれを知れば傷つくからと、溜め込んでしまうことが多いです。

「あなたにだけ」「ここでだけ」と、聞かされた方はたまったものではありません。ネガティブなことを聞かされ続けたら、いつか心が病んでしまいます。

悪口を言う側にしたら、秘密を共有することで「あなただけは特別」と伝えたいのかもしれません。でも、私が悪口を聞かされる側になったときに思ったのは…、
「私が特別だから話してくれたんだな」ではなく、
「この人は私がいない所では私の悪口も言っているな」でした。

こういった「友達の悪口を言うタイプ」とは、少しずつ離れていくようにしています。極端に態度を変えたり、「私の悪口を○○ちゃんに言った？」なんて真正面から聞けば、告げ口を疑われた友達が次のターゲットにされてしまいます。仕返ししたい気持ちも湧いてくるかもしれませんが、できればグッとこらえて、静かに距離を置いた方がいいです。

泣き寝入りしろと言うわけではありません。ただ、仕返しをすると、あまりいいこ

とがないんです。仕返しをしてしまえば、今度は自分が、「この人に反感を買うと仕返しされるんだな」と周りの人に思われることになります。「仕返しをするかもしれない人」と、今までどおり変わらずに、楽しくやれるかと言うと、おそらく一緒に笑っているときも、どこかでそのことへの警戒心がよぎります。それによって友達との関係が、ギクシャクしてしまうかもしれません。自分の悪口を言う人のために、大事な友人関係にヒビを入れることはありません。

仕返しはよくないと書きましたが、唯一できるリスクの低い仕返しがあるとしたら、それはやっぱり距離を置くことです。

悪口を言う人からは、いずれ人が離れていきます。自分だけでなく、大事な友達まで苦しむような悪口なら、なおさらです。「ここでだけ話すんだけど…」の「ここ」にされる前に、少しずつ距離を置いて離れましょう。

悪口を言う人は、悪口を言う場所がなくなることが、一番辛いと思います。自分がその人から離れることで、悪口を言える「ここ」が一つ減ります。

モヤモヤ No. 21

友達が価値観を押しつけてくる

自分の価値観は自分が決めるもの

友達って、何でも一緒でなければいけないわけじゃありません。自分が好きなものは友達にも好きになってほしい。自分が嫌いなものは友達にも好きになってほしくない。

「もの」くらいならいいけれど、それが「人」や「価値観」だと、いつかは一緒にいるのが苦しくなってしまいます。

友達の好きな人を嫌いでいいし、友達の嫌いな人を好きでいいんです。

誰かを好きになったり嫌いになったりするのには理由があるから、親しい人が自分の嫌いな人を好きになったら、心配から「あの人はやめた方がいいよ」と、言いたいこともあると思います。言うだけなら問題ないけれど、それを押しつけたり強制したりする権利は、どんなに親しい間柄でもありません。誰を好きになるかは本人が決めることです。

「友達と価値観が近かったり、好きなものが一致すると、より縁が深く感じる」という話を聞いたことがあります。確かに、共通の話題も増えるし楽しそうです。でも、それにこだわりすぎるのは、ちょっと心配だと思いました。もし、この先、好きなものが友人と変わったとき、縁が離れたように感じてしまいそうだからです。

共通するものの数が縁の深さだと思うと、相手に嫌われないために「今の自分の価値観」に嘘をつくこともあるかもしれません。度が過ぎれば、「嫌われたくないから、嫌だと言えない人」になってしまいます。

人って価値観や好き嫌いの好みが違う人とも仲良くなれます。私の友人の中にもそういう人はたくさんいます。友達の知り合いには私がちょっと苦手な人もいるし、私の友達の中には友達の苦手な人もいます。でも、だからって「あの人と離れて！」という話にはなりません。友達同士でもお互いに知らない部分はたくさんあるし、すべてに共感できなければ友達でいられないわけではないんです。

例えば、私はホラー映画が苦手なのですが、ホラー好きの友達に「友達なら一緒に見て」と言われたら、それは別のホラー好きの友達と見てくれませんか？……と、お願いすると思います。逆に、私が仕事で使う道具や、専門の知識が必要な話題を、友達に共感してほしいとは思いません。多分、聞いているだけで頭が痛くなります。

友達って、恋愛と同じで「なろう」としてなるものではありません。中には「お金持ちで、背が高くて、優しくて…」みたいに、条件から探す人もいますが、一番大事なのは気持ちだと思います。その人と一緒にいて楽しいか。この先も一緒にいたいか。

もちろん、共通の項目や条件から仲良くなる人はいます。でもそれって、「その人」ではなく「その人の持っているもの」が、初めの好きの条件になっています。

それが友達になる「きっかけ」ならいいけれど、ずっと好きでい続けるために必要な条件のままだと、「友達なのに、なんで私が嫌いなものを好きなんて言うの？」ということが起こるのではないでしょうか？

縁がある人は、すべてに共感できなくても、ずっと友達です。相手のたくさんの「好き」の中に自分がいるぐらいの気持ちでいた方が、長く縁が続く気がします。

No.《モヤモヤ》 22

苦労せず生きてる友達が妬ましい

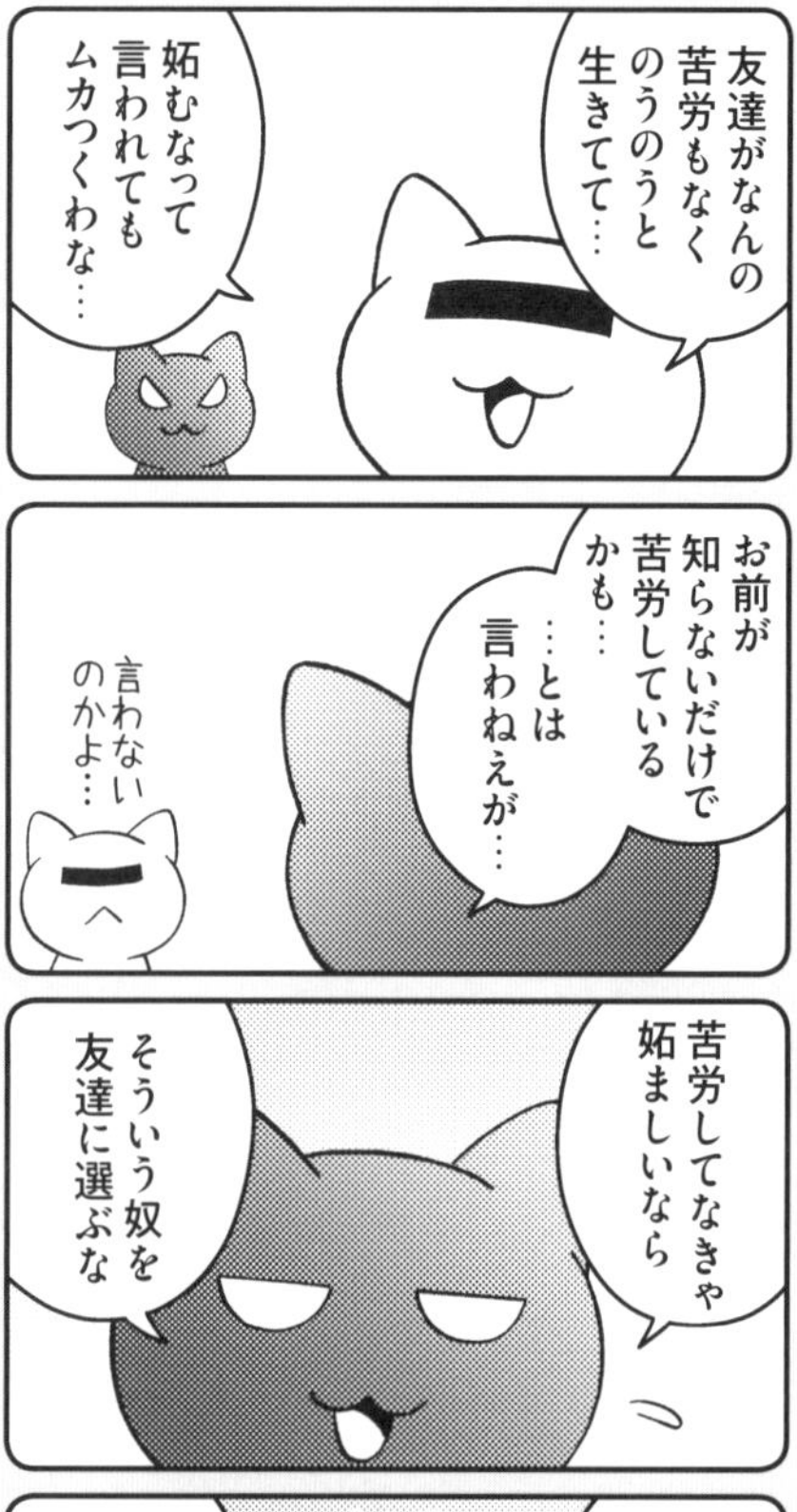

幸せになれないよりいい

「あなたはいいなぁ」

この後に続く言葉が妬みや嫌味になってしまうなら、それは、とても悲しいことです。

人って他人の心の中は読めないし、生活のすべてを見ているわけではないから、楽しそうな人がいると、つい、知っている部分だけを見て嫉妬をしてしまうことがあります。

私もゲーム会社にいたときに、ＯＬの友達にこんなことを言われたことがあります。

「楽しいことをして、楽してお金がもらえていいなぁ」

正直なところ、若かったこともあり、当時は悲しいより腹が立ちました（苦笑）。

ゲームなんて遊ぶのは楽しいけれど、作るのは大変で、決して楽ではありません。

詳細は控えますが、過酷な労働条件やプレッシャーで、心身を病んでリタイアしてしまう人も多いんです。

そしてやっぱり、そのときは心の中で相手に対してこう思ってしまいました。

「そっちの方が絶対に楽じゃん！」

今思うと、友達が思い込みで妬んだように、私も「友達の方が苦労が少ないはずだ」と思い込んでいたから、友達が楽をしているように見えてしまったのだと思います。ゲームの仕事が過酷なように、ＯＬさんの仕事にも、私の知らない大変な部分がたくさんあったと思います。でも、当時はそこまで思いが至りませんでした。唯一の救いは、反論を言わずに飲み込めたことです。

人の苦労は見えません。なんの苦労もなく、のうのうと生きている人なんて少ないです。また、何が苦労と感じるかには個人差もあります。自分と比べて妬んだりムカついたりしても、意味がありません。

その上で、「苦労してなきゃ妬ましい」と思う相手は、果たして本当に友達と言えるのでしょうか？　なんとなくつるんでいるけど、実はそれほど好きでも嫌いでもない、友達っぽい誰かではありませんか？

友達って大切な人です。人間苦労しないで生きていけるなら、絶対にその方がいいに決まっています。友達が苦労を抱えて幸せになれないより、なんの苦労なくのうのうと幸せに生きてくれた方が安心だし、嬉しいと思うんです。

だから、幸せを妬ましいと思ってしまう相手なら、初めから友達に選ばない方がいいと思います。「幸せを素直に喜べる相手」を友達にした方がいいです。

自分が不幸なときは友達も不幸じゃないとムカつくなら、友達が苦労していたら、自分も幸せを諦めて一緒に苦労しなければいけません。自分が苦労しているときに、友達が幸せを捨てて一緒に苦労してくれたとしても、それは本当に嬉しいでしょうか？
それじゃあ不幸の追いかけっこで、いつまで経っても誰も幸せになれません。

1、2の3！　で同時に幸せにはなるのは難しいです。だったら相手の幸せをまず先に喜べないと、自分も幸せになることが難しいと思います。

モヤモヤ
No. 23

「幸せそうでいいよね」と言われて辛い

一緒にいても幸せじゃないの？

「あなたは幸せそうでいいよね」
もし友達にそんなことを言われたら、返事に困ってしまいます。だってそれって、「私は幸せじゃないけれど、あなたは幸せでいいわよね…」っていうことです。

相手の幸せをうらやむだけでも、「本当に友達？」と思いますが、相手の前でそれを言うということは、「今、あなたと一緒にいるこの時間も幸せじゃない」と言っているようなものです。

それでもその友達のために何かしたい…と、優しい人なら考えるでしょう。でも、相手の幸せをうらやむ友達はどんな幸せを望んでいるのでしょう？　少なくとも、相手が幸せになることは望んでないと思います。お互いが幸せになれるような要望を出してくれるとは思えません。友達の幸せの中に相手の不幸が含まれている可能性もあります。

だから、幸せをうらやまれてストレスを抱えてしまうなら、その友達とは離れるか、しばらく距離を置いた方がいいと思います。相手の幸せを願うのが友達です。

モヤモヤ No. 24

人の話を聞かず自分のことばかり話す

自分の本音の声を聞いた方がいいぞ

一緒にいるといつも話を聞かされてばかり。そういう人と一緒にいると、言葉も思いも溜まってしまい、いつかは疲れてしまいます。

相手はあなたのことを「聞き上手」と思っているかもしれませんが、話を遮って自分のことを話し続けるのは、あなたの話に興味がないか、話を聞く気がないかのどちらかです。そんなときに思うのですが、今、聞くべきは相手の声ではなく、あなた自身の声かもしれません。

もし、相手があなたの話も聞いてくれたら、この先も友達でいたいですか？

「もちろん！」と思うなら、特に言うことはないです。きっと相手がこの先、あなたの話も聞いてくれるという確信があるし、なにより、あなたも相手に話したいことがあるのだと思います。その思いを大事にしてください。

でも、もし一瞬でも返事に迷ったり、「いいえ」という答えが浮かんだときは…。自分の本音の声は無視しない方がいいと思います。多分それは本能で、ずっと話を聞いてもらえないことで気持ちが疲れているか、相手から心が離れ始めています。まずは、自分をいたわってあげてください。

モヤモヤ No. 25

友達と恋愛観が合わない

恋愛のライバルにならなくていい

友達と恋愛観が合わないって、それはそれでいいと思います。なぜなら、恋愛に対する理想や考え方が近いと、高確率で同じ人を好きになるからです。

普段は話題が弾んで楽しいかもしれませんが、仲のいい友達同士がライバルになったら…、それはもう、少女漫画の世界で言えば泥沼の展開です。恋愛観が違うということは、それだけで未然に防げる悲劇があるんです。

恋愛観が違う友人がいるって、とても心強いことです。自分が誰かと付き合って「恋は盲目」で周りが見えなくなったときも、同じタイプに何の魅力も感じない友人がいれば、冷静に暴走を止めてくれます。自分では思いもしなかった視点から、アドバイスをくれるかもしれません。何より、恋の悩みで辛いときに「絶対にライバルにならない信用できる人」がそばにいるって、これほど安心できることはありません。

一方の友達にとっても同じだと思います。同じように、恋の悩みを抱えているときに、あなたに頼りやすいと思います。恋愛観は重ならない方がいいです。

モヤモヤ

No. 26

毎日誘ってくる友達がうざい

うざいと思うのは自分の都合

友達がたくさん誘ってきてうざいな…と思ったら、まずはそれが「自分の都合」だということを自覚してください。誘いたいのが相手の事情、誘われすぎて困るのがこちらの事情。「そんなにたくさんは困るよ」と、正直に伝えて話し合えば、大抵は穏便に解決することができます。

その気持ちを本人ではなく、他人に愚痴ってしまうとします。でも、これって、本当にうざくて愚痴りたいというより、実は、別の気持ちからかもしれません。それは、自慢です。「こんなに慕われている自分を自慢したい」という気持ちが、どこかにあると思うんです。人はモテるとちょっと誰かに自慢したくなります。

なぜ、そう思うかというと、「本人に言いなよ」と言うと、大抵は言い訳が出てきたり、「言って嫌われたくない」と言う人が多いからです。愚痴るほど嫌なはずなのに、嫌われたくないし、離れたくないんです。

そんなわけで、たくさん誘われてうざいときは、できるだけ当人と話し合いましょう。裏で人に愚痴るのはやめましょう。バレたときに、それが一番嫌われます。

モヤモヤ
No. 27

信用していたのに…

本当に信用していたら…

信用していたのに裏切られたと感じるとき、実は自分も相手のことを、そんなに信用していなかったのだと思います。

こんなことを言うと「私は信じていたのに裏切られたから傷ついているんです！」…って怒られちゃうかもですが、やっかいなことに、本当に心の底から信用していると、「裏切られた」ことが信じられないんです。

決定的な裏切りに感じても、どこかでまだ信じているその人のことを、周りに悪く言うことができません。むしろ、お人よしと言われても、かばってしまうかもしれない。とにかく、本当に信用してしまうと、「実は誤解だった」という可能性の方を信じてしまうので、たとえ裏切られたことを理解しても、自分が、自分を裏切るその人のことを好きになったのだから仕方がない…と、恨みきれないことが多いです。

だから、すぐに「裏切られた！」と感じたときは、「自分も相手のことをたいして信じていなかったのかも？」と、自問してみてください。案外、「こういうところが、元から少し信じられなかったんだよな…」と、心当たりが浮かぶかもしれません。

私も、話しても大丈夫かな？　と思って話したことを、身近な友達に言いふらされたことがあります。幸いささいなことだったのですが、そのときは秘密にしておきたいことはやっぱり人に話しちゃダメだなー…って思いました。

秘密を話してしまったその人から、何度か他人の悪口を聞いていたので、「少し口が軽いところもあるのかも？」という警戒心がどこかにあったのだと思います。だから、自分の秘密を話されたときも、あー…やっぱりなー…って、怒れませんでした。相手のことをたいして信じていないと、こんなふうに怒りも悲しみも湧いてこないこともあります。この場合は、怒るより呆れてしまったのだと思います。

裏切られたことが信じられないとき以外は、傷は浅いと思ってください。相手と同じく自分も心の中で裏切っていたと思えば、ある程度はお互い様。こんなことで怒るのは時間がもったいないと思えます。

もちろん、裏切る人が絶対に悪いし、だまされた方が被害者なのは変わらない事実です。

そこはぼやかしちゃいけないと思います。

もし、「そんなことを言われても、ムカつくものはムカつく!!」と思ったら、めちゃくちゃ怒ってもいいと思います。怒ることで発散できる人もいます。大事なのは、裏切られたことに傷ついて、いつまでも嫌な思いを引きずらないことです。

嫌なことを早く忘れるためには、一方的な被害者にならない方がいいんです。自分で自分をかわいそうな人にしてしまえば、立ち直るのに余計に時間がかかります。自分を裏切った人のために、長く傷つくことはありません。

浅くて済むなら傷は浅い方がいいです。

本当に心から信じていた人に裏切られるほど、辛いことはありませんから。自分のために、傷を浅くしていきましょう。

モヤモヤ

No. 28

友達がいろんなことをすすめてくる

友達が多いほど詰むから気にしなくていい

親しい人からすすめられたものって、なんとなく断り辛いですよね。忙しかったり興味がなかったとしても、すすめられたら一度は試さないと薄情な気がして。

でも、あまり気にしなくていいと思います。本当に興味があれば試せばいいし、面倒ならそのまま流してしまいましょう。すすめた方も言われたとおりにすべて実行しなくても、怒ることはありません。たまに、「まだ見てないの？」「口先だけやるって言って…」なんて怒る人もいますが、自分の好きなものを相手にも好きにさせようというのは、ただの身勝手です。だから、気にしないようにしましょう。

せっかくすすめてくれたのに…と罪悪感は抱くかもしれませんが、そもそも、親しい人にすすめられたことを全部やっていたら、友達が多い人ほど、あっという間に首が回らなくなります。他人のおすすめを優先しすぎて、自分の人生でやりたいことをやる時間がなくなってしまったら、笑えません。

友達からのおすすめは、本当にやりたいことだけやりましょう。

モヤモヤ
No. 29

ライフスタイルを非難された

それが相手のライフスタイル

自分の生き方を非難されて嬉しい人はあまりいません。でも、世間には驚くくらい、人の生き方を非難する人や、否定する情報が溢れています。

人の生き方を非難する人って、少し口が悪くなりますが、「人様の人生にケチをつけられるほど、立派な生き方をされてきたのでしょうか？」と、思ってしまいます。そんなことをしている時点で、立派な生き方をしているとはとても思えないのですが、本人的には、言う資格があると思うから言っているので、正直なところ、やっかいです。

まず、ライフスタイルを面と向かって非難してくる人ですが、その人のことは…「人の生き方を非難していくライフスタイルの人」だと思いましょう。

大抵の人は生き方を非難されるのが嫌いです。だから、それをやる人は「私は人の嫌がる生き方をしています」と、自己紹介をしているようなものです。

そんな、はた迷惑な生き方に付き合うことはありません。相手にして怒るより、適度に距離を置いたりして、気にせず好きに生きましょう。

それとは別に、例えばSNSなどで、無意識に「自分のライフスタイルを否定するような情報」を自分から探しに行っていませんか？　もし心当たりがある方は気をつけてください。見ているだけでイライラする、自分の生き方を否定するようなことを書いている人にカチンときたり、自分が賛同できない生き方をしている人に、つい一言、言いたくなってしまったり。実際に反論のコメントをしてしまったり。嫌なものを見に行くのは、自分から殴られに行くようなものです。それに、反論すれば、今度は自分が相手の生き方を非難する人になってしまいます。

別に相手はあなたに向かってそれを書いたわけではありません。ライフスタイルについて思ったことを書いただけです。自分がされて嫌ならば、人様の生き方に文句を言うのはやめましょう。

どんな生き方をしようと、人生を共にする相手でもないなら、お互いの生き方が違っても、なんら困ることはありません。特にネットでいうなら、大半の人は匿名の他人です。顔も名前も知らない相手の生き方にまで反応していたら、きりがありません。

一生会わない確率の方が高い相手ですから、それぞれが別の場所で好きに生きればいいと思います。

一番面倒なのは、先ほど書いた「人生を共にする相手」です。友達とか、恋人とか、家族とか、人生の中で長い時間を共に過ごす相手に生き方を否定されたら、毎日がつらくなってしまいます。友達や恋人なら、限界が来たら離れることもできますが、結婚相手や血のつながった家族だと、簡単にそうするわけにもいきません。

私はそういう場合は「反面教師」だと思うことにしています。自分が絶対に進んじゃいけない道を教えてくれていると思えば、少しは許せます。いいことというのは試してもリスクが少ないけれど、悪いことというのは、試しにやるにはリスクが高いです。

「あー…こういう生き方をすると、周り（この場合は自分）からこう思われるんだ」

…という実演を見せてもらっていると思って、学べるところは学んで、自分の生き方に活かしていきましょう。

モヤモヤ
No. 30

悩みや愚痴を聞かないとひどい奴？

友達に苦痛を与える方がひどい奴

友達に悩みや愚痴を相談されると、辛いですよね。でも、友達からの相談を断るとひどい奴と思われそうだし、自分も「友達だから」できれば聞いてあげたい…。

「友達」という言葉は、時と場合により、呪いの言葉のようにも感じます。普段なら「ちょっとごめん、無理」って言えることも「友達だから」と言われると、断りにくくなってしまう。「自分が辛くても、相談に乗るのが友達でしょう?」なんて言う人もいます。あまり言いたくはないのですが、「友達だから」で無理を頼んでくる人って、大半はそこまで仲がいい人ではないし、「友達」という言葉を勘違いしている気がします。ハッとする心当たりがあったら、要注意です。

友達って、便利屋じゃありません。自分が楽になるために、代わりに犠牲にしていい存在でもありません。「友達」という言葉は免罪符じゃないんです。

本当の友達同士なら、お互いに辛い思いをさせたくないはずです。だから、友達の悩みや愚痴の相談に乗るときは、相手は選んでください。自分が心の底から友達と思っている相手なら、無理を無理と感じないはずです。

モヤモヤ No. 31

男の前でだけいい顔をする女

それで何か困ることあるの？

「あの子、男の前でだけいい顔するのよね」。そんな悪口を聞かされたことがあります。でもこれ、別に誰かが男性の前でだけいい顔をしたとしても、自分とはなんの関係もないし、困りもしません。

例えば、その〝いい顔ちゃん〟が恋のライバルで、媚《こ》びている相手があなたの意中の人だったとしても、気に食わないのはただの嫉妬です。気にかけてほしいなら、自分も同じようにすればいいだけです。いい顔ちゃんが上司や周りの男性からチヤホヤされて、仕事のミスや失敗を甘やかしてもらっていたり、「君、もう少し彼女みたいに〇〇できないのかね？」なんて嫌味を言われたとしても、それは上司が最低でだらしがないだけです。

どんな事情であれ、「気に食わないから裏で悪口言っちゃえ」と思うなら、発想がいじめっ子と同じです。男性も、媚びられるのが嫌なタイプは嫌いになるだろうし、喜ぶ人がいるなら、それはそれでいいじゃありませんか。人に好かれるためにどんな相手にでも笑顔で接するって、それはそれで努力や忍耐が必要です。実害がないなら放っておきましょう。

モヤモヤ No. 32

生活環境が変わって話が合わない

味覚が変わるくらい自然なこと

長い人生の中では色々なことがあります。ときには進学や就職や結婚など、選んだ道の違いからお互いの生活環境が変わって、友達と話が合わなくなることもあります。

でも、それって、とても自然なことです。環境が変われば価値観も変わるし、毎日触れる情報も変わってきます。別の道を歩む友達と話が合わなくなっても、仕方がないことだし、誰も悪くないんです。

物心ついたころから今まで、ずっと続いていることっていくつあるでしょう？　私も試しに思い浮かべてみましたが、ずっと続いているのは「絵を描く」ことくらいで、他は思い出すまで忘れていたこともあるし、あんなにがんばったのに今じゃ全然やってない…ということもありました。

子供のころからずっと変わらずそばにいる友達もほとんどいません。大抵は高校や大学を卒業したときに進路が分かれて、行動範囲が変わって、住む場所も変わって、気づいたらあまり連絡を取らなくなり…。でも、偶然また会うようになって、「こんこの人は変わってしまったなぁ…」と、残念に思った友達もいます。

年齢や環境で人間関係が変わるのは、大人になって味覚が変わるくらい自然なことです。子供のころに食べられなかった野菜が、色々な食べ物や食べ方を知ることで、大人になってから好きになることもあるように、色々な経験をして、色々な人に出会うと、以前は話せなかった人と会話が弾んだり、逆に、話題が合わなくなったりします。そして、一度話題が合わなくなってしまった人でも、時間が経てばまた元に戻ることもあります。

生活環境が変わって話が合わなくなると、単純に話題だけではなく、以前のように会話が続かなくなったり、楽しく思えなくなったりもするので、自分や相手に原因があって、人として合わなくなってしまったように感じるかもしれません。でも、そういうときは「変わるのは当然だし、また元に戻ることもある」と、気にしないようにしてください。あまり気にしすぎると、お互いが故意に距離を置くようになってしまい、もう一度楽しく話せる日が来ても、素直に会えなかったり、せっかくの機会を、自分で邪魔してしまうのはもったいないです。

生活環境って、引っ越したり転職したり、大きなことをしてなくても、本人が気づかない間に変わります。例えば、まだ携帯がなかった時代とスマホ全盛の今を比べたら、想像もつかないほどに変わったと思います。

私の場合で言えば、昔の自分は「距離が離れてしまった人とはそうそう会えないし、話すこともできない」と、人との別れをナーバスに思っていたけど、今の自分は「ネットもあるし、話そうと思えば今からでも話せる」のがわかっているから、悲しむこともありません。でも、もしこの先に戦争や災害で今までのように連絡が取れなくなったら、再び別れをシリアスにとらえると思います。

何が言いたいかというと、こうやって誰も人が介入してなくても人の考え方は変わるから、話が合わない原因を考えても仕方がないということです。

時間の経過の中で、友達と会話が合ったり合わなかったりするのは、味覚が変わるくらい自然なこと。だから、気にせずにいきましょう。

Chapter 03

恋愛の悩み

モヤモヤ
No. 33

人のせいにばかりする恋人…

ブラック企業に永久就職したい？

恋人って、家族や友達とはまた違った意味で、言い返しにくいことがあります。そういう人が何かの際に、すぐ人のせいにしたり、自分の悪い所を認めなかったら、それは相当なストレスになると思います。

「これを言ったら別れることになるかもしれない…」という不安に縛られて、「別れたくないから言い返せない」ということも多いようです。

でも、ちょっと考えてみてください。確かに結婚前提のお付き合いであったり、自分の年齢を考えてしまうと、別れるくらいなら…と我慢してしまう気持ちもわかります。でも、その恋人は、彼女が年齢を考えて我慢しているのを知っていて責任転嫁をしているわけで…、それって、職場にたとえれば、パワハラ上司とやっていることが一緒です。クビになりたくないという弱みにつけ込んで、パワハラをするようなものです。

そういう人と結婚するには、ブラック企業に永久就職するような覚悟が必要です。会社なら辞めれば逃げられますが、結婚したら離婚するのはかなり大変です。

「ブラック企業に永久就職したいか」、よく考えてみてください。

モヤモヤ
No. 34

なんでモテないんだろう？

多分、知りすぎた

世の中には不思議なことに、「この人…なんでモテないんだろう？」と思う人がいます。見た目もいいし、人の面倒見もいいし、友達も多いのになぜかモテない…。下手をすると、「あの条件で恋人がいないって、何か問題があるのかもしれない」と、変な誤解までされたり…。それでまたモテが遠のいてしまったり…。

私の見てきた限りだと、そういうタイプでモテない人って2タイプいて、一つは、既に恋人がいると思われていたり、高嶺の花だと思われて声をかけられにくいタイプ。あまりに完璧すぎると、「観賞用」として、恋愛対象から外されてしまいます。もう一つが、面倒見がよくて相談に乗っているうちに、「相談役」にされてしまうタイプ。恋の愚痴や相談などは、恋愛対象には知られたくないものです。知りすぎたことで、恋人枠から外されてしまうこともあります。

人は相手があまりに完璧すぎると近寄りがたくなったり、多くのことを知られると恐れる傾向があります。少しドジな面も見せたり、相談に乗りすぎないようにしたり、不完全な部分も見せることで、うまくいくかもしれません。

モヤモヤ
No. 35

恋人が嫉妬深い

嫉妬が嬉しい奴も冷める奴もいる

恋人からの嫉妬って、全くされないのも心配ですが、嫉妬深すぎるのも考えものです。例えば、嫉妬心が強すぎて、友達や仕事先の人にまで嫉妬をされてしまったら、どんなに恋人のことが好きだとしても、少々困ってしまいます。

世の中には、「嫉妬されることで、愛されていると感じるタイプ」と、「嫉妬されることで、愛が冷めるタイプ」の人がいます。それにプラスして、「嫉妬することで愛を伝えるタイプ」と、「嫉妬しないことで愛を伝えるタイプ」がいます。

昔、「嫉妬されることで、愛されていると感じるタイプ」の人とお付き合いしたことがあるのですが、嫉妬をしないと「思いが冷めたんだ」とすねられて、びっくりしたことがあります。その人は「嫉妬することで愛を伝えるタイプ」でもあったので、仕事でも異性と会うと嫌味を言われたり。それが結構なストレスでした。

その方とは後にお別れしましたが。私は、「嫉妬なんて、するのもされるのも、相手を信用していないと言っているようなものだ」と考える方だったので、今思うと、それぞれ相手に求める愛情表現の仕方が逆だったのだな…と、納得がいきます。

他にも、嫉妬をされるのは嬉しいけれど、自分は嫉妬しないタイプや、嫉妬されると愛が冷めるくせに、自分は嫉妬深いタイプもいます。逆の愛情表現を相手に求めるのは、自分にないものを相手に求めているのかもしれません。

冒頭で、『どんなに恋人のことが好きだとしても、少々困ってしまいます』と書きましたが、それは、私が嫉妬するのもされるのも苦手なタイプだからです。もし逆のタイプだったら、『仕事や友達より恋人を最優先しない人には、少々困ってしまいます』と書いたと思います。

これって、どっちがよい悪いという話ではないんです。嫉妬する人は、いい言い方をすれば、「情熱的な人」だし、嫉妬しない人は「寛容」とも言えます。悪い言い方をすれば嫉妬するのは「ウザイ人」、嫉妬しないのは「冷たい人」と言えます。

この話は、話す側としても、とても立ち位置に困ります（苦笑）。

とにかく、嫉妬するしないは、逆のタイプがくっつくと荒れるというだけで、同じタイプや、組み合わせが合えば、すごくいいカップルになると思います。

だから、もし、今付き合っている人が嫉妬深いとストレスを感じたり、逆に、なんで全く嫉妬してくれないのだろう…と、不安に思うことがあるなら、自分とタイプが違うのでは？　と考えてみてください。タイプが違う者同士で無理に我慢するより、相手を替えたらうまくいく、ということもあります。

また、お互いのタイプの違いをわかった上で付き合うなら、ただイライラして困っていたときとは違い、原因がわかっていますから、トラブルを減らしていくことができると思います。

愛情表現の伝え方は人それぞれで、タイプの違いは、どちらが悪いわけでもないし、正解がありません。大事なのは、できるだけお互いがストレスを抱えず、毎日が幸せであることです。

モヤモヤ No. 36

辛いことを忘れようとするほど忘れられない

忘れる以外の解決方法もある

恋人と別れたり、好きな人に振られてしまったとき…。
「早く忘れちゃえ！」「さっさと忘れて次いこう！」
…というアドバイスは、前向きにも感じますが、かなりのむちゃ振りだと思います。

忘れたいことって、そう簡単には忘れられません。都合よく記憶がポンポン消せるなら、トラウマに苦しむことはありません。記憶を消す方法が明確に解明されていたら、簡単に悪用できてしまいます。それに、自分の記憶だけ消せば解決というのも、冷静に考えると怖いです。つまり、「忘れちゃえ」って、言うのは簡単だけど、実際やるのは、ほぼ無理なんです。

私は、忘れられないなら、覚えたままで乗り切る方法を考えるのがいいと思います。覚えているから次に生かせたり、繰り返さずに済むこともあります。それに、恋人との記憶の中には、辛いこと以外に、幸せな記憶もあると思います。過去に幸せな記憶があると、後の人生で、自分を救ってくれることもあります。

辛いときや、悲しいとき、忘れるだけが正解ではないと思います。

モヤモヤ

No. 37

先を考えずに感情をぶつけてしまう

そこまで言わせる相手にも問題がある

恋人と喧嘩をして、先を考えずに感情をぶつけてしまう人って、結構いるようです。私が今までに乗った恋愛相談の半分くらいが、「あ…それ、言っちゃったんだ」で始まるものでした。そういう場合って、言う前に立ち止まるのがとても難しいようです。

こういう話って、感情をぶつけた方が一方的に悪いように聞こえますが、そうともいえないと思うんです。

例えば、日常の会話の中で、誰かに対して、抑えが利かなくなるほど怒ってしまったり、感情的になって後悔してしまうことって、そんなにあるでしょうか？

相談に乗った話も、「そこまでされたら怒って当然でしょう？」と思うものがほとんどで、とても怒った方だけに責任があるとはいえないし、むしろ、そこまでさせた相手の方に問題があるように感じました。

だから、もし、普段は怒ったり、誰にでも怒りの感情をぶつけてしまうタイプじゃないなら、自分を責めて反省するより、そこまであおる相手との関係を改めた方がいいかもしれません。「直すべきは相手の方」ということは、結構あります。

モヤモヤ

No. 38

ダメな男とばかり付き合ってしまう

自分が変えなきゃ変わらない

よく、こんな話を聞きます。

「私って、いつもダメな人とばかり付き合っちゃうの。運がないのかな？」

でも、それは、巡り合わせや運だけではなく、選ぶ自分にも原因があると思います。

大抵の場合、ダメな人を何度も好きになるのは、失敗に懲りてないか、ダメな人が好きなんです。人って本当に痛い目をみて、もう二度と繰り返したくないと思うと、それなりに学習します。

先日、レトルトのカレーを手で開けようとして火傷をしてしまったのですが、あれからどんなにパッケージに「手で開けられます」と書いてあっても、はさみを使うようになりました。こんなふうに二度とごめんだと思うと、ちゃんと学習するんです。

人が何度も同じものを選ぶのは、慣れたものを選ぶ習慣にもあると思います。次は変えたいなって思うのに、毎回、同じ洗剤を買ってしまったり、もうやめようと思いながらもアプリに課金してしまったり。そういう経験はありませんか？

悪い習慣と、付き合う相手は、自分が変えていかないと、変わらないと思います。

モヤモヤ No.39

恋人だから意見を合わせてほしい

恋人だから意見に合わせてあげれば？

Chapter 03　恋人だから意見を合わせてほしい

「恋人だから合わせてほしい」と、聞くたびに思うのですが、「恋人だから」と思うなら、なぜ、自分から先に、相手に合わせようとは思わないのでしょう？

相手にとっては、あなたが恋人なのに。

それを言うと「え？　なんで私が？」と驚いた顔をする人が、結構います。

正直なところ、驚きたいのはこっちの方です。

恋人であろうと、友達であろうと、みんながみんな、自分と同じことを考えているわけじゃありません。それを、批判でもされたならまだしも、違う意見を言うだけで、否定されて腹が立った、合わせてほしいと言われたら、どうすればいいのでしょう？

「すべて私に合わせて、あなたは『うん』とだけ言っていればいいのよ」

…とでもいうのでしょうか？　それじゃ奴隷と女王様です。

恋人ってもっとフェアな関係のはずです。片方が一方的に相手に合わせなければいけない関係は、とてもいびつです。１週間くらい、相手に全部合わせてみるのはどうでしょう？「私ばかり合わせるなんておかしい！」って言いたくなると思いますよ。

モヤモヤ

No. 40

いい人なのに結婚に踏み切れない

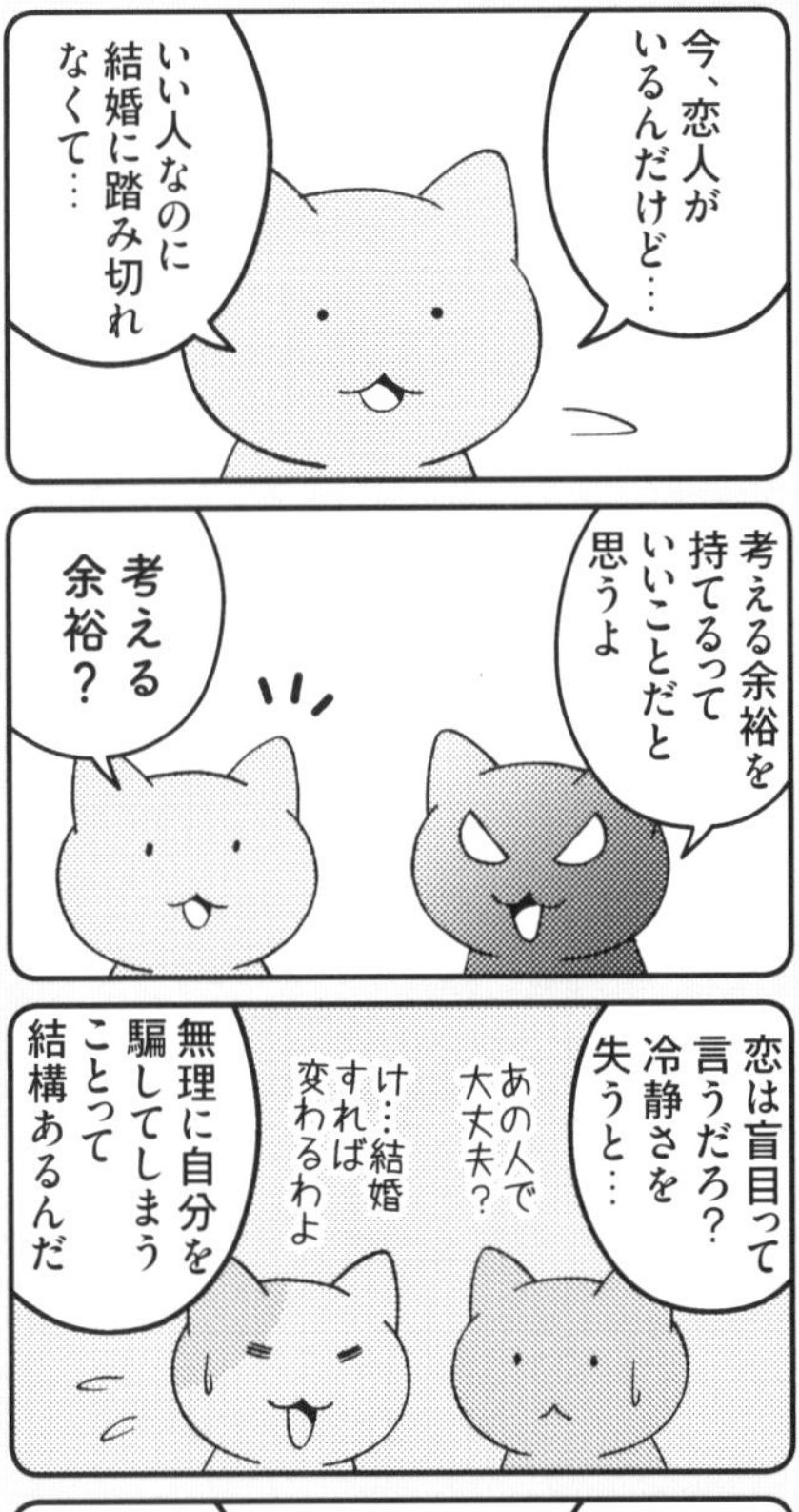

考える余裕があるのはいいこと

結婚って人生の中では、かなり大きなイベントです。もし、相手がいい人なのに、結婚に踏み切れないとしたら、きっと何か、理由があるのだと思います。

結婚に迷うときって、大抵の場合は、自分や相手、もしくはお互いの家族や親族に問題があるときです。恋人のうちは我慢できたけれど、お金の問題があるとか、浮気の心配があるとか、もしくは、お互いに問題はないのだけど、双方の家族に問題があって、結婚となるとトラブルが予想されるとか。

でも、今の相手が本当にいい人で、自分にも思い当たるふしがなく、周囲の人間関係にも心当たりがないなら、原因は別のところにあるかもしれません。

例えば単純に、「まだ結婚って年じゃないな」と、無意識に思っていることもあります。両親や、周りで結婚した人たちを見て、知識として、「結婚したら何を得て何が制限されるか」を知っているので、まだ自分にやりたいことや夢があったりすると、すぐに結婚に踏み切れないこともあります。

また、相手が申し分なさすぎて、恋人ならともかく、いざ結婚となると、結婚相手が本当に自分でいいのだろうか？　と。真剣に相手を想う気持ちから、悩んでしまうこともあります。

そういった理由の部分は置いておいて、私は結婚を決める際に、考える心の余裕が持てるのは、とてもいいことだと思います。結婚って後の人生を左右するような大きなイベントなのに、それを決める際に「恋は盲目」の状態になってしまったり、「結婚を早く決めなくてはいけない」と、焦って理性が働かないことがあるからです。

例えば、相手のことが大好きすぎて、今も浮気やお金の心配があるのに、「結婚して子供ができたら変わってくれるはず」と、自分の不安をだましてしまう人がいます。また、「あなた、いくつになったら結婚するの？」なんて、日頃から周りに焦るようなことばかり言われていると、たとえ相手は冗談で言っていたとしても、無意識に、「早く結婚しないと…」と思うようになるでしょう。

いずれにしても、焦って決めた答えというのは、よく考えずに決めたこともあり、あまりよい結果につながらないことが多いです。

結婚にすぐに踏み切れないのは、悪い理由ばかりじゃないです。立ち止まる勇気を持てたり、よく考えたいと理性が働くのは、焦っていない証拠です。相手に対する依存も少ないと思います。だから、そういったときに出した答えなら、何を選ぶとしても後悔は少ないと思うので、自信を持って選んでいいと思います。

考えるだけの心の余裕が持てるときって、きっと相手も、本当にいい人なのだと思います。返事を焦る理由の一つに、相手からのプレッシャーがあります。こちらが焦っていなくても、あちらが焦っていると、考える余裕ももらえず、答えを急かされることが結構あります。すぐに決めないことで不安にならないのは、相手もこちらの気持ちを、尊重してくれる人だからだと思います。時間をくれた相手のためにも、お互いの幸せのために、納得いくまでじっくり考えるのがいいと思います。

ちゃんと時間をかけて選んで、幸せな結婚生活を送っている人をたくさん知っています。だからどうか焦らずに、周りの言葉に惑わされることなく、自分と相手の幸せを一番に考えて決めてください。

モヤモヤ
No. 41

わかっているくせに…

わかってないかも?

これは本当によく聞く話なのですが、自分が忙しいのがわかっているのに、結婚相手が家事を手伝ってくれなかったり、全く手助けしてくれなかったり…、「私は家政婦じゃないわよ!!」なんて、夫に腹を立てている妻も多いとか…。

そういったことが原因で、夫婦の関係がギスギスしてしまうこともあるようです。

相手をかばうわけじゃないのですが、それって本当に「忙しいのがわかっているのに手伝ってくれない」のか、一度、確認した方がいいと思います。なぜなら、本気でわかっていないかもしれないからです。

例えば、企業への就職経験がある方はわかると思うのですが、会社の仕事には、「担当」があります。担当が決まっているものに対して口を出したり、援助を申し出るのは、大抵は、相手の仕事に不安や不満があるときです。口に出すことで相手への評価が低いと、誤解させることもあります。だから、「家事は妻の担当だから…」と、仕事と同じで担当外だからと、遠慮している可能性もあります。

一度聞いてみて、怒るのはその後でも遅くはないと思います。

Chapter 04

自分の悩み

モヤモヤ No. 42

ついSNSなどで愚痴ってしまう

戦えないときは愚痴らない

人間関係や理不尽な出来事に、どうしようもなく心が疲れてしまったとき…。インターネットでSNSやブログにログインして、ちょっとだけ愚痴を吐きたい…。そんなときもあると思います。でも、ちょっと待ってください！　心が疲れているときだからこそ、ネットで愚痴を吐くのは、やめた方がいいかもしれません。

別に、ネガティブな発言はよくないとか、面倒な人と思われるからとか、見た人が気分が悪くなるからとか、そういう理由じゃありません。ネットで愚痴を言って、なぐさめてくれる人や共感してくれる人も確かにいます。でも、それと同じくらい、攻撃的な人や、嫌なことを言いたい人も集まってきます。

SNSをよく使う方なら心当たりがあると思いますが、人を攻撃する人たちは「叩いていい人」を探しています。炎上した投稿に攻撃的なコメントを書いた人たちのほとんどが、当事者とは全く関係がない人たちです。マウントを取りたい人、日頃のストレスを発散したい人、罵詈雑言を吐いてスッとしたい人、皆が叩いているから話題に乗っかりたい人、あなたにもともと悪意を持っていた人…（少数派）。

せっかくストレスを和らげるために書いたのに、運悪くそういった人たちの目にとまれば、より大きなストレスを抱えることになります。最近は匿名は匿名じゃないので、誹謗中傷が原因で裁判を起こす人もいます。でも、そこまでするにはかなりの時間と手間が必要なので、それまでの期間を耐えるだけの、心の強さや体力が必要です。

また、もしあなたの知り合いで、あなたのことをよく思っていない人がそれを見たら、「今、私は弱っています！　叩くなら今です！」と教えるようなものです。そういう人に限って、嫌いな人のＳＮＳを毎日チェックしています。

犯罪もいじめも狙われやすいのは、弱そうな人や弱っている人です。相手の目的は、自分以外の誰かを叩くことなので、反撃されたら自分がダメージを受けてしまいます。だから、強そうな相手や、仕返しをしそうな相手はあまり狙いません。動物だって最小限のリスクで確実な狩りをするために、弱っている個体を狙うし、種族によっては群れで一匹を狙います。

だから、ネットで愚痴るときは、もう少し戦える体力や気力があるときがいいと思います。何かを言われてもスルーしたり、反撃する力があるときなら、ちょっとくらいストレス発散に愚痴っても、勝てると思います。

どうしても心が疲れて、誰かに悩みを話したいときは、可能なら信頼できる家族や友人、そういう人がいないときはプロのカウンセラー、厚労省の電話相談窓口もあります。ネットで調べれば「こころの健康相談統一ダイヤル」や「よりそいホットライン」など、いくつかあるので、どうしても思い詰めてしまったときは、相談してみるのもいいと思います。

悲しいけれど、特にネットの世界では、性善説はあまり通用しません。最近は誹謗中傷が原因の事件も増えて、ＳＮＳなども防止策を検討していますが、今はまだ、自分の身は自分で守るしかありません。

戦えないときは愚痴らない。愚痴るなら、戦えるときにしておきましょう。

モヤモヤ

No. 43

理想の自分を演じてしまう

自分らしい理想にした方がいい

人間、誰しも理想があります。それこそ、子供のころから「こんな人になりたい」「こんな仕事をしたい」と思った経験が、誰しもあるはずです。

でも、理想の自分と本来の自分って結構違っていて、頭で思い描いたことを実際に行動に移すと、向いていないことが多々あるんです。それでも理想の自分になるために無理して自分を抑えたり、演じてしまうと、大きなストレスになるし、いつかは壁に当たります。

そんなときは、本来の自分を見つめ直して、本当にやりたいことは何か、誰の目も気にしなくていいなら、どんな生き方をしたいか、考えてみてください。

「理想の自分？」と疑問を抱くなら、それは理想の自分ではありません。何を言っているんだ？　と思うかもしれませんが、言葉遊びではなく、無理して思い描いた理想を生きているとしたら、それは「理想になろうとしている自分」で、ワクワクと思い描いていた理想の自分とは、ほど遠い存在だと思うんです。

本当に自分らしい目標を理想にしないと、何度でもこの壁に当たります。

モヤモヤ No. 44

褒められても馬鹿にされてると感じる

「ありがとう」でいいんだよ

自信が持てない人って、褒められるとつい、それを否定してしまいます。自信のなさも、こじらせるとやっかいです。褒められることで馬鹿にされたように感じたり、からかっているのではと勘ぐってしまったり…。例えば、相手が明らかに嫌味で言っているなど、心当たりがある場合は別ですが、そうでなければ、馬鹿にしているのは相手ではなく、素直に言葉を受け入れられない自分の方かもしれません。

「なんで私が馬鹿にする側なの？」と思うかもしれませんが、相手が褒めてくれているのに、「馬鹿にされた」と思うほど勘ぐってしまうのは、相手の見る目より、自分の判断の方が上だと思っているからです。

少し口の悪い言い方ですが、「馬鹿にするな、お前の言っていることは間違っている！」と言っているのと同じなわけで…。結構、相手にひどいことをしていたんだ…と思いませんか？　でも、そういうことです。

自信は持てないかもしれませんが、褒められたら「ありがとう」でいいと思います。勘ぐらずに、言葉のまま素直に受け取りましょう。

モヤモヤ No. 45

死ぬのが怖い

怖い方がいいものもある

「死ぬのが怖い」

大抵の方は、死ぬのが怖いと思います。

「どうすれば死ぬのが怖くなくなると思う？」なんて、物騒な話題を振られたことがあります。もし、死への恐怖をなくせたら…、人生の悩みや苦しみの半分くらいは、なくなってしまうかもしれません。それくらい、死を恐れる人は多いです。「いつか、死ぬ」という恐怖は、生きている間中、常につきまといますから。

でも、私は、死への恐怖はなくさない方がいいと思います。世の中には、怖いままの方がいいものもあると思うんです。人は怖くないものに対しては鈍感になります。死への恐怖があるから、死なないように気をつけます。もしも死が解明されて、死への恐怖がこの世からなくなってしまったら…。死が怖くないということは、死が終わりではなくなるような気がします。

ゲームと一緒で、死んでもコンティニューできるような状態です。それを喜ぶ人と悲しむ人、どちらが多いかわかりませんが、終わりがある日を恐れるように、終わりが見えない人生では、死とはまた別の何かを恐れたり、簡単に死を選ぶ人が増えてしまうような気がします。

少し話がそれましたが、今のところは、死というのは今生の別れで、恐れるべき対象です。私もつい昨年のことですが、手術で入院をしたときに、初めて「自分の死」について真剣に考えました。別にそこまで大きな病気ではないし、失敗する方が珍しいくらいの手術でしたが、人生は何があるかわかりません。大切な人たちとの別れは既に何度も経験しましたが、自分が死ぬ側の立場だったら？ それについて、ここまでちゃんと考えたのは、それが初めてでした。

まず、最初に思ったのは、残していく人たちとペットのことでした。月並みですが、できる限り負担を減らしたいなって。家族が亡くなったときに、本人がいないことで事務手続きで苦労したことなどを思い出し、お金のこと、仕事や友人の連絡先、手続きに必要な情報をまとめて、もしもの際は猫のことを頼むと友人にお願いしました。意外と冷静だなぁと思ったけど、遺書だけは書けませんでした。

それを書いたら、帰ってこれないような気がして。
そのときに、なかなか死は覚悟できないし、自分も死が怖いのだと思いました。

怖いという感情は、消してしまいたいときもあるけれど、人間が生きている間は、必要な感情なんだと思います。だから私は、「死ぬのが怖い」でいいと思います。

そうそう、死について考えたときに、少しファンタジーなことも考えました。もしかしたら死ぬときに、怖いという感情と引き換えに、あちらへ旅立つ切符をもらえるんじゃないかって。死を恐れる気持ちは、これから先も人生を歩んでいくための片道切符で、この気持ちをなくしたら、生者の道から外れてしまうのではないかと。

まだまだ長生きしたいので、しっかりと、死を怖がって生きていこうと思いました。

モヤモヤ No. 46

自分にないものばかり求めてしまう

ほしいものが明確でいい！

お金や容姿など、自分にないものを求めるとき、「ないものねだり」なんていう言葉があるせいか、それは欲が深くて、あまりよいことではないと考える人もいます。でも、自分がほしいものがわかっているって、すごくよいことだと思います。

目標を立てようとしても、自分が何をしたいかわからない人っていませんか？

自分がしたいことって、何がほしいかわかっていた方が見つけやすいんです。例えば「異性にモテたい」「お金持ちになりたい」「美しくなりたい」とほしいものがわかっているとします。ないものなので、今はまだ手に入れてないです。これをどうすれば手に入れられるだろう？　これを手に入れることで、できる仕事は何だろう？　と考えると、「モデルになりたい」とか「女優になりたい」とか、目標が立てられます。

また、チャンスをつかみやすいのも、自分がほしいものがわかっている人です。それがわからないと、流れていくチャンスを見逃してしまいます。

だから、自分にないものはガンガン求めていけばいいと思います。

モヤモヤ No. 47

「どうせ自分なんか…」と落ち込んでしまう

負ける覚悟ができている奴は強いぞ

「どうせ自分なんか…」と落ち込んでしまうときは、こう考えてみてください。

「どうせ」という言葉は、「どんなにやっても…」「いずれにしても…」「どっちみち…」と、かなりがっつり諦めるときに使います。勝負で言えば、初めから負けの覚悟ができている状態です。救いのない状況のようにも思えますが、物事において、負ける覚悟ができている人ほど強い人はいません。ある意味、無敵だと思います。

どうせダメなら、何でも全力でできます。あとのことなんて知りません。負ける覚悟ができているときは、自分より下がいないわけで、下がいないということは、上がる以外の道もないんです。

まだ諦めていない人も強いけれど、失うものがない人ほど強い人はいません。「負けたらどうしよう」という恐怖やプレッシャーがないから、初めから吹っ切れています。

だから、「どうせ…」と落ち込んでしまうときは、「でも、今、無敵だな」って思ってやってみてください。そういうときほど、思わぬ成果が出せるものです。

モヤモヤ No. 48

どこにも居場所がない

自分で居場所を作ればいい

いつからそう思い始めたのか、きっかけは覚えていません。でも、私にも「どこにも居場所がない」と思っていたときがありました。

家族とか、恋人とか、友達とか、そういったカテゴリの人がそばにいても、居心地が悪く感じたり、いないときは孤独を噛みしめてしまったり。「どこにも自分を理解してくれる人がいない」「どこにも自分が帰れる場所がない」。毎日、そんなことばかり考えていた気がします。

今はどうかというと、正直、あのころより一人でいる時間も長いし、友達ともなかなか会えないし、「どれだけたくさんの人が自分のそばにいるか？」という意味で言えば、あまり変わってないか、前よりも悪くなった気がします。でも、それで以前のように落ち込むかというと、それが、ないんです。

もちろん、「彼氏がほしいなぁ」とか、「友達にもっと会いたい！」とか、そういう気持ちは湧きますが、それは別に、人に居場所を求めているのではなく、日常ネタとして笑って言える話です。そういえば昔は、新しい土地へ行けばそこに居場所があるような気がして、結構な引っ越しマニアだったんですが、今は、どこか遠くへ行けば居場所があるってもんじゃないな…と、思っています。

悩み続けたある日、「居場所って、なきゃだめなのかな？　そもそも居場所に、自分は何を求めているんだろう？」…と、思いました。

だって、誰といても居場所がない、どこに住んでも居場所がないと感じてしまう。世界中探しても私の居場所なんか見つからない気がしました。でも、冷静に考えると、あれほどこだわっていた居場所がなくても、何十年も生きてこれました。恥ずかしい話、昔は居場所がないと生きていけないような気がしていたんです。私にとって居場所は、自分が生きるために、必ずしも必要なものではなかったことに気づきました。

そう思ってからは、どこにいても誰といても、「今ここにいるのだから、ここが自分の居場所だな」と、思うようになりました。自分で自分がいていい場所を決めてしまえば、そこはもう、自分の居場所になります。

これは、私の場合の話なので、万人が使える「居場所を作る方法」とは言えませんし、「そんなの結局一人のままじゃん！」って思う人もいると思います。

「居場所がない」の「居場所」って、それが何かは人それぞれです。物理的に誰かがそばにいれば「居場所ができた」と満足する人もいると思います。私の場合は探していたのが精神的に安定できる場所で、そのためには、一度、自分が孤独でいいという覚悟を受け入れる必要があったのだと思います。

もし、居場所がなくて辛いと感じる人は、今の年齢まで、居場所がなくても生きてこれたことを、受け入れてみてください。この先も今までと同じように、居場所を探し続けるとしても、「居場所がなくても生きてこれた」という事実は、心の支えになるかもしれません。居場所がなくても生きてこれた人は、きっと自分で居場所を作れる人なのだと思います。

モヤモヤ No. 49

死ぬことばかり考えている

生きてる理由を考える

「毎日、辛くて、死ぬことばかり考えている」

人生の中で、何度かこの相談をされたことがあります。

死にたいってよほどのことです。もしこの問題を解決しようと思ったら、きっと死にたいと思った期間と同じくらいに、時間がかかるだろうし、ちょっとした一言で解決する問題じゃないので、真剣に向き合うための時間が必要になります。

毎日、辛くて死にたいのに、今日も生きている。それはなぜでしょう？ 別にあおっているわけではありません。その理由があることが大事なんです。今日も死なずに生きられた理由、それが、どんなにささいなことでもいいんです。

「死んで迷惑をかけたくなかった」
「もう一度会いたい人がいた」
「人と会う約束があったから」

個人的な思いでも、捨てきれない未練でも、「え？　それだけ？」と言われそうなちょっとしたことでも、何でもかまいません。1個でも10個でも、できれば数えきれないくらい。理由があればあるほど、それに対して向き合っている間は、生きていくことができます。

どうせ死んでしまうなら…という気持ちで、行きたかった場所に行ったり、ダメ元の挑戦をしてみてもいいです。それをやることで結構楽しかったり、景色が綺麗でまた見たいと思えば、未練になります。本当は一気に心をつなぎとめるような大きな理由が見つかればいいのですが、小さなこともたくさん集めれば、未練は増えていきます。

私は、できる限り「死にたい」という言葉を使わないようにしています。自分の性格的に、一度言葉にしたことはやらなきゃいけないような気がして、人に言えば、それに向かって動いてしまうから、少しでもこの世に未練のあるうちは、怖くて言えないんです。可能であれば、一生、この言葉は使いたくないと思っています。
だからこそですが、本気であろうとネタであろうと、身近な人に「死にたい」と言われたら、本気で止めるし、それでだまされたこともありますが、それでも、次も本気で止めると思います。当たり前のことですが、本当に死んでしまったら、二度と会えません。嘘やネタなら、それがわかったときに笑えばいいんです。命は一つしかないから、一度止めるのに失敗すれば、もう、それで二度と会えなくなってしまいます。

悲しいことですが、毎日のように「死にたい」と言っていると、いつかそれを軽く受け止める人が出てきます。「死ぬ死ぬ詐欺でしょう？」、そういったキツイ言葉を吐く人もいます。その気持ちもわかります。もし、かまってほしいだけで毎日死にたいと言われ続けたら、聞かされた方の心が病んでしまいます。

でも、本気で死にたいと思っている人が言っている「死にたい」は、本音です。毎日、本当に心からその言葉が頭に浮かんできて、口に出してしまうのだと思います。

だから、もし、身の回りでそういう人がいたら、決して軽く受け止めず、相談に乗ったり、病院での診察を勧めるなど、本気で受け取ってあげてください。

失った後では、後悔することしかできません。

モヤモヤ No. 50

占いにはまるのは変？

占いのせいにしなきゃいい

占いって楽しいですよね。私も好きです。占いをどう使うかは人それぞれですが、私は、自分の意思を確認するのに手っ取り早いツールだなって思っています。

例えば、占いで「仕事に難あり」と言われたときに、仕事が絶好調だったとします。「はぁ？　うまくいってるし！」と思ったら、今、本当に仕事が絶好調なのだと思います。逆に、占いが気になってモヤモヤするなら…多分、自覚はないけれど、うまくいっているようで、どこかで不安を感じているのだと思います。

悩みごとって、自分で考えてもすぐに答えが出ないけれど、外から言われると、パッと反射的にＹＥＳ・ＮＯが浮かんでくるので、そういうときに占いは便利です。

ちなみに占いに本気ではまるのが変かというと、人に迷惑をかけなければ、何を頼りに生きても、個人の自由だと思います。ただ、何か起こったとき、占いのおかげや占いのせいにはしない方がいいと思います。うまくいったら努力を認め、失敗したら素直に反省。そうでないと、占いに振り回されたり、現実逃避するクセがつきます。

個人的には、自分の運命のジャッジは、自分以外に委ねない方がいいと思ってます。

モヤモヤ No. 51

人と親密な関係が築けない

無理に築かなくてもいい

人と親密な関係を築けなくても、別にいいと思います。だって親密な関係って、深い仲になることです。築こうとして作れるものじゃありません。それに、「人生に必要なものだ！」と、親密になれそうな人に目星をつけて、そういった関係を作ったところで、ストレスにしかならないと思います。親しい仲を保つには、それなりの対価が必要です。それが苦にならないのは、相手のことを本当に心から好きなときだけです。

親密な関係って、なるときは、なってしまうものです。絶対に結婚しないと言っていた人が、一目ぼれで電撃結婚することがあるように、それは突然訪れます。「結婚できないってやばいじゃん！」と、焦って変な相手をつかむと、後に問題が出てくるように、親密な相手も、いりゃあいいってもんじゃないんです。

「親密な関係の人がいない」と言うと、人に心が開けない欠陥のように感じるかもしれませんが、少し言葉を変えて、「すっごく深い仲の人は、まだいない」って言うと、「フーンそうなんだ」くらいのノリに感じませんか？　無理に深刻に考えず、独身を謳歌するように、今は自由を満喫しましょう。

モヤモヤ
No. 52

お金に執着しすぎて引かれる

お金は必要

お金に執着があるって、そんなに悪いことでしょうか？
確かに「執着」という言葉は、いい意味では使いません。「心をとらわれて、離れられなくなること」ですから。ただ、お金に関して言えば、現代においては、それがないと、「生きるのに困るレベルで必要なもの」です。それを、「心をとらわれるな、離れろ！」って悪く言うのも、無責任な話です。

お金への執着を悪いとする例は、調べればきりがないほど出てきます。大抵はお金に執着することで、自分や人を不幸にするから、執着はよくないという話です。でも、人って、全く執着がないものに対してはがんばれません。「好きなことをがんばっていたら、いつの間にかお金には困らなくなっていた」という、理想を絵に描いたような人もいますが、大抵は、お金のことを考えずに好きなことだけしていたら、生活がなりたたなくなります。

お金への執着が人を不幸にするかは、その人次第です。お金は生きるのに必要なものです。ある程度は執着してもいいと思います。

モヤモヤ
No. 53

いつも不安に駆られてしまう

どうせ起こるときは一緒

不安になるのは簡単です。今の自分がやっていることや未来について、ネガティブな視点に立って考えれば、不安はゴロゴロ出てきます。言い方は悪いけれど、人間は不安製造機みたいなものです。燃料さえ投下すれば、ガンガン不安を生み出します。

だからこそ、「もし〜だったら」は考えすぎない方がいいと思います。もちろん、災害に対する備えや防犯など、必要最低限のことは別ですが、起こってもいないことを妄想し、「どうしよう!?」って不安になっても、答えはずっと「どうしよう」のままです。だって、まだ何も起きてないのですから。不安に燃料を与えてはいけません。

起きても起きなくても不安なら、何もないときは一秒でも気楽でいた方がいいと思います。不安になるとストレスを感じ、ストレスが強いと身体を蝕みます。それで体調を崩してしまったら、本当に何かがあったときに、役に立ちません。

何もないときは、無理に「もし〜」を考えるのはやめて、できるだけ元気に健やかに、楽しく過ごすよう、心掛けるのがいいと思います。

不安を備蓄しても、いいことなんて、何もありませんから。

モヤモヤ No. 54

異常がないのに病気な気がする…

よほど丈夫か本当に異常がないと思おう

医者が異常がないと言うのに、病気が気になるときは…。

体感として健康状態が悪いと感じるなら、その医者がヤブということもあるので、急いでセカンドオピニオンを探して、診てもらった方がいいと思います。

でも、医者が異常がないと言い、自分も異常を感じないのに、病気が気になるなら…。おそらく、家族が持病を持っていて遺伝が心配とか、たまたまテレビやネットで、病気の不安をあおるものを見てしまったとか、別の理由があるのではないでしょうか？

言い方は悪いのですが、その不安は多分、妄想です。プロの医者が言ったことと自分の妄想と、どちらが信憑性が高いかといえば、間違いなく医者の言葉です。その医者が診てもわからないなら、その病気は未知の病です。

未知の病なのにピンピンしていて、どこにも異常を感じないなんて…、それってすごすぎませんか？　しかもそれを素人の自分だけが見抜いてるなんて…。これはあくまで私見ですが、本当に異常がないだけだと思います。気持ちだけの問題なら、気にしすぎないようにしましょう。それでも不安なら、セカンドオピニオンへ。

モヤモヤ No. 55

アイドルにはまるって変？

好きになる対象によって変と思う方が変

人って何となく、周りに話して受け入れてもらえるか、自信がないものを好きになってしまうと、「自分は変なのかもしれない、人から見たら変かもしれない」と、不安になってしまいます。

例えば…、いい年をしてアイドルにはまってしまったり、ゲームで廃人プレイで超課金をしてたり、同人誌の処分を遺言で友達に頼んでしまうレベルの腐女子だったり…。

でも、生活が破綻していたり、誰かに迷惑をかけていないなら、好きなことに夢中になれて幸せで、経済もガンガン回しているわけで、何が問題なのでしょう？　好きになる対象によって、変だと思ったりする方が偏見だし、変じゃないでしょうか？

逆に聞きたいです。何歳に何を好きで、何に対してお金や時間を使ったら、万人から見て変じゃないのか。おそらく完璧な答えって、誰にも言えないと思います。

好きになる対象によって変だと思うことが一番変です。自信を持って大好きでい続ければいいと思います。

モヤモヤ

No. 56

自分で自分を追い込んで逃げられない

自分だからこそ逃げ道がある

職場や友達から逃げられないという言葉を聞きますが、自分に厳しい人の場合、自分で自分をどんどん追い込んでしまって、「自分から逃げられない」ことがあります。

他人なら距離を置いたり縁を切れば逃げられますが、自分の思考は切り離せません。だからこれについて考えると、「逃げられない」気持ちがますます強くなってしまいます。私も暇さえあれば考えるタイプだし、自信が持てない人間なので、よく、自分で気持ちを追い込んでは、逃げられないと嘆いていました。それでもやっぱり逃げないと辛いから、逃げる方法を考えました。

他人から逃げるのと同じように逃げてしまおう。

多分、「何を言っているの？」と、思いますよね。切り離せないんだから、逃げられるわけがないじゃないかって。でも、他人から逃げられたのって、逃げきれる場所を見つけたからです。心も読めない他人から逃げる方法はわかったのに、世界で一番よく知っている自分から、本当に逃げられないものでしょうか？

ここで一つ、最初に書いたことを少し訂正しないといけません。「他人なら距離を置いたり縁を切れば逃げられる」という部分。これって、物理的に危害を加えられていたときの話です。心は、距離を置いたり縁を切ったりしても、逃げられません。

例えば、ブラック企業にいてパワハラで暴力や暴言を受けたとします。常にそのことで悩んでストレスを抱えるようになり、家にいるときも心が休まらないとします。距離を置いたり縁を切って逃げられるのは、「社内での暴力や暴言」の部分です。後半の、常にそのことで悩んで抱えたストレスは、会社以外でも起こっているので、パワハラ相手がいない場所でも、自分が思い出すことで起こっています。

パワハラで悩んでいた人は、会社を辞めることで元気を取り戻す人が多いです。暴力を受ける場所から離れたことで、心身を回復していきます。

不安をあおる気はないのですが、会社を辞めてパワハラ上司から離れれば、それを思い出すことはなくなるのでしょうか？　普通に考えれば、そうポンポンと嫌なことを忘れられないと思うんです。だって、会社を辞めて逆恨みで何かされたら…とか、そういう不安を抱くこともできます。それでも心が解放されたのは、「辞めれば自由になれる」と信じていたからだと思います。会社を辞めるというゴールが、自分が設定した「他人から逃げきれる場所」だったのではないでしょうか？

自分で自分を追い込んでしまうのは、パワハラ相手がいない場所で悩んでいたときと同じ状態です。でも、先ほどの例で言えば、自分が膨らませたストレスも、会社を辞めることで減っています。他人から逃げたようで、自分が思い出して付け足した呪縛からも、ちゃんと逃げることに成功しているんです。だから、自分で自分を追い込んでしまう状況からも、同じ方法で逃げられるのではないか？　と、思いました。

「逃げきれる場所」を、同じように決めてしまうのはどうでしょう？　自分がどういうときに安心できるかを考えて、そういう行動や場所を、ゴールに設定するといいと思います。それがどこかは、世界で一番、自分がよく知っているはずです。

逃げられないという思い込みをなくせば、逃げ道はあると思います。

モヤモヤ No. 57

貯金したくてもお金が貯まらない

原因がわからなきゃ貯まらない

「貯金をしたくてもお金が貯まらない！」。そんな不満をよく聞くけれど、冷静に考えると、どうしてそんなにお金が貯まらないのでしょう？

ざっと世の中を見渡せば、社会という同じ土俵の上で、さまざまな収入の人がいます。全員が等しくお金が貯まらないわけではありません。余りすぎて奉仕で配っちゃっている人もいます。だから、お金が貯まらないなら、理由を考えなければいけません。収入が低いのが原因なら、給料の値上げを交渉したり、転職したりして、収入を上げないと貯まらないし、散財するなら、浪費癖を直したり。無駄遣いをやめないと貯まりません。

「なんとなく貯まらない」はないし、貯めなければ、お金は貯まりません。

特に何かしなくても、財布を気にしなくていいだけの給料が自動で振り込まれ、気づいたら貯金も勝手に増えちゃった☆　なんてことは、ないと思います。あるなら、私もその方法を知りたいです（笑）。貯金をしたくてもお金が貯まらない人は、原因から考えてみてはどうでしょう？　解決策が見つかるかもしれません。

モヤモヤ No. 58

自分はいったい何をやってたんだろう?

これからやればいい

人生を振り返ったとき、「自分はいったい何をやっていたんだろう?」と、悲しくなったことはありますか?

例えば、何かをやらかしてしまったとかなら、悲しむ気持ちもわかります。だけど、人ってどういうわけか、何もしなかったときにも、同じように落ち込むんです。別にそれが悪いことでもないのに…。

月並みな考え方ではありますが、人生なんて、今日まで無事に生きてきたそれだけで、充分にすごいことです。どんなに「何もしてない」と謙遜しても、生きていくだけで色々なことをやってきています。歴史に名を残すような大きなことはしなくても、小さなことを積み上げてきたからこそ、今があります。

今まで何もしてこれなかったとしても、未来の可能性まで縛ることはありません。犯罪を犯していないのに、冤罪で捕まるくらい理不尽です。始める前に諦めるという呪縛から、自分を釈放してあげてください。

モヤモヤ No. 59

大切な存在を亡くして立ち直れない

今も隣にいたらと考える

人生にはどうしても避けられないことがあります。それは、別れです。どんなに大切でも、大好きでも、大事にしていても、生きていれば必ず終わりがくるし、自分もいつか、その中の一人になります。

大切な人やペットを亡くしたことが、私にもあります。正直、全部が辛くて悲しかったから、どれが一番なんて言えません。

大切な存在を亡くして立ち直れないとき、正直な話、忘れるのは無理だと思います。楽しいことをしても、忘れることはできません。何かのたびに思い出すし、泣いてしまうことだってあります。何も手につかなくなることもあります。

でも、それでは残された側の日常が立ち行きません。だからなのですが、私は亡くなった、大切な人たちやペットのことを思い出すときは、「もし、今も隣にいたら、なんて言うかな？」と、考えるようにしています。

きっと、生前そうであったように、みんな優しいままだと思います。

ペットたちは、私が落ち込んだときにそうであったように、近くに寄り添ってくっついて、悲しそうな目をするかもしれません。

大切な人たちは、自分が悪いわけじゃないのに、「死んでしまったせいで、毎日辛い思いをさせて、それなのに助けてやれなくてごめん」って、謝るような気がします。

「そんな悲しいことは言わせたくないな」って思いました。


人生って、生きていても会えなくなる人はいます。

距離の問題だけではなく、お互いが何かしらの事情を抱えて、直接会うことが叶わなくなったり。でも、たまに連絡を取れるときは、できるだけ「今も元気でやっているよ」って、伝えるようにしています。


だから、亡くなってもう二度と会えなくなってしまった人たちやペットに対しても、同じようにしたいと思いました。「今は遠くにいて会えないけれど、元気でやっているよ」って伝えた方がきっと喜ぶし、安心すると思うので。

もちろん、これは私が勝手に思っているだけで、本人たちが生きてそばにいたら、なんて言うかはわかりません。「いつまでも落ち込んでいて、ばっかじゃないの?」って叱られるかもしれないし(苦笑)。

先程の話とは逆になりますが、もし自分が死んだ後、残していった人たちを、自分がどこかで見ているとしたら、何を思うかと考えたことがあります。残された大切な人たちが、もし悲しみを長く引きずってしまったら…。初めのうちは悲しんでくれることに感謝したり、自分はこんなに大事にされていたんだと、少し嬉しくなるかもだけど、最後は絶対に、早く元気になって、自分のために悲しむより、生きてるうちにできることをたくさんやってほしいって、思う気がしました。

人生はいつ終わるかわかりません。うんと先かもしれないし、明日かもしれない。先に旅立った人たちは、永遠の別れだけでなく、生きている時間は有限だと教えてくれた人たちでもあります。悲しんでいる一秒も笑っている一秒も、同じ一秒です。できるだけ、最後まで笑っていきたいものです。

モヤモヤ **No.60**

将来のことを考えると暗い気持ちに…

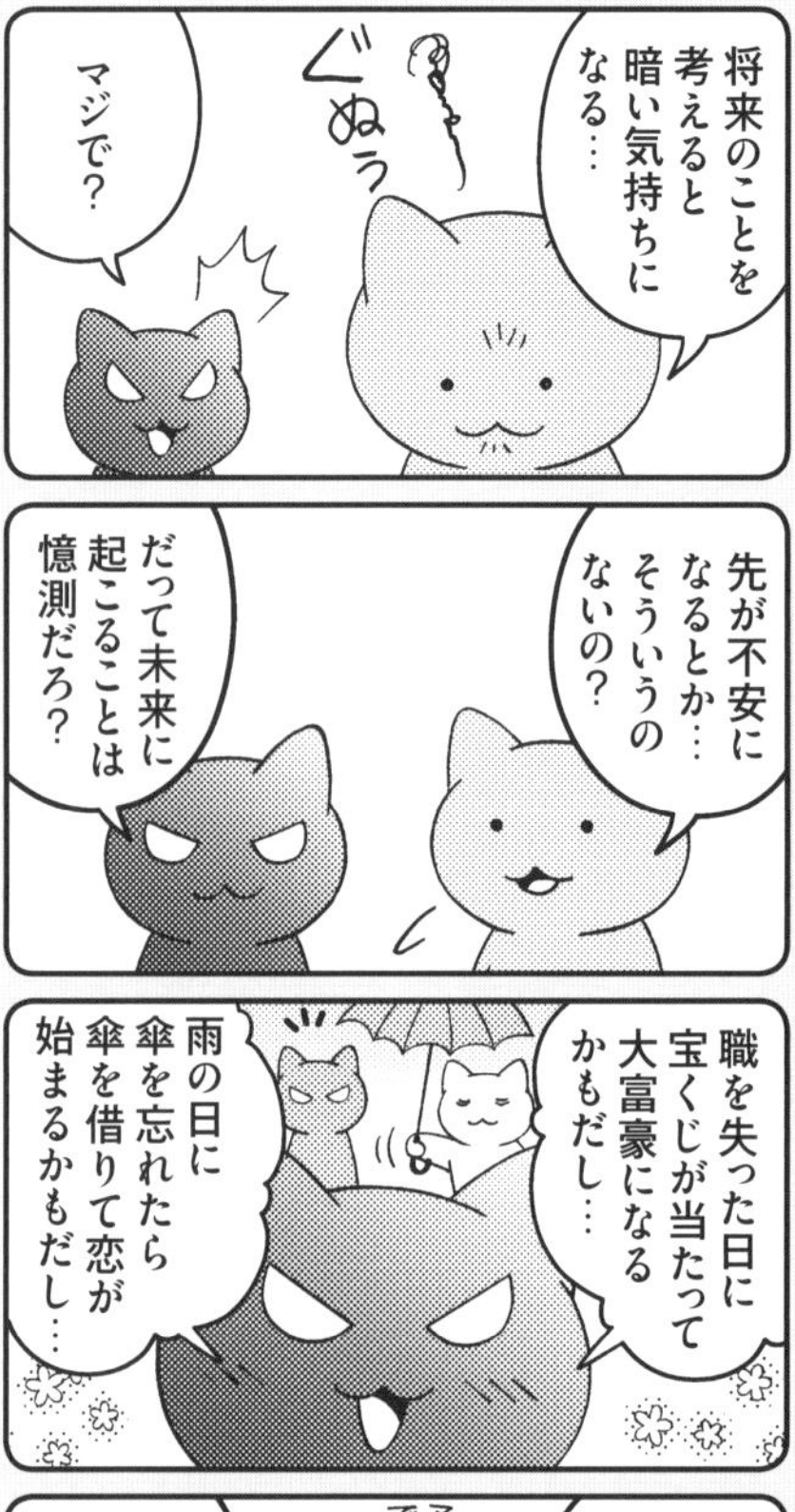

先のことは起こるときまで妄想

先のことを考えて、暗い気持ちになるときは、こう思うことにしています。どうせ先のことは起こるまでは妄想でしかないのだから、都合よく考えた方が、気楽に生きていけるなって。

こんな時代ですし、悪いことばかりを考えてしまう気持ちもわかりますが、それでもわざわざ暗い未来ばかりを妄想して、不安になることはないと思うんです。

この道の角を曲がったらトラックと正面衝突…と思うこともできるけど、この道の角を曲がったら、パンをくわえた女子高生と正面衝突…と思うのも自由です。

できれば何にも当たらず、普通に曲がるのが一番よさそうですが…（笑）。

将来への不安を減らすために、何を備えればいいか。そういった準備のためのシミュレーションであるなら、悪い未来を想定するのもありだと思います。でも、ただ思うだけで何をするでもないのなら、都合のいい妄想でもしていた方が、毎日は楽しいと思います。

おわりに

この度は本書をお手に取っていただき、ありがとうございます。

この本を手にしてくださったあなたと、作品を応援してくださった皆様と、仲間たち、出版の機会をくれた編集さんと出版社の方たちに、まずはお礼を言わせてください。

私はあとがきでは、いつも出版した本にまつわるご縁の話を書くのですが、今回は「はじめに」で書ききれなかったことがあるので、それを少し書かせてください。それは、黒とは対極の白の話です。

私は、白は、色としては好きだけど、イメージとしては、少し怖いのです。

「生まれたばかりの赤ちゃんはまっさら…」と表現するように、白には濁りがありません。そして、他の色が混ざれば、白ではなくなってしまうから、他と混ざり合うことができません。人にたとえるなら、周りの声が届かない状態です。

おわりに

また、白は光のイメージでもあります。光というのは強すぎると直視できません。自分が光の中心にいるとき、周りは暗く見えるのです。仮に白を正義としたとき、正義に盲目になって、周りが悪に見えてしまうのは、そういうことなのだと思います。

そんなわけで、私は白に、欠点を許さないような厳しさを感じてます。

白と黒、どちらも好きな色だけど、どちらに偏りすぎても生き辛い感じです。

正直なところ、少し楽に生きるなら、私のおススメは灰色です。白と黒を混ぜて作る灰色を、ニュートラルグレーといいます。ニュートラルなので、中立、中間です。

グレーゾーンなんて言葉もあるように、ちょっと「曖昧」なのです。

人生では、ときには曖昧さも必要です。極端な思考を受け流すのに必要なのは、適度な曖昧さだと思います。最後に、それをお伝えしたいと思いました。

逢うべくして出逢う人がいるように、この本があなたにとって、逢うべくして出逢った一冊となれますように。

Jam
（ジャム）

ゲームグラフィックデザイナー、イラストレーター、漫画家。日常で起こる人間関係の悩みを描いたマンガ「パフェねこシリーズ」がTwitterで累計50万以上リツイートされるほど話題となる。
著書にベストセラー『多分そいつ、今ごろパフェとか食ってるよ。』（サンクチュアリ出版）ほか、『にゃんしゃりで心のお片づけ。』（PHP研究所）、『マンガ版 ちょっとだけ・こっそり・素早く「言い返す」技術』（マンガ担当／三笠書房）がある。

言いにくいことはっきり言うにゃん

2020年10月30日　初版第1刷発行

マンガ・文　**Jam**

発行者　池田圭子

発行所　笠間書院
〒101-0064
東京都千代田区神田猿楽町2-2-3
電話03-3295-1331
FAX03-3294-0996

ISBN 978-4-305-70930-1

アートディレクション－細山田光宣
装幀・デザイン ―― 鎌内文（細山田デザイン事務所）
本文組版 ―――― キャップス
印刷／製本 ―――― 大日本印刷

乱丁・落丁は送料弊社負担でお取替えいたします。
お手数ですが弊社営業部にお送りください。

https://kasamashoin.jp

君嶋彼方

君の顔では泣けない

CAN'T CRY
WITH YOUR FACE

Kanata Kimijima

角川書店

目次

君の顔では泣けない …… 3
第十二回 小説 野性時代新人賞 選評 …… 247

君の顔では泣けない

30

年に一度だけ会う人がいる。夫の知らない人だ。

その日はいつもより一時間以上早くアラームが鳴る。夫と娘が目を覚ます前に素早く音を止め、息を殺してゆっくりと布団から這《は》い出る。娘が蹴《け》飛《と》ばしたブランケットをかけ直す。リビングに向かい、カーテンを開ける。七月ともなると六時前にはもう日が高い。いつもこの日はいい天気だ。今日もその法則に違《たが》わず、高い空には雲一つなく太陽が煌々《こうこう》と照っている。普段は見上げたりしない空を仰いでみる。

炊飯器を開ける。セットしたタイマー通りに米がきちんと炊けているのを確認すると、蓋《ふた》を閉じて、トイレに行って顔を洗い、歯を磨く。昨日は早く床に就こうと思っていたものの、なんやかんや二時過ぎまで寝られなかったのですこぶる眠たい。着替えを終え、化粧は新幹線でしちゃえばいいか、と一瞬思ったものの、席に座るやいなや眠ってしまう自分の姿が容易に想像できて、どうにか自らを奮い立たせて化粧道具を手にする。

結婚して子供ができて、着飾ることからいつの間にか遠ざかりつつあるが、今日は久々に気合を入れる。あいつに老けたなとか変わったなとか思われるのが一番むかつくのだ。

化粧を終えて壁にかけた時計を見上げる。家を出る時間まで少しだけある。シンクに溜《た》まっている水に浸《つ》けたままの食器を洗い始める。

家族三人が詰まった小さな部屋は、物が多く雑然とはしているものの、きちんと片付いている。これでも家が不快な場所にならぬよう充分に気を配っているつもりだ。室温も匂いもクッションやソファや布団の柔らかさも、常に最適に保っていなければならない。

八分目まで腹を満たしたごみ袋を箱から取り出し、新しい袋を取り付ける。口を縛って玄関先まで持っていく。もう一度用を足し、手を洗うと足音を殺して寝室へ再び入る。

夫は気配に気づくことなく、大きな体躯《たいく》を丸めてすやすやと眠っている。その隣で娘も同じ格好をして寝ている。また蹴飛ばされたブランケットをそっと拾って、娘にかける。エアコンの除湿を温度高めでつけて、夫のくしゃくしゃの癖っ毛を撫《な》で「いってきます」と小さく声をかける。返事とも寝言ともつかない低い呻《うめ》き声が聞こえてきた。

新幹線ではどうしてか眠れなかった。駅のコンビニで買ったおむすびと麦茶を口にして、それなりの満腹感でまどろみは傍に来ていたものの、眠りにまでは誘《いざな》ってくれない。とはいえ東京駅から一時間もしないうちに着いてしまうほどの距離なので、下手に眠ってしまわない方がいいのかもしれない。バッグから日記を取り出し、ぱらぱらとめくって読み返す。日記は高校生の頃からつけている。最初は煩わしかったが、今ではもう日常の一部になっている。

日記を読み終えてしまうと、することもなくなってしまって、仕方ないのでぼんやりと窓の外を眺めていた。銀色のビル街はとっくに遠ざかって、辺りは木々と畑ばかりになっている。この景色を目にすると、故郷が近くなってきたな、となんだかそわそわする。正月に夫と娘と三人で向かうときはそんな気持ちにはならない。娘がお腹空《す》いただの新幹線飽きただのとすぐにぐずって、それをつい強く叱ると、そんな怒鳴らなくてもいいでしょと夫が口を挟み喧嘩《けんか》が始まる。大体いつもそんな感じだ。郷愁に駆られる暇なんてない。

　でもこの気持ちは、故郷を懐かしむものとはまた違う。どちらかというと不安という感情のほうがしっくりくる。何も変わらないでいてくれという願いにも近いかもしれない。

　正月と、そして七月の第三土曜日、年に二回は必ず実家へ帰るようにしている。それなりに顔は出しているはずなのに、その度に周辺の変化に驚かされる。隣に住んでいた同い年の子が旦那《だんな》を捨てて駆け落ちしたとか、大通り沿いの老舗の寿司《すし》屋を息子がラーメン屋に改装してしまったとか。人口の少ない小さな町のくせに、なぜかやたらと話題には事欠かない。

　何かが変わってしまうことが昔からずっと苦手だ。中学や高校に上がった時も初めて会社勤めをし始めた時も不安でいっぱいだった。その不安は今でもまだ付いて回っている。いずれここまで積み上げてきたもの全てが崩れ去って、何もかもが変わってしまうんじゃないかと恐れている。でも、その方がいいんじゃないのかとも思っている。

　結局一睡もできないまま新幹線は駅に到着した。新幹線が停まるだけあって大きな駅ではあるが、人の数は少なく、降りる姿もあまり見られない。駅前はビルがずらりと並んでいるだけで、観光地ではないせいもあるのだろう。着いたよ、とだけ母にメッセージを送る。即座に電話がかかってくる。

「はい、もしもし」

「もしもし？　あのね、いつものとこ待ちあわせで」

それじゃあね、と言って電話が切れる。それだけならわざわざ電話してこなくていいのに。肩にかけたバッグを持ち直し歩く。

東京の夏とは違って、こちらの暑さはあまりじめっとしていない。それでもやはり外に出て歩くと首筋や背中にじっとりと汗をかく。駅の出入り口に繋《つな》がっている陸橋を降り、ロータリーできょろきょろと辺りを見回していると、「まなみー！」と母の声が聞こえた。振り返ると車の窓から顔を出して母が大きく手を振っている。小走りで車へ向かう。

「ちょっと。恥ずかしいから大声で名前呼ぶのやめてってば」

数ヶ月ぶりに乗る実家の車は、やはりいつもの通りちょっときつい古いシートの臭いがした。苦手な臭いだ。バッグを肩から降ろし、後部座席に深く腰掛ける。

「だって呼ばないとあんた気づかないじゃないの」

「クラクションとか鳴らせばいいじゃん」

「あらやだあんた、荷物それだけなの？」

「一泊しかしないんだから充分でしょ」

「せっかくわざわざ来たんだから、もうちょっと泊まっていけばいいのに」

「まどかのこともあるんだから、そんなに何泊もできないよ」

「というかあんた、毎年毎年ひとりでこっち来てだいじょうぶなの」

「大丈夫だよ。涼《りょう》も分かってんだから平気だって」

「あんたねえ、なんでもかんでも涼さんに頼りっきりじゃだめよ」

はいはい、とシートに身を沈める。

窓の外に目をやる。車はいつの間にか駅前からだいぶ遠ざかっていて、車通りも歩行者もだんだん少なくなっていく。目に馴染《なじ》みのある風景が窓の外で流れて、それをぼんやりと眺めていたらいつの間にか寝てしまっていた。まなみ、と母の声で目が覚める。

「もう着くよ」

水分を失った目をこすりながら外を見ると、「もう着く」というほど家は近くはなさそうだった。大通りとは名ばかりの車通りの少ない道沿いに、古ぼけた商店やスーパーや薬局が立ち並んでいる。

この辺りの街並みも変わらないようでいて、けれど目を凝らすとよく行っていた駄菓子屋が潰《つぶ》れていたり、信号機がＬＥＤになったりしている。道には市民プールに向かう小学生や、部活バッグを肩にかけて歩く中高生の姿がちらほらと見える。

昼過ぎには閉まってしまう老舗のパン屋を目印に左へ曲がって、住宅が立ち並ぶ坂道を車は登っていく。昔はこのずらりと並んだ白い壁の大きな家々が豪奢《ごうしゃ》で誇らしく感じられたものだが、経年のせいか自分が大人になってしまったからかは分からないが、今ではただ大きいだけの古ぼけた家に見える。

車が家に着く。この家も少しずつ変わっていく。『水村』と書かれた表札も実家にいた頃のものよりお洒落《しゃれ》になった。門扉の脇に飾られている花の種類も帰る度違うものになっている。ドアの傍に鎮座している変な顔の犬の置物も、去年はなかった気がする。

二階のベランダでは白いシーツが風になびいてひらひらと躍っている。車は車庫へと入っていく。荷物を肩にかけ、家のドアを開ける母の後ろについていって、「ただいま」と声をかける。

「お父さん、今将棋会で出かけてるから」

「あ、そうなんだ。意外とよく続いてんじゃん」

「将棋会なんて言ったって、ほとんど指しやしないのよ。お茶飲んでお菓子食べてくっちゃべってるだけ」

リビングでは飼い犬のペロが自分の前足を枕にして絨毯《じゅうたん》で寝そべっていた。かつての飼い主の気配を感じたのか、耳をぴくりと動かし片目をうっすらと開けてこちらを見ている。

「ただいま、ペロ」

荷物を置いてペロのもとへすり寄り、頭を撫でる。くすぐったそうに目をすがめて、尻尾《しっぽ》をぱたぱたと振る。昔は庭で飼っていたが歳を取ってから室内飼いをするようになった。最近はあまり散歩にも行きたがらないらしい。ごわごわに硬くなった毛を撫でながら、あと何度この感触を確かめられるのだろうと考えてしまう。

「ちょっとまなみ、荷物きちんと部屋に置いてきなさいよ」

「はいはい」

「はいは一回。家帰ったら手洗いうがい、洟《はな》もかんで！」

「どうせすぐまた出るもん」

「なに、あんた今日もまた陸《りく》くん連れてくるの？」

「うん、そのつもり。駅まで迎えに行ったりするから、今日車借りてっていい？」

「いいけどあんた、夕飯までには帰ってきなさいよ」

懐かしい台詞《せりふ》を背にしながら、はいはい、と返事をして階段を上って自分の部屋へ向かう。

荷物を床に下ろすと、ゆっくりと部屋を見回す。十五年前から何一つとして変わっていない部屋だ。

この家を出てからリビングのソファは二回変わったし、絨毯は三回変わった。食卓用のテーブルはずっとそのままだが、キッチンの棚の中にはテレビの通販で取り扱われるような最新の調理器具が帰省の度に増えている。ドラマしか見ないくせに、テレビは無駄にワイドな最新型だ。

人も町も家も、すべてが緩やかに、あるいは唐突に変化していく中で、この部屋だけは時を止めたままだ。おジャ魔女《まじょ》どれみのお道具箱。果物の香りがついたキラキラ光るカラーペン。本棚の中の続きを買っていない少女漫画。ピンクの水玉模様の趣味の悪いカーテン。壁に貼ってある山Ｐのポスター。全部十五年前と同じだ。

この場所だけは、ずっと変わらないままでいなければならない。いつでも戻って来られるように。それが、自分がこの体でいる間の義務なのだから。

車でもう一度駅へ向かう。もうそろそろ着くよ、とメールを送ろうとしたら、着いたよ、と連絡がきた。打ちかけていたメールを削除し、向かう、とだけ返信する。

駅のロータリーに車をつける。窓越しに外を覗《のぞ》く。見覚えのある気難しげな顔が、きょろきょろと辺りを見回しているのが見えた。窓を下げて、おーいと声をかける。こちらを見つけた途端に顔がぱっと人懐っこくなって、小走りでやってくる。

「おっす」

「おっす。お迎えありがとうー」

そう破顔するその男の姿は一年前とほとんど変わらない。無表情なときの近寄りがたさと、笑った顔の陽気な大型犬みたいな能天気さのギャップもだ。くるくるとカールした濃い茶色の髪の毛も余計犬っぽさを演出している。

お邪魔しまあす、と不必要なくらいのテンションの高さで助手席に乗り込んでくる。どことなく緊張を孕《はら》んだ声色だ。それを受けてかこちらもやにわに体が強張《こわば》ってくる。車が走り出してからは、しばらく無言だった。耐えかねて「昼食べた?」と尋ねる。声がやたらと掠《かす》れていた。

「新幹線の中でお弁当食べてきちゃった。食べた?」

「いや、食べてない。異邦人《いほうじん》で食べようと思って」

「あー、いいじゃん。あそこのサンドイッチ何気においしいよね」

言いながら、くるりと半身を回転させ後部座席に視線を移す。

「なんかまた、新入り増えた？」

おそらく後部座席の後ろに鎮座しているぬいぐるみたちのことを指しているのだろう。ずっと昔からあるもので、それが幼い娘の為だったのか母の趣味なのかは分からない。ただ、どこで買ってくるのか時折思い出したように増えたり入れ替わったりしており、たまに洗濯している様子もある。

「よく分かったな。なんか変な熊のキャラクターが増えたよ」

「これ、なんのキャラ？　アニメ？」

「全然知らない。多分本人もよく知らないまま適当に買ってる気がする」

「あー、そんな感じするね、確かに」

鼻歌交じりに返事をするその声はだいぶ弛緩《しかん》してきていて、思わずほっとする。この男と会うたびいつも何か試されているような気がする。ちゃんと生きているか。悪いことはしていないか。健康でいるか。美しくいるか。そう詰問されているみたいだ。

車を十数分走らせて、小さな駐車場に停める。異邦人という名前のその店は、幼い頃からずっとある喫茶店だ。会うときはここでお互いの話をするのがいつの間にか不文律になっていた。昔はスナックだったらしく、しばらくは酒に焼けた声のおばちゃんがカウンターで仕切っていたが、いつの間にか息子に代替わりしていた。それでもコーヒーとサンドイッチの味は変わらないままだ。

席について、ハムサンドとアイスコーヒー、アイスクリームとコーラをそれぞれ頼む。妙にぬるい冷房も昔と変わらない。

「アイスクリームにコーラって」

　からかうと、いいでしょべつにー、と舌を出される。

「で、どうですか、最近は」

　目の前の男がおしぼりで手を拭《ふ》きながら尋ねてくる。清潔感のある白いシャツの姿は相変わらず様になっていて、少し安心する。きっとそうあろうとしてくれているのだろう。ふわふわとしたパーマがきちんとセットされている。それはこちらとて同じことで、夫とデートしていたときよりも化粧や髪形に気合が入っている。綺麗《きれい》なままだねと思わせないと負けだという気持ちと、相手の努力に見合う姿でいなければという気持ちがある。

「まあそんなに変わらずかな。夫も子供も元気だよ。娘はもうすぐ三歳だし、ようやくちょっと手がかからなくなってきたかなって感じ」

「へー。じゃあ今一番かわいいときじゃん」

「まあねー。でも生意気盛りでさ。もう毎日戦争だね」

「そりゃたいへんだ。で、ごめん、これ毎年聞いてる気がするんだけど、今は水村《みずむら》じゃなくて、なにさんになったんだっけ？」

「蓮見《はすみ》。大丈夫、俺も未《いま》だにいまいちしっくりきてないから」

　お待たせしました、との言葉と共にそれぞれが頼んだものが運ばれてくる。おーおいしそうー、と三十男がスプーンを手にはしゃぐ。

「水村は？　今の子とは結婚とか考えてないの？」

　んー、とアイスクリームを口に含みながら唸《うな》る。

「まあ仲良くはやってるよ、でも結婚ってのはあんまり考えてないなあ」

「でも三十にもなると周りから言われるっしょ。結婚しないの？　って」

「言われる言われる。表向きはちゃんと言うよ、したいんですけどねえって。したくないって言うと根掘り葉掘り聞かれてめんどうなんだもん。まあ男だからね、女の子よりは口うるさくは言われないっていうのはあるだろうから、そこはいいんだけど」

「俺はそんなに色々言われなかったけどなあ」

「まあ、坂平《さかひら》くん結婚したのわりと早かったもんねー。いつの間にかお母さんにまでなっちゃって」

　適当に相槌《あいづち》を打ちながら、アイスコーヒーにガムシロップとミルクを入れてかき混ぜる。充分に混ざったのを確認すると、マドラーを取り出し咥《くわ》えてなめとる。そしてそれを口から出すと、アイスクリームをうまそうに頬張る男に突きつける。

「言っとくけどな、お前な、さっきからところどころ女出てっからな」

　耐えきれなくなって指摘すると、えーうそやだーと口に手を当ててわざとぶりっ子する。

「でも言っとくけど坂平くんもだからね。さっきからちょいちょい一人称が俺になってるよ」

　さっきの仕返しのようにスプーンを突きつけられる。丸まったその背に店内の光が鈍く反射する。サンドイッチを頬張りながら、まじか、とだけ返す。

「まじだよ、まじ。かわいくないしやめてよねー」

「なんかあれかも。田舎に帰ると方言が出てきちゃう、みたいな。そういう感じ」

「あーでもそれわかるかも。二人きりだと油断して、素に戻っちゃう感じ。もうずいぶん経つのにね」

　そうだ。もうずいぶん経つ。今年で十五年。この体に慣れて馴染んだつもりでも、本来の自分のようなものはずっと奥に潜んでいるのかもしれない。

　十五年前。俺たちの体は入れ替わった。そして十五年。今に至るまで、一度も体は元に戻っていない。

15

　鮮烈に記憶に残っているのは、目の前に広がるピンク色のカーテンだ。朝の気持ち良い目覚めには向かないショッキングピンクの水玉は、俺の寝ぼけた脳味噌《のうみそ》を一気に覚醒《かくせい》させた。そもそも自分が寝ているのがベッドなのだというのに気付く。いつもは畳に布団を敷いて弟と並んで眠るのに。そういえば弟もいない。そもそもこの部屋は和室ですらない。見覚えのない机、見覚えのない本棚、見覚えのないパジャマ。気味が悪くなって半身を起こす。途端に鈍い痛みが下腹部に走った。腹をさすりながら、ベッドから這い出て姿見を確認する。

そこには見覚えのある女がいた。同じクラスの水村だ。水村が、チェックのパジャマを着て腹を押さえた姿が映っている。

それまで混乱に支配されていた頭が、その姿を見たとき何故かすうっと冷静になった。そして自分の置かれた状況を把握する。理由は分からないけれど、俺は水村になってしまった。夢とか妄想の類《たぐい》ではない、とどうしてかそのときははっきり思えた。腹の奥の鈍痛のお陰かもしれない。

それにしても何故水村なのだろう。特に親しくもないし、それどころかろくに話した記憶もない。ただ同じ授業を受けている大勢の中の一人だ。それに前日は何事もなく眠りに就いたのに。両親におやすみを言って、弟と一緒に布団に潜り込んだ。いつもと変わらない一日の終わりだったはずだ。

ふと時間が気になって部屋を見回す。壁の時計は七時の少し先を指していた。いつもよりだいぶ早い目覚めだ。学校に行かなきゃ、という考えが浮かんでくるあたり、我ながらなかなか優等生だと思う。

パジャマのまま部屋を出る。当然だが見覚えのない家で、無意識に足音を殺しながら階段を下りる。

一階に降りると、卵の焼ける香りが漂ってくる。キッチンを覗き込むと、エプロンをつけた女の人の後ろ姿が見えた。きっとこの人が水村の母親なのだろう。一気に手足が冷たくなる。この人を欺かなければ。躊躇《ためら》いもなくそう思った。娘になりきらなければ。からからに渇いた口を開く。

「おはよう」

ゆっくりと声に出す。自分が発したとは思えないほど高い声が出て面食らう。おはよう、と背を向けたまま水村の母親が返してくる。その後どう言葉を続けていいか分からず、思わず立ち尽くしてしまった。

「なにぼーっとしてんの。早く席着きなさい」

水村母がフライ返しを手にしたまま振り返る。目が合ってぎくりとする。水村には似ていないな、と思った。丸い瞳《ひとみ》をした水村とは対照的に三角の少しきつい眼差《まなざ》しをしていて、薄い唇は気難しげにへの字に曲がっている。じわりと恐怖心が滲《にじ》んでくる。

「なんであんたまだパジャマなの。顔洗ったんなら着替えてきなさい」

今思えば単なる母親から娘への小言程度の叱責《しっせき》だったのだろうが、その時の俺にはたったそれだけの言葉がえぐるように突き刺さった。だんだんと増していく腹の痛みのせいもあっただろう。ごめん、と掠れた声を出すので精一杯だった。

「どうしたの、具合悪いの？」

よほど顔色が蒼白《そうはく》だったのだろう。吊《つ》り上げた眉《まゆ》を今度はひそめて、顔を覗き込んでくる。

うん、ちょっと、と頷《うなず》く。

「あらあ。もしかして、昨日濡《ぬ》れちゃったせいじゃないの。熱は？　計った？」

「ちょっと、トイレ」

それだけ告げると心配そうな視線を背に廊下へ出る。ここだろうと思って開けたドアの先は浴室だった。慌てて閉めて、今度こそトイレのドアを開けて入る。

ズボンと下着を脱いで便座に腰掛ける。今思えば目の前に剝《む》き出しの異性の性器があったというのに、その時は興奮どころではなかった。胃でも腸でもなく、腹の下の辺りがぎりぎりと締め付けられる痛みがある。排便痛ではないことは明らかだった。どうしたらいいか分からずただ腹を押さえて唇を嚙《か》む。

すると、股《また》から何かどろりとしたものが這い出た。同時に生臭い臭いがする。恐る恐るシャツをたくしあげて、便座を覗き込む。白い便器には、濁ったゼリーに似た血の塊がべったりと落ちていた。

くらくらと目眩《めまい》がした。泣きそうになりながら性器をトイレットペーパーで拭く。だが、拭いても拭いても紙が赤く染まる。どうにか拭き切るとトイレを流し、扉の外へ出た。それでも痛みが治まらない。腹を庇《かば》うようにしてうずくまる。また体の奥から生暖かい液体が溢《あふ》れて、尻を伝う感触がした。赤く汚れていく下着やパジャマのズボンを想像して、俺は思わず強く目をつぶった。

水村の母親が慌てて駆け寄ってくるまで、俺はひとり廊下で丸くなって泣いていた。

結局その日は学校を休むことになった。ナプキンを替えられ、痛み止めを飲まされると、今日は大人しくしてなさいと布団に寝かしつけられた。冷たい手のひらを俺の頰に当てる水村の母の顔にはさっきの威圧感はなく、俺はほっとした。

昼前になると痛みも治まって、その頃ようやく俺は自分の状況を飲み込みつつあった。どういう理由かは分からないが、俺は水村になってしまった。この状況を表す心当たりのある単語がいくつかある。入れ替わり。変身。様々な物語で目にしてきた現象だ。奇跡のような出来事だ。それが、おそらく俺の身にも起きている。

意味が分からない。何が奇跡だ。そんな最低な奇跡、クソ食らえだ。

そういえばそもそも、本来の俺は一体どうなってしまったのだろう。不安がよぎる。家に電話してみようか、と思い立つ。両親は仕事だし弟も学校に行っているはずなので、もしかしたら誰も出ないかもしれないが、かけるくらいしてみよう。一階にいる水村の母が、買い物か何かで出かけるタイミングを待とう。

そう思っていると、急に部屋の中に音楽が鳴り響いた。思わずびくっと体を震わせる。聞き覚えのある曲だ。なんてやつだっけ。そうだ、オレンジレンジの『花』だ。そんなことを考えながら音の出所を探していると、机の上で携帯電話がぴかぴかと点滅しながら音を発していた。どうやって出るんだこれ。慌てながらそれっぽいボタンを押して、どうにか通話状態になる。

「もしもし」

反射的にそう口にしてから、相手が誰か確かめることすらせず電話に出てしまったことに気が付いた。違和感を気取られてはまずい、と思わず身を硬くする。しかし、相手は何も言ってこない。恐る恐るもう一度「もしもし？」と声をかける。

「もしもし」

今にも消え入りそうな男の声が聞こえてくる。そう言ったきり言葉を発する気配がない。

「あの、水村ですけど」

無音になるのが怖くて、声をかける。相手が小さく、ああ、と呟《つぶや》くのが聞こえた。

「あの。私、たぶん坂平です」

さっきよりもか細い声だったが、その言葉でようやく可能性の一つが確信に変わる。

「お前、水村だろ」

電話の向こうから、大きく息を吸う声が聞こえた。

「坂平くん？」

その言葉を聞いて、俺はその日初めて安堵《あんど》した。理由はどうあれ、今俺たちが置かれている状況をようやく知ることができたのだ。

「うわあまじか、まじでそういうやつか。そういうのってまじであるのか」

状況を知ると同時に新たな困惑が襲ってくる。携帯電話を片手にベッドの上でのたうち回っていると、「ねえ。ねえ、坂平くん」と声をかけられた。

「とりあえず、会って話さない？　家出てこられる？」

「あ、確かに、それがいいな。お前の母さんいるけど、まあ、どうにかして家出る」

じゃあ、三十分後に異邦人で、と約束して、大通りまで出る行き方を互いに教える。そこまで行けばきっと分かるだろう、と確認し合って電話を切った。

とりあえず着替えなければ、と思いクローゼットを開けるが、見事に何を着ていいのか分からない。適当にシャツを選び、きちんと畳まれたスカートたちの奥から半ズボンを引っ張り出す。服を脱ぐときに一瞬躊躇《ちゆうちよ》したが、まあ今更かと思い直し、着替えて階段を下りる。

「ちょっと出かけてくる」

テレビを見ていた水村の母親に声をかける。こちらを振り向く気配がしたが、顔を合わせないようにして玄関へ急ぐ。

「え、なにあんた、もう具合だいじょうぶなの?」

「大丈夫。行ってきます!」

水村に教えてもらった通り、靴箱の上にある白い小箱から自転車の鍵《かぎ》を取り出し、並べてあったスニーカーを履き、ドアを開ける。途端にわん、と犬の吠《ほ》える声がして段差を下りようとしていた足が思わず止まる。真っ白い大きな犬が庭先から顔を出していた。

あいつ犬飼ってんのか。鋭い動物の嗅覚《きゆうかく》とやらで、もしかしたら俺が本当の水村でないことに気付かれるかもしれない、と一瞬身構えたが、当のそいつは間の抜けた顔で舌を出し尻尾を振っているだけで、思わず頬が緩んだ。頭をわしゃわしゃと撫で、車庫にしまってあった自転車に跨《また》がる。

異邦人に向かいながら、女というだけでこんなにも勝手が違うものか、と思っていた。まず自転車を漕《こ》ぐ足に力が入りづらい。坂道がかなりしんどい。いつもしている立ち漕ぎも長い間はできなかった。そして、どこからかは分からないが風が吹くとふわりといい香りがする。これは多分俺の匂い、すなわち水村の匂いだ。シャンプーなのか洋服の洗剤なのかは分からないが、甘い匂いがして下半身がむずむずする。むずむずしながらもいつも勝手に反応するそれは存在しなくて、腹の奥がもやもやとするだけで居心地が悪い。そんなことを思いながらも股間《こかん》からどろりと何かが滑り落ちる感覚が時折あって、不快さで思わずサドルから腰を浮かす。

　異邦人には水村が先に着いていた。扉を開くカランというベルの音で、ぱっと奥の席に座っている男が顔を上げる。間違いなく俺だった。俺の顔をした男が、不安げな表情でこちらをまじまじと見つめている。他に客は誰もいない。きちんと効いているのかどうかも分からない冷房の唸る音だけが響き渡る。

　いらっしゃいませ、という酒焼けした店主のおばちゃんの声を背に、そいつの向かいに座る。不安で曇っていたはずの両目がいつの間にか好奇心の色を帯びて俺をねめつけている。

　自分という存在がテーブルを挟んでそこにいる。でもそれは自分ではないのだ。物凄《ものすご》い居心地の悪さを感じた。少し恐怖心に似ていたかもしれない。何も言葉を口にすることができなかった。それは相手も同じなようで、ただじっと俺を見つめ続けている。俺は気味が悪くなってじっと目を伏せ続ける。

　おばちゃんが水を持ってきてテーブルに置く。何にしますか、と訊《き》かれ「アイスコーヒーひとつ」と答える。席には既に飲みかけのコーラが置いてあった。お待ち下さい、というしゃがれた声が聞こえたと同時に、俺は手ぶらで来てしまったことを思い出す。

「あ、やばい。どうしよう俺お金忘れた」

「あ、だいじょうぶ。私持ってきたから」

その言葉に思わず顔を上げる。目が合った。俺がいる。あ、俺ってこんな顔してるんだな、と思った。見慣れているはずなのに、鏡に映っていた時とは違う違和感があった。よくよく見ると着ている青いシャツは俺のじゃなくて弟のだ。自分の顔をした人間が、か細い声で女言葉を使っているのを見ても、不思議と気持ち悪さは湧かなかった。全く性格の違う双子の相手を見ているようで、違う生き物なんだなと変に納得していた。

「だいじょうぶって言っても、坂平くんのお金だけど。ごめん」

「あーいや、まあしょうがないっしょ。むしろ、ありがとう」

答えながら、俺の声ってなんか気持ち悪いな、みんな気持ち悪いって思いながら聞いてたのかな、なんて思っていたら、「私の声ってこんななんだ」と水村がぽつりと呟いた。

「機械とか通さない自分の声ってはじめて聞いたかも。なんで自分の声を聞くときってちょっと違く聞こえるんだろうね」

言いながら水村が下唇をいじる。俺の口の形がぐにゃりと歪《ゆが》む。もう既に俺の体が手懐《てなず》けられた気分になって、少しムッとする。

「そんなことどうでもいいよ。問題はなんでこんなことになっちゃったのかってことだろ」

「そうそう、それだよね。ほんとびっくりしたよ、朝起きたら知らない部屋にいるんだもん」

「てか意味分かんなくね？　漫画とかドラマとかだとさあ、こういうのって何かきっかけみたいなもんがあるもんじゃん。そういうの一切なくね？」

「え、でも私あれだと思った。昨日のプール。っていうか、私と坂平くんの接点ってそれしかないかなあって」

プール？　その単語を反復してみて、ようやく思い出す。いくらこの状況に困惑しているからとはいえ、どうして気付かなかったのだろう。

昨日の水泳の授業のときだ。プールに入る前、生徒たちはプールサイドに並び教師の話を聞いていた。見学の為制服姿のままだった水村もそこに並んでいた。見学者でも、最初はそこで話を聞くルールだった。

教師がその日の授業内容をつらつらと話す中で、俺は隣にいた田崎《たざき》とふざけ合っていた。田崎が、冗談で俺の肩を小突く。それほど強くない力だったが、バランスを崩し、プールの中へと体が傾いた。

そのすぐ隣には水村がいた。俺が咄嗟《とつさ》に水村の腕を摑《つか》んだのか、それとも水村が俺を助けようとして腕を摑んでくれたのか、一瞬のことでよく覚えていない。ともかくも、俺たちはそのまま、二人でもつれ合うようにしてプールに落ちた。

何やってんだよお前と男子からは笑いが起こり、女子は大丈夫？　と水村を心配する声を上げていた。お前らちゃんとやれと先生からは叱られてしまった。俺たちは軽口すら叩《たた》くことなくそれぞれプールから上がる。ただただ恥をかいただけの出来事だ。

たったそれだけ？　たったそれだけのことでこんなことが起きているというのか。けれど確かに水村の言う通り、今までろくに喋《しやべ》ったことのない俺たちにとって、関わりがあった瞬間はそのときくらいしかない。

　とりあえずさ、と水村が何か言いかけて、口をつぐむ。おばちゃんがアイスコーヒーを持ってきた。不愛想にシロップとミルクを置くと、何も言わずカウンターへ戻る。このおばちゃんは客に無関心で、昼過ぎから喫茶店にいる学生に対して詰問したりはしないだろうから、水村のこの店のチョイスは正しかったと思う。

「とりあえずさ」もう一度水村が口を開く。「もとに戻る方法、探さなくちゃね」

　そうだ。それが最優先事項だ。しかし、何をすればいいのかすら分からない。

「探さなくっちゃね、って言ったってさあ、具体的な原因だって分かんないのにどうするってんだよ。まずこの今の状態がありえないわけでさあ」

「私もどうやったら戻るかわからないけどさ。とりあえずいろいろやってみようよ。昨日みたいに、いっしょにプールに飛び込んでみるとかさ」

　諭すような水村の物言いに更に苛立《いらだ》ちが募る。

「随分冷静沈着じゃんよ。何？　もしかして入れ替わるの慣れてるとか？」

「いやまさか。私だってはじめてだよ、こんなこと。でも坂平くんすっごいあわててるから、こっちのほうはなんか妙に冷静になっちゃって」

「はあ？」

　かちんときて睨《にら》みつける。そこには間の抜けた顔で俺を見ている俺がいる。いくら凄んでみせても、結局その姿は背の低い女子が頑張って目を吊り上げている様子でしかなくて、そう思うと急に馬鹿馬鹿しくなって長めに息を吐く。この時のことは今でも水村に揶揄《やゆ》される。坂平くん、自分では気づいてなかったかもだけど、超パニック状態で挙動不審だったよ。

「じゃあとりあえず、水着に着替えて学校に集合するか」

「そうだね。いろいろ試してみようよ」

水着。その単語に思わず邪《よこしま》な想像をしてしまう。さっきはそれどころじゃなかったが、いざ改めて自分の体が異性のそれになっているという事実を認識して、急激にむず痒《がゆ》さが全身を走った。

しかし、それは水村だって同じことだ。俺は内心の動揺を悟られないように、不機嫌を装って尋ねる。

「お前、俺の裸見てないだろうな」

一瞬きょとんとした顔を見せた後、どういう表情を作ったらいいか考えあぐねているような、不格好な笑顔を見せる。

「ごめん。着替えたりしたから」

「ああいや、それはもちろんいいんだけど。こう、パンツ脱いだりとか」

「ごめん、トイレ行きたかったから……」

その言葉に一気に顔が熱くなる。うわあまじかよお、と小さく叫んで手のひらで顔を覆った。まだ家族以外の異性には誰にも見せたことがないのに。こんな形で見られることになるなんて。屈辱にも似た羞恥《しゅうち》で顔を上げられない。

「あ、でも、そんなしっかりとは見てないから安心して」

慌てたその声に、伏せた視線をゆっくりと戻す。困った笑みを浮かべる水村を見て、なんだか急に自分が子供じみている気がして居住まいを正す。

「ごめん。それは俺だけじゃなくて、水村もだよな。俺も、できるだけ見ないようにしたから」

「あ、ううんそれはぜんぜんいいよ、しかたないもん。でも、だいじょうぶだった？」

「大丈夫って、何が？」

「いや、ほら。私、昨日から生理だったから」

言われて、白い便器の上で波状に滴った赤黒い色と、腹の奥から得体の知れない何かがずるりと滑り落ちる感覚を思い出してしまう。急に下着の奥に不快さを感じる。どうにか平静を装って、大丈夫だよ、と答える。

「女子も色々大変なんだな」

「まあね。でも、男子もいろいろ大変そう」

そう言って水村が俺の顔ではにかむ。

今思えば、あの時の俺は幼稚だったなと思う。そして、水村は大人だった。同じ状況に立たされているはずの彼女の冷静さに俺は救われていた。今はもう水村はその過去を笑い話にしかしないけれど、入れ替わってしまったことを知った時の恐怖と不安は俺とは比べ物にならなかったはずだ。女である自分の中に入り込んだ男のすることとは何か。女の体で十五年間生きてきてようやく思い知ったが、その想像だけで気が狂いそうになる。

それでも水村はそれを隠して笑っていた。想像力の乏しい俺がそれに気付くのはもっとずっと後になってだった。


あらゆることを試したが、俺達は元に戻らなかった。

思いつく限りのことは試した。まず、水泳部の活動が終わった後こっそりプールに忍び込んで、いっせーのせで落ちた。駄目だった。頭をぶつけ合ってみたり階段を転げ落ちてみたりもした。全部駄目だった。

強《したた》かに打ち付けた肩の痛みに耐えながら、俺達は先程転げ落ちたばかりの神社の階段に腰を掛け、ぽつりぽつりと話し始める。

「とりあえずさ、一日待ってみようよ」

「うん」

「朝起きたらさ、戻ってるかもしれないでしょ？　入れ替わったのだって、プールに落ちたときじゃなくて、その翌朝だったんだし」

「うん」

「だからさ、そんなへこむことないよ。ポジティブに考えてこうよー」

水村がガッツポーズをしてにこにこと笑う。それを見て思わず大きな溜息をつく。能天気な女だ。

「とりあえず、少なくとも今日の夜までは私は坂平くんのふりしなきゃいけないし、坂平くんは私のふりしなくちゃいけないから。情報交換しておこうよ」

「情報交換？」

「そう。家族にばれないようにしたほうがいいでしょ、こういうのは」

「まあ、言ってもどうせ信じないだろうけどな」

「頭おかしいと思われちゃうからね。夜までは穏便に過ごそう」

　とりあえず家族構成から、と互いに伝え合う。水村は母親と父親との三人暮らし、ペロという名前の犬が一匹。俺は父と母、そして禄《ろく》という二歳下の弟がいる。

「ちなみに、お父さんとお母さんのことはなんて呼んでるの？」

　訊かれて、思わず言葉を詰まらせる。そんなこと訊いてどうすんだよ、と必要以上に鋭い声を出してしまう。

「いやだって、呼び方とかでばれちゃうしさ。ちなみに私は普通にお母さん、お父さんって呼んでるよ」

　最悪だ。むかつく。水村の言うことが至極全うなのも余計腹立たしい。くそ。なんでこんな女の言うこと聞かなきゃなんないんだ。腹立つ。むかつく。

「ママとパパだよ」

　できるだけ自然に言わなくては。羞恥が伝わってしまう。そう思っても喉《のど》の奥ですり潰されたような声が出て、耳から首筋にかけてかあっと熱が走った。

水村の目が見られなくて、スニーカーの爪先を睨みつけた。綺麗に手入れされているのか、それとも買ったばかりなのか、雪のように真っ白だ。けれどさっきのドタバタで、点々と泥汚れがついてしまっている。

「そっかー了解。弟くんのことはなんて呼んでるの？」

事もなげにそう言ってくれるのは水村の優しさなのだろう。他人の機微に無関心だった当時の俺にもそれくらいは分かっていたが、でもその心遣いが一層惨めな気持ちにさせたことも間違いではなかった。禄だよ、と答える声が自然と刺々《とげとげ》しくなってしまう。それでも水村は表情一つ変えず話し掛けてくる。

「坂平くんの家族って、どういう人たちなの？」

「どういう人達、って言われてもな……」

「だってやっぱり、どういう感じなのかっていうの知っとかないとやりづらくない？」

「まあ、それはそうだけど」

頭をぽりぽりと掻《か》く。自分の家族を評するという行為はなんとなく気恥ずかしく感じられた。そもそも、自分の親や家族をどういう人間かなんて目で見たことがない気もする。

「母親は、なんつーか、厳しい。めっちゃ怒る」

「そうなんだ。怖い感じなんだ？」

「昔はそんなことなかった気がするんだけど、最近なんか、めっちゃ怒る」

その頃の母は、常に何かに急《せ》き立てられているような、苛立っているような感じがしていた。

昔はとても優しく穏やかな母だった。母との思い出で蘇《よみがえ》るのは、いつも自分や禄が幼い頃の場面ばかりだ。一緒によく遊んでくれていたし、買い物にだって毎回連れて行ってくれた。

「お父さんは？　どんな人？」

「幽霊みたいな人」

「えー、何それ。お父さんも怖いってこと？」

「違くて。存在感がない」

「影が薄いんだ」

「まあ、そんな感じ」

そもそも、父親と顔を合わせる機会が少ない。父がどんな仕事をしているのかはよく知らないが、大抵遅くまで帰ってこない。工場で働いていて、どうやら随分と忙しくしているらしい。知っているのはそれくらいだ。休日にはぼんやりとテレビを見ていたり新聞を読んでいたり、とにかく覇気がない。いつの間にかいなくなったと思ったらふらりと散歩に出ていて、そしていつの間にか戻ってきている。そんな人だった。

「弟くん、禄くんは？　どんな子なの？」

「あいつは、馬鹿。ほんとめっちゃ馬鹿」

「めっちゃばかなんだ」

水村が笑う。弟とは仲が良い。喧嘩もよくするが、俺に懐いてくれている。十三歳にしては少し幼い顔立ちと性格をしている。

ちょっと前までは、俺たち家族はもっと仲が良かった気がする。家族旅行も年に一度は必ず行っていた。父がリストラされ、新しい職に就き、そして今の家に引っ越してから旅行は行かなくなった。母もパートを始め、家族としての時間がだんだんと消えていった。その頃中学生だった俺はそんなことは気にも留めず、むしろ鬱陶《うつとう》しい恒例行事の旅行がなくなったと喜んですらいたが、その辺りから、母は険しい顔をよくしていた気がする。

今も険悪というわけではないが、どことなく空気が張り詰めている。父のいない食卓で、母は小言を繰り返す。肘《ひじ》ついて食べるのやめなさい。箸《はし》の持ち方汚いわよ。ごちそうさまくらい言えないの。食べ終わった食器はシンクに持って行ってって言ってるでしょ。俺と禄はその後、自室でクソババアと小声で言い合ってくすくすと笑う。そんな日々だ。

「お前んとこはどんな感じなんだよ」

「うち？　うちはね、お母さんは普段は優しいけど、怒るとめっちゃ怖い」

「あー。なんかそれ、分かるかも」

「ほんと？　分かる？　お父さんは普段は結構無口なんだけど、お酒飲むとすっごいおしゃべりになる」

「へー、家でお酒とか飲むんだ」

「飲む飲む。お父さんは毎晩飲んでるよ。お母さんもたまーに付き合ったりしてる」

水村の家族の話を聞きながら、俺は胸の奥がざわつくのを感じていた。その当時はその理由を知ることができなくて、訳の分からぬまま苛立ちになりそうなのを抑えていたが、今考えればきっとあれは嫉妬心だったのだろう。穏やかで柔らかな家庭で育ち、一人娘として愛情を一身に受けている水村への。実際それは間違いではなかった。入れ替わってからの十五年間、俺は二人から充分過ぎるほどの愛情を受け取ってきた。

　その他にも好物や食べられないもの、家の間取り、風呂《ふろ》の順番や自分の洋服のしまってある場所など、思いつく限りのことを互いに述べていく。意外と口にしてみると家ならではのルールというのが結構あるようだった。一番に帰った人は必ず窓を開けて換気すること。帰ったら手洗いうがいの他に洟もかむこと。トイレの大は拭く前に一回流すこと。色んな決め事があるんだな、と思った。うちの家族は朝に毎日絶対ヤクルトを一本飲む、と言うと、健康的なんだねえと妙な感心をされた。

「そういえば結構メールとか入ってて、無視しまくっちゃってるけどいい？」

　ふと思い出して、ポケットに入れていた携帯電話を振る。

「えっ、ほんと。ちょっと貸して」

　差し出された手に携帯電話を置く。そしてそれを開くと、どこか真剣な眼差しでその中身を確認する。自分の顔の男の瞳に、液晶の光が反射して映るのを俺はじっと見ていた。しばらくして、携帯電話を手の中へ返される。

「うん、無視しててだいじょうぶ。ていうか、中身とか読んでないよね？」

「さすがに読んでないわ。なんだよ、なんか読まれたらまずいやり取りでもしてんのかよ」

「いやあそういうわけじゃないんだけどさあ。彼氏とのメールとか、見られたら恥ずかしいじやん？」

　ちょっとからかってやろうと差し向けた軽口でにやついていた俺の顔は、水村のその一言で硬直する。

「え、なに、お前彼氏いるの」

「いるよー。べつの高校で、二つ上だから今高校三年生かな。っていっても、まだつきあって三ヶ月くらいだけどね」

　異様にショックを受けている自分に驚いていた。うちのクラスにもグループは明確にあって、特に女子は見た目や雰囲気で分類されている部分が大きい。ちょっと不良っぽい女子が集まるグループはやはり見た目が派手な奴が多いし、あまり目立たないグループには小太りだったり眼鏡をかけていたり、あまり可愛くない女子がいるイメージだ。水村はどちらかというと後者に近い。背が低く少しぽっちゃりしていて、太い眉や厚い唇は田舎臭さすら感じさせる。同じようになんとなく垢抜《あかぬ》けない笹垣《ささがき》や高見《たかみ》とよくつるんでる印象だ。そんな芋っぽいこの女に、他校で年上の彼氏がいる。それが一度も彼女のできたことのない俺の羨望《せんぼう》のせいなのかどうかは分からなかったが、無性に苛々してきた。わざと子供っぽい声を出して揶揄してみる。

「うわ、なんだそれやらしいなあ。どうせエロいメールばっかしまくってんだろ。ヘンタイだ、ヘンタイ」

　そんな俺の幼稚な冷やかしに、水村は顔を赤らめて俯《うつむ》く。

「そんなことしてないよ。私たち、キスとかもまだだし」

自分が赤面している姿を見て、一気にテンションが下がる。俺の顔でそんなことを言うな。気色悪い。

「まあ、メールは見ないから安心しろよ」

「うん。ありがとう」

気付けば、空が橙色《だいだいいろ》に染まり始めていた。携帯電話を開いて時間を確認する。午後五時十三分。さすがに、そろそろ帰らないとまずいだろう。そうでなくても、具合が悪いという理由で学校を休んでいるのだ。時間を確認した俺の姿を見て、「そろそろ行こうか」と水村が声をかける。

「そうだな」

「なにかあったらすぐに連絡してね。私もしちゃうかもだけど」

「ああ、分かった」

「坂平くん、がんばろうね！」

明るく激励する水村の姿に思わず笑ってしまう。まさか自分に励まされる日が来るだなんて。

「おう。頑張ろうぜ」

右手を高く掲げる。水村がその手のひらを見て、きょとんとした顔をする。

「お前も右手おんなじふうにして」

俺に言われるがまま、水村は右手を挙げる。それに向かって、俺はハイタッチする。ぱあん、と高く触れ合う音が境内に響いた。

「わ。今のなんかすごい、すごい男子っぽい」

そうはしゃぐ水村になんだか急に恥ずかしくなってしまって、「まあお互い頑張ろうってことだよ」ともごもごと言い訳をする。

それじゃあ、とどちらからともなく立ち上がり、手を振って別れる。自転車のペダルを漕いで水村家への道を進んでいく。家が近付くにつれ、どんどんと強く動悸《どうき》を感じていた。緊張していた。ハンドルを握る手にはじっとりと汗をかいている。俺はうまくやれるだろうか。水村の母親や父親をうまく欺くことができるだろうか。こんなにドキドキするのは、小学校の学芸会の時以来だ。

そして家に着く。車庫に自転車を停め、鍵をかける。飼い主の帰還に舌を出してはしゃぐペロの頭を撫で、ドアノブに手をかける。鍵はかかっていない。深く息を吸い、吐いて、ドアを開ける。

「ただいま」

声をかける。違和感なく自然に声を出せただろうか。たった四文字だけの言葉なのに気になって仕方がない。エプロン姿の水村の母親が、スリッパの音をぱたぱたと鳴らして駆けてきた。

「おかえり。遅くまでどこ行ってたのよ、ちょうどあんたの携帯に電話しようかと思ってたとこだったわよ。もう具合は平気なの？」

眉根を寄せて少し責める口調で訊いてくる母親に、俺はどうにか口の両端を持ち上げて、ゆっくりと答えた。

「うん、もう大丈夫。ありがとう、お母さん」
それが、俺の水村まなみとしての長い人生の始まりだった。もちろんその時は、そんなことはちっとも思っていなかったけれど。

あの朝ほど絶望を感じた時はない。目を覚まして真っ先に目に入ってきたのは、ピンク色のカーテンだった。まどろみのぼんやりとした視界の中にその色が映し出された瞬間、脳味噌が一気に覚醒した。ベッドから飛び起きて、足をもつれさせながら鏡の前に立つ。

水村まなみだった。水村まなみが、茫然《ぼうぜん》自失で自らを眺めている姿がそこに映っていた。

息がしづらい。鼓動の音が耳元で鳴ってうるさい。痺《しび》れる指先で携帯電話をつかみ、坂平家の電話番号を打つ。苛々と右足を揺すりながらコール音を数えていると、三コールめが鳴り終わると同時に「はい、坂平です」と男の声が聞こえた。

「おいふざけんなよ、全然元に戻ってねえじゃんか」

電話の向こうで息を呑《の》む気配がする。ややあって、「落ち着いて、坂平くん」と宥《なだ》める声色で細く聞こえてくる。

「ありえないでしょ。お前一晩寝たら戻るって言ってたじゃんか。ふざけんなよ。嘘じゃねえか。全然戻ってねえじゃねえか。返せよ。俺の体返せよ！」

とにかく頭の中がごちゃごちゃだった。ごちゃごちゃで真っ暗で無性にむかついて、どうしていいか分からずにとにかく叫んでいた。もしかしたら泣いていたのかもしれない。自分がどんな感情を抱いているのかも分からなくて、もう全部めちゃくちゃにしてしまいたいという強烈な破壊衝動だけを感じていたのは覚えている。

「坂平くん、とりあえず会って話そ。さすがに今日は休めないから、学校で会おう。大通りまで出れば、高校前までのバス出てるから」

分かった、と返事をしたかどうかも覚えていない。我が家から学校までの道のりを伝えたかどうかも。ひどい倦怠《けんたい》感を覚えたまま電話を切ると、ベッドに放り投げてブランケットに顔を埋《うず》めた。先程までの様々なものが入り混じって爆発しそうな感情とはうって変わって、空っぽで真っ白な虚脱感のみが体の中にあった。

学校で会おう、と水村は言った。でもこんなになってまで行く必要はあるんだろうか？　どう考えたって勉強なんてしている状況じゃない。何より気持ちが日常についていかない。学校へ行くつもりの水村に対して頭がおかしいとすら思った。できれば布団の中で丸まって、悪夢が終わるのをじっと静かに待っていたかった。

それでもなんとか学校へ向かう準備をし始めたのは、まだ日常から逸脱したくない気持ちがあったからだろう。水村に教えてもらった通りに付けていたナプキンは赤くべっとりと汚れていた。何かを焦がしたような臭いがする。トイレに向かい汚れたそれをごみ箱に捨て、棚にあった新しいナプキンを取り出し下着に付ける。その一連の行為にすら、俺は一体何をしているんだろうと虚《むな》しくなる。トイレを出ると、制服に着替え、空っぽの鞄にベッドに放り投げたままだった携帯電話を入れて、寝癖を手櫛《てぐし》で整えて階段を下りる。

「どうした、今日は早いじゃないか」

　キッチンに座っていた水村の父親が、新聞から顔を上げてずれていた眼鏡を直す。四角い顔の厳《いか》つい風貌《ふうぼう》をした父親だ。とはいえ見た目ほど厳格ではなさそうで、ただ基本的に無口で、昨夜もテレビを見ながら話しかける母親に言葉少なに相槌を返す姿の記憶しかない。

「ちょっと早く出なきゃいけなくて」

「ええやだ、朝ご飯まだお父さんのぶんしか用意してないわよ。それよりあんた顔は洗ったの？　歯は？　みがいた？」

「遅れそうだから朝ご飯はいい。今から洗う」

　母親を軽くあしらい、リビングを出る。洗面台に向かい、コップに水を注ぎ口を濯《ゆす》ぐ。そのまま冷水で顔を洗う。タオルで拭いて顔を上げる。水村まなみだ。きっと何度顔を洗ったって、悪夢は覚めないままだろう。

「あんた、体調はだいじょうぶなのね？」

　水村の母親がリビングから顔を出す。大丈夫、行ってきますとなるべく顔を見ないようにして答えると、ローファーの踵《かかと》を潰して外に出る。

　吐きそうなくらいの晴天だった。暑さは日に日に強くなっている。じりじりと照り付ける陽光に、ぐらりと目眩がした。尻尾を振ってぐるぐると庭先で回っている飼い犬を無視して、バス停へ歩き始める。またじわりと股間から何かが滴る感触があってうんざりする。クソだ。なかなかバスは来ない。全部クソだ。やっと来たバスは冷房が効きすぎていて一気に体が冷えていく。みんなみんなクソ食らえだ。

　それでも校門の前に立つ学ラン姿の自分の姿を見た時、安堵してしまった。額の汗をハンカチで必死に拭《ぬぐ》うその憔悴《しょうすい》しきった顔を見て、思わず笑ってしまう。

「夏服で学ラン着てる奴初めて見た」

　その声に顔を上げると、苦い笑みを浮かべて「やっぱり着ないもんなんだ、これ」と上着を脱ぐ。

「にしても坂平くんってもしかして汗っかき？　さっきから汗止まんないよー」

「そうかもしんない。スカートって結構涼しくていいな、これ」

「戻ってもスカート穿《は》きたくなっちゃうんじゃない？」

「それはないわ、さすがに」

　軽口を叩きあっているうち、胃の腑《ふ》の奥に沈殿していた黒々した何かがいつの間にか消えていることに気が付く。

　朝早いせいか登校してくる生徒達もまばらだ。きっと朝練で早めに来ている連中なのだろう、大抵が馬鹿でかい部活バッグを肩にかけている。幸い見知った顔はなく、俺達は連れ立って校舎に入る。自分達の教室をスルーして、人目のないところをと探し、屋上に続く階段の踊り場に腰を下ろした。屋上は基本的に施錠されていて立ち入りは禁止されており、わざわざここに来る生徒もいないだろうと考えたのだ。誰かの目を盗んで異性と密談をする背徳感に妙な快感を覚えそうになったが、文字通り立場が逆転しているという今の事実に一気に現実に引き戻される。

「とりあえず、どうにかやり過ごさなきゃね」

どうにか汗も引いた様子の水村が、作ったような神妙な面持ちで低く言う。

「坂平くんって、いちばん仲いいのだれ？」

「えー？　まあ仲良いってか、一番よくつるんでるのは田崎かな。あとは飯田《いいだ》とか、その辺」

「そっか。私は笹垣さんと高見さんと遊ぶことが多いかな。笹垣さんのことは下の名前が桜《さくら》だからさくちゃん、高見さんのことはたかみーって呼んでるよ。ちなみに私はみっちゃんって呼ばれてる」

「あー。つまり、そいつらの対応に気を付けろってことね」

「そういうことー」

それからできうる限りの情報を交換したが、はっきり言って家庭内で誤魔化すのとはわけが違う、と思った。とにかく俺と水村は何から何まで違う。水村が親しくしている奴らとは俺は一度も喋ったことがないし、逆も然《しか》りだ。成績だって違う。俺の成績は下から数えた方が早いが、水村はそれなりの点数をいつも取っているらしい。体育の成績だけは正反対だった。水村はソフトテニス部で、俺はサッカー部。もちろん部活は今日も普通にある。今日は病み上がりだからと言って休めてもその場しのぎにしかならない。

今日さえ乗り越えられればきっと、とはもはや二人とも口にはしなかった。いつ元通りになるかなんて分からない。でもきっとその時が来ると信じて、お互いを完璧《かんぺき》に演じ続けるしかない。俺は水村まなみを失敗してはいけないし、水村は坂平陸を失敗してはならない。その為に俺達は必死で情報交換をした。

「そろそろ行かなきゃやばいね」

水村が踊り場から身を乗り出し時計を確認する。今からクラス全体を騙《だま》しに行くことになる。吐き気がした。どっちが先に行こうか、とじゃんけんをする。水村が負けて、じゃあ先に行くね、と立ち上がり尻をはたく。

「坂平くん、がんばろうね」

そう笑う水村の頬は昨日とは違って引きつっていて、当たり前だけど、ああやっぱり水村も不安なんだなと思った。それでもどうにか笑って俺を励ましてくれている。俺が何も言えないままでいると、そのまま階段を下りていく。自分の辛《つら》そうな顔を見るのは、辛い。もちろんそれは水村だって同じだ。

そのとき、俺は誓ったのだ。いつ水村が水村の人生を取り戻してもいいように。水村が辛い思いをしなくていいように。そのために俺は水村として完璧に生きて、家族もクラスメイトも恋人も騙してみせるのだと。

教室に入るや否や、早速笹垣と高見が駆け寄ってきた。思わず踵《きびす》を返して逃げ出したくなるのを堪《こら》える。

「みっちゃん！　もう体調だいじょうぶなの？」笹垣が耳障りな声で喚《わめ》く。

「ぜんぜんメール返事してくんないんだもんー。メールできないくらい大変なのかと思っちゃったよー」高見が妙に鼻にかかった声で腕を絡めてくる。

「うん、もう大丈夫」

口の中がからからで舌が貼り付く。何だか変な声が出た気がした。それでも妙に感じている様子はなくて、少しほっとしながら続ける。

「ずっと寝てたからメール返せなくて、ごめんね」

何かもっと気の利いたことを、と思ってもうまく言葉が浮かばない。普段はもっと饒舌《じょうぜつ》なのだろう、元気出してよーと背中を叩かれて曖昧《あいまい》に笑うことしかできない。もっと水村らしくと思っても普段の水村を知らない。俺の知っている水村は、俺の顔で笑い俺の顔で励ます水村だけだ。

ちらりと水村の方を見やる。田崎や飯田達と談笑する姿は、自然に溶け込んでいるように見える。俺ももっとうまく振る舞わねば。そう思えば思うほど空回りする。

「てか絶対おとといの坂平のせいだよなー」

笹垣の口から急に名前が出てきてどきりとする。

「あーあれねー。マジないよね、落ちるなら一人で落ちろよーって感じー」

「てかプール落ちるとか超どんくさすぎ」

自分の悪口を目の前で聞きながら必死で笑顔を作る。早くチャイム鳴れ。早く先生来てくれ。頭の中でひたすらそればかり願っていた。チャイムが鳴って担任が入ってきたとき、心底ほっとした。水村に聞いた席を思い出しながら座る。なんだかどっと疲れてしまって、肩辺りにひどい倦怠感がのしかかっていた。

　とにかくそこからは散々だった。休み時間の度に話しかけてくる笹垣と高見の相手がうまいことできない。抜き打ちの数学のテストがさっぱり分からなくてほとんど白紙で出した。一方水村は体育のリフティングの試験で三回以上続けることができず、坂平ふざけるなと先生に頭をはたかれすいませんと笑っていた。俺の方が恥ずかしくて居た堪《たま》れなかった。

　部活に関しては意外とどうにかなった。というのも元々運動神経には自信があったし、それに一学期は体力作りと素振りという基礎的なことしかやらせなかったので、難なくこなすことができた。

　問題は顧問の磯矢《いそや》だった。二十代半ばでうちの学校の教師陣の中では一番若く、女子生徒にもイケメンだと人気があるようだったが、俺としてはあまりいい印象は抱かなかった。蛙のように離れた両目からのねっとりとした視線も気持ち悪かったし、長く伸ばした前髪をかき上げる仕草もナルシストじみていて虫唾《むしず》が走った。

　何より指導の仕方が異常な気がした。ラケットの握り方や素振りを指導するとき、体に異様に触ってくるのだ。半袖《はんそで》から出た腕を舐《な》め回すように撫で、執拗《しつよう》に腰辺りを触ってくる。その度にぞわぞわと怖気《おぞけ》が走った。俺の考え過ぎかもしれないとも思ったが、下卑た笑みで胸や脚を眺めるのを見てわざとだと確信した。どうやらお気に入りの生徒が何人かいるようで、そいつらに対してだけやたらべたべたと指導と称して触っているようだった。水村もその内の一人なのだろう。初めて経験した俺にすら分かるのだから、磯矢のセクハラ行為は部内の周知の事実なのだろうが、誰一人として声を上げようとする女子はいないようだった。ありえねえ、と思った。同時に、女でいるというのはやはり大変なんだな、とも思った。

どうにか長い一日を終え、足早に校舎を出るとそのまま異邦人へ向かう。水村はもう既に席に着いていて、俺に気付くとひらひらと胸の前で小さく手を振った。

「もう部活終わったの？　早くね？」

「さぼっちゃった。ごめんね」

まあいいけど、とわざとらしく舌を出す水村の向かいに座る。水を持ってきたおばちゃんにアイスコーヒーを頼む。

「あー疲れたー」

水村の姿を見た途端一気に気が緩む。両手を伸ばしてテーブルに突っ伏した。お疲れ様、と頭上から声が降ってくる。顔を腕に埋めたまま、水村もお疲れ、と返す。

「てかなんなの、笹垣と高見。俺の悪口ばっかだったんだけど」

半身を起こしちょっと文句を言ってみる。水村は困ったように眉毛を八の字にしてごめんねと謝ってくる。

「いや別に水村が謝んなくても。あー俺なんかうまく喋れなかった気がする。あいつら変に思ってないかなあ」

「たぶんだいじょうぶだよ。私のほうこそ、なんかすごい緊張しちゃった」

「そう？　なんかめっちゃ普通に喋ってるように見えたけど」

「なんていうか、みんなノリでしゃべってる感じしたから、とりあえずノリ合わせときゃなんとかなるかなあって」

「あーお前馬鹿にしてんだろー」

「してない、してない」

　それから授業の話になる。とりあえず俺は勉強を頑張ることを水村に約束させられた。わからないところは教えてあげるから、と励まされてしまう。反対に俺は水村に運動をもっと頑張れよと突きつける。さすがにあのリフティング能力で部活に参加されるのはまずい。

「そういえばさ、なんなのあいつ。磯矢」

　コーヒーをストローでかき混ぜる。からからと氷が軽やかな音を出しながらぶつかり合う。

「あー、磯矢先生ね。あれはねーしかたないんだよ」

「仕方ないってなんだよ、あんなん普通にセクハラじゃん。なんで誰も言わねえの？」

「言えないよお。言えるわけないじゃん」

「わっかんねえなあ。俺だったらぶん殴ってやるのに」

「ぶん殴るかあ。それ、できたらめっちゃ気持ちよさそう」

　そう言って水村が不格好な構えで右手でジャブを打つふりをする。やったれやったれ、と煽《あお》ってみる。

　そんな調子で互いの一日の報告を終える。そして、これから毎日放課後に会って報告をしあうことを決めた。その度に異邦人というのも財布的になかなか厳しいものがあるので、今朝話していた屋上のドア前の踊り場に集合することになった。

　毎日。話していてその単語を口にするときだけ喉に詰まる。いつまでこの状況が続くのだろうか。何度も何度も浮かんでくる誰も答えを知らない疑問をかき消す。また感情的に水村を詰問したところで困った顔をさせてしまうだけだ。それに、それを口にしてしまうと、なんだか本当に二度と戻れなくなってしまう気がして、俺は叫びたくなる気持ちをアイスコーヒーと一緒に飲み込んで笑った。水村も笑ってくれていた。とりあえずは、それで全てオッケーだと思った。

　神経をすり減らす日々だったが、一応は順調に過ぎていった。俺はいつまで経っても女子との会話がうまくならず成績も上がらず、水村は体が俺のお陰かそれなりにスポーツはこなしていたが部活は苦痛過ぎてほとんど行っていないようだった。それでも、当然かもしれないが俺たちが入れ替わっていることに気付く者は誰もおらず、それどころか俺たちは今もほとんど話したことすらないと周りは思っているようだった。悪事の相談みたいにこそこそと人目を避けて逢瀬《おうせ》を重ねていたのだから、当然といえば当然かもしれないが。

　互いの家には頻繁に遊びに行くようになった。ある日水村から言われたからだ。お母さんやお父さんやペロに会いたい。この年齢で異性を家に招くというのは変な誤解をされかねないとも思ったが、泣きそうな顔で唇を噛む水村の顔を見てしまうと断ることなんてできなかった。

それに俺だってその気持ちは痛いほど分かった。家が恋しくて、夜寝る前にその感情が爆発して、枕に顔を押しつけて声を殺して泣いたのも一度や二度ではなかった。あんなに疎ましかった母にも空気みたいな存在の父にも、たまらなく会いたかった。禄ともう一度、馬鹿みたいな話をして笑いたかった。もちろん水村にはそんなことは言えなかったが。

　水村の両親はやたらと娘の異性の友人を歓迎した。きっと元々仲の良い家族だったのだろう、その男は一気にその家に溶け込んでいった。楽しげに自分の母親と話す水村の姿を見て、ちくりと胸が痛んだ。俺はここにいていい人間じゃないとすら感じた。

　俺も水村に家へと招いてもらったが、俺の親は俺に対して無関心だった。元々自分の息子にあまり関心を寄せない親だなとは思っていたが、異性を家に連れてきても素っ気ない態度を取る母の姿に少し寂しくなった。時々父を見かけることもあったが、億劫《おっくう》そうに会釈するだけで眼鏡の奥の小さな目は伏せたままだった。弟の禄に至っては土日に遊びに行っても野球に出てしまっていることがほとんどで、顔を合わせることもなかった。それでも、ほんの少しでも家族の顔を見られることは俺にとって救いだった。

　俺が一番危惧《きぐ》していたのは、水村の彼氏の月乃《つきの》君だった。聞けば、付き合うきっかけはナンパされたからだという。二つ年上、出会いがナンパ、しかも名前が『月乃』。こりゃ相当チャラい男だろう。水村曰《いわ》く付き合ってまだ三ヶ月くらいで手を握るくらいしかしていない、とのことだったが、貞操の危機も近いと俺は身構えた。いくらなんでも俺が中にいるときに初めてを奪われるわけにはいかない。そう覚悟してデートに臨んだのだが、月乃君は俺が想像していた野郎とは全く違う男だった。

ポロシャツにジーンズという野暮ったい格好で、背もあまり高くなく童顔で、年上には見えない。やたらさらさらの前髪の奥の目は柔和そうで、ナンパをしてくるような男にはとても思えなかった。あとから聞いたところによると、友人にほぼ罰ゲーム的感覚で好みの子をナンパして来いと言われたそうだった。ところが標的にされた水村の方もそれほど悪い気はせず、そのまま付き合うことになったようだ。だから優しそうな人だからだいじょうぶって言ったじゃん、と怒られたが、女の言う優しいなんて何の参考にもならない。

まなみちゃん、と月乃君は呼んだ。月乃君とのデートは映画館ばかりだった。しかも電車男とか宇宙戦争とかじゃなくて、聞いたこともないタイトルの見たこともない俳優が出てくる映画ばかりで、よく意味が分からなくて居眠りばかりしていた。映画が終わると月乃君は困ったような顔で、ごめんね次はもっと面白いやつ探してくるから、と笑い、責めも怒りもしなかった。

月乃君はいい奴だった。少なくとも俺にとっては笹垣や高見よりもずっと話しやすく、一緒にいて楽しかった。映画の話になると饒舌になって、普段感情を露《あら》わにしない月乃君がそのときだけは興奮しまくるのが面白かった。ほとんど何を言っているか分からなかったけれど、キューブリックとハネケとかいうのが好き、ということだけは覚えた。

でもそんな月乃君が、おどおどと手を繋ごうとしてくるのはどうにも気色悪さが拭えなかった。スマートに手を繋ぐというのができないらしく、不自然な様子で手の甲を触れ合わせてきたりするものだから、苛々して俺が率先して手を握ってやることが多かった。その途端顔を赤くして口数が減る姿がなんとも気持ち悪かった。そもそも男と手を繋ぐこと自体抵抗感が強く、それでも俺は我慢して月乃君の手汗を手のひらに感じ続けていた。

そんな日々を過ごして、季節は本格的に夏になろうとしていた。元に戻る気配は微塵《みじん》もなかった。

その日も、俺達は屋上のドア前に集合していた。情報交換のついでに、俺は鞄に入れていた漫画を水村に手渡した。

「はいこれ。十七巻でいいんだよな？」

「そう！　ありがとうー、うっかり買い損ねてたんだよねー。読んだ？」

「いや読んでない」

「えー読みなよー、フルバおもしろいよ！　うちに全巻あるよ！」

「いやあるのは知ってるわ、さすがに」

そんなやりとりをしていると、階段の下の方から誰かが顔をひょっこりと覗かせた。

俺、つまり坂平陸の友人の田崎だった。空気が一瞬にして凍る。やばい。見られた。核心的な会話をしていなかったのはまだ幸いだったが、一緒にいるのを見られるのはできれば避けたかった事態だった。こんな所でこそこそ会って話すなんて、仲を疑われるに決まっている。変な噂を立てられたら厄介だ。どうやって言い訳をしよう。慌てて水村の方を見ると、完全に思考停止しているようで表情が固まっていた。

「ごめん！　すまん！　お邪魔しました！」

同じく固まっていた田崎が我に返って踵を返そうとする。やはり同じように我に返った水村が「ちょっと、ちょっと待てって田崎！」と声を張り上げて引き留める。

「ちがうから。おまえが思ってるのとはぜんぜん、ちがうから」

「いやいいんだ坂平、誰にも言わないから俺。いやしかし意外な組み合わせすぎてちょっとおじさんびっくりですよ」

「あのな、ちがうの。これ、これなの」

そう言って水村が手にしていた漫画を田崎の目の前に突きつける。その表紙を田崎がまじまじと見つめる。

「何これ。フルーツバスケット？」

「そう。あのな、これまじでだれにも言わないでほしいんだけど、おれ、少女漫画大好きなんだよ」

田崎がきょとんとした顔で水村を見つめている。多分、俺も同じ顔をしていただろう。

「え？　どういうこと」

「だからー、水村に漫画借りてただけなんだよ。でも恥ずかしいから、わざわざこんなところでこそこそしてたってだけ。まじでそんだけ」

「はー。坂平にそんな趣味がねえ。でもなんで水村さん？　接点なさそうだったけど」

「ブックオフで少女漫画立ち読みしてるとこ見られちゃったんだよ、こいつに。そしたら趣味がめちゃめちゃ似てるってわかってさ。うち弟と同室だから少女漫画とか買えないじゃん。だから、水村に借りるようになったんだよ」

ゆっくりと言い聞かせるように説明をする水村の姿を階段に腰掛け見下ろしながら、俺は感心していた。よくもまあそこまですらすらと言い訳が口にできるものだ。多少苦しいような気もするが、まあ田崎は馬鹿だからきっと誤魔化せるだろう。何より、俺のふりをする水村を初めて間近で見たが、その自然さに驚いていた。俺は多分、ここまで器用に水村まなみを再現できていない気がする。

「これ、そんなに面白いんだ」

いつの間にか漫画を手にしていた田崎がぱらぱらとページをめくる。

「おもしろい。超傑作ですよ」

「へー。俺も借りようかなー。ねえねえ水村さん」

急に話を振られた俺は思わず体をびくりと震わせる。

「俺にも貸してよー。これ読んでみたい」

「え。う、うん、全然いいよ」

「なんだよおまえ、ほんとに読むのかよ」

「なんだよーいいじゃねえかよ、俺も少女漫画同盟入れてくれよ」

「なんだよそれ、勝手に変な同盟作んなよ」

「いいじゃん。よくない？　あってか俺、うんこしたいんだった」

はいこれ、と漫画を水村の手に返す。

「えっなんだよ、トイレ行く途中かよ」

「いやうんこバレやだからさ、いつも催したときはこの階まで来るんだよね。そしたらどっかで聞いた声するなーって思ったら二人がいるからさ、もうびっくりっすよ。ってか漏れるわ！　じゃあ！」

怒濤《どとう》の勢いでまくし立てるとひらひらと手を振りながら廊下を走って去っていった。俺たちはその後ろ姿をぽかんと見送る。

「ねえ、へいきかな。変に思われてないかな？」

さっきまでの堂々とした態度が嘘のように、水村がおどおどと尋ねてくる。

「まあ大丈夫だろ。あいつ、あほだし」

どうせその場の勢いだけで言っているに違いない。明日になれば自分の言ったことも忘れてへらへらしてるだろう。二人でそう結論付けたが、翌朝田崎はわざわざ俺の席まで来て「水村さん、おはよ」と声をかけてきた。今まで接触したことのない男子生徒の突然の挨拶《あいさつ》に、笹垣と高見はぎょっとした顔で田崎を見上げていた。多分俺も同じ顔をしていただろう。それでも意に介さず、やはり田崎はへらへらと笑っていた。

「昨日のやつ持ってきてくれたー？」

「え。あ、ご、ごめん。忘れちゃった」

「えーまじかー。明日は頼むな！　何冊持ってきてくれてもいいから！」

それだけ言うと田崎はいつものグループの中へ入っていく。おはー、と軽薄そうな挨拶を交わす声が聞こえてきた。

「え、なに、みっちゃんいつから田崎と仲良くなったの？」

興味津々で聞いてくる高見に、別に仲良いってわけじゃないよーと言葉を濁す。ふうん、と低い声で笹垣が相槌を打つ。

結果的に、屋上のドア前の秘密の待ち合わせに、田崎も参加するようになった。初めは漫画のやり取りだけだったのが、普通に雑談するようになり、たまに家に行って遊んだりするようにもなっていった。はっきり言って、めちゃくちゃ楽しかった。水村はもしかしたらこの関係性をあまりよく思ってなかったかもしれないし、田崎は多分何も考えていなかったのだろうが、俺はこの三人で遊ぶことが一番好きだった。結果的に、俺の高校生活で一番大きな割合を占めていたのは彼らとの時間だった。その世界では誰も俺に、水村らしさを強要しなかったからだ。もちろん女としての振る舞いは必要だったけれど、軽口も冗談も何も考えず臆することなく言えて、誰の目も気にすることなく笑えて、それだけで俺は居心地が良かった。いつの間にか、一緒にいることを隠すこともしなくなっていた。

けれど笹垣や高見はそれをあまりよく思っていないようだった。直接言われたことがある。彼氏いるのに、男子とばっか遊んでるってどうかと思うよ。俺は曖昧に笑うことしかできなかった。

二人の体には何も起こらないまま、夏休みが近付いてきた。俺が最も危惧していた期末試験も、かつてないくらい勉強したお陰か今までで一番の手応《てごた》えだった。元々水村の脳味噌の構造がいいのかもしれない。反対に水村は「この頭、うまく働かないんだけど」とぶつぶつ文句を言っていた。失礼な話だ。

試験が終わり、俺の中で憂鬱が膨らむ要因が一つだけあった。部活の再開だ。夏休み中ももちろん部活動はある。あまり意味のなさそうな走り込みもひたすらこなすだけの素振りもそこまで苦痛じゃない。原因は磯矢だった。磯矢のあの這い回るような指の感触を思い出すたび吐き気がした。あれなら月乃君の汗ばんだ手を握っている方がまだ幾分かましだ。

そして、終業式の日から部活が再開されることになった。にやにやと蛙の顔で笑う磯矢の顔を見るだけで気分が悪くなる。そして三十分ほどの走り込みが終わって、素振りの時間になる。

「試験終わって気緩んでんじゃないだろうなー。フォームはしっかり練習しろよー」

いかにも教師っぽいことを吐きながら、一列に並んだ女子生徒達を一人ひとり指導していく。贔屓《ひいき》は目に見えて明らかで、興味のない生徒に対しては手すら触れずに口頭で指導するだけなのに、お気に入りの生徒には執拗なほどフォームの修正に時間をかけている。磯矢がじわじわと近付いてくるごとに、暑さのせいではない嫌な汗をじっとりと背中にかいていた。

「ほら、水村。上半身が下がってきてるぞ」

その言葉と共に急に腰を摑まれる。びくっ、と体が頭よりも先に拒否反応を示す。すみません、と声にならない声で返事をする。

「グリップもきちんと握って。ちゃんと強く、な」

二の腕からラケットを握る右手までを、必要のない緩い速度で撫でられる。触れられた部分から鳥肌が一気に広がる。ふざけんな、こいつ。ラケットでぶん殴ってやろうか。もちろん、思うだけでそんなことはできない。この体でできるわけがない。

「よくなってきたぞ。そのままラケットを振ってみて」

顔が異様に近い。吐息が髪の毛越しに耳にかかる。生暖かくて気持ち悪い。手はいつの間にか脇腹を撫で回すように動いている。姿勢を矯正するふりで磯矢の指先に力が籠《こも》った。人差し指が胸の下の方に食い込んで、感触を確かめるようにそれが何度も動いた。

駄目だ。気持ちが悪い。吐き気がする。頼む。早く終わってくれ。俺にはそう祈ることしかできなかった。分からない。どうして水村はこんなこと毎日我慢できるんだ。どうして、仕方ないの一言で笑って流せるんだ。だってこんなのはただの暴力だ。燦々《さんさん》とした日差しの下、公然と穏やかに行われる凌辱《りょうじょく》だ。

「磯矢先生！」

急に聞き覚えのある声が聞こえた。その瞬間、芋虫のような両手の指から解放される。俺と磯矢は同時に声のした方を向く。水村だった。遠くに田崎達の姿も見える。

「誰だお前、今部活中だぞ」

磯矢がそう憎々しげに言い放つのと、水村が不格好に両手を構えるのとはほぼ同時だったように思う。それに気付いた俺が、おいそれはやめとけ、と叫ぶよりも早く、水村の右手が磯矢の頬を打ち抜いた。それほど重い一撃とも思えなかったが、完全にノーガードだった磯矢の顔面は空に跳ね、そのままグラウンドに倒れ込んだ。きゃああ、とテニスウェアの女子達が叫ぶ声が聞こえる。田崎が慌てた様子でこちらへ駆けてくる。磯矢は鼻血を出して殴られた頬を押さえ砂まみれで転がっている。俺が呆然《ぼうぜん》と水村を見つめていると、わざとらしく舌を出して言った。

「めっちゃ気持ちよかったあ」

　何笑ってるんだ、この女は。


　当然のことながら大騒ぎになった。痛い痛いと半泣きの磯矢と俺と水村は三人別々の部屋に入れられ、それぞれ事情を聞かれた。二人がどんな受け答えをしたのかは知らないが、俺はどうにか水村、というより坂平陸が問題にならない方向に持っていくよう話した。とはいえほとんどは真実だ。磯矢が恒常的にセクハラを繰り返していたこと。それを坂平陸がたまたま目撃して、きっとカッとなって殴ってしまったのではないかということ。話し終えると担任は分かったとだけ言い、家に帰らされた。

　結果的にソフトテニス部はしばらく休みになった後、顧問が変わった。磯矢が学校を辞めたという情報はあっという間に広まった。家庭の事情が理由の自主退職、というのが表向きの理由だった。俺はいづらくなって部活を辞めてしまった。水村は夏休み中だというのに十日間自宅謹慎を言い渡され、そのまま俺と同じようにサッカー部を辞めた。

　事情を知った母親は俺の心配をしてくれた。気づかなくてごめんね、ひどいことされたね、怖かったね。そう言って抱き締めてくれた。不覚にも泣きそうになった。こうやって抱き締められているのが水村だったらよかったのに、とも思った。

そして母親が次に心配したのは坂平陸だった。自分の娘を助けた男に対して、お礼を言いに行かなきゃと騒ぎ始めた。やめとこうよと言う俺の制止も聞かず、連れ立って坂平家に行くことになった。

水村の母親を自分の本当の家に案内する、という行為をなんだか不思議なものに感じていた。そして団地に着いたとき、激しい羞恥を覚えた。水村の家は中心街から少し離れているとはいえ立派な一軒家だ。片や俺の家はみすぼらしい団地で、エレベーターすらついていない古い建物だ。水村にこの家を知られたときは何とも思わなかったのに、水村の母親に知られるのは何故かすごく嫌だった。母親にも会わせたくなかった。水村の母親は家でもきちんとした格好をしているし、薄いながら化粧もしている。一歩も外に出ない日であっても、だ。一方俺の母はパートに出る時も長い髪をひっつめてマスクをするだけでほとんどすっぴんだ。家にいる時は俺が小さい頃からずっと着ている毛玉だらけのスウェット姿だ。今までなんとも思っていなかったのに、急に自分の家庭が恥ずべきものに思えてきてしまった。家のドアの外に置いてある薄汚れた自転車も弟のバットやグローブも、ブザーみたいな変な音がするチャイムも、全部が恥ずかしかった。そして、家族を恥ずかしいと思うことに激しい罪悪感を覚えていた。

インターホン越しに母の不機嫌そうな声が聞こえてくる。先日お電話した水村です、と水村の母親が答える。ややあって、ざいいと不快な音を立ててドアが開いた。声だけではなくて表情も不機嫌そうな母の顔が隙間から見える。やはりいつものように化粧っ気はない。どうぞ、と促されて俺達は家の中に入る。玄関にはバラバラに散らばった靴がひしめき合っていて、靴箱の上には父がお土産に買ってきたよく分からない置物と、自転車や家の鍵が乱雑に置かれていた。見慣れていたその光景が今はだらしなくてみっともないものに見えてきてしまう。

「べつにわざわざ来ていただかなくてもよかったんですけどね」

「そんな、こちらとしては娘を助けていただいた身ですから、ご挨拶しないことには」

不躾《ぶしつけ》な母の態度にも、水村の母親は平身低頭の様相を崩さない。なんだか情けなくなる。玄関先にずっと立たせたままで、中に入れる気もさらさらないようだ。母をじっと見つめていると、不意に目が合った。慌てて視線を爪先に向ける。それでもつむじ辺りに湿った視線を感じていた。母にとって、水村まなみは敵なのだと知った。それがはっきり分かるくらい母の視線には敵意がたっぷりと詰まっていた。どうしてこんなに嫌われてしまったのか分からない。視界の中の青いスニーカーが歪む。息がしづらくなる。こんなことなら、やっぱり会いに来なければよかった。

「これ、つまらないものですけど、どうぞ」

そう言うと水村の母親は菓子折りの入った紙袋を渡す。母はそれを受け取り袋の口を開き一《いち》瞥《べつ》すると、「どうも」と小さく礼を言った。

「緑！」

急に部屋の奥に向かって声を張り上げる。遠くに見える襖《ふすま》が開き、少年が鼻の頭をやたらとこすりながらひょっこりと顔を出した。禄だ、と思った。いがぐり頭もくりくりとした両目も右の眉毛の上のほくろも中学二年生にしては低い背も、何も変わっていない。久し振りに見る弟の姿に喉元が熱くなるのを感じた。許されることなら、かつてそうしていたようにぎゅっと両頬を手で挟んで、そのざらざらとした頭を撫で回してやりたかった。

「これ、もらったよ。食べなさい」

禄は紙袋ごと菓子折りを受け取ると、ありがとうございますとちょこんと頭を下げ、また部屋の奥へと消えて行った。

「あの、よかったら陸くんに直接お礼を言いたいんですけども」

水村の母親がおずおずと申し出ると、母がぎろりと黒目を動かして睨みつけた。

「陸は会うのをいやがってますので」

「あの、一言だけでいいんですけど」

「すみませんが、今日はもうお引き取り下さい」

そう言って母が踵を返そうとしたとき、また奥の襖が開いた。水村だった。そのまままっすぐこちらへ向かってくる。

「陸、あんたは出てこなくていいって言ったでしょ」

そう吐き捨てられるも水村は意に介さぬ様子で俺達の目の前に立つと、ぺこりと頭を下げた。

「すみません、わざわざ来てもらっちゃいまして」

「そんな、助けてもらったのは私たちなんだから、いいのよ。ね、まなみ」

「うん。坂平君、ありがとうね」

倣って礼を言うと、水村がゆっくりとこちらに視線を向けた。目が合う。そしてすぐについと視線を水村の母親に戻し、やたらと丁寧な口調で水村が言う。

「おばさん。ちょっとまなみさん借りてもいいですか」

「え？　ええまあ、いいけど」

「ありがとうございます。水村、ちょっといい？」

半ば強引に誘いながら水村が靴を履くと、「あんた自宅謹慎中でしょう！」と母の怒声が飛んでくる。思わず身構えるが、水村は平然とした様子で、そこの公園まで行くだけだからと顔すら見ようとしない。

「あ、それじゃあ私たちはここで。お邪魔しました」

出て行こうとする俺たちに合わせて、水村の母親も頭を下げて部屋を出る。ドアが閉まる最後の瞬間まで、母はじいっと俺を睨み続けていた。

ほんとうに今回はありがとうね、と過剰なほど頭を下げ続ける水村の母親と別れて、俺たちは団地のすぐ近くの公園のベンチに腰を下ろした。昼間の公園にはさほど人はおらず、小さな子供を遊ばせる母親たちの姿がちらほら見える程度だった。

「いやあほんとうに今回はごめんね、坂平くん」

へらへらと笑う水村を、ほんとだよと肘で小突く。

「あそこで殴るか、普通？　みんなポカーン状態だったぞ」

「いやあなんかカッとなっちゃって。我を忘れるってああいうのを言うんだねえ」

「カッとなるとか、水村にしては珍しいじゃん」

ははは、と乾いた笑いを浮かべる。その視線はどこを見るともなく、ただ虚空に向けられていた。

「なんか、磯矢にああいうことされても、ただ黙ってじっと耐えてる坂平くん見てたらさ、すっごくムカついてきちゃって。私もずっとああやって我慢してきてたんだなあって思ったら、いてもたってもいられなくなって、ついつい、ね」

「ついついね、じゃねえよ。まあ殴りたくなる気持ちも分かるけどさ」

「でしょ。あー気持ちよかった」

そう言って水村は伸びをする。その言葉とは裏腹に、表情には晴れやかさはちっとも見られなかった。さぞかし嫌だっただろうな、と想像してみる。俺だって目の前で自分の体が、誰か他人から苦痛を与えられているのを見てしまったら、同じことをしてしまったかもしれない。

「それより水村、ママになんか言われなかった?」

「なんかって?」

「あの人、今日もめっちゃピリピリしてたじゃん。怒られたりしなかったかなって」

「まあ、怒られはしたけど」

困ったように笑いながら、首筋に垂れた汗を手のひらで拭っている。相変わらず、その体は汗っかきのようだ。

「でも、坂平くんが言うほど、お母さんって怖くないと思うよ」

「えー。そうかなあ」

「うん。今回だって怒られはしたけど、私になんて声をかけていいか、わからないから怒ってるって感じだった。うまく言えないけど……怒りたくって怒ってるんじゃないって感じがする」

なんだそれ。よく分からない。怒りたくないなら怒らなければいい。昔みたいに笑っていてくれればいいのに。

そう心中で毒づきながらも、今日俺に向けられた敵意は、自分の息子を護《まも》ろうとしたためだったのかもしれないとも思い始めていた。母にとって水村まなみはきっと、息子を脅かす存在なのだ。

「あ、そうそう。これを渡したかったんですよ」

押し黙ってしまった俺に、わざとらしく明るく言う。シャツの背に隠していた二冊のノートを取り出す。赤と緑のリングノートだった。その内の緑色の方を渡してくる。

「何だよ、これ」

「夏休み入っちゃったからさ、私たちあんまりもう頻繁に会えないでしょ。田崎くんと遊びに行く約束してるくらいでさ。だから、このノートに一日の出来事書きとめておいたらどうかなあと思って。そしたらとつぜん元に戻ったときでも、このノート見たらいろいろわかるでしょ。ま、日記みたいなもんかな」

「なるほどね。なんか恥ずかしいけど、了解」

渡されたノートをぺらぺらとめくる。夏休みの日記ですら満足に書けた記憶がなかったが、そうも言っていられないだろう。戻ったときに困るのは水村なのだ。

「戻るとき、来るのかなあ」

思わず口に出してしまう。しまった、と慌てて唇を噛んだがしっかり水村に聞こえてしまっていたようだった。もうその類の言葉は口にしないと決めていたのに。

「夏だよ。今年の夏が終わるまでは我慢しよう」

それでも水村は、ただ屈託なく笑う。

「夏？」

「そう、夏。なんていうかさ、こういう不思議なお話って、ひと夏の物語って感じしない？」

なんだそりゃ、と思わず笑う。

「だからさ、今年の夏だけがんばって乗り切ろ」

「おう、そうだな」

結局そうやって水村に励まされてしまう。体のずっと奥の方が自己嫌悪で沈み込む。いっそ水村も弱音を吐いてくれればいいのに。二度と戻れなかったらどうしよう、と二人で泣き合えたらいいのに。無意味な傷の舐め合いでも、無理に笑顔を作るよりはずっといいのに。

「月乃くんとさ、夏休みどっか行こうとか言ってる？」

「ん。とりあえず、夏祭りには行こうって話してる」

「そっかあ。いいなああ、私も月乃くんと夏祭り行きたかったよー」

水村がノートを胸に抱え天を仰ぐ。俺も真似をして空を見上げてみた。照り付ける日差しが眩《まぶ》しくて目をすがめる。いつの間にか聞こえていた蟬の鳴き声が、余計夏の強さを感じさせている気がする。皮膚にまとわりつくような粘つく暑さで、鼻の頭に丸く汗をかいていた。

「空とか、あんまこうやって見ることないよね」

水村が額に浮かぶ汗を手の甲で拭う。俺は何も答えず、その仕草を見届けてまた空を見上げる。空は子供が画用紙に塗りたくるような噓っぽすぎる青で、雲はその中をちらちらと泳ぐ。真ん中には自己主張の強い太陽が一つ光っている。確かに、晴れた空を眺めるのは久し振りだった。どうしてだろうと考えて、雨が降りそうな曇り空の時にしか、天気なんて確かめたりしないからだと気付く。

「また来年の夏行けばいいじゃん」

体を戻して言う。同じように、水村も体を戻す。

「そうだね。来年の楽しみに取っとく。ありがと、坂平くん」

そう言って水村が破顔する。あてのない希望でも、とにかく縋《すが》ってみたかった。縋り続ければ、きっと神様だって見かねて助けてくれる。そうやって言い聞かせて、必死で自分の中の不安な声をかき消し、大きく息を吸い込む。

湿った夏の匂いがした。

30

俺達は飽きもせずいつも同じ話をする。二人で記憶をゆっくりとなぞるように、十五年前のその日の話から始める。懐かしむというより、思い出を風化させないためみたいに。

「初めの方は大変だったよね、ほんと」

コーラを飲みながらしみじみと言う水村に「まあな」と同調する。

「お互い必死だったからな。役者じゃないんだから演じきれるわけないんだし」

「ふとした瞬間に素が出ちゃったりするしね。坂平くんが田崎くんを呼び止めようとして『おい田崎』って言っちゃったとき、まじでふざけんなって思ったよ私」

「え。そんなことあったっけ」

「あったよー。本気で血の気引いたからね。きょとんとした田崎くんの顔は笑えたけど」

「うわ超こええ。どうやって切り抜けたんだっけそれ」

「何事もなかったかのように『ねえ田崎君』って言い直してたよ。変に取り繕わないのは大正解だったと思う。ってかほんとに全然覚えてないのね」

「ぜんっぜん覚えてない。水村は記憶力いいよなあ」

「坂平くんが忘れっぽすぎるだけだから」

とはいえ、あの日々が忘れてしまえるくらいの過去になっていることに安堵《あんど》を覚えている。とにかく薄氷を踏むような毎日だった。親や友人と話すたびに細心の注意を払い、水村まなみのイメージからはみ出さないように一日一日を過ごした。神経を削り取っていくような日常も、当時は苦しくて仕方なかったのに、いつの間にかそれを、あのときは大変だったねなんて笑い合えるようになっている。ちょっとちくっとするときもあるけれど、昔とは違う甘い痛みだ。

「そういえば水村、今日うちに来るでしょ」

「うん、そちらがよければ」

「全然いいよ。母さん、多分今頃張り切って料理作ってるよ」

そうかあ、楽しみだなあ、と困ったような顔で水村が笑う。氷で薄まったアイスコーヒーを飲み干して、そろそろ行こうか、とどちらからともなく言い出し、俺たちは席を立つ。

「あ、ねえ坂平くん。そっちの家に行く前にさ、悪いんだけどこっちの家に寄ってもらえない？　荷物だけ置いて行きたくて」

「ああ、全然いいんだけどさ。俺も親父んとこ寄りたいから、先にそっち行ってからでいいかな」

「あ、そうだよね、それはもちろん。私もいっしょにあいさつしたいし」

店主に別会計でそれぞれ金を払い、ご馳《ち》走様《そうさま》でしたと言って店を出る。昼を少し過ぎた陽の光は七月にしてはやけに強い気がした。

十五分ほど車を走らせて墓地へ向かう。途中で寄った花屋で買った供花と、寺で借りた桶《おけ》と柄杓《ひしゃく》を手に、父のもとへ歩く。

「やっぱり、二人揃わないとちゃんと墓参りしたって気分にならないよね」

父の墓に着いて、それを見下ろしながらぽつりと水村が呟《つぶや》く。

「毎年お盆にはちゃんとみんなでお墓に行ってるけどさ」

「いつも、墓参りしてくれてありがとな。水村」

「そりゃあね、私のお父さんだもん。当然ですよ」

俺の本当の父は六年前に他界した。禄が大学を卒業するのを見届けて、自らの役目は終わったとばかりに心筋梗塞《こうそく》であっという間に逝《い》ってしまった。

ある程度墓の周りを片付け、墓に水をかけてやると、二人で花を供え線香を上げ墓前で手を合わせる。周りに大きな建物もなく、うなじに照り付ける日差しがじりじりと暑い。額の汗を手で拭《ぬぐ》いながら立ち上がる。

「そういや、禄は元気？」

禄とはしばらく会っていない。水村から送られてくる写真を見るたび、随分大きくなったなあといつも思う。俺の中の弟のイメージは、いつも俺にまとわりついて、俺と喧嘩《けんか》して泣き喚《わめ》いて、布団を並べて眠りに就いて、そんな頃の姿ばっかりだ。

「元気に忙しくしてるみたいよ。なんかもう仕事が楽しくてしかたがないって感じ。私には理解できないわあ」

「あいつもいい加減落ち着けばいいのに」

「まあまだ二十八だもん。兄貴だって落ち着く気配ないわけだしね」

「確かに、それもそうか」

　ははは、と水村が乾いた笑いを浮かべる。禄の話をするときの水村は、いつも少しばつが悪そうな表情を見せる。仲が悪いというほどでもないらしいが、ほとんど連絡を取り合うこともなく、年末年始に顔を合わせるくらいの交流しかないらしい。幼い頃よく懐いてくれていた禄の姿を知っている俺としては、その不干渉ぶりを耳にする度なんだか少し寂しい気持ちになる。それを水村も分かっているから、そんな顔をするのだろう。

「立派に親不孝させていただいてますよ。その点坂平くんはすごいよ。なんていうか、まっとうだなって感じがする」

「別に、結婚とか子供とかだけが親孝行ってわけでもないだろ」

　そうかなあ、と困ったように笑う。そんなやり取りをしながら寺へ桶と柄杓を返しに行き、そして車へと向かう。

「それじゃあ、親孝行で肩たたきでもしに行こうかな。お願いできますかね、運転手さん」

　お安い御用です、と恭しく頭を下げてみせる。

　水村はいつも肝心なことを言わない。だから水村が何をどう思っているか、俺はほとんど知らない。自分の生き方に疑問を持っているのかもしれない。俺の父に孫の姿を見せられなかったことを後悔しているのかもしれない。結婚しないのにも何か理由があるのかもしれない。でもそれは俺が水村の言動の端々から勝手にそう思っているだけで、そんなことちっとも考えていないのかもしれない。

何も言葉にしないのは、水村なりに気を遣っているからなのだろう。でも、それはなんかずるいなと思う。俺は水村がいてくれなければ、この体で十五年生きていくことはできなかった。でもきっと水村は違う。俺がいなくても、坂平陸という男として充分生きていけただろう。

水村まなみという女は、そういう人だ。強くて、ずるい人だ。


俺の生まれ育った家はもうない。中学生の途中で越してきて、家族四人で身を寄せ合って過ごした狭い団地の一室だったが、それなりに思い入れはあった。けれど息子が二人とも東京へ行き、夫を亡くした俺の母は一人でそこで過ごすことを嫌がり、アパートの一室を借りて暮らすようになった。昔から働いていた蕎麦《そば》屋で未《いま》だ細々と働いているらしいが、今の母の他人との交流はたったそれだけだ。古いアパートの部屋で、ぽつんと一人で寝食をする母の姿を想像すると、どうにも居た堪《たま》れなくなる。

水村もそう思ってくれているのか、盆正月や長期の休みの時など頻繁にこっちに帰ってきているらしい。水村だって忙しいのに、ありがたいことだ。

アパートの前に着く。着いたよ、と言うと、助手席の水村がじっと俺の顔を見つめてくる。

「なんだよ」

「坂平くんも、いっしょに来る？」

「馬鹿言うなよ」思わず鼻で笑ってあしらってしまう。我ながら感じが悪い。「行くわけないだろ」

そっか、と水村が小さく返す。じゃあ行ってくる、ありがとね、と言うと助手席を出て、後部座席の荷物を肩にかけると、アパートへ向かう。

車からは母の住む部屋のドアが見えた。二階の一番端っこ。階段を上った水村が、その部屋の前に立つ姿が見える。そしてしばらくして、ドアが開く。水村の陰になってそのドアの向こうは見えない。水村が部屋に入っていく瞬間に、ちらりとシルエットが見えた。遠目だからよく分からないが、なんだかまた背が小さくなったような気がする。

もしかしたらもう二度と母と会うことはないかもしれない。父が死んでから、そう思うようになった。老いていく母の顔も声も、俺は多分知らないまま終わる。

東京へ出て行くとき、覚悟はしていたはずだった。これが今生の別れになるかもしれないと。でも現実はそんな甘い覚悟を悠々と凌駕《りょうが》する。だってこの期に及んで俺は望んでしまうのだ。父と母と弟と、あの団地で食卓を囲んで笑い合うことを。とんでもない絵空事だ。その夢の中ではみんな、十五年前の顔をしている。そして俺は、坂平陸としての時間は十五年前で止まってしまっているという事実を、ただただ突きつけられるのだ。

18

夏が終わればきっと元に戻っているだろう、という俺たちの目論見《もくろみ》は見事に外れた。夏休みが終わっても入れ替わったままで、俺は絶望的な気持ちに浸っていた。

怖かった。もう二度と俺は男として、坂平陸という人間として生きることはできないかもしれない。女の子と付き合ったりキスしたりエッチしたり、そういうのをしないまま人生が終わる。自棄《やけ》を起こしそうだった。実際何度も水村を怒鳴りつけていた記憶がある。ふざけんなよ、どうすりゃいいんだよ。俺の人生返してくれよ。同じ境遇の水村に当たり散らすなんてみっともないが、水村にしかその感情を吐露できなかったのだ。

けれど水村は笑っていた。まあ、どうにかなるよ、きっと。目が覚めたらあっさり戻ってたりするって。その能天気さにいらついた。でもその能天気さに救われた部分もあった。

今だから分かる。その緊張感のない言動は、俺を安心させる為だったのだと。パニックになって喚き立てたいのは水村だって一緒だったはずだ。でも彼女はそれをひた隠しにしてへらへらと笑っていた。全て俺の為に。渦巻いていたであろう不安も恐怖も、口に出そうとしなかった。事実、そのお陰で俺は平穏を取り戻せていた。いつこの人生を水村に返却してもいいように振る舞うことができていた。

でも今思うと、もう水村はこの時から、水村まなみとしての人生を俺に譲り、坂平陸として生きる決意をしていたのかもしれない。事実、水村は俺とは違いうまく立ち回っていた。驚くことに水村は俺の体で彼女を作り、そしてあっさりと童貞を捨てた。なんだか断れなくて、と笑っていた。ふざけんな、だったら俺も好きなようにさせてもらう、と思ったが、だからといって処女を捨てることもできなかった。

　高校二年の二学期の、期末試験前の時だった。ちょっと相談したいことがあるんだけど、と水村に呼び出された。屋上のドア前に行こうとすると、異邦人がいいと言う。その言葉と神妙な面持ちに思わず身構える。本当に誰にも聞かれたくないことは、異邦人で話す、という不文律がいつの間にかできていた。水村から何かを相談されたのは、後にも先にもこの時だけだった。

「坂平くんはさ、進路とかどうする？」

　ストローでコーラをかき混ぜながら、水村が訊《き》いてくる。

「あー、そうだよな、その辺相談しないとだよな。でもいつ体が戻ってもいいようにってなると、無難にこっちの大学進学するのが一番いいんかな」

　やっぱそうだよね、とかそれがいいよね、とかぶつぶつ呟きながら、氷の音をカラカラと立てている。水村にしては歯切れが悪い。左手では後ろ髪の毛先をくるくるといじくっている。

「なんだよ、なんか言いたいことあるの」

「言いたいことっていうか、うんまあそうなんだけど。どっちかっていうと、お願いに近いかもなんだけど」

「はっきりしねえなあ。なんだよ」

「私、東京の大学に行きたいと思ってて」

東京。思ってもみなかった単語が水村の口から飛び出して、俺の思考が一瞬固まる。

そのときの俺の東京のイメージは、テレビや雑誌での知識しかなくて、とにかくキラキラしてて、お洒落《しゃれ》で、危ない場所だという印象だった。そんなところに行く、ましてや住むなんて発想はこれっぽっちもなかった。新幹線で一時間もかからないような場所なのに、海を隔てた別の国のように思えたし、そこに行きたいと口にする水村の気持ちが全然理解できなかった。

「なんで、東京なんだよ」

「いろいろ勉強したいことがあって」

「なんだよ、色々って」

「いろいろはいろいろだよ」

言葉を濁す水村を睨《にら》みつける。ちらりと俺を一瞥《いちべつ》して、すぐにまたストローに視線を移す。体に悪そうな黒色がだいぶ薄まって水っぽそうだ。

「こんな理由じゃ納得できないよね、ごめんね」

「分かってんならちゃんと言えよ」

「ごめん、私もうまく言えないんだけど。でも、ずっとここにいるのはいやなの。ここが嫌いってわけじゃないけど、ここで人生を完結させたくないっていうか。浅はかかもしれないけど、東京に行って見聞を広めたいの。そういう意味での勉強っていうか」

目を伏せながら饒舌《じょうぜつ》に言い訳を口にする。薄い唇をきつめに結んで、奥二重の目を細めている。俺って、困った時こんな顔するんだな、と思った。そういえばいつの間にか、自分の顔をした男が柔らかい丸みを帯びた喋《しゃべ》り方をするのに慣れてしまっていた。

「じゃあ、俺も東京行くよ」

シロップを二つ入れたアイスコーヒーで舌を湿らせて、そう口にする。水村が伏せていた目を持ち上げる。

「俺も同じ大学行く」

「え、なんで。どうして」

「だってその方がいいだろ。もし体が戻ったとき、その方がすんなりいくだろうし、情報共有もしやすいし」

水村がもう一度目を伏せる。氷が半分溶けたコーラをすすって、小さく息を吐く。

「そういうの、もういいんじゃないかなあ」

「へ？　どういうこと？」

「戻ったときそのほうがいいからとか、情報共有しやすいからとか、そういう理由で将来を決めるの、やめたほうがいいと思う。悪いけど、私はそういうの考えないで好きなことさせてもらう。だから、お願いだから坂平くんもそうして。私を言い訳にして先を見据えることを放棄しないで」

水村らしからぬ突き刺すような物言いに思わず言葉を失う。水村がゆっくりと顔を上げ、柔らかく微笑んだ。

「坂平くんも、自由に好きなことをして」

真正面から鼻っ柱を拳骨《げんこつ》で殴りつけられた気分だった。俺はこの先もずっと互いを助け合って生きていくのだと思っていた。いつ元に戻れるか分からないけれど、いつそのときが来てもいいように。でも水村は違った。自分のやりたいことを見つけて、そしてその道を選択しようとしている。俺が隣にいなくても。むしろ、俺がいては自分の思う通りに動けないとでも言いたげな声色で。

裏切られた、とも感じた。だって俺はいつだって、水村まなみでいることを最優先にして生きてきたのに。今更好きなことをしていいなんて言われたって困る。何も思いつかない。俺の好きなことってなんだったろうか。急に足元も見えない濃い霧の中にひとり放り出された心地になる。

「分かった。ちょっと考えてみるよ」

ようやくできたのは、そう言って曖昧《あいまい》に微笑むことだけだった。水村がほっとした表情で笑うのを見て、俺はますます打ちのめされた。

そして高校生活が終わりを迎える。入れ替わってから二年半以上が過ぎていた。高校生活で学ランを着ていたのはたった三ヶ月ほどで、セーラー服を着ていた期間のほうが長かった。スカートにもスカーフの結び方にもすっかり慣れてしまった。

体育館での卒業式を終え、生徒達は筒に入った卒業証書を手に散り散りになる。俺は携帯電話を片手に校舎裏のゴミ捨て場へ向かう。こんなハレの日にそんな所にいる生徒は俺だけだった。

不在着信が二件。履歴からかけ直す。すぐに「もしもし」と月乃君の声が聞こえてきた。

「あ、もしもし。ごめんね、電話くれたでしょ」

「あ、ああ、うん。まだ学校だったよね、ごめん」

「ううん、大丈夫。今ちょうど終わったところ」

「あ、そっか。良かった」

そして沈黙が流れる。気まずさに言葉を探そうとするも、なかなか出てこない。最近の月乃君とのデートはいつもこんな感じだった。会話が途切れる。うまく言葉が転がらない。原因は分かっている。俺がキスを拒んだからだ。

その日までは普段通りだった。いつも通りよく分からない映画を観て、いつも通りよく分からない月乃君の蘊蓄《うんちく》を聞いて。俺はそんな日々でもそれなりに楽しかったけれど、月乃君はもっと先の関係に進みたかったようだった。月乃君が大学に入って忙しくなり、なかなか会う時間も取れなくなったというのも要因の一つだろう。その日の夜、それじゃあねといつも通り手を振った俺を月乃君が急に抱き締めてきた。突然のことに呆気《あっけ》に取られて硬直していると、そのままキスを迫ってきた。月乃君のかさかさに乾燥した唇が近付いてくる。俺は思わず突き飛ばした。そして叫んでしまう。マジきもい、無理だって。

反射的に出てしまった言葉だった。しまった、と思った。あの時の月乃君の顔は忘れられない。泣きそうな表情で眉根《まゆね》を寄せて、世界中の絶望を背負ったような顔をしていた。俺がごめん、と言う前に、ごめんおやすみ、と早口で言うとそのまま去っていってしまった。

それからはずっと気まずかった。何事もなかったかのように月乃君は俺を映画に誘い、俺も何食わぬ顔で隣の席に座っていたけれど、二人とも口に出さないもやもやした何かがずっと間に横たわっていた。

会う頻度がぐっと減り、メールのやり取りもなくなっていった。俺が東京へ行って、そのまままこの関係はなかったことになるんだろうな、と思っていた。そうしたら今日、急に電話がかかってきたのだ。

「どうかした？　何か用？」

仮にもまだ彼氏である相手に、何か用はないだろうと自分でも思いながらも尋ねる。用って程のもんじゃないんだけど、と月乃君は歯切れ悪くもごもごと言い淀《よど》む。

「卒業おめでとうって、一言言いたくて」

「そっか。わざわざ、ありがとうね」

「うん。あと、色々ごめんね」

絞り出したような声に、さすがに胸が痛くなる。付き合っている相手に「きもい、無理」なんて言われたら、俺だったら立ち直れない。

「私の方こそ、ほんと、ごめん」

「いいんだ。でも、あの、僕さ」

そのまま言葉が途切れる。息を呑《の》む気配が電話越しに伝わってくる。必死で相応《ふさわ》しい言葉を探しているような時間だった。そしてはっきりした声で、「東京に行っても頑張ってね」とだけ言った。

ありがとう、じゃあねと言って電話を切る。酷《ひど》いことをしているなと思う。月乃君にも、水村にも。二人が大事にしていたものを、俺は呆気なく壊してしまったのだ。

携帯電話をポケットに戻すと、校庭に向かう。卒業証書を持った生徒たちがひしめき合っていた。どこからかすすり泣く声も聞こえてくる。写真を撮り合ったり、打ち上げでカラオケに行こうと話し合ったり、そんな賑《にぎ》やかな塊を見ないようにして俯《うつむ》いてすり抜けていく。視界の端に笹垣と高見の姿が見え、一瞬目が合ったような気もしたが、お互い声をかけることなくすぐに視線を逸《そ》らす。

早く帰ろうと、喧騒を背に足早に校門へと向かう。学校名が書かれた札の前に、写真を撮るための列ができていた。

「あ、おい水村！」

いきなり声をかけられてびくりと足を止める。田崎だった。いつもの面子《メンツ》と共に列に並んでいる。そこには水村の姿もあった。視線がぶつかって、水村が困ったような笑みを見せる。

「どうしたの、もう帰るん？」

「あ、ああうん。そのつもり」

「まじかよ。せっかくなんだから俺たちも三人で写真撮ろうぜ」

すいません、こいつ入れてやってください、と後ろの生徒に声をかけ、俺を招き入れる。居た堪れない気分になりながら群衆に紛れ込んだ。

「水村はこの後なんかあんの？」

田崎が卒業証書の筒の蓋《ふた》を開けたり閉めたりしながら、音を出して遊ぶ。

「夜には家族とご飯食べに行こうか、って話はしてる」

「おおまじか。それまで暇ならさ、以蔵《いぞう》行こうぜ」

な、と水村の方を振り向く。いいねえ、と水村が破顔する。あーでも、と言葉を濁しながら二人の奥を見やる。俺に一瞥もくれずまるでそこにいないかのように、飯田たちが談笑している。

「こいつらはいいんだよ、どうせ明日も遊ぶんだし。あ、てか水村も来る？　富《ふ》士急《じきゅう》行こうってなってんだけど」

「あ、ううん、私は大丈夫。明日用事あるし」

「まじかあ。まあ、機会あったらまた行こうぜ」

「うん。ありがとう」

こうやってなんの臆面《おくめん》もなく誘ったりできるのが、田崎のすごいところだと思う。誰にでも分け隔てなく爽《さわ》やか。一年の時はあどけなかった顔立ちがいつの間にかすっかり大人びて、同じくらいだったはずの背も越されている。それはかつての俺である坂平陸も同じで、背の順で並んだ時に後ろから二番目になるくらいには背が伸びていた。自分を見上げながら話すのは変な感覚だった。頬は丸みを失い、骨格は力強くなり、幼さが消えつつあった。かつての俺ではない俺にどんどんとなっていってしまっている。

水村まなみはもう背は伸びない。髪が伸びても一年の時のように短く切り揃える。なるべく、なるべくあの時の姿でいつづけようと。でも何故だか、俺だけ置いてけぼりを食らっているようだった。俺が行き止まりだと思っていた道の先を、水村たちはどんどん進んでいっている。

水村と田崎が飯田達と写真を撮って、その後俺と撮る。ペロばっかりの俺の携帯電話の画像フォルダに、ようやく人の写真が入る。

じゃあまた明日な、遅刻すんなよと田崎が飯田たちに手を振って、俺たちは以蔵へ向かう。馬鹿の一つ覚えみたいに通いまくってたラーメン屋だ。安価でなかなかのボリュームなので学生にとってはありがたい店だった。

道すがら他愛のない話をする。あのときの坂平ひどかったよな。いやいや、そういう田崎のほうがやばかったから。アルバムをめくるようにかつてを振り返る。違和感のない水村の笑顔。俺はそのやり取りを眺めながらただ黙って微笑む。その思い出の中に、自分もちゃんといることに安堵する。

以蔵に着くと、俺が味噌《みそ》ラーメン、水村と田崎がチャーシューメンの餃子《ギョーザ》チャーハンセットを注文する。

「なんだよ水村、そんなんで足りんのかよ」

「足りるよ。二人が食べ過ぎなんだよ」

「育ち盛りだからな、俺たち」

「ええ、まだ育つつもりなの」

田崎相手だと何の気兼ねもなく軽口が叩《たた》けるから安心する。それは俺が坂平陸の時からの友人だからというのもあるだろうけど、田崎の人柄によるところも大きいだろう。

笹垣と高見の前で、俺は結局最後までうまく話すことができなかった。水村として振る舞おうとすればするほど何が正解か分からなくなり、嫌われてはいけないと思うたび気のない相槌《あいづち》を打つことしかできなくなった。口数が減り、明るかった彼女はだんだんと無口になっていった。俺は焦った。水村の居場所がなくなってしまう。少女漫画を読み漁《あさ》りテレビドラマを毎週見て、どうにか彼女達の話題に食らいつこうと必死になった。必死で言葉を手繰り寄せ頬を押し上げて、嘘くさい陽気さを作り出した。でも、ある日言われた。みっちゃんってさあ、八方美人だよね。

そしてその日から放課後の買い物に誘われなくなった。昼の弁当を一人で食べるようになった。水村まなみは、居場所を失った。

決して良い高校生活とは言えなかった。思い描いていたものとはもちろん全く違っていたし、瑞々《みずみず》しさのない乾燥した日常で青春を浪費してしまった。楽しげに笑う同級生達の横で、楽しくなくても満たされていなくてもいいから、ただ静かに今が終わればいいと、眠くもないのに机に突っ伏していた。

ラーメンを勢いよくすする水村と田崎をぼんやりと眺める。そんな日々の中でも、この二人と一緒にいるときだけは楽しかった。事情を共有する水村はさておき、田崎も俺に親しく接してくれた。かつて一緒にふざけあった時と何ら変わらない屈託のない笑顔。いろんなものを次々に手放していってしまうような日々の中で、田崎は最後まで俺の友人としていてくれた。

「二人のお陰で、楽しかったなあ」

思わず呟いていた。なんだよ急に、と水村が笑う。

「いやなんか急にふと思っちゃって。二人は私の人生の中の超重要人物だよ」

「よく言うよ。二人とも俺を置いて東京行っちゃうくせに」

餃子を頬張った口で田崎が拗《す》ねてみせる。田崎は実家の酒屋を継ぐべく、卒業してすぐに家業に専念するのだと言っていた。

「まあそうすねるなって。盆正月には帰ってくるからさ」

「うん。そのときにはまた三人で遊ぼう」

水村と俺がそう励ますと、にかっと笑って「都会の遊び方教えろよな」とおどける。

でもきっとその時には既に予感があったように思う。高校という枠組みから外に出てしまえば、もう今まで通りにはいかないのだという予感が。誰も口には出さないだけで、おそらくみんなそう思っていただろう。

たぶんいつまでも幼さを武器にしているわけにはいかない。大人になることを強いられるときがやがて来る。制服でラーメンを食べることができなくなる。そう考えると、やり残したことばかりのような気がする。水村も、そして田崎も、同じような不安を抱いていてくれてたらなと思う。もう少し先の未来がどうなるか分からなくても、今日までの過去をいつまでも美しいと思っていたいと、ラーメンの中のコーンをすくいながら考えていた。

丼の中が空になっても俺たちはだらだらと喋り続け、以蔵を出た頃には空が暗くなり始めていた。じゃあね、と手を振ってそれぞれが帰路につく。制服で顔を合わせるのは、きっとこれが最後だ。

帰路を辿《たど》りながら、次にこの道を歩くのはいつになるだろうかと考えてみる。結局俺は、この土地を出ることを選んだ。

自由にしろと水村に言われた時から、俺はずっと考えていた。自分がどうしたいのか。どんな道を歩みたいのか。自分でも驚くくらいその先を見据えることができなかった。何もないのだ。やりたいことが。男に戻ったら、やりたいことはいくらでもある。彼女を作りたい。サッカーをもう一度したい。家族や友達と、男として会いたい。

でも水村は言う。私はそういうの考えないで好きなことさせてもらう。まるでその言葉は戻ることを諦《あきら》めてしまっているようだった。あのときは呆然《ぼうぜん》としてしまい何も言えず、そして徐々に怒りが湧いてきた。ふざけんな。一人で何勝手に諦めようとしてんだ。いつの日にか二人が戻るときが来たら、その時に水村が絶望しなくて済むように、俺は水村まなみを演じ続けてきたというのに。自分ばっかり勝手なことしやがって。

しかし少し経った今、俺は考えてみる。本当の家族を置いて、東京へ出て行こうとする水村の真意を。東京へ行って学びたい。それもきっと嘘ではないだろう。水村は成績も優秀で、俺からしたら考えられないが、学ぶことが好きだ。でも多分それだけではない。この場所に留まれば、水村はずっと坂平陸という男を演じ続けなければいけない。それがどんなにつらいことか、当然俺にもよく分かる。慕う人たちに好きだと言うことすら許されないのだ。すぐ近くにいるというのに。

水村は言った。好きなことをして、と。どんな思いで、その言葉を口にしたのだろう。

ならば、と俺は考えた。ならば俺も、もう水村まなみを演じるのはやめよう。陰気で無口なこの自分は故郷に置き去りにしてしまおう。誰も自分を知る人のいない場所で、新しい水村まなみとして一からやり直すのだ。東京という地は、それに相応しいように思えた。それを水村に告げると、憎たらしいくらい爽やかな笑みを浮かべて言った。うん、いいと思う。

とはいえ、完全に一人の女として生きていく覚悟はまだ持てなかった。どこかでまだ諦めきれていない自分の中の声が、いつか戻れるかもしれないのにと囁《ささや》いてくる。すると急に後ろ髪を引かれる思いになる。

もう今更後戻りはできない。東京の大学に合格し、慣れ親しんだこの場所を離れる日が刻一刻と近付いている。それなのに、こうやってひとりになるとまた逡巡《しゅんじゅん》してしまう。

「あのー、すみません」

急に声をかけられ、思わず体がびくりと震える。振り向くと、マスクをした男の人が立っていた。

「ごめんなさい驚かせて。ちょっと道をお尋ねしたくて」

はあ、と間の抜けた返事をする。男は言うや否やこちらに顔を寄せてきて、俺は思わず仰《の》け反る。

「あー、やっぱ水村だ」

「え？　なに？」

「ひどいなあ。先生の顔忘れちゃった？」

そう言うと男はマスクを外す。丸い鼻とすぼめたような唇が露《あら》わになる。磯矢だ。セクハラ教師の磯矢。学校を辞めた磯矢は、県外に出て行ったという話だったのに。太ったのか頬辺りがふっくらしており、口の周りには無精髭《ひげ》が生えていたが、少し離れた蛙のような小さな両目は以前と何ら変わっていなかった。

「久々に帰ってきたら、まさか水村に会えるなんてなあ。運命感じちゃうよねえ」

相変わらずのねっとりとした声でじりじりと距離を詰めてくる。俺も少しずつ後ずさる。とにかく刺激してはいけないと、逃げ出したい気持ちを堪《こら》え笑顔を作る。

「お久し振りです、先生」

「まだテニスやってるの？　ちゃんと教えたフォーム守ってる？」

急に両肩を掴《つか》まれる。コートと制服越しでも手のひらの形に熱が伝わって、ぞわりと総毛立つ。それでもどうにか歪《いびつ》な笑みで肩を揺すって抵抗してみせる。

「いや、もう今はテニスはやってないんです」

「よかったら先生が教えてあげようか。前みたいにさあ、こうやって」

　離れようとしてもがっちりと肩を摑んだ手は離れない。蠕動《ぜんどう》する指ごとだんだんと手が下に動いていって、剝《む》き出しの手を摑まれた。その触れた部分から腕までぶわっと鳥肌が立つのを感じる。思わずその手を撥《は》ね除《の》ける。じっとりとした粘性の視線を感じたが、目を合わさないように踵《きびす》を返し駆け出す。駆け出そうとした。しかし二、三歩足を進めたところで、がくんと体が海老反《えびぞ》りになる。磯矢がコートのフードを摑んで引っ張っていた。そのままずるずると道の脇にある植込みへと引き摺《ず》られていく。抵抗しようともがくが、力がうまく入らない。首もぎりぎりと絞まっている。それでもどうにか手足をばたつかせるも、磯矢はものともせず植込みの陰へと向かう。ローファーの底が地面に擦れてずりずりと音を立てる。

「やめろ、やめろってば。おい、ふざけんな」

　声を荒げたつもりなのに、喉《のど》が張り付いたみたいになっていてうまく声が出せない。鞄《かばん》が手から離れる。取っ手に引っ掛けていた卒業証書が、地面に落ちて高い音を夜道に響かせた。

　人目につかない木陰まで行くと、フードを思い切り下に引っ張られた。そのままバランスを崩し土の上に倒れる。肘《ひじ》を強《したた》かに打ち付けてしまう。

　倒れた体の上に磯矢が馬乗りになる。無表情に見下ろす両目が奥まで真っ黒でぞっとする。手足をばたつかせて磯矢の体を殴ったり蹴《け》ったりしてみても、何の抵抗にもならない。

「やだ、やめろ。離せ！」

　思わず喚き立てる。必死に抗《あらが》いながらも、何故かどこか冷静な自分もいて、あぁ今の俺めっちゃみっともないなぁなんて思っている。男なのになあ、俺。それなのに俺は今女として、女という性を蹂躙《じゅうりん》されそうになっている。

いや、駄目だ。今更思い出す。この体は、俺のものではないのだ。

「やだ、やだやだ。離して。離して。離して！」

更に激しく手足をめちゃくちゃに動かす。拳《こぶし》が磯矢の腹にめり込む感触がした。ぐう、と潰《つぶ》れたような呻《うめ》き声が聞こえる。俺はここぞとばかりにもっと強く力を込める。

いきなり、破裂音に似た大きな音が響き渡った。同時に左頬がかあっと熱くなる。平手打ちされた。そう認識した途端、じわじわと頬が痛み出した。間髪容《い》れず今度は右頬を手の甲で打ち据えられる。関節の突き出た骨が頬の肉越しに奥歯に当たり、口の中にじわりと苦味が広がる。どうやら口内を切ったようだ。両頬が焼けるように痛い。そして、その次に襲ってきた感情は恐怖だった。殺される。確かにそのとき俺はそう思った。

「部活中は静かにしろって言ったよね？」

洞穴のような瞳《ひとみ》で俺を見下ろしながら、一語一語区切るようにゆっくりと言葉を口にする。

一気に体から力が抜けていく。

「いい子だね。静かにしてようね」

何も抵抗できなくなった俺を見下ろしねっとりと笑う。荒い息で髪に鼻先を埋《うず》められ、コートのファスナーを開けられる。唾液《だえき》でねとついた舌が耳の中を這《は》い回り、制服の上から胸を強く揉《も》みしだかれる。口の中に溢《あふ》れてくる血と唾《つば》が混ざった液体を飲み込んだ。

怖かった。こうやって体をまさぐられることよりも、抵抗したら何をされるか分からない、という恐怖の方が強かった。それでも体を触られるたび皮膚がひりつくような拒否反応が襲ってくる。ただじっと耐えることしかできない。目をつぶって何も見ないようにして、必死で別のことを頭に思い浮かべ、いつ終わるか分からないそれをやり過ごすことしかできない。

磯矢の両腕が制服の下に突っ込まれる。そのまま服をまくられブラをずり下げられ、露わになった両胸をぎゅうっと掴まれる。ぞわりと何度目か分からない悪寒が走った。舌は耳や首筋や鎖骨辺りをなめくじのように這い回っている。太腿《ふともも》の辺りに覆い被《かぶ》さった磯矢の下半身が当たる。ズボン越しに硬く熱を持ったそれはかつての俺がよく知っていたものだった。

俺が知識として持っていることよりも、きっともっとずっと辛《つら》く酷いことをされるのだろう。ごめん、水村。まさかこんなことになるなんて。申し訳なさと惨めさで泣きそうになる。本当にごめん。ごめん。ごめん、水村。

「おまわりさん、こっちです！」

急に道の方から声が聞こえた。磯矢ががばっと半身を起こす。俺も目を開けて声のした方を向く。いつの間にか真っ暗になった道の先から光がちらちらと見える。

やばい、と小さく叫ぶと、磯矢は弾かれたように立ち上がり声とは反対側へ逃げて行く。俺は呆然とその後ろ姿を見送っていたが、近付いてくる光と足音に我に返る。慌ててブラを直し剝き出しになっていた胸を仕舞う。どうしてか、逃げなきゃ、と思った。軽いパニック状態になっていたのだと思う。けれど腰が抜けてしまったかのようにうまく力が入らない。

「大丈夫ですか」

自転車のライトの光と共に声が降ってくる。見上げてみると眩《まぶ》しくてシルエットしか見えない。その影がどうしていいか分からないようにおずおずと右手を出そうとしては引っ込めている。大丈夫、と地面に手をついて、どうにか立ち上がる。

「あの、無事ですか」

男の声だった。少し舌足らずの男の声。光に慣れてきた視界が黒い学ランを捉《とら》える。うちの学校の生徒のようだった。何故かそのことにほっとして、多少平静を取り戻す。

「大丈夫です。すみませんでした」

言いながら男の顔を見て、驚く。弟の禄だった。俺の頭の中にある姿よりも少し大人びていたが、間違いなく禄だった。声変わりをしたのだろう、俺の知っている声より随分低くて、気付かなかった。まだあどけなさの残る顔立ちに低く響く声がアンバランスだった。それでも、右眉の上のほくろは変わらずにある。

思わず、まじかよと口に出しそうになった。あまりにもまじまじと顔を見てしまっていたせいか、禄が顔を逸らしてしまう。

「背中とか髪に、泥、ついてますよ」

「え。あ、ああ、ありがとう」

言われて、手で後頭部と尻《しり》をはたく。取れたかな、と訊くと、無言で背中の辺りの泥をはらってくれる。

「これ、どうぞ」

鞄と卒業証書の入った自転車の籠《かご》を向けられる。ありがとう、と答えて籠から取ろうとするが、思わず躊躇《ちゅうちょ》してしまう。禄と会ったのは約三年前、水村が磯矢を殴って謹慎になり、坂平家に行った時以来だ。あれから坂平家にはほとんど足を踏み入れていなかった。ここで会ったのも偶然なのに、俺がこの町を出てしまえば、次はいつ会えるか分からない。このまま別れてしまうのは嫌だった。

俺が躊躇しているのを別の理由だと思ったのか、禄が言いづらそうに声をかけてくる。

「あの、家まで送りましょうか」

「え？」

「いや、さすがに一人で帰るの怖いかなと」

言われて、禄の顔を見たことでどこかに追いやられていた恐怖心が戻ってくる。何も言えないまま硬直する俺を禄はちらりと見やると、家どっちの方ですか、と不愛想な声を出す。

「あ、ええと、バス停まで行ってくれれば大丈夫」

「そうですか。じゃあ、行きましょうか」

自転車の籠に俺の荷物を置いたままにして、俺たちは並んで歩く。仄《ほの》明るい街灯があるだけの暗い道を自転車のライトが裂く。滅多に車も通らない道の端を、二人で黙って歩く。禄が手で押す自転車の車輪がからからと回る音だけがやけに響いていた。禄が忙《せわ》しなげにハンドルをグーパーしながら握っているのが見える。

俺は横に立つ禄の顔を盗み見る。坊主だった髪の毛は伸びて、前髪が額を隠している。野球はもうやめたのだろうか。いつも部活の時は持っていたバットとグローブがない。肩にかけている部活バッグを見るに、何かしらの運動部には所属しているようだ。少し丸みのあった体はすっかり痩《や》せて背も伸びている。田崎たちが大人になっていくのを見せつけられた時のような、置き去りにされたような気持ちは不思議となかった。幼かった弟が、きちんと日々を重ねていっているのだと分かって、何だか嬉《うれ》しかった。

視線に気付いたのか、禄がこちらを振り向いた。慌てて視線を前に戻し、取り繕うように口を開く。

「さっきはありがとう、助けてくれて」

いやまあ、助けたっていうか、叫んだだけっていうか、と鼻の頭を頻《しき》りにこする。昔からの禄の癖だ。

「なんつーか、もうちょっとかっこよく助けられたらよかったんですけど。襲われてる、って分かって、助けなきゃってなったんですけど、正直ビビっちゃって。とりあえず叫んでみようって」

「でも、現にあいつ逃げてったわけだし。ありがとう」

「はあ。いや、全然です」

照れ臭いのか、わざとぶっきらぼうな口調を装っているように聞こえた。

「でも、いいんですか。警察とかに言わなくて。今更ですけど」

「いや、いい。大丈夫」

できれば誰にも知られたくなかった。特に水村には。いくら未遂とはいえ、自分の体にされたことを知ればショックを受けるだろう。

「このこと、お兄さんに内緒にしといてもらえるかな」

「え、うちの兄ちゃん知ってるんすか」

「同級生だからね。てか、私前に君んちで、君に一度会ったことあるんだけど」

「え、マジすか」

俺の横顔をじっと見つめてくる。目を合わせるのもなんとなく気まずくて、俺は視線を外したままで歩く。

「すんません、俺、女の顔と名前覚えるの苦手で」

「まあしゃあないって、結構前の話だし。水村っていいます、よろしくね」

「はあ。よろしくお願いします」

「てかお母さんから聞いてない？　ほら、お兄さんが教師殴って自宅謹慎になっちゃったやつ」

目を見開いて、あぁあのときの、と声を上げる。やっぱり禄の耳にまで入っているんだな、と思う。水村まなみを見る母の射るような視線を思い出す。名乗るべきなのだろうかと逡巡したけれど、結局素性を明かしてしまった。禄に、水村まなみという存在を知って欲しかったのかもしれない。

「水村さんには申し訳ないすけど、正直兄ちゃん馬鹿なことしたなあって思いましたよ、俺」

その言葉には水村まなみに対する反感はないように思えて、安堵する。

「まあでも私からしたら、助けてもらった立場だし。っていうか私、兄弟揃って助けてもらったんだね」

そう言って笑ってみせる俺をちらりと見やり、唇を尖《とが》らせる。小さく溜息《ためいき》をつく音が聞こえた。

「でもあの頃らへんから、兄ちゃんちょっと変なんすよ」

「変って？」

「水村さんを助けたときのことだけじゃなくて、なんていうか、人が変わったみたいっていうか」

胸の奥に氷を押しつけられたような、ひやりとした感覚が襲った。そうなんだ、とかろうじて相槌を打つ。

「母さんたちに言ってみても、そんなことないでしょって笑われちゃって。多少性格が変わるくらい思春期にはよくあるでしょ、みたいな。でもそういうんじゃないんすよ。具体的に何が変わったとかうまく言えないんすけど、まったく別の人みたいになっちゃってるんすよ。あの時の、兄ちゃんが一年生の時の夏くらいから、俺は兄ちゃんを兄ちゃんだと思えなくなっちゃって。それまですげー仲良かったのに、今じゃもうあんまり遊ばなくなっちゃったっていうか」

どこかばつが悪そうに、鼻の頭をこすりながら禄が続ける。

「うちんちの近くに、ボロい公園があるんですけど、そこでしょっちゅうキャッチボールとかしてたんですよ。で、それしながら、学校であった嫌な事とか母親の悪口とか言い合ったりして。俺は結構楽しかったんですけど、それこそ夏頃から兄ちゃんがするの嫌がり出して。今ならまあ、そういうことやるような歳じゃなくなったんだなあって思えるんですけど。あのときはすっごい寂しかったなあ」

さっきまでの寡黙さが嘘のように饒舌に話す禄の言葉を聞きながら、早鐘を打つ心臓をどうにか抑えようと俺は静かに息を深く吸った。

気付いていたのだ。誰も気付かなかった、水村の演じる坂平陸という男の違和感に、弟の禄だけが気付いていた。明確にではないけれど、微《かす》かな異変としてきちんと気付いていた。

嬉しかった。水村には申し訳ないけれど、なんだかすごく嬉しかった。以前の俺をちゃんと覚えていてくれて、今の俺を本当の俺じゃないと言ってくれる人がいる。しかも、それが自分の弟だった。何故か目頭が熱くなる。自分のことを知ってくれている人がいるということが、こんなにも嬉しいことだなんて、思ってもいなかった。

「なんかすんません、変な話しちゃって。ちょうどバス来たみたいっすよ」

いつの間にか、バス停に着こうとしていた。振り向くと、車道の向こうの方からぼんやりとそれらしきライトが近付いてくるのが見えた。

「それじゃあ、俺はここで」

籠にあった鞄と卒業証書を渡してくる。俺がそれを受け取ると、自転車に跨《またが》ってペダルに足をかけた。

「あ、ちょ、ちょっと待って」

思わず引き留めてしまう。禄が怪訝《けげん》そうな顔でこちらを振り向いた。

禄になら、話せるかもしれない。ふとそう思った。水村と何度も話し合ったことがある。誰かに相談しよう。現状を誰かに伝えよう。その度にその提案は却下されている。誰が一体、こんな荒唐無《こうとうむ》稽《けい》な話を信じるというのだ。

でも禄なら。今の兄に違和感を抱いている禄になら？　疑われるかもしれない。でも俺しか知らない禄のこと、俺しか知らない家族のことを伝えたら。もしかしたら信じてくれるかもしれない。俺を兄として、受け入れてくれるかもしれない。

大きな光が禄の姿を煌々《こうこう》と照らす。バスが近付いてきた。

次にいつ会えるか分からない。兄としてはおろか、水村まなみとして会うことすらもうないかもしれない。自分が自分でいられないことがこんなに孤独だなんて、思わなかった。誰にも本当の自分を知られず、ひとりでいるのはもう、嫌だった。

バスが停車した。未だに怪訝そうな顔の禄に、引きつった頬で微笑みかける。

「今日はありがとう。本当に助かった」

それだけ言うと、禄の返事を聞かないまま乗り込む。座席に座って窓の外を覗《のぞ》き見る。禄が自転車で走り去っていく後ろ姿が見えた。深く腰掛け直し、体を沈めて長く息を吐く。手に持った卒業証書を更に強く握り締めて、俺はもう一度長く息を吐いた。

チャイムを鳴らす。はい、とよそ行きの声が聞こえてくる。あの、水村ですけど陸君いますか。返事がなくなる。機械越しにも、一気に空気が冷えたのが伝わってくる。

「今、陸は出かけてていません」

さっきよりもずっと低いトーン。強い拒絶感にめげそうになるも、溜まった唾を嚥下《えんげ》しかさかさに乾いた唇を開く。

「おうちで待たせてもらってもいいですか」

またしても沈黙。断られるかもしれない、と身構えていると、がちゃりとドアが開いて母が顔を出した。不機嫌さを隠さない声で「どうぞ」と招き入れられる。安堵したような、更に緊張が増してしまったような、妙な感覚で「お邪魔します」と家に入る。

水村が不在なことは分かっていた。俺は、この二人に会いに来たのだ。そして水村は今、かつての自分の家へ行っている。東京へ行けば、本当の両親に会う機会はかなり減ってしまう。その前に、最後に会っておこう。俺達はそう決め、それぞれの家へと向かった。

相変わらずごちゃついた玄関を過ぎ、台所へ向かう。居間ではソファに座った父がテレビを見ていて、俺の気配に気付いて顔を上げる。えんどう豆みたいな丸くて小さな両目がしぱしぱと二度瞬《まばた》きし、「どうも」と小さく会釈をした。

かつての我が家をそっと見回す。ダイニングテーブルには雑誌や封筒が常に積まれていて、食事の時はそれを端に寄せて皿を並べていた。収納棚の上や隙間にも所狭しと物が詰め込まれており、もはや誰もどこに何があるかきちんと把握しきれていないだろう。

母は昔から家事が苦手だった。物を片付けられないせいで家は常に雑然としており、洗濯物が窓際に一日中積まれていることもしばしばだった。ゴミ出しと洗い物だけはきちんとしていたので清潔ではあったが、それでも今改めて見てみると散らかっている家という印象は拭い切れない。

「勝手に部屋に入れられないから、ここで待っててください」

慇懃《いんぎん》無礼にそれだけ告げると、おざなりに麦茶の注がれたコップをダイニングテーブルに置く。入れ替わる前から家族に対しても殺伐とした雰囲気を放つ人だが、今の俺に対する態度にはそれとは全然違う刺々《とげとげ》しさがあった。悪意すら感じる。

ありがとうございます、と消え入るような声で礼を言い、席に座る。母はもうそこには誰もいないかのようにくるりと背を向け、料理の続きをし始めた。夕飯の支度にはまだ早いが、下《した》拵《ごしら》えしているのだろう。父も我関せずといった様子でテレビをつまらなそうに見ている。明らかに歓迎されていない空気にさすがに萎縮《いしゅく》する。禄は今日もいないようだ。襖《ふすま》が開けっ放しの俺と禄の部屋に、まだ新しそうなサッカーボールが転がっているのが見えた。俺のではない。ということは、禄のだ。どうやらサッカーを始めたらしい。

黙々と料理をする母の背中を眺めながら、麦茶を口に運ぶ。我が家では夏でも冬でも麦茶だ。お湯出しのパックが浸ったままの麦茶が、常にボトルに入って冷蔵庫に鎮座している。水村家ではほとんど毎日紅茶が出てくるものだからびっくりした。しかもティーバッグなどではなく毎度きちんと茶葉から淹《い》れているのだ。

手持ち無沙汰《ぶさた》な気まずさを、麦茶をちびちびと飲んで誤魔化す。軽快に野菜を刻む音が聞こえてくる。家事はからっきしな母でも、料理だけは手際が良く美味《おい》しかった。そういえば俺が小学校に上がるか上がらないかの頃、よく母とお菓子作りをしていた。いつの間にかさっぱり作らなくなってしまったけれど、クッキーやアップルパイを作ってくれていたのだ。といっても俺は生地を混ぜたりオーブンのスイッチを入れたりするだけだったけれど、あのときの母はよく笑っていて、俺もすごく楽しかった記憶がある。

急に音が聞こえなくなる。母が包丁を置いて、トイレへ向かった。背を向けているはずなのに監視されているような息苦しさから解放され、ちょっとだけ緊張状態が緩和する。と思ったらソファに座っていた父が急に立ち上がり、こちらへ向かってくる。脱力していた肩に再び力が籠《こも》る。

「あの、水村さんだよね、あなた」

久し振りに聞く、父のゆっくりとした低い声だった。はいそうです、と答える。

「あのときは息子が申し訳なかったね。あなたに迷惑をかけてしまって」

唐突に言われ、一瞬何のことだか分からず戸惑う。すぐに水村が磯矢を殴った件だと気付いて、慌ててひらひらと手を振る。

「あ、いえそんな。あれは私が助けてもらったんですし、むしろありがとうございますって感じで」

「いやでもあなたもびっくりしたでしょう。他人様《ひとさま》を殴るような息子に育てた覚えはないんですけどねえ」

急に饒舌になった父の言葉にどう返していいか分からず、視線を下に向けながら曖昧に相槌を打つ。こんなに喋る人だったかな、この人。

「でも、あなたが愛想尽かしてなくて、私は本当に良かったですよ。こうやってまた遊びに来て下さるんですから。陸も、喜んでます、きっと」

その言葉に思わず顔を上げる。にこにこと柔和な笑みを浮かべている。

ふとまた昔のことを思い出す。母親に叱られ自分の部屋で泣いていると、父は必ずやってきた。どうして怒られたか分かるか、とゆっくりと尋ねられ、俺がそれに答えるとよくできましたと笑って頭を撫《な》でてくれた。良かったな、これでまた一つ賢くなったぞ、と慰めてくれた。

父は俺と禄の頭を撫でるのが好きだった。いつも日付が変わるか変わらないかの頃、父は帰って来る。その時間には俺と禄は自室に入っていて、寝ているときもあれば、電気を消し布団をかぶって卓上ライトの下で漫画を読んだりゲームをしたりしているときもある。

鍵《かぎ》ががちゃりと回る音で、父が帰ってきたのが分かる。俺達はライトを消して、持っていた漫画やゲームを布団の下に隠して、毛布をかぶり目をつぶる。やばいやばい、だなんて言って小さく笑いながら。

おかえりなさい、という母の声が聞こえてしばらくして、父が子供部屋の襖を開ける気配がする。その隙間から光が差し込んで、真っ暗だった瞼《まぶた》の奥が少し赤く光る。ふわりと機械油の匂いがする。仕事帰りの父の匂いだ。決していい匂いではないけれど、嫌いではなかった。そして父は、寝ている俺達の頭を順番に撫でる。

本当に眠っていたときもあったけれど、寝たふりをしているときはにやつきそうになる口元に力を入れるので必死だった。けれどまあ、父はたぶん俺達の狸寝入りには気付いていたのだろう。それでも気付かないふりで、俺達の頭を撫でてくれた。冷たく、そして大きな手だった。

今向けられている笑顔は、水村まなみという少女へのものだ。それなのに何故だかまた、撫でられている気分になっていた。

トイレから水を流す音が聞こえてくる。父は慌てた様子で声をひそめる。

「本当に今日はありがとう。これからも陸をよろしくお願いしますね」

それだけ言うと、忙しなくソファへと戻っていく。

俺はコップに残っている麦茶を飲み干すと、立ち上がってトイレから戻ってきた母の目の前に向かう。

「すみません、今日はもう帰ります」

「あら、そうなの」

淡泊にそれだけ返事をすると、そのまま踵を返して玄関へ向かう。俺もそれに続く。母が父の革靴を左足で踏んで、ドアを開けた。早く出ろと促されているようで、急いで靴を履き玄関に出る。

相変わらず不機嫌そうな母の顔を思わず見つめる。このまま東京へ行ったら、もう会うことはないだろう。この狭い町だ、偶然顔を合わせることはあっても、こうやって言葉を交わすことはきっとない。俺と水村が元に戻らない限りは。

喉の奥から熱い何かが溢れ出しそうになって、慌てて唾を飲む。何か言おうとしても何も言えない。もうこの人を母だと思ってはいけない。父もそうだし、禄だってそうだ。もう自分とは何ら関係のない、他人の家族。俺がかけられる言葉なんて何一つなかった。

玄関で立ち尽くす俺を怪訝そうに見る母の、真っ暗な瞳から目を逸らすように頭を下げる。

「お邪魔しました」

それだけ言って家を出る。閉まったドアの向こうで、がちゃん、と鍵をかける拒絶に似た音が聞こえる。

団地の階段を下りて、停めてあった自転車に跨る。ペダルに力をかけて、見知った道を進んでいく。よくキャッチボールをしていた公園。今にも崩れそうなボロ屋敷。優しい先生のいるクリニック。もうここに来ることも、思い出話をすることもできない。ハンドルを握る手に力を籠める。向かい風が髪の中を吹き抜けて耳が冷たい。泣いてはいけない、と自分に言い聞かせた。だって水村だってきっと泣いていない。あいつの顔で、涙を流すなんてできない。それが水村にとって一番つらいことだと俺はよく分かっているからだ。俺が、自分の顔で苦しむ水村を見たくないのと同じように。

異邦人に着く。いつも通り客はまばらで、いつも通り窓際の奥の席に座る。いつも通りおばちゃんが水を持ってきて、俺はいつもは頼まないメロンソーダを注文してみる。

　この店も、二年半以上の間足繁く訪れ、もはやすっかり常連だ。それでも変わらずおばちゃんの接客は適度に雑で、変に世間話に花を咲かそうとしてこないところがいい。

　メロンソーダのアイスクリームがなくなりかけた頃、水村がやってくる。上気して赤らんだ頬で少し困ったように笑って、胸の前で小さく手を振る。俺も小さく振り返す。

「自転車で走ってきたらめっちゃ暑くなっちゃった」

　そう言って笑いながらマフラーを外しコートを脱いでいく。おばちゃんが水を持ってきて、水村がコーラを頼む。

「この寒い日に汗かいてる奴初めて見たわ」

「汗っかきなんだもんこの体。どうにかしてよー」

「そんなこと言われましてもねえ。逆に俺は手足の指先凍ったみたいになってるわ」

「あー私、末端冷え性だから。あれ、今日は珍しいもの頼んでるじゃん」

「まあね。たまには違うものも飲んでみようかなって」

　ぱたぱたと手をうちわのようにして扇《あお》ぎながら、置いてある水を飲み干す。ふうと息をついて、どこか言い出しづらそうに口を開く。

「どうだった？」

「うん。まあ、もう大丈夫。水村は？」

「私も、だいじょうぶ。ありがとう」

「そっか。良かった」

二人同時に短い溜息をついて、思わず笑い合う。コーラが運ばれてきて、水村がストローを袋から出す。

「またいつでも遊びに来てって、言ってくれたよ」

水村はテーブルに視線を落として、ストローの袋を蛇腹に折り畳み手遊びをしている。その骨張った指をぼんやりと眺める。

「良かったじゃん。いつでも遊びに来いよ。ってまあ、俺の家じゃないけど」

「うん、ありがとう。お邪魔させてもらうね」

その声にいつものような明るさはなく、ずっと目を伏せたままこちらを見ようとしない。

「なんか今日暗くね？」とわざと茶化してみる。

「いや、なんていうか。こんなことわざわざ言うのもあれなんだけど、坂平くんに、申し訳ないなって」

「は？　何がよ」

「だって、家行ったとき、いづらくなかった？　坂平くんのお母さん、はっきり口には出さないけど、坂平くんのこと、あの騒ぎ以来たぶんあんまりよく思ってないから」

あの騒ぎとはもちろん、水村が磯矢を殴った件のことだ。ただ正直なところ、それがなかったとしても母の冷遇は変わらなかったように思う。家族に会いたくて坂平家に初めて行った時から、母の態度は頑《かたく》なを通り越した静かな拒絶といってもよかった。今までも友人を連れてくることにそれほどいい顔をしなかったが、それでもあそこまで敵愾《てきがい》心を抱いていたのは、水村まなみが女だったせいもあるのかもしれない。それが顕著になったきっかけが、あの騒ぎだったというだけだ。

「別に謝ることじゃないよ。そんなこと言ったら、俺だって水村にごめんだわ」

「そうなの？　なんで？」

「月乃君とだって別れちゃったし、笹垣たちとの仲も駄目になっちゃったし。なんていうか、まじでごめん。なんかやっぱり俺、うまくできなかった」

「そんなこと気にしなくていいよ。人間関係なんてどうなるかわからないし、私のままだったとしてもおんなじ結果になったかもしれないもん」

　水村がようやく顔を上げる。さっきまで額や鼻の下にかいていた汗はようやく治まったようだ。ありがと、と礼を言う。

「あ、でも俺、お前が俺の童貞捨てたことまだ許してねえからな」

「いやーあれはしかたないって。据え膳《ぜん》食わぬはなんとやらって言うじゃない？」

「スエゼンだかなんだか知らないけど、入れ替わった途端もて始めやがって。ったくよー」

「やっぱね、女子のツボは女子がいちばんわかってるってことなんですよ」

　軽口を叩き合いながらも、こうやって気軽に会って話したり、喫茶店で向かい合わせで座ったり、もうしなくなるんだろうなと思う。

　会わない方がいいのだろう、と俺は密《ひそ》かに考えていた。きっと水村もそれに気付いているだろう。俺が、新しく水村まなみとして生き直す、と告げたときから。互いに日記もきちんとつけているし、坂平家でもようやく携帯電話が導入された。こうやって顔を突き合わせなくても情報交換ができる。会う必要なんてもうないのだ。俺の母にも父にも禄にも、田崎にも水村にも。会えばきっと、俺はまた駄目になってしまう。だから水村に今日、最後に互いの家族に会いに行くことを提案したのだ。

「そういえば、あれ持ってきてくれた？」

水村が指先でストローをくるくるといじりながら訊いてくる。

「ああ、持ってきたけど。何に使うんだよ、これ」

そう言ってコートのポケットをまさぐり、箱に入ったままの万年筆を取り出す。卒業記念品として学校から貰《もら》ったもので、表面には生徒それぞれのイニシャルが彫られている。俺が受け取ったものには、Mが二つ横に並んでいるのが透明のフィルム越しに見える。

「じゃあはい、それちょうだい」

水村が左手をパーにしてこちらに差し出してくる。そこまで惜しむ物とも思えなかったが、いざねだられると素直に渡したくなくなって、慌てて手の中にそれを隠す。

「は？　なんでだよ、やだよ」

「いいじゃん。かわりに私のあげるからさー」

「へ？　どういうこと？」

困惑する俺をよそに、水村は俺と同じくコートのポケットから箱に入ったままの万年筆を取り出す。こちらにはRとSの文字が並んでいる。

「これ、坂平くんにあげる。ほんとうはこれ、坂平くんのものだから」

テーブルに置かれた万年筆と、水村の顔を交互に見比べる。意図するところが分からない。

「この万年筆を坂平くんが持ってて、今坂平くんが持ってる万年筆を、私が持ってるの。どうかな？」

「自分の物は自分が持っているようにしよう、ってこと？」

「うん。それもあるし、あと、正しい持ち主の手に渡るよう、願掛けみたいな意味もあるかな。もし元に戻れたら、今度はそれぞれ相手の万年筆持ってるってことになるでしょ。だから、そのときはまたこれを交換しよう。そういう約束しとけば、なんだかいつかはちゃんと戻れる、って気がしない？」

なるほどね。呟いて、手の中の万年筆をテーブルに置く。違うイニシャルが二つ並ぶ。

「いいんじゃない。交換しようぜ」

「やった。ありがとう」

俺がRSの万年筆を、水村がMMの万年筆をテーブルから取る。自分のものではない物に囲まれている日常の中で、これは本当に自分に向けて作られた物なんだと思うと、なんだか不思議な気分だった。

「水村に返すときまで、これなくさないようにちゃんとしまって取っとくわ」

「私もきちんとしまっとく。でも、坂平くんのなんだからどんどん使っていいんだよ」

「まあな。でもせっかくだから、なんか特別なときとかに使いたいよな」

「坂平くんって、意外とロマンチストだよね」

「なんだよそれ。馬鹿にしてんだろ」

「してないよー。でもなんかかわいいよね、いちいち」

「やっぱ馬鹿にしてんな、てめえ」

もう全部断ち切ろうと、決心したばかりだったのに。唇を噛《か》んで考え抜いて捻《ひね》り出した決意が、こうやって少し特別なことをされただけでぐらぐらと揺らいでしまう。癪《しゃく》だから言わなかったけれど、嬉しかった。大事にしようと思った。たったこの万年筆一本だけで、俺のかさついて乾いた高校生活も、そんなに悪くはなかったんじゃないかと思えた。それぐらい、めちゃくちゃ嬉しかった。

何よりも、水村が元に戻ることを諦めていないということが分かったのが嬉しかった。万策尽きた俺たちは、でもだからといって希望を抱くのをやめたりはしない。俺はこれからも、水村まなみとして水村まなみを守り続ける。

「東京行っても、お互いがんばろうね」

そう言うと、水村は右手を挙げる。気恥ずかしそうににやにやと笑っている。

「なんだよ、男子っぽいことするじゃん」

それに向かって、俺はハイタッチする。静かに叩いた乾いた音が、少しだけ店の中で響いた。

そして、入れ替わって初めて、水村のいない日々が始まろうとしていた。

30

十五年経てば街並みだけではなく人も変わっていく。俺は結婚をし子供もできて、水村は最近課長代理に昇進したらしい。一年ごとの再会くらいじゃ大した変化はないけれど、それでもそれなりに報告し合うことがあったりする。娘が喋《しゃべ》るようになった。付き合っていた恋人と別れた。俺達だけじゃなく、周りだって少しずつ変化していっている。

「そういや田崎はまだ独身なの？」

「なんか街コンとか最近積極的に参加してるけど、成果は全然みたいだねー。ってかまた太ったもん、田崎くん」

「えぇまじかよ。あれ以上？」

「うん、もうお腹とかやばいよ。昔はあんなに痩《や》せてたのにねー」

「そりゃ恋人できねえはずだわ。ダイエットすりゃいいのに」

「ほらやっぱ坂平くんが結婚してあげればよかったんだよー」

「いやいや勘弁してくれ。酒屋の嫁はさすがに俺には荷が重いわあ」

「えー、じゃあ月乃くん？」

「また懐かしい名前出してきたなおい。てか月乃君再婚したってほんと?」

「らしいよ。なんか十くらい年下の子らしい」

「まじか。やるな月乃君」

「やっぱさー、こっち残ってる人って結婚のハードル低いよね。田崎くんはまああれだけど、月乃くんなんて二回目だし、たかみーもさくちゃんもみんな早々に結婚して子供何人もいたりするし」

「確かに。逆に俺たちの周りでこっち出て行ったやつで、結婚してるのって俺くらいかもな。飯田もまだ独身だろ?」

「うん、まだ独身。禄くんも、あの感じだとしばらく結婚しないだろうしね」

「母さんは何も言わないわけ? 早く孫の顔見せなさい、とかさ」

「少なくとも私は言われたことないなあ。私がないんだから禄くんもないんじゃない?」

「へーなんか意外だわ。あの人そういうとこ口喧《くちやかま》しそうなのに」

「最近はもうあんまりうるさいこと言わなくなったかな。もしかしたら、お父さんが亡くなってからかもしれないな」

水村が居心地悪そうに助手席のシートに座り直し、くるりと巻いた髪の毛先を指でいじっているのが横目で見えた。なかなか言い出せないことがある時にする、水村の癖だ。

「なんだよ、言いたいことあるなら言えって」

「いや、うん。たぶんこれ言ったら坂平くん、いやがると思うんだけどさ」

「だから、何？」

「あのさ。いまもう一度、お母さんに会ってみてもいいと思うよ、私」

水村の言うお母さんは、もちろん俺の母のことだ。思わず口をつぐむ。母の姿が脳裏に浮かぶ。いつもピリピリしていて厳しい人だったけれど、優しかったときだってあった。丁寧に淹《い》れられた紅茶よりも、水っぽい薄い麦茶の方が俺は好きだった。有名な洋菓子店の洒落《しゃれ》たケーキよりも、一緒に作った不格好なアップルパイの方が好きだったのだ。そんな母から敵意に満ちた態度で接してこられるのはどうしてもつらいものがあった。

俺の無言をあまり良くない意味で受け取ったのだろう。ごめんね、と小さく謝って、そしてまた言い訳のように言葉を続ける。

「でもお母さん、ほんとうにすごく丸くなったんだよ。私思うんだけどね、たぶんずっと気を張ってたんだと思う。家庭を守って、家計を支えるためにパートに出て、男の子二人を育て上げて。ずーっと緊張してたんじゃないかな。ちゃんと母親しなきゃいけない、って。でもお父さんが死んで、ぷつんと糸が切れたみたいになったんだと思う。いまはね、ときどきさみしそうな顔もするけど、でもすごくおおらかな性格になったよ。たぶんいまなら、会ってもだいじょうぶだと思うんだ」

フロントガラスをじっと見つめながら、ゆっくりと説き伏せるように水村が話す。確かに水村の言う通り、今思うと母は、ずっと家族には吐き出せない何かを抱えていたのかもしれない。かつて優しく穏やかだった母は、俺たちが成長するにつれ刺々《とげとげ》しさを剥《む》き出しにしていった。

それはきっと、家庭の環境の変化や、勝手に育っていく息子たちに対する接し方や、そういったものに悩んでいたからだったのだろう。あの頑《かたく》なさは、母なりの自衛だったのだ。

けれど。俺は少し笑って小さく首を横に振った。

「いいよ。俺は、会わなくても平気。ありがとな」

俺の答えに、そっかと小さく頷《うなず》くと、水村はそのまま黙って目を窓の外に向けた。

水村は未《いま》だに後ろめたさを抱いている。自分が今でも水村家と交流がある分、余計そう思うのだろう。

確かに、母と何の屈託もなく話すことがまたできたら、と思うこともある。父のことを思うと、余計にだ。このままずっと何の接触もないまま、父と同じく母が死んでしまったらと思うと、心臓の奥の方がぎゅっと握り潰《つぶ》された感覚を覚える。

それでもやはり会うことはできない。きっと俺は期待してしまうだろう。母が俺に笑顔を向けてくれることを。そしてまた打ちのめされるだけだ。期待しなければ裏切られない。望んでも願っても何一つ返ってこないのなら、最初から期待などしなければいい。そう何度も自分に言い聞かせていても、でもいつも期待してしまう。

それにもし水村まなみとして受け入れてもらえたとしても、心の底から喜ぶことはできないだろう。俺が欲しているのは息子としての愛情なのだ。昔のように頭を撫《な》でてもらって、叱ってもらって、一緒にお菓子を作って。それが俺の望みだ。それが手に入らないのならば、いっそ何もない方がましだ。

　ってか、俺って超マザコンじゃん。ふと気付いて思わず自嘲《じちょう》気味に笑う。水村が怪訝《けげん》そうにこちらをちらりと一瞥《いちべつ》した。

　水村家に着く頃には、もうだいぶ陽が沈んでいた。それでも寒い頃に比べるとまだ陽が落ちるまでは長くて、なんとなく焦燥感を抱かずに済むような気がしてほっとする。冬の夕暮れは素早いから嫌いだ。

「そういえば、夕方のチャイム、いつの間にか鳴らなくなったよね」

　真昼よりは青さの薄れた空気の下で、水村がぽつりと言った。

「夕方のチャイム？」

「ほら、五時ぐらいになるとなんか音鳴ってたじゃん。子供はおうちに帰りましょう、とかアナウンスしててさ。いつからなくなったんだろ、あれ」

　そういえば、と言われて思い出す。確かに小さい頃はあのチャイムに急《せ》き立てられるようにして帰宅していたような記憶がある。いつの間にかそれは俺の中で気にすべきものではなくなっていて、そして鳴らなくなったことにも気付かなかった。

「なにこれ、こんなのいたっけ」

　車庫を出て、ドアの前まで向かう。脇に立つ犬の置物の頭を水村がぺちぺちと叩《たた》く。

「あ、やっぱ去年いなかったよなそれ」

　言いながら鍵《かぎ》を開けて、家に入る。玄関先から「ただいまー」と声を張り上げると、ぱたぱたとスリッパを床に叩きつける音を立てながら母親が小走りでやってきた。水村の顔を見た途端、ぱあっと顔が明るくなる。

「あらー陸くん！　いらっしゃい！」

「おばさん！　おひさしぶりですー。すみません、今年もまたお呼ばれしちゃって」

「ぜんぜんいいのよ、気にしないで。ごめんなさいね、じつはまだちょっとご飯できてないのよ」

「あ、じゃあおれ手伝いますよ」

「あらほんと！　助かるわあ。あそこの人はなーんにもできないから」

今まで俺がいないかのようにやり取りしていたくせに、急に皮肉たっぷりに話を振られる。

はいはい、と適当にあしらい、靴を脱いで家に上がる。

「お、陸君。今年も来たか」

リビングでは父親がソファに座り新聞を読んでいた。足元にはペロが丸くなって眠っている。

水村の姿を見るや否や、掛けていた眼鏡と新聞を膝《ひざ》の上に置いて、好々爺《こうこうや》の如く破顔した。孫娘を見る時と同じ顔をしている。

「おじさん、今年もおじゃまします」

「ゆっくりしてってくれよ。そうだ、後でまた将棋付き合ってくれないかな」

「お、ぜひぜひ。ちょっとは上達したんですかー？」

「もちろん。今日は俺が勝つだろうね、何せ最近はずっと将棋会で鍛えられてるからね」

「お菓子食べてお茶飲んでくっちゃべってるだけだってお母さん言ってたけど」

俺が後ろから茶々を入れると、父が瞬時にいつもの仏頂面に戻る。

「なんだまなみ、いたのか」

「いたのか、ってそりゃいるでしょ。坂平君、先に手とか洗ってきちゃいな」

了解、と返事をして水村が洗面台へ向かう。父親と二人きりの空間が気まずくて、ペロ、と名前を呼んでみる。ペロは無反応のまま目を閉じて体を父の足に預けている。

「まなみ、最近は元気でやってるのか」

いつの間にかまた眼鏡を掛けて新聞を広げていた父親が、視線を落としたまま尋ねてくる。すっかり白髪が増えて薄くなった頭頂部を見つめる。

「まあね、それなりかな」

「そうか」

それだけ言うと、没頭するようなふりで新聞のページをめくった。

いつの間にか体が小さくなった。帰省の度にそう思う。実家にいた頃父親は畏怖《いふ》の対象で、まともに会話した記憶がなかった。ただでさえ他人の父親という存在は恐ろしいものなのだ。無口で常に険しい顔をしていて、眉間《みけん》にいつも皺《しわ》を寄せていた。口うるさく叱ったりすることはなかったけれど、何故かとにかく怖くて、母親の言う「お父さんに言いつけるからね」は俺にとって絶大な効果のある言葉だった。

そういう父親像は水村にとっても同じだったようで、今の方が楽しく喋れている、と笑っていた。意外なことに、彼は外面だけは良いようで、外では社交家として通っていた。

けれど、威圧感も今ではすっかり薄れてしまった。声には張りがなくなって、眼鏡を上にずらして目を細めながら文字を読む姿はいかにも老人然としていて、さすがに少し切なくなる。母親も同世代と比べたら若く見えるし溌剌《はつらつ》としてはいるが、首周りや手の甲には深く皺が刻まれている。髪も薄くなったらしく、かつらを買おうかと迷ったりもしている。

自分の本当の親でなくても、そういった姿を見ると感傷的な気分になってしまう。そうやって周りの人は変わっていく。普段は何とも思わないくせに、突然突きつけられるその変化にたじろぐ。

ペロが不意に目を覚まして、のっそりとこちらへ歩いてきた。そして俺の足元に寝そべり、また目を閉じる。柔らかさが大分失われてしまった体毛を撫でる。あんたも手洗いとかさっさとしちゃいなさいよ、と母親の声がキッチンから聞こえてきた。十五年間変わらない小言もある。そう思ったら、何だか少し愉快な気分になった。

21

水村まなみは綺麗《きれい》になった。まるでナルシストのように聞こえるかもしれないが、元々は俺の体ではないわけで、そういった意味では自慢にはならないだろう。でも誇らしい気分になることは間違いない。何せ俺はめちゃくちゃ努力したのだ。高校時代より十キロは体重を落としたし、どういうファッションをすればいいのかどういうメイクが自分に合うのか、雑誌やモデルのブログを読み漁《あさ》り勉強した。そのお陰か、昔の芋臭さが嘘のように垢抜《あかぬ》けた。自分が地方から出てきた田舎者だというコンプレックスも心の奥にあったと思う。上京したての頃はとにかく周りが全員芸能人のように綺麗で格好良くお洒落に見えて、地元との格差にくらくらした。今ではもちろんそんなことはないと分かっている。

ただ、女になって強く感じたこともある。世の中の女の人たちは、可愛いや綺麗を世界から強いられて、そしてあらゆる努力をしている。シャンプーやリンスに気を遣い、髪を丁寧にブローして、お風呂《ふろ》では無駄毛の処理、風呂上がりには化粧水やパックに時間と金を費やす。毎日そんなことの繰り返し。嫌にならないのかなと思う。

それでも俺も女であろうと決めたのだ。一番のきっかけは、磯矢に襲われたことだ。守るべきものはたくさんある。だから女としてきちんと生きるために、俺は男でいてはいけないのだ。必死の努力のお陰か、俺は今のところ女としてうまく生きていけていると思う。

そんなこんなで見事大学デビューを果たした俺は、高校時代とはうって変わって充実した日々を送っていた。サークルは映画研究会に入った。高校の時、暇さえあればレンタルショップへ自転車を走らせて映画を借りていた。間違いなく月乃君の影響だった。今傍にいなくても、強く交わった人との経験は何らかの形で血肉になるのだな、と思った。サークルには変わり者が多かったが、共通の話題で盛り上がれるのは楽しかった。俺のような付け焼刃の知識でも馬鹿にするようなことはなく、様々な蘊蓄《うんちく》を嬉《うれ》しそうに語ってくれる人たちばかりで、やはりそのときも月乃君を思い出した。

バイト先には家の近くのファミレスを選んだ。地元のファミレスとは比べ物にならないくらい客が多くて、最初は辟易《へきえき》したが今ではもう大分慣れた。

充実していて、忙しい日々だった。学校、サークル、バイト。友人達と飲みに行ったり旅行に行ったり。楽しくて楽しくて、昔のことを思い出す余裕すらなかった。

というのは、嘘だ。思い出さないようにしていた。それでも時折昔を思い出して感傷的な気分になったりした。ひとりで住む部屋は空洞のようだった。はじめは家具も生活用品もほとんどなく、寒々しい中身が自分と同じだった。それでも少しずつ部屋の床が見えなくなっていくにつれ、ひとりでいることに慣れていった。郷愁に浸りたくなる頻度も徐々に減っていった。

地元には年に一度、正月にちらりと顔を出す程度で、ほとんど帰らなかった。成人式にも出席しなかった。水村にも田崎にも、地元でまた会おうと言って別れて以来一度も会っていない。水村とは時々メールのやり取りをするけれど、どちらも会おうとは言い出さなかった。それでいいと思った。誰にも会わないまま、思い出を過去にして忘れていくのが一番だと思った。

だから同窓会の知らせの葉書が実家から転送されてきたときも、欠席に丸を付けて返送するつもりだった。母親は折角だから出ればいいのに、成人式も出なかったんだから、とぶつぶつ言っていたが、適当にあしらった。

けれど、水村からメールが来たのだ。坂平くん、同窓会行かないの？

バイトの帰り道にそのメールを確認して、一言だけ返す。行かないよ。

すると、即座に電話がかかってきた。画面に映し出される『坂平陸』の文字に思わずどきりとする。このまま無視してしまおうか、という考えがふとよぎる。けれどコール音は執拗《しつよう》に回数を重ねていて、意を決して通話ボタンを押す。

「もしもし」

からからに渇いた口から、自分の声じゃないみたいな声が出た。

「あ、もしもし？　坂平くん？　ひさしぶり」

声を聞いた途端、喉《のど》のもっと下の辺りから、じんわりと熱い何かが広がっていくような感覚が生まれた。機械越しではあるけれど、かつて毎日のように聞いていた声が耳の奥へ流れ込んでくる。

「久し振り。元気そうじゃん」

努めて男らしさを隠そうとしていたはずの口調が、呆気《あっけ》なく元に戻った。

「うん、元気だよー。ってか坂平くん、なんで行かないの？　同窓会」

「なんでって、行く理由もないし、別に。話す奴いねえし」

「私がいるじゃん。田崎くんも会いたがってたよ」

田崎の名前を出されて、高校時代屋上のドアの前で馬鹿みたいに喋っていた記憶が鮮明に蘇《よみがえ》る。毎日話していても話題は尽きなくて、明日会えるのに夕暮れが迫るのが憎らしくて、そしてただただ楽しかった。遠ざかっていた郷愁が一気に襲い掛かってくる。

「私も会いたいし。ね、行こうよ」

畳み掛けるように言われて、俺は頷かずにはいられなかった。俺だって会いたくないわけがなかった。でも会ってしまえば、東京で必死に築いてきた水村まなみという女の造形が崩れてしまいそうだった。結局のところ俺は、水村を理由にしたいだけなのかもしれない。だってこいつが会いたいって言うからさ、仕方ないじゃん。自分で自分に言い訳している。誰に決められたわけでもない、自分が決めたルールを破るために。


七月、大学が夏休みに入る頃、同窓会に参加すべく実家へ帰った。正月以外の初の帰省に母親は喜んだ。食卓には俺の好物が並べられ、布団も洗い立てのいい匂いがした。父親は相変わらずの仏頂面だったが、「もっと帰って来い」といつになく穏やかな声色で言っていた。

心が痛んだ。今まで帰省を拒んできたことに対してじゃない。これだけの歓待を受けても、ちっとも心を動かされないことに対してだ。この優しく娘思いの両親は、俺にとって帰りたくなる要因にはなりえないのだ。

同窓会の日、十八時の集合の前に一度会おうと水村と約束した。会う場所はもちろん、異邦人だ。

物凄《ものすご》く緊張した。どんな顔をしてどんな話をすればいいのか、会う前から困惑していた。ドアのベルをカラカラと鳴らしながら異邦人に入ると、奥の方からいらっしゃいませとしわがれた声が聞こえてくる。店内を見回す。相変わらずあまり繁盛はしていないようだ。窓際の一番奥の席に、男が一人座っている。白シャツにチノパン、瘦身《そうしん》ですらりと背が高く、暗めの茶色に染めた髪は、きっとパーマをかけたのだろう、ふんわりと波打っている。俯《うつむ》いて本を読んでいて、その表情は見て取れない。

思わず近寄るのを躊躇《ちゅうちょ》した。俺が知っている坂平陸ではない、と思った。それでもテーブルには飲みかけのコーラが置いてある。立ち竦《すく》んでいると、おばちゃんがメニューと水を手に「お好きな席へどうぞ」と促してくる。

その声に男が顔を上げた。俺と目が合って、一瞬困惑の表情を浮かべたが、すぐに破顔して小さく胸の前で手を振った。その仕草が、過去水村がよくしていた仕草にぴったりと重なる。ようやく安堵《あんど》が胸に広がって、待ち合わせですとおばちゃんに言うと水村の向かいに座った。おばちゃんが水を置いて、俺はアイスコーヒーを頼む。

「何パーマなんてかけてんの、色気づいちゃって」

微《かす》かに残っている動揺を軽口で誤魔化す。水村がぎこちなく笑う。

「自分こそサマーニットなんて着ちゃって。おしゃれじゃん」

「まあね。俺今お洒落めっちゃ頑張ってるから」

それなりに着飾った男女がこうやって向かい合うと、当時とは違ってなんだかむず痒《がゆ》さを感じる。俺ってこんな男になるんだな、と不思議な感覚で向かいに座る男の顔を盗み見る。幼さは完全に抜けて、丸かった瞳《ひとみ》は切れ長になっている。半袖《はんそで》から覗《のぞ》く筋肉質な腕や突き出た喉仏がやけに男を感じさせてむずむずした。長い指の関節の間に生えた毛もやたら目立って、そういえば父も毛深かったなと思い出す。

「なにじろじろ見てるんすか」

俺の視線に気付いた水村が、薄い唇を歪《ゆが》めてにやっと笑う。その芝居がかった仕草さえ様になっているように見える。

「いやあ、俺って案外イケメンだったんだなと思って」

「そりゃどうも。そういう私もこう見るとなかなか美人じゃん？」

「素材に伸びしろがないからね、なかなか苦労しましたよ」

「なにそれー失礼なやつだなー」

そう言って二人とも笑って、ふと嫌な感じの沈黙が落ちてくる。互いに、以前はどんな話をしていたのか思案していた。こんな風に話題を探さなくても良かったはずなのに、あのときの感覚がうまく思い出せない。

おばちゃんが持ってきたアイスコーヒーが机に置かれる音がしたのを合図にするように、水村が沈黙を破った。

「でも、元気そうでよかった」

柔らかく微笑むその表情を見て、前はそんな顔なんてしなかったのにと思う。きっと俺では決してすることのできない顔だ。坂平陸はどんどんと、俺の知らない人間になっていく。

「成人式にも出ないし、ぜんぜん会わないから、ちょっと心配してたんだよ」

「別に心配するようなことないだろ。メールだってやり取りしてたじゃん」

「それでも、やっぱ心配になるよ」

「大丈夫だよ。お前の体はきちんと守ってるから、安心しろって」

「いや、そういうこと言ってるんじゃなくて」

水村の口調に少し苛立《いらだ》ちが混じる。嗜虐《しぎゃく》的になって吐いた言葉なのに、いざ不快を露《あら》わにされるとたじろぐ。

「分かってるよ、ごめん。でも、やっぱりちょっと不安なんだよ」

「不安って、なにが？」

「なんだろうな、うまく言えないけどさ。こっち来ると、ちゃんとできなかったあの頃を思い出して、嫌になるんだよ」

そうだ。せっかく今はきちんと生きられているのに。大学に通いバイトもしていて、友人もいて、きちんと化粧もして着飾って。それなりに楽しくて充実していて。やっとまともな人間になれたのに。

「そんなこと気にしなくていいのに。坂平くん、すごく変わったし、それにこっちの人たちだってずっと変わらないままじゃないんだよ」

「分かってるよそれは。でも変わったとか変わってないとかじゃなくて、俺の気持ちの問題なんだもん」

「なんだもん、って。女子力上がりすぎでしょ」

「うっせえなあ」

水村の言うことはもっともだ。過去に縛り付けられているのはきっと過去を憎んでいる人間だけだ。みんなそれを糧にして変わっていっている。田崎は頑張って酒屋を切り盛りしているようだし、緑も高校を卒業して地元の大学に通い始めたらしい。驚いたのが月乃君で、結婚して子供がいるらしい。どうやらできちゃった結婚のようだ。そうやって水村が話す人々の変移は、ますます俺の足を地元から遠ざけようとしてくる。

ここに戻って来たくない気持ちと、戻って来たい気持ちがせめぎ合って、自分でも本当はどうしたいのかが分からない。会いたい人はたくさんいる。会いたくない人も同じくらいたくさんいる。でも結局こうやって帰って来てしまった。所詮《しょせん》はその程度の稚拙な覚悟だったということだ。

「たまに不安になるくらい、べつにいいじゃん。大学生活は楽しいんでしょ？」

「まあ、お陰様で」

「ならよかった。恋人できた？」

「なんかお前、メールでもそれ毎回訊《き》いてくるよな。出来てねえっつーの」

「作ればいいのに」

「別にいいの。そういうの、今は興味ねえんだよ」

水村には話していないが、浮いた話がないわけではなかった。実際告白された事も二度あった。ただ、丁重にお断りした。二人とも悪い奴ではなかったが、やはりどうしても男と一線を越える勇気が持てなかった。

友人として接していればなんという事はないのに、自分が異性として意識されていると気付いた途端、一気に拒絶反応がこみ上げてくる。低い声も青髭《あおひげ》も、筋肉を誇示するような服も腕に浮き出た血管も、全部おぞましくなる。ただの優しさとしか受け取っていなかった好意すら、下心が透けて見えるようで気持ちが悪くなった。

電車に乗れば、車内の小説の広告にでかでかと『究極の純愛！』だなんて書かれている。テレビをつければ、朝の番組の占いコーナーで「今日の恋愛運は」だなんて言っている。本だって映画だって街並みだって、いつだってそれらは愛だの恋だのを高らかに叫んでいる。こういう恋愛や青春を送るのが普通なんだよと変なレールを敷かれている気分だ。

かつては自分も持っていたものなのに。男性器や性欲や恋心。かつて持っていたものだからなのかもしれない。どうしても拒絶したくなってしまうのは。

かといって女の子と付き合えばいい、というわけにもいかないようだった。不思議なことに、入れ替わる前確かに持っていた女性への劣情は、この体になってからだんだんと失《う》せていった。そういえば水村が言っていたことがある。この体は、性欲が抑えきれなくて困る、と。性差とはそういうものなのだろうか。一度ひとりでしてみようと思ったこともあるが、指を入れてみて、それ以上はなんだか怖くて何も出来なかった。

磯矢に襲われたこともきっと大きいだろう。胸をまさぐられた感覚や押し付けられた硬い性器の感触を思い出すと、今でも吐きそうになる。あれが、女として男の性欲を受け入れる、ということなのだ。そう思うと、やはりどうしても無理だった。

それに俺にはこの体を守り続ける義務がある。水村がどう思おうと、どう俺の体を使おうと、俺は今の自分の体を大事にし続けると誓ったのだ。

「じゃあそろそろ一回帰ろうかな、私」

「ああ、俺も一回帰る。時間まではまだあるし」

口ではそう言いながらも、椅子にへばりついた腰が重い。自分でもひどく緊張しているのが分かる。あの頃よりはうまくやれる気はする。でも、それが本当に正解なのかは分からない。ただ自分の居場所がここにはないことをまた実感するだけになるかもしれない。

ストローを手に持ったまま虚空を見つめる俺に、「坂平くん」と水村が声をかける。

「同窓会、がんばろ」

そう言うと水村が右手を掲げる。思わず少し笑ってしまう。

「お前、それ好きだなあ」

言いながら、小さくハイタッチする。まあね、と水村も笑う。

水村に先に会っておいて良かった、と思った。新幹線が地元の駅へ近付くたびどんどんと張り詰めていった糸のようなものが、水村と会って少し緩んだような気がした。俺はこの歳になってもなお、水村に甘えている。それを自覚したくないから、会うのを躊躇していたのかもしれない。結局また、何もうまくできない自分に向き合う羽目になってしまうのが、怖かったのかもしれない。

そして夜になった。水村とは別々に向かうことになったので、俺は飲み屋の前で一人で入るタイミングを窺《うかが》っていた。見知った顔が数人で集まって楽しげに話しながら店へと吸い込まれていく。居た堪《たま》れなさに気がどんどんと重くなる。高校の頃の記憶が蘇る。やっぱり来なきゃよかったかなと後悔し始める。かといって陰に隠れて店を見つめながらずっとここに突っ立っているわけにもいかない。意を決して足を一歩進めたとき、急に誰かに肩を叩かれた。驚いて振り向くと、女の人が二人立っていた。

「あっ、やっぱりみっちゃんだ！」

笹垣と高見だった。笹垣は長かった髪を耳の下まで短くしていて、高見は少し太ったようだ。化粧の仕方はきっちり覚えたようで、二人とも当時よりも大人っぽく見える。でも、あの頃と変わらない笑顔を二人とも貼り付けている。その笑顔が恐ろしかったときもあった。

「わーやばい、めっちゃきれいになってて一瞬だれかと思っちゃった」

ね、と笹垣が高見に同意を求め、高見がうんうんと頷く。

焦るな、と自分に言い聞かせる。ここで焦って挙動不審になって、口籠《くちごも》って曖昧《あいまい》に笑って。そうしたら結局昔の二の舞だ。今の俺はあの頃の俺とは違う。できるだけ自然に見えるように、口角を上げる。

「びっくりした、こっちこそ誰かと思っちゃったよ！　久し振りー！」

ほんの少しだけ、面食らう二人の顔を期待した。どういう気持ちで話しかけてきたのかは知らないが、当時とは違う社交性を見せつけて、ほんとに変わったんだねとちょっと慌てる姿を見てみたかった。けれど期待に反して、二人は表情を崩さず笑っている。

「ねー！　まじひさしぶりだよ！　みっちゃん成人式顔出さなかったでしょー」

「ちょっとバタバタしててさ、行けなかったんだよね」

「そっかそっか。ってか中入んないの？　だれかと待ちあわせ？」

「ううん、なんか入るのに緊張しちゃってさ」

「なにそれー、じゃあいっしょに入ろ！　いこいこ！」

　二人に引っ張られるようにして、店へ入る。面食らったのは俺の方だった。どうしてこんな風に屈託なく接することができるのかが分からない。高校生活の最後の方はほとんど会話らしい会話をした記憶がない。卒業式の日、お互い無言ですれ違ったのを今でも鮮烈に思い出せる。笹垣と高見は、俺が今日最も会いたくない二人だった。

　でも二人とも、何もなかったかのように笑っている。何か目論《もくろ》んでいるんじゃないかとすら思えてくる。もちろんそれを面と向かって言えるはずもなく、二人と寄り添うようにして店の奥へと進んでいく。

　席にはもう既に何人か座っていて、その中には水村と田崎の姿も見えた。水村が俺に気付いて、田崎を肘《ひじ》で小突く。振り向いた田崎に、水村が俺を指差す。きょとんとした表情が、俺を視界に捉《とら》えると一気に破顔した。大きな口をにかっと横に更に大きく広げて、馬鹿みたいな笑顔で大きく手を振ってくる。思わずにやつきそうになるのを堪《こら》えて、小さく手を振り返した。

　笹垣と高見に促されるまま、二人に挟まれる形で席に座る。目の前の見知らぬ男が、えっもしかして水村なのとやたらと大きな声で喚く。高見が何故か自慢げに、そうなのめっちゃきれいになったでしょ、と俺の肩を揺さぶる。曖昧に笑みを返しながら、男の名前を必死に思い出そうとする。

「きみたち、ほんと仲いいよね」

男の横に座った青い髪の女が、どこか揶揄《やゆ》した口調で煙草の煙を吐く。教室の隅でせっせと手鏡に向かって化粧をしていた奴だ。こいつも存在は記憶にあるが名前が思い出せない。自分の記憶力、というより興味のなさに自分でも驚く。

「まあね、うちら親友だからー」

そう言って笹垣が肩を寄せてくる。高見も、ねーと笑って同調する。高見の目の上の、蛾の鱗粉《りんぷん》じみた濃いアイシャドーが更にけばけばしく光る。俺もそれに合わせて、ねーと小首を傾げてみせたが、心の奥は硬く冷え切っていた。笑う二人の目や口ぶりは何か裏側があるようには全く見えず、ただ純粋に心から微笑んでいるように見えた。

なんだそれ。馬鹿馬鹿しい。俺を輪から外し、こそこそと陰口を叩き、会話すら拒んだその事実は、二人の中では綺麗に塗り替えられているのだ。ずっと仲良しの三人組。そこで彼女たちの時間は止まっている。固執しているのは俺だけだ。

二人が憎いとか苛立つとか、そういった感情は一切なくて、ただただ虚脱感だけがあった。今この場では親友と言って憚《はばか》らないくせに、きっと帰り際に連絡先を聞いてきたりはしないのだろう。そう考えると、心底馬鹿馬鹿しかった。

　そして同窓会が始まる。幹事によるとこのクラスの八割が参加しているようで、確かに懐かしい顔ぶれが揃っていた。やはり結局当時と同じ面子《メンツ》で固まって話している。最初は三人で話していたが、笹垣は俺とは反対側の席のグループと話し始め、トイレに立っていた高見はいつの間にか少し離れた席の男の隣にちゃっかり座っていた。最初の内は周りのグループのさして面白くもない話に笑って相槌《あいづち》を打っていたが、次第にそれにも疲れてくる。さっさと酔っ払ってしまいたかったが、いくら飲んでも意識ははっきりしたままで高揚もやってこない。腹の底が熱くなる感覚があるがそれだけだ。周りでは俺の知らない昔話が繰り広げられている。何故それを俺が知らないかすら分からない。知ったふりで頷くのに辟易して、トイレに立った。

　トイレに行って帰ってくると、俺がいた席はどこかで見た顔の男に取られていて、やたらと盛り上がっていた。もう帰ろうかな、という気持ちになってくる。やはり、来なければ良かった。無駄に神経をすり減らし疲労を体に纏《まと》わりつかせただけだった。さっさと会計を済ませて帰ろう、やはりもう極力ここに帰ってくるのはやめよう。そう思って一歩足を踏み出したとき、

「水村！」と声をかけられる。

「こっち来いよー！」

　田崎だった。酔っ払っているのか、異様にテンションが高い。左側には変わらず水村が座っている。田崎は空いた右側を手でぽんぽんと叩き、にこにこと左手で手招きしている。大型犬がぶんぶんと尻尾《しっぽ》を振る様がふと浮かんできて、思わず苦笑する。ペロみたいだ。不思議と、さっきまで感じていた疲弊が薄まっていた。

「お邪魔していいの？」

招かれるがまま田崎の隣に座る。水村と一瞬目が合って、にやりと笑うのが見えた。

「何言ってんだよー！　いいに決まってんだろ！　な！」

「うん、どうぞどうぞ」

「そお？　んじゃ、お言葉に甘えて」

「あ、てか水村のグラスあっちか！　まあいっか、新しく頼んじゃおうぜ。なんにする？」

「んーそんじゃ、ウーロンハイで」

「おっけ！　ってか坂平ももうないじゃん！　なんにする？」

「えー、じゃあカシオレにしよっかな」

「相変わらずお前甘いの好きなー。あ、店員さん！　こっちも注文お願いします！」

やって来た店員に注文をする田崎越しに、俺と水村はひそひそと話す。こいつは全然変わってないんだな。そう、ぜんぜん変わってないの。しばらくして注文したものが運ばれてくる。

「じゃあ乾杯しようぜ、乾杯」

かんぱーい、と言う田崎の声を合図に、俺達はグラスやジョッキを打ち合わせる。高見がじっとりとこちらに向けている視線に気付いたが、見なかったふりをして酒を呷《あお》った。

「ってか！　水村！　まじで久し振り！」

そう言うと田崎がまたビールの入ったジョッキを俺のグラスにごちんとぶつけてくる。「ほんとだよな、ひさしぶり」と水村もグラスを掲げてくるので、俺も倣って掲げる。

「成人式も来ないんだもんなー！　メールしようかと思ったんだけどさー、忙しいのかなーとか思ってさー」

「そうなの？　普通にくれれば良かったのに。成人式はねー、ちょっとタイミング合わなくて」

「ま、そういうことあるもんな。まあ良かったわ、今日来てくれて！」

「てかさあ、水村めっちゃきれいになったなあって思わなかった？　おれ一瞬だれだかわかんなかったもん」

　にやにやと笑いながら水村が田崎の肩に手を置く。こいつ、からかいやがって。

「馬鹿だなーさすがの俺でも誰だか分かんないってことはないわ。でも確かに感じ変わったよな。髪も伸ばしてんの？」

「うん、伸ばしてる。夏は暑くて鬱陶《うっとう》しいんだけどね」

「いいじゃん、似合ってると思うぞ」

「ありがとー。ってか、そういう坂平君もかなり変わったよねー？」

　にやつきながら矛先を変えてみる。水村がじろりと睨んでくる。

「そう！　そうなんだよ！　なんかこいつさー、帰ってくる度に髪染めたりパーマかけたりしてさー、どんどんチャラくなってってんだよ。都会に染まってってるっていうかさあ」

「そういう田崎はぜんっぜん変わってないよなあ」

「そんなことないだろ！　毎日酒瓶運んで結構筋肉ついたんだぞ、ほらほら」

　鼻息荒く半袖をまくり上げて両腕を上げて力こぶを作ってみせる。確かに多少二の腕の辺りが盛り上がっているのは見て取れるが、どう贔屓目《ひいきめ》に見ても筋肉がそれほどついたようには見えない。

「いやあこれならまだおれのほうが筋肉あるね」

「そうだね、これなら私の二の腕の方が太いな」

　俺と水村で田崎の両腕をもちもちと揉《も》んでいると、「もういいよ！」と顔を赤くして袖を戻し、そのまま両腕で自分の体を抱き締めてみせる。その仕草がいたいけな少女みたいで、思わず笑ってしまう。

「なんだよ、笑うなよー」

「ごめんごめん。でも、二人とも変わらず仲良さそうで安心したわ」

　まあ、仲悪くはないけど、と口籠る水村の言葉を「まあな！」と田崎が遮る。

「卒業してからも二人で遊んだりしてたの？」

「二人だけで、っていうのはないなあ」水村がグラスに口をつけながら答える。

「そうだな。大体飯田とかそこらへんいるもんな」

「そうなんだ、なんか意外。二人だけでも飲みに行ったりするのかと思ってた」

「いやあ、それはないなあ。それに二人で遊ぶくらいなら、やっぱ水村もいてくれた方が楽しいもん」

　そう言って田崎が笑う。何の邪気も感じられない、素直な笑顔。その言葉に対して何と返したか覚えていない。ただ曖昧に笑っただけだったような気もする。

嬉しかった。もしかしたら俺は、その言葉を聞きたくてここに来たのかもしれなかった。誰かを喜ばせる言葉を田崎は口にできる。俺にはしたくても到底できないことで、それが羨《うらや》ましくもあった。だから俺は田崎に会うのが怖かったのだ。また、離れがたくなってしまうから。田崎が、今度三人でどっか行こうよと言って、水村がいいねと同調する。俺も二人に合わせて、行こう行こうと笑ってみせる。どこ行こうか、俺車出すよ、そういえば行ってみたいところがあってさ、と男二人が盛り上がり始める。社交辞令みたいな約束なのに、案外二人とも本気だ。そのことが少しだけ嬉しくなる。その時のことを想像するだけでわくわくしてしまう。こんな感覚は、なんだか久し振りだった。

　結局最後まで三人で話し続けて、同窓会はお開きとなった。二次会はカラオケです、行く人はついてきてねー、と幹事が声を張り上げる。笹垣と高見はもう俺には興味をなくしたようで、他の連中に交じってその集団に入っていく。さすがに二次会まで行く気力はなく、もう帰ろうと思っていると肩を叩かれた。田崎だった。

「水村、二次会行くの？」

「ううん、行かない。田崎君は行くの？」

「ううん、行かない。てかさあ」口籠って、半袖から出た腕を頻《しき》りにさする。「良かったら別のとこで飲み直さない？」

「あ、いいね。あーでも坂平君、カラオケの列に行っちゃってるよ。呼んでこようか」

「あ、違う、違くて」

大きな手をこちらに向けてひらひらと振る。さっきからずっと顔を伏せていて、居酒屋から漏れる仄《ほの》かな光だけだとその表情がうまく読み取れない。

「ふた、二人で、よければ。どうかな。坂平は、まあなんか、カラオケ行きたいみたいだし」

鈍い俺でもさすがにそこで気付く。そっか、マジか。少し驚いたが不思議と嫌な気持ちはしない。ただ正直、面倒な事になったなあと思ってしまった。告白してきた彼らとは、断った後も今までと同じような関係にというわけにはいかなかった。俺がそう望んでいても相手としてはやはりそうもいかないらしい。もし田崎ともそうなったら嫌だなあ、と思った。せっかく今日は楽しかったのに。同じように話せなくなってしまうのは、困る。

「いや、あのさ、変な意味とかじゃなくて。坂平とは多分いつでも会えるけどさ、次、水村いつ帰って来れるか分かんないじゃん。だから、もっと話したりできたらいいなーとかって思ってさあ」

俺が返事をしないでいると、慌てた様子で田崎がとつとつと言い訳を並べ立てる。さすがになんだか少し気の毒になって、「うん、もちろんいいよ。行こう」と必要以上に明るい声で答えてしまう。

「え、まじ！　いいの！」

さっきまでうじうじしていたのが嘘のように、ぱあっと笑った顔をこちらへ向ける。酒のせいなのかそれとも別の要因か、灯《あか》りに照らされた右頬がやたらと赤い。

「あー良かった、まじで良かった。あのさ、ちょっといい感じのバーみたいなの見つけたからさ、良かったらそこどうかな」

「へーいいね、この辺にバーなんてあるんだ」

「うん、こっから歩いて行ける距離だから」

歩き出す田崎についていく。ちらりと水村の方を見やると、ばちりと視線が合った。しかしすぐに目を逸《そ》らし、話に興じるふりをしている。

田崎の慌てぶりについ行くと言ってしまったが、改めて置かれた自分の状況を考えてみて、ようやく少し焦り始める。確かに田崎と今までのように話せなくなるのは嫌だが、かといって付き合ったりできるかどうかと言われるとそれはまた別の話だ。男への嫌悪感は未だ根強いし、そもそも田崎は男だった頃からの友人だ。はっきり言って月乃君やその他の男たち以上に異性として意識できない。

はにかんで歩く田崎の横顔を見る。やっぱり、変わらないでいつづけるのは難しいことなのかもしれなかった。


田崎に案内されたバーは、大通りから少し離れた路地裏にひっそりとある小さな店だった。分かりづらい場所にある上に看板すら出しておらず、一見《いちげん》さんお断りの雰囲気がぷんぷん漂っていて、正直入りにくいことこの上なかったが、田崎は何の躊躇もなく入っていく。

いい感じのバー、と言っていた田崎の言葉通り、かなり雰囲気のある店だった。カウンターにテーブル席が二組あるだけの小さな店で、照明はぼんやりとした灯りがところどころに散っているだけで全体的に薄暗い。奥のソファ席にはスーツ姿の男女四人が座っていて、客は彼らしかいない。眼鏡をかけたオールバックの五十代くらいの店員が、こちらへどうぞとカウンター席に案内する。おそらく店主なのだろうが、マスターと呼ばれるのを好みそうな相貌《そうぼう》だ。

洒落過ぎていてどうにも座りづらい椅子に腰掛け、辺りをそっと見回す。カウンターの奥には様々な種類の酒がずらりと並んでおり、手元にはキャンドルと小さな花が一輪挿してある。そんな中、英字がでかでかと書かれた黒いVネックのシャツにジーパンという田崎の格好は相当浮いて見えるが、本人は大して気にしていないようだった。

「凄《すご》いな、こんな店あったんだ」

「なー！　俺もさー連れて来てもらったんだけど、そんときめっちゃお洒落だなーって思ってさー」

「えー何、デートで使ったの？」

「ば、ばっか、ちげえよ、ばか」

　分かりやすく狼狽《ろうばい》する田崎に、「どれになさいますか」とマスターがメニューを二冊差し出してくる。田崎がそれを一冊俺の方へ渡してきて、俺はぱらぱらとページをめくる。右手を行ったり来たりさせて決めあぐねている田崎を横目に、「ソルティドッグ下さい」と頼む。

「あ、じゃあ、俺も同じやつ」

　かしこまりました、と返事をしてマスターが奥へ引っ込む。

「いやーしかし、こういうお店ちょっとオシャレすぎてなんか緊張するなー」

マスターが背を向けたのを見計らって、小声で呟《つぶや》くように言うと、田崎がきょとんとした顔をする。

「なんだよ、東京でこういうとこ慣れてるんじゃねえの？」

「いやいや、まさか全然。飲み行くって言ったって、さっき行った居酒屋みたいなとこばっかだし」

「そうなのか。俺はてっきり、こういうとこ行きまくってるのかと」

「あはは、ないない。貴重な体験させてもらってます」

お待たせしました、とカウンターにソルティドッグが二つ置かれる。

「それじゃ、乾杯」

田崎がグラスを掲げて、乾杯、と俺も唱和してグラスを重ねる。一口飲んで舌を湿らせる。田崎が怪訝そうにグラスの縁についた塩をまじまじと眺めていた。ちらりとマスターを見て、逡巡《しゅんじゅん》した様子を見せた後、塩のついていないところから中身を口にした。それ、塩と一緒に飲むんだよ。言いかけて言葉を飲み込む。

「ほんと久し振り、水村」

「さっきも聞いたよ、それ」

「あ、ああうん、いやまじで久し振りだなーって思ってさ。あ、髪伸びたよな、伸ばしてんの？」

「どしたの、それもさっき聞いたよ」

「あっ、ああ、そうだよな。お、俺は、長い方が好きだな」

「ほんと？　ありがと」

「う、うん。か、か、か、か、かわいいとおもう」

冗談みたいな噛《か》み方をするものだから、思わず声を上げて笑ってしまう。一瞬唖然《あぜん》としていた田崎も、笑い続ける俺につられて笑ってしまう。

「な、なんだよ。そんなに笑うなよな」

「だって、そんな噛み噛みになることある？　あーやばい、お腹痛い」

「だから笑い過ぎだって！」

　この一連の流れで妙な緊張も解けたのか、いつも通りの田崎と他愛のない話を繰り返した。俺が大学で映画のサークルに入っていること、ファミレスのバイトをしていることを話し、田崎は毎日のように店で父親に叱られていること、なかなか酒の名前が覚えられないことを話す。近況報告のような話題が一通り済んで、自然とここにはいない坂平陸という男の話題になる。

「坂平君はさ、なんなのあれ。ちょっと東京デビューしすぎじゃないですか？」

「なあ。俺も、あいつがあんなお洒落な奴だなんて知らなかったよ」

「お洒落ってか、チャラいんだよ。格好つけちゃってさー」

「あいつ、ああ見えて昔からもててたからな。高校の時から結構告白されてた」

「らしいねー。うーん、私にはよう分からん」

「そうなのか？　お、俺はてっきり、水村も坂平のこと好きなのかと」

「いやあ、ないない、ないって。今も昔も、ただのいいお友達ですよ」

「そ、そっか」

露骨にほっとした顔をするのを見て、また笑いそうになる。探り方がへたくそすぎるだろう。

「でも、あいつが変わったの、大学行ってからよりも高校一年の夏から急に、って感じがするな」

「え。どういうこと」

思わず声が上ずる。既視感のある会話だ。数年前、禄も同じことを言っていた。激しくなってきた鼓動は、酔いのせいではないだろう。

「夏休みにがらっと変わる奴いるとかよく言うじゃん。でも周りはさ、全然そんなことなくて、俺とか日に焼けて真っ黒になったくらいだったわけ。でも坂平はさー、なーんか随分大人びちゃってさあ。笑い方とかも全然違うわけ。それまでは腹抱えて、あーそれこそさっきの水村みたいにさ、げらげら笑ってたのに、なーんか澄ました笑い方しやがってさ。うふふ、みたいな。何気取ってんだこいつ？　って思ったよね。まあそれはそれで面白いからさ、今でもこうやって仲良くやってるけどさ。地味に衝撃だったなあ、あれ。それに比べたら大学デビューくらい想像の範囲内かも」

ぽかんと間抜けに口を開けて聞いている俺を見て、田崎がぽりぽりと頭を掻《か》く。

「あ、ごめん、水村は坂平と話すようになったのそのくらいからだから、よく分かんねえよな」

「あ、ううん全然いいんだけどさ。そんなに変わっちゃったのに、よく受け入れられたね」

「んーまあ、なんか違うなーって思う時はあったよ、やっぱり。俺はさ、馬鹿みたいに騒いで笑ってた頭空っぽの坂平と仲良くなりたくて友達になったからさ。でもま、あーもしかしたら何かあったのかもなーって思ってさ。坂平は坂平に変わりないし。しかもさー飯田とか全然気付かなかったっぽいんだよね。だから、ま、俺の勘違いかもしれないけどさ」

そっか、とどうにか相槌を打って、残っていたソルティドッグを飲み干す。

水村は、俺が思うほど完璧に坂平陸になりきっていたわけではなかった。禄も、田崎も、明確にとは言えないまでも違和感に気付いていた。そして田崎は、それに気付きつつも変わらず接し続けてくれていた。その上、それをおくびにも出さず。やっぱりこいつは凄い。俺や水村じゃ到底敵《かな》わない。だって俺と田崎は、七月までのたった三ヶ月の付き合いしかなかったのに。

そして、俺は意外と愛されていたようだった。今みたいに頭も良くなく大人びてもおらず、馬鹿で下品で調子に乗りまくっていた俺でも、それでもその俺が好きだと言ってくれる人がいる。なんだか泣きそうだった。

「どうした、水村。酔った？」

急に黙りこくった俺の前に、田崎が手のひらをひらひらさせてくる。唾液《だえき》を飲み込む。酔うどころか、頭の中はすっかり醒《さ》め切っていた。喉の奥がじんじんする。

「大丈夫、ごめん。どうする？　もう一杯飲む？」

妙な感覚を胸の奥に残したまま、隅に置いていたメニューを手繰り寄せる。並んだ酒の名前を目で追っていると、マスターが無言で目の前にやってきて佇《たたず》む。

「私、モヒートで」

俺が頼む横で、田崎はじいっとメニューを見つめる。そしてゆっくりと顔を上げると、「ビール」とマスターに告げた。かしこまりました、と静かに言って、また店の奥へ去っていく。

「俺、酒屋の息子失格だわ」

メニューに目を落としたまま、田崎がぽつりと唐突に呟く。

「え、何どうしたの急に」

「俺、さっきも言ったけど、店にある日本酒とか焼酎《しょうちゅう》の種類、全然覚えらんないんだよ。こういう洒落た洋酒とかになると、もっと分かんなくてさ。メニュー見てもどんな味のどんな感じの酒なのかさっぱりで。さっきもとりあえず水村に合わせてみたけど、なんか変な味のジュースみたいな感じしかしなくて。結局ビール」

自嘲気味に笑って、そして両手で顔を覆い、深く溜息《ためいき》をつく。お待たせしました、とマスターがモヒートとビールを持って来る。

「なんかもっと坂平みたいにさあ、すぱっとお洒落な酒スマートに頼めればいいんだけど」

「坂平君は関係ないでしょ。別に、お酒スマートに頼めるだけがステータスじゃないと思うし」

「関係あるんだって。ほんとはさ、結局この店だって、坂平に教えてもらったんだよ」

顔を覆っていた手をカウンターに置いて、また短く溜息をつく。

「が、頑張って探したんだけどさあ。水村の好きそうな店。お、俺ひとりじゃ、やっぱそういうの、よく分かんなくって。坂平に訊いたんだ、いいとこ知らないかって。そしたら、ここ探してくれて。や、やっぱすごいよな、あいつ。あっさり見つけちゃうんだもんな。すごいよ、ほんと」

回らない呂律《ろれつ》で、真っ赤な顔でたどたどしく話す。今にも泣きそうな顔をしていて、俺は何と声をかけていいか分からなかった。ただ、妙な気持ちだった。今田崎の中で渦巻いている感情は全て俺に向けられているものなのだ。そう思うとなんだかむずむずした。

「で、でも。水村が、喜んでくれたから、よかった」

田崎が、潤んだ目で笑った。頬が赤くて、精一杯口角を上げたようなぶさいくな笑みで、いつものような子供みたいな笑顔とは全然違う笑い方だった。一生懸命、俺の為に笑おうとしているような笑い方だった。

やばい、と思った。田崎という男はこんな奴だっただろうか。もっと馬鹿でへらへらしてて、なんにも考えず生きているような奴だと思ってたのに。

可愛いと思ってしまった。田崎のことを。俺が。ありえない。だって田崎なのに。どうかしている。俺も、田崎も。

「う、嬉しいよ、そこまで考えてくれてて。だからさ、泣かないでよ、ね」

目に涙をいっぱい溜めた田崎の背中をさする。華奢《きやしや》な体が熱かった。泣いてねえし、とビールを呷る。

「水飲もう、水。田崎君酔っ払いすぎだって」

「いや、大丈夫。まじで酔ってない。今日は酔わないって決めてたし、俺」

目頭を強くつまんで、ふぅと大きく息を吐く。座り直してこちらに向けた顔にはさっき見せていた昂《たかぶ》った感情はなさそうで、俺はほっとする。

「ごめん。ちょっとなんかテンパっちゃった」

「いや、大丈夫。ちょっとびっくりしたけど」

「やっぱあれだな、俺ももっと、色々して自信つけよ。本読むとかさ、水村みたいに映画観るとかしてさ、なんつーの、坂平的に言えばケンブン広めよう」

「あー確かに坂平君、そんなこと言ってたね。いいじゃん、私お薦めの映画教えるよ」

「まじか、教えて教えて。あ、じゃあなんなら今からツタヤ行っちゃう？」

「お、いいね。せっかくだから何か借りてみなよ」

「あ、じゃあさあ」

急に、田崎が言いかけて言葉を止める。分かりやすく目が泳いで、何かを言い淀《よど》んでいるのが容易に見て取れる。その先を促してはいけない気がして、沈黙が流れた。田崎が舌で唇を湿らせて、口を開く。

「うちで、映画観る？」

馬鹿だな、田崎は。たったその一言を言うだけで何をそんなに躊躇しているんだか。だってあの頃はそんなやり取りはたくさんしていた。うちで遊ぼうぜと田崎は言って、俺と水村と三人でプレステ3で遊んだり漫画を読んだりしていた。それと同じだ。なんのことはない。ただ田崎の家で、映画を観る。ただそれだけだ。

ただそれだけのはずなのに、普段あまりかかないはずの汗が、耳の下を静かに伝っていた。

「うん。いいよ」

どうせだから二人とも観たことのないものを、と言って選んだ映画はすこぶるつまらなかった。ただの説明不足を難解さと履き違えているような内容で、ぽつぽつとお互い突っ込みを入れながらだらだらと観続けていた。

数年ぶりに足を踏み入れた田崎の部屋は昔とちっとも変わっていなかった。二階の一番奥のトイレの隣の部屋で、六畳半ほどの広さだ。本棚には漫画とゲームがずらりと並んでいる。当時は普段田崎が寝ている青いソファベッドの背を立てて三人ぎゅうぎゅうに座って、ゲームをしたり喋ったりしていた。

そのソファに今は二人並んで座っている。当時よりは随分スペースに余裕があるはずなのに、さっきから肩が時々触れている。でもだからと言って距離を取ったら、田崎が傷付くかもしれないし、と自分に言い訳をしてそのままにしている。

「なんかよく分かんない映画だなあ」

わざとらしく声を上げて、田崎が腕を組む。指先が俺の腕に当たる。

俺は膝の上に置いていた手を、自分の脚の横に並べるようにソファベッドの上に置いた。もう映画の内容なんて頭に入ってきていなかった。田崎も同じように、組んでいた腕を解《ほど》いて手を脇に置く。

指と指が触れた。軽くわずかな面積が重なるくらいの触れ方だ。耳の奥で心臓の音が鳴り響く。田崎がゆっくりと指を絡めてくる。俺は抵抗しない。絡められた指に力を込めて、軽く握り返す。ぴくり、と田崎の手が震えた。

駄目だ。だめだ。どうかしている。でも仕方ない。ここで俺が田崎を拒否するようなことをしたら、田崎はきっと今度こそ本当に泣いてしまう。田崎の悲しむ顔なんて見たくない。

自分に対する言い訳をそうやって繰り返している。言い訳をするのは認めたくないからだ。この状況を積極的に受け入れようとしている自分を。

田崎が指を俺の指の間に滑り込ませて、撫でるように手を握ってくる。田崎が今どんな顔をしているか見られなかったし、自分がどんな顔をしているかも知りたくなかった。それでも、声を出していないのに名前を呼ばれたような気がして、田崎の方を振り向く。目が合った。じっと俺を見つめる田崎の顔が思ったよりも近くにあって、そのまま俺たちはキスをした。

ソファベッドに置いた手の指を絡めたままのぎこちないやり方で、田崎は自分の唇で俺の唇を何度も挟んだ。髭がちくちくと肌に刺さって、少し痛いが不快ではない。ただ、ああ男とキスしてるんだな俺、と改めて感じた。ふと月乃君の悲しげな顔が頭に浮かんだ。

握っていた手が急に離されて、そのまま肩に腕を回され、ぐいっと引き寄せられた。抱きすくめられたような格好でキスは続いて、そしてぬるりと尖《とが》った舌が口の中に分け入ってくる。柔らかな肉の感触が口の中を行ったり来たりする。舌が絡み合う度漏れる田崎の息が酒臭い。

そのままの格好で、田崎がソファベッドの背もたれを手前に引いた。がくん、と背もたれは揺れるが倒れない。何度か繰り返すがうまくいかず、その度俺たちの体も合わせてがくんと揺れる。田崎が腕と口を離す。

「ちょ、ごめん。あれおかしいな」

「はは、何？　うまくいかない？」

「うん、なんか知んないけど。あ、いった、いった」

　両手で背もたれを引いて、やっとベッドの形になる。こっち来て、と軽く手を引かれて、言われるがままベッドの中心に座る。両肩に手を置かれ、そのまま押し倒される。さっきよりも荒々しく唇を重ねられ、右手がサマーニットの下に滑り込んでくる。

「あ、ちょ、ちょっと待って、待って」

　俺が思わず声を上げると、ぴたりと手が止まる。するすると腕を抜いて、ゆっくりと顔を上げた田崎の表情は困惑と絶望が混ざったような奇妙な形になっていて、思わず笑いそうになるのを堪える。

「あの。実は私、したことなくて」

「え？　何を？」

「いや、だから、こういうこと」

「えっ、え？　ま、まじで？　初めて？」

　黙って頷く。田崎はそっか、まじでか、を繰り返しながらそわそわと忙《せわ》しなく頬を撫でたり頭を掻いたりしていたが、意を決したように俺の方に向き直ると、ゆっくりと口を開いた。

「わ、分かった。優しくする」

その表情は真剣そのもので、今度こそ俺は笑ってしまう。

「な、なんだよ笑うなよ」

「ごめんごめん、つい」

「お前、今日俺のこと笑い過ぎだからなー」

「ごめんて。あの、それじゃあ、お手柔らかによろしくお願いします」

「あ、う。はい。頑張ります」


上にいる田崎の顔をまじまじと見つめる。これだけ長く付き合っていて、それでも初めて見る表情だった。照れたような何かを決意したような、じっと耐えているような、不思議な表情だ。俺よりもずっと長い両手と両脚で、俺の体を組み敷いている。四肢を檻《おり》にして逃がすまいとしているようだった。その征服欲が何故か心地《ここち》好《よ》かった。全て委《ゆだ》ねられる気がした。

静かにもう一度唇を重ね合わせた後、舌は首筋をなぞって、そして耳を撫で上げるように動く。右手はもう一度服の下に潜り込んで、胸の方へ這《は》い上がってくる。下着の上から胸を触られ、もどかしげにブラを押し上げられる。胸が圧迫されてしまい、服をたくし上げ背中を浮かせてブラのホックを外そうとする。田崎が慌ててそれを手伝う。そしてそのままニットもブラも全て脱がされる。両胸が剥き出しになって、それを見下ろした田崎が息を呑《の》む気配がした。さすがに煌々《こうこう》と照らされたライトの下で裸体を晒《さら》すのは恥ずかしくて、目を逸らす。痩せたとはいえ、堂々と見せられるほどの体というわけでもない。田崎が、くしゃくしゃになった俺の髪を右手でゆっくりと撫でつけた。

田崎も俺に合わせてシャツを脱ぐ。筋肉とは無縁の、細い体軀《たいく》が目の前で露わになる。腰なんてやたら細くて、蹴《け》ったらぽきりと折れてしまいそうだ。田崎がもう一度俺に覆い被《かぶ》さって、耳を舐《な》めながら両胸を揉んでくる。指が時折乳首に触れる。胸はゴム毬《まり》のように歪んで、自分でも見たことのない動きをしていた。興奮した犬みたいに荒い田崎の吐息が、耳の奥でくぐもって響く。

かつて磯矢にされたことと同じはずだった。首筋を舐められ、耳の中に舌を突っ込まれ、胸を揉みしだかれた。あのときは苦痛や嫌悪感でいっぱいだったのに、今はそんな感情はちっとも湧いてこない。その代わり快感に支配されることもなかったが、懸命に体に食らいついてくる田崎がなんだか可愛かった。

ただ黙って田崎に体を委ねる一方で、頭の中ではぐるぐると色んな心配事が渦を巻いていた。入れられたときむちゃくちゃ痛かったらどうしよう。てかそういえばシャワーも浴びてないし。俺はいいけど、汗臭いとかって思われたらやだな。でも今からシャワー浴びたいってさすがに言えねえしな。ああでも無駄毛だけは処理しといて良かった。夏だからまだ良かったな。ってか、今日下着どんなのだったっけ。よれよれのではないけど、まさかこんなことになるとは思わなかったし、普通のだった気がする。まあそもそも勝負下着とか持ってないけど。ああでも多分こいつ、下着とか見てねえか。ブラも服と一緒に丸まって脱ぎ捨てられたまんまだし。

そんなことを思っていると、乳首を舐めていた田崎が埋《うず》めていた胸から顔を上げる。右手は相変わらず左胸を摑《つか》んだままだ。

「だ、大丈夫？　気持ちいい？」

「んー、なんか変な感じ。ちょっとくすぐったい」

「そ、そっか。ごめん。ど、どうしよう」

「全然大丈夫、気にしないで。田崎君のしたいようにしていいよ」

「お、俺のしたいように、って」

田崎がまた頭を掻く。こいつ、困った時とか照れた時に頭掻く癖あるんだな、などと思う。

「お、俺は実は、もう結構我慢の限界っていうか」

思わず下半身に目をやる。ジーンズのせいか少し分かり辛いが、それでも通常の状態ではないことが分かる。

「い、いいかな。しても」

うん、と小さく答える。さっきの性急さとはうって変わって、やたらと慎重にスカートを脱がそうとしてくる。腰を浮かせて、下着一枚になる。普通の白いパンツで、よれよれのじゃなくて良かったとちょっと安堵する。

そのまま田崎がパンツも脱がそうとしてくる。マジかよ、と思わず体が強張《こわば》るが口にせず、されるがままになる。それにしてもこいつ、下着とかどうでもいいんだな、やっぱり。

自分だけ一糸纏わぬ姿になって、さっきとは比べ物にならないくらいの羞恥《しゅうち》が襲ってくる。

そう思っていたら、急に両脚をがばりと開かれた。さすがに慌てて力を入れて抵抗する。

「ちょ、ちょっと待って。さすがにいきなりは、恥ずい」

「そ、そっかごめん。電気、消す？」

「お、お願いします」

田崎が立ち上がって、蛍光灯の紐《ひも》を二回引っ張る。オレンジ色の豆電球だけが光って、それとテレビの画面の光だけがぼんやりと目に映る。映画はもうとっくに終わっていて、メニュー画面に戻っていた。

さっきよりは暗いとはいえ、まだ羞恥心はなくならない。とはいえこれ以上ごねるわけにもいかず、もう一度俺の脚を開こうとする田崎に身を任せる。

「指、入れるね」

「う、うん」

乾いた粘膜の間にゆっくりと中指が差し込まれる。内襞が引っ張られるような軽い痛みが走る。思わず顔を歪めると、「痛かった？」と指の動きが止まる。いや平気、と首を横に振る。

そしてまた指が更に奥まで入ってくる。根元まで沈み込んだと思ったら、またゆっくり指を抜かれる。何度かそれを繰り返されているうちに、じわりと奥の方がだんだん湿ってくる感覚があった。濡《ぬ》れてきた、と田崎が小さく呟いて、今度は人差し指も増えて二本の指が中に入ってくる。俺の中はさっきよりすんなりとそれを飲み込む。入り口を押し広げながら二本の指が肉体の中でぐにぐにと動く。

何かを探り当てようとするかのように田崎は指を鉤《かぎ》型にしたりもっと奥に差し込もうとした

りしていたが、やはり快感らしきものはやってこなかった。ただ痛みもなく、歯医者で口の中に指を突っ込まれる感覚に似ているな、と思った。薄い湿った肉を蹂躙《じゅうりん》されている感じだ。

「水村。そろそろ、入れてもいいかな」

俺が答える前に、かちゃかちゃとベルトの音を鳴らしてジーンズを脱いで、赤いボクサーパンツ一枚になる。薄闇の下でも、下着の中で田崎のそれが大きく膨らんでいるのが分かった。

田崎は何かに急かされるようにパンツも脱ぎ捨てる。屹立《きつりつ》したそれは天を仰いで腹を打った。想像していたよりも大きくてぎょっとする。当たり前だが、数年前一緒に風呂に入った時に見た田崎のそれとは全く違っていて、ついまじまじと眺めてしまう。こんなもの、本当に入るんだろうか。

「あ、あんま見んなよ。恥ずかしいだろ」

「あ、あー。ご、ごめん、つい」

ぷいと背を向けて、ごそごそと枕元を漁り始める。どうやらコンドームを探しているようだった。貧相な尻《しり》が揺れるのを、間抜けな姿だなあと眺める。目当ての物を見つけたようで、袋を破く音がして、そして体を屈める。

「ああ、やばい。これ着けただけでいきそう」

「ええ、早すぎ」

田崎が本当に達してしまいそうな上ずった声を出す。

「うるせえ。どうせ早漏だよ」

無事装着した田崎が、こちらに向き直る。硬くしたままで跪《ひざまず》いて、閉じかけていた俺の脚を更に押し広げた。

「もう乾いちゃった？」

「ううん、大丈夫」

「そっか。じゃ、い、入れるよ」

「うん」

「痛かったら言ってな、やめるから」

「うん」

田崎が腰を突き出す。俺の入り口に先端が当たる。中がゆっくりと押し広げられる。肉に分け入るように、硬い物が入ってくる。もっと熱を感じるのかと思っていたが、その感覚はなかった。ただ丸みを帯びた肉塊が緩やかに侵入しようとしてくる感じだ。

痛くはなかった。痛くはないが、物凄い異物感だった。一気にお腹の中が重くなった感覚がある。自然と息が荒くなる。

「だ、大丈夫？　痛い？」

「い、痛くない。け、けど、なんか凄い変な感じ」

「ま、まだ半分くらいしか入ってないけど」

「えっ、そうなの。いや、ううん、大丈夫。続けて」

ゆっくりするから、と田崎が腰を静かに押し付ける。棒状の違和感が更に奥まで詰まってくる。息苦しさが増してくる。入っちゃいけない所に物が入っているような感じだ。

「今、全部入った。平気？」

「う、うん。平気」

「じゃあ、動くよ」

言うや否や、田崎は腰を恐る恐る動かし始める。ずるりと内臓が引きずり出されるような感覚と共に田崎の体が離れる。腰の辺りがぞわぞわした。そしてまた弾力と硬さのある性器が奥まで差し込まれる。その度に喉元まで突き上げられるような衝撃を感じる。

「水村、手、手」

田崎が苦笑しながら俺の手を叩く。無意識の内に田崎の胸の上辺りに手を置いて、拒絶するように力を込めていたようだ。

「めっちゃ拒否するじゃん。やっぱ痛い？」

「ご、ごめん。痛くない、大丈夫。手の置き場に困るね、これ。はは」

「あ、じゃ、じゃあ、俺の首に手、回す？　なんて」

照れながら田崎が言うものだから、俺も何となく恥ずかしくなりながら「こ、こう？」と言われるがまま腕を首に回す。田崎の顔がぐんと近くなって、一気に密着度が上がる。さっきよりも触れた面積の増えた皮膚が熱い。

「これ、さすがになんか照れるね」

「お、俺は嬉しいけど。ってか、今のでなんかもういきそう」

「嘘でしょ。さすが早漏」

「うるせーし」

動くね、と言ってまた腰を動かし始める。さっきよりも速い動きだ。田崎の荒い吐息と喘《あえ》ぐ声が耳元で響いて、妙な気分になってくる。小さく、好きだ水村、と言うのが聞こえた。聞こえなかったふりをして、ぎゅっと腕に力を込める。性器が俺の中を何度も行ったり来たりする。

胸や足を盗み見されたり、電車で痴漢に遭ったり、自分が異性から性的対象として見られることにあれだけ激しい嫌悪感があったのに。それなのに、今田崎が自分の体に興奮を覚えてくれているんだと思うと、嬉しかった。田崎だから、嬉しいのだと思った。

「あ、やばい。で、出そう」

腰の動きが小刻みに速くなる。痛みはなく違和感にも慣れて、ただ目をつぶる田崎の、揺れる長い睫毛《まつげ》を眺めていた。いく、と田崎が声を上げて、動きが緩慢になる。体の中で膨らんでいたものが徐々に萎《しぼ》む感覚があって、田崎が荒く息をして肩を上下させている。

「いったの？」

「う、うん。いっちゃった」

「そっか。お疲れ」

脱力して体を預けてくる田崎の頭を撫でる。髪が少し湿っていて汗の臭いがした。水村ありがとう、と田崎が軽くキスをした。

あれだけ守ろうと思っていたものを、あっさりと失ってしまった。それでも後悔はしていなかった。やり遂げたという気持ちすらあった。

ばたりと横に倒れた田崎の裸体越しに、部屋の奥で青く光るテレビの画面を見つめる。映画の一番駄目な観方をしてしまった。死ぬほどつまらない映画だったけれど、きっと死ぬまで忘れない映画になるんだろうな、と思った。

起きたら田崎の姿はなかった。胸元まで掛けられていたブランケットをよけて、半身を起こす。狭いソファベッドに並んで寝ていたせいか、背中や肩が痛い。体を捻《ひね》ると骨の鳴る音がした。机の上に置かれたアナログ時計を見る。九時二分。部屋は寒いくらいに冷房が効いていて、シャツから出た腕をさする。

携帯電話を見ると、田崎からメールが来ていた。親父に用事頼まれちゃったので、ちょっと出てくる。待ってて。携帯電話を閉じてベッドから這い出る。

昨日のＤＶＤがまだデッキに入りっぱなしのようで、画面は依然メニュー画面を映し出していた。取り出して、レンタルバッグの中に仕舞う。

借りたシャツとスウェットを脱いで、ソファベッドの上に畳んで置く。隅に丸めてある服に着替える。待てと言われても手持ち無沙汰《ぶさた》だ。棚の中にある漫画を一冊取り出して、ぱらぱらとめくる。懐かしさに当時の記憶が少し刺激される。

コンコン、とドアがノックされる音がした。思わず慌てて漫画を棚に戻す。

「まなみちゃん？　起きてる？」

田崎の母親だ。昨晩田崎の両親が寝静まった頃にこっそり家に上がったはずなのだが、どうやら泊まりに来ていることは知られていたらしい。田崎の母親とは何度も会っているが、それでもさすがに昨日の情事から明けた朝ではどうにも気まずかった。

「あ、はい。起きてます」

「あら、おはよう。朝ご飯作ったんだけど、どうする？　いっしょに食べる？」

「あ、あー。いえ、もう帰ります。ありがとうございます」

あらそう、とだけ返事があって、遠ざかる足音がドア越しに聞こえてくる。ふうと息を吐いて、バッグを掴んだ。ごめん先帰る、とだけ田崎にメールをすると、汗とどことなく饐《す》えた臭いのするその部屋を後にする。

「すみません、お邪魔しました」

一階に降りて、リビングにいるはずの田崎の母親に向けて声をかける。「はあい、またいつでも遊びに来てね」と顔を出さないまま返事が聞こえてきた。あちら側も顔を合わせるのは気まずさがあるのかもしれない。

外に出る。もわっとした熱気と強い日差しがドアを開けた途端に襲ってくる。一晩中つけていた冷房で冷えた皮膚が、じんわりと熱に覆われていく。ぱたぱたと手で首筋を扇《あお》ぎながら、バッグから携帯電話を取り出す。宛先に『坂平陸』を選択して、メールを作成する。

『今すぐ異邦人集合』

それだけ送信してバッグにもう一度仕舞う。異邦人へ向かって歩き出す。昨日の同窓会は近くまで母親に送ってもらい、田崎の家にもタクシーで向かったので帰る手段がない。異邦人まではそれほど遠くはないし、股間《こかん》に響くような痛みがまだあるのは気がかりだが、歩いて向かおう。そう思ってなるべく日陰を選んで歩みを進めていると、バッグの中から携帯電話の振動する気配がした。田崎からの電話だった。

「はい、もしもし」

言い終わるよりも前に、切羽詰まったような田崎の声が耳に入ってくる。

「おいちょっと、なんで帰っちゃうんだよ」

「あ、ごめん。さすがに一人でいるのちょっと気まずくて」

その気迫に少し押されそうになりながらも、そう答えると「あ、そ、そうか。ごめん」と急激に萎んだ風船のようなたじろぎに変わる。

「あ、あの俺、ちゃんと水村に言っとかなきゃいけないことがあって」

「ん？　何でしょう」

「き、昨日は、突然あんなことになって、ごめん」

「やだな、謝んなくていいよ、別に」

改めてそう口に出されると、昨晩の事を思い出してしまい気恥ずかしくなる。田崎もそれは同じのようで、口籠るようなはっきりしない口調だ。

「い、いや、なんか順番間違えたなって思って。ほんとはあんな感じにするつもりじゃなかったっていうか」

「順番？」

「うん、あの、なんてーか。ずっと水村に言いたかったことがあって」

本当に分かり易い男だ。そんな風に言われたら誰だってその次に何と言おうとしているのかすぐに分かる。どうしよう、と逡巡する。きっと本当はその次の言葉を聞かない方がいい。だって俺は本当は男で、田崎も男で、そして田崎は俺が坂平陸なのだということを知らない。結局俺は、田崎を騙《だま》している。

「実は俺、高校の時から、水村のこと気になってて。最初はよく水村のこと知らなかったけど、坂平と一緒に遊ぶようになってから、意外とノリいいしいい奴じゃんって思ってて。でもあんとき水村は彼氏いたし、しょうがないから諦《あきら》めようって思ってて」

田崎だけじゃない。今までに出会った人たちを、俺はずっと騙し続けて生きてきた。水村の母も父も、笹垣も高見も、月乃君や磯矢だってそうだ。みんな本当の水村まなみではない水村まなみに対して、愛情を注いだり執着したり離れていったりしている。でもそれは全て水村が培ってきた人間関係が土台として存在するからだ。それらが向けられている先は、間違いなく俺ではない。

「高校卒業してからずっと会えなくて、でも同窓会に来るって聞いて、めちゃくちゃ嬉しかったんだ。だから絶対言おうって決めてたんだ。いやほんとは、こんな電話越しとかじゃなくて、ちゃんと顔見て言いたかったんだけど」

でも田崎だけは違う。田崎はずっと、俺が作り上げてきた水村まなみだけを見てきた。それが嬉しかった。同時に激しい罪悪感もあった。結局今の俺はただの虚像に過ぎないのだから。

「す、好きなんだ。ずっと前から。だ、だから、良かったら、俺と付き合って欲しい」

それでも俺は受け止めたかった。今の自分が誰かに愛されているという事実を。

「いいよ。こちらこそ、よろしくお願いします」

まるでずっと前から用意していた言葉のように、すらりと答えが口をついて出た。電話の向こうで、ひゅっと短く息を吸い込む音が聞こえた。

「え。ま、ま、まじで」

「うん。ありがとう。嬉しい」

「うわ。ま、まじか。まじかー。やばい、俺もめっちゃ嬉しい。俺、絶対嫌われたと思ってた」

「なんでよ、嫌う要素ないじゃん」

「いやほら、昨日あんなことしちゃったから。でも良かった、超ほっとした。やばい、今めっちゃ会いたい。水村の顔見たい。今どこいる？　ダッシュで行く」

大袈裟《おおげさ》なくらいのその反応に、気恥ずかしくなる反面ちくりと心が痛む。電話の向こうから、「淳一《じゅんいち》、ちょっとこっち来い！」と野太い声が聞こえた。

「うわまじかよ。親父だ。最悪だ、タイミング悪すぎ」

天国から一気に地獄に叩き落とされたような絶望的な声に思わず吹き出す。

「いいよ、お父さんとこ行きな。私まだこっちいるし、また時間合わせて会おう」

「う、うん。ありがとう。て、てかさ、お願いあるんだけど」

「お願い？」

「あ、あの。ま、ま、ま、まなみ、って呼んでいいかな」

相変わらずの見事な噛みっぷりだ。もちろんいいよ、と答える。

「じゃあ私も、淳一君って呼ぼうかな」

「え、えっ。まじで」

「だって私だけ田崎君のままじゃなんか変じゃない？」

「そ、そっか。でもやべえそれ超きゅんとくる。もっかい言ってくんない？」

淳一早く来い、と怒気の籠った声が響く。田崎が深く長い溜息をついた。

「ごめん、行かなきゃ。切るわ」

「そんな暗い声出さないでって。また連絡するよ」

「うん、ありがとう。じゃ、じゃあな。ま、ま、まなみ」

「だから噛み過ぎ。じゃあね、淳一君」

そう言って電話を切る。機械を握っていた手のひらにはじっとりと汗をかいていて、スカートにこすりつけて拭《ふ》き取る。

我ながら浮かれている。節操のないカップルの会話そのものだ。気恥ずかしいが、楽しい。昨日したセックスなんかよりもずっと快感だ。恥ずかしいことを平気で言えちゃうのが、誰かを好きになるってことなんだろうか。

これからどうなるんだろう、と他人《ひと》事《ごと》のように考えてみたりする。どうせどんなに考えてみたところで、考えた通りになったことなんて一度もないのに。早く、水村と話したくなった。

歩く足を速めて、異邦人へと向かった。


　先に店で待っていた水村と合流して、事の顚末《てんまつ》を全て話し、黙って頷いていた水村が聞き終えた後に発した言葉は「で、処女喪失はどんな感じだった？」だった。

「お前、最初に訊くことがそれかよ」

「いや、やっぱり元女としては気になるじゃん。痛かった？　血とか出た？」

「痛くはないけど、なんつーかすげえ異物感。今もなんかちょっと股間がひりひりしてる。血は出なかったな、そういや」

「あーやっぱ出るときと出ないときあるんだねー。ふむふむ」

「ふむふむ、じゃねえよ。お前がやたら恋人いるのかとか訊いてきてたの、田崎のためだったんだな」

「坂平協力してくれよーってあの捨てられた犬みたいな目で言うんだもん。逆らえなくない？」

　水村に言われて、濡れた目で懇願してくる田崎の姿がありありと脳内に浮かんでくる。

「まあ、確かに、それは逆らえない」

「でしょー。まあ、無事丸く収まってよかったよ。私はお似合いだと思うよ。おめでとう」

「おめでとう、って、お前はいいのかよ」

「いいのかよ、ってなにが？」

「何がって。体元に戻ったら、お前が田崎と付き合うことになるんだぞ」

水村がストローで一口コーラを吸って、はぁと息を吐いて背もたれに深く体を預けた。わざとらしく肩を竦めて、やれやれと言わんばかりに首を振る。

「またそれですか、坂平さん」

「何だよ、その言い方」

「何度も言ってるじゃん。私のことなんて考えなくていいから、好きなようにして、って。坂平くんは田崎くんとつきあってもいい、って思ったからオッケーしたんでしょ?」

うんまあそうだけど、と言葉を濁す。いざはっきりとそう言われるとさすがに気恥ずかしい。

「じゃあそれでいいよ、私は。坂平くんが自分にとってベストな選択をしてくれれば、私はそれで満足。戻ったときのことなんて戻ったら考えればいいんだって」

「水村がそれでいいなら、俺は別にいいんだけど」

「いいんだって。私に遠慮しないでぞんぶんにいちゃいちゃしなよ」

水村がそう励ましてくれるも、どうにもやりきれない気持ちで右目を強めにこする。睡眠時間が短かったせいか、眠くはないが目の疲れが酷《ひど》い。

「なんだよーなんか言いたげな顔してんじゃん」

心中を見透かすように不貞腐《ふてくさ》れた顔で水村が言う。俺が顔に出過ぎるのか、それとも水村が敏《さと》いのか。

「いやなんかさ、どうも田崎を騙してるような気がして。だってさ、中身は俺なわけじゃん。

もちろん田崎はそれを知らないわけじゃん。体は女とはいえ、中身が男の奴と付き合ってセックスして、しかもそれが友達で、ってさ。絶対ショックだと思うんだよ、ほんとのこと知ったら。でもそれをひた隠しにして付き合い続けるのも、なんつーか後ろめたくて」

「うーんまあ、わからないでもないけど」

　随分と水っぽくなったコーラをストローでかき回す。氷のぶつかる音が聞こえないくらいには溶けていた。水村はいつも半分くらい飲み物を残す。

「でも、だからって言ってごめんなさいするのが正しいとは私は思わないけどな。つきあえません、でもつきあえない理由は言えません、のほうが田崎くんに失礼な気がするけど」

「そんなもんかなあ」

「そんなもんだよ。深く考えないでさ、とりあえずつきあっちゃえばいいんだって」

「そうか。とりあえず、付き合っちゃうか」

「そうそう。いざつきあってみたらぜったい楽しいって」

　詭《き》弁《べん》だ。俺のために用意された都合の良い言い訳だ。心の奥では納得なんてしていない。それでも救われた気持ちになる。

　結局のところ俺は、救われるために水村に会いたかっただけだ。どんなに自己嫌悪や後ろめたさに押し潰されそうになっていたって、水村はいつも俺の欲しい言葉を言って、俺のして欲しいことをしてくれる。決して否定せず、声を荒げず。その甘いドラッグみたいな言葉がないと俺は、もう先に進めない。

それが少し怖くもある。だって水村の本当の心は、全く違う方向を向いているのかもしれない。東京に行きたい、と水村が言ったときそう思ったのだ。もしかしたら今までずっと、自分が本当に言いたかったことを奥歯で噛み潰し続けていたのかもしれない、と。ただ俺のためだけに、俺の望むやり方のふりをしているだけなのかもしれない。それでもいつも俺は水村に甘えてしまう。ただ自分が楽になりたいから、俺は水村に望みを託し続けてしまうのだ。

「いろいろ進展状況とか教えてよね。のろけ話とかさ」

「惚気《のろけ》話はするかどうか分かんないけど、ちょくちょくこっち帰ってくるつもりではあるよ。一応遠距離恋愛になるんだしな」

　恋愛、という言葉を口にしてみて、甘く瀟洒《しょうしゃ》な洋菓子を食べたときのような気恥ずかしさが襲う。でも、その当事者は自分なんだという実感が何故か湧かない。

「私にもたまには会ってよねー」

「もちろん。会いにくるよ」

「てかさ、毎年会う日を決めるっていうのはどう？　お互いどんなにいそがしくても、その日だけはぜったいに会うの。もちろんべつにほかの日に会ったっていいんだけどさ、その日だけはぜったい」

　なるほどね、と首肯する。いつがベストなんだろうと考えてみる。何となく、七月かな、と思った。水村との記憶を掘り起こすと、まだ本格的ではない夏の日差しがいつも脳裏に浮かぶ。

「七月とかどう？」

俺の思考を読んだかのように、水村が言った。

「あ、俺も七月かなって今思ってた」

「ほんと？　じゃあいいじゃん、七月にしようよ。七月の第三土曜日。どお？」

「いいね、そうしよう。どうしてもその日が駄目そうなら、相談ってことで」

「おっけー。決まり！　なんだか、どんどん決まりごとが増えてく感じするね」

はしゃぐ水村に、そうだなと曖昧に笑って答える。ノートも万年筆も全て水村が決めた事だ。増えていく約束事に俺は悪い気はしなかった。ノートもきちんと毎日つけているし、万年筆もちゃんと仕舞ってある。

窓の外を見る。日差しはさっきよりも強くなって、外の道路に木々がくっきりと影を作っている。もういつの間にか昼時だ。さすがに少し空腹を覚える。

「水村、今からうち来るか？」

水村がコップの中身に落としていた視線を上げる。いつも眠たげな眼を丸く見開いている。

「え、いいの」

「いいのも何も、お前んちだろ。それにお前が来ると、飯豪華になるし。ちょうど昼時だから、寿司《すし》かなんか頼んでくんないかなー母さん」

「ありがとう。坂平くん」

震える口元で笑みを作る。俺が距離を置いていた三年間、水村は両親に会いたかったに違いない。長い間寂しかっただろうな、と思う。そんな顔を見せようとはしないけれど。仮初の間でも、水村があの家で笑えるようにする。俺ができることはそれくらいだ。いつも与えられてばかりの俺が与えられる唯一のものだ。楽しげに会話をする姿を見て寂しくなることもあるけれど、でもきっと俺の役目なのだ。少しでも、水村が笑顔でいられるようにと願うことは。

30

「陸くんは仕事順調なの？」

「順調ですよー。ちょっと前まではすごくいそがしかったんですけど、いまはどうにか暇ができて、ちょっと一息ついた感じです」

「あらあそうなの。体はね、大事にしなくちゃだめよ、ほんとにね」

「そうそう。仕事はな、ほどほどが一番なんだよ。そうじゃなきゃ俺みたいに、ほら髪にきちゃうぞ」

「えー脅すのやめてくださいよー。これでも気遣ってるんですよ」

「その割には三十にもなってパーマとか染めたりとかしてるじゃん。ぜったい頭皮にくるね、それは」

「あらーいいじゃない。かっこいいし似合ってるわよ。ねえ陸くん」

「あはは。ありがとうございます」

　他愛のない会話と共に水村家での食事は和やかに進む。所狭しと並べられた料理は皿の上からほとんど無くなっている。満足した腹を抱えて俺以外の三人はワインを飲み始めている。俺は運転があるからとオレンジジュースを飲まされている。

　今夜の食卓はいつもよりにこやかで、父親もいつもより饒舌《じょうぜつ》だ。年に一度顔を出すこの男のことを二人はいたく気に入っていて、もしかしなくても夫の涼より友好的に接している。妻としては何とも言えぬ気分だが、でも考えてみれば当然なのかもしれない。何せ、本当の娘なのだから。本能的なものなのだろうか。でも、と母を思う。少し寂しい気持ちになる。

「そんなにハンサムだともてるだろう、陸君は」

　にやにやと笑いながら赤い顔の父親が水村をスプーンで指差す。普段は感情を表に出さないくせに、酒に酔うと表情筋が無遠慮になる。この調子で会社でセクハラとかしてないだろうか、と娘としては気になってしまう。

「いやあぜんぜんですよ。つきあってもすぐふられちゃうんですよね、おれ。なんでだろ」

「あらそうなの。それは残念ねえ。今はいい人いないの？」

「あ、いちおういますよ」

「あらそう。結婚とかはまだ考えてないの？」

「あーそれはまだいいかなって思ってて」

「三十だろ。まだ早い早い」

「そうね、男の人だったらまだ余裕あるわね。まなみが早くかたづいてくれたからよかったわ、ほんと」

「人を邪魔な置物みたいな言い方しないでくれる？」

「いやあでも俺はてっきり、まなみは陸君と結婚するもんだと思ってたんだがなあ」

父親の発言に、一瞬俺の中の時間が止まる。しかしこれまでも何度もこの二人の口からそういった不躾《ぶしつけ》な言葉は飛び出してきていた。あんた、陸くんとつきあってるんじゃないの。結婚したい人を連れてくるって言われたとき、俺はてっきり陸君だと思ったよ。最近はその類《たぐい》の言葉はあまり聞かなくなったのだが。ちらりと水村の方に視線を向ける。困ったようにいやあそれはどうですかねえと笑っている。

「ないない。結婚どころか、付き合うのもありえない」

大袈裟《おおげさ》なくらい手を振って否定する。そうかあ残念だなあ、と父親が笑う。

「陸君みたいな男が息子なら、俺も自慢できるんだけどなあ」

わははは、とわざとらしい笑い声を上げる。下がりきった眉毛《まゆげ》と目尻《めじり》が本気の無念さを隠した笑顔の象徴に見えて、正直あまりいい気分はしない。

「あら。私は陸くんのこと、ほんとの子供だと思ってるわよ」

母親がにこにこと笑いながら水村の肩を叩《たた》く。ひやりとしたものが背中を走った。水村の顔を見てはいけない気がして、慌ててテーブルに視線を移した。ありがとうございます、とおどけたように答える水村の声が聞こえる。いつもと何も変わらない普段通りの声だ。

「そういえば坂平君、また漫画借りていくんでしょ」

居た堪《たま》れなくなって、立ち上がる。水村は一瞬きょとんとした顔を見せるが、すぐに察して

「あ、そうだね。借りていいかな」と席を立つ。

「ちょっとなによ、まだ食事中なんだからあとにしなさいよ」

「後だと忘れそうだし。すぐ戻るから」

小言を言う母親に背を向けて階段を上る。奥にある自室のドアを開け、電気を点《つ》けた。この部屋に水村を案内するのはかなり久し振りだ。少し緊張していた。

「あ、すごい、昔のまんまだ」

ぐるりと首を大きく回して部屋を見回す水村の表情は俺からは見えない。どことなく埃《ほこり》っぽいような臭いはするものの、清潔に保たれている。誰も読まないはずの漫画の背表紙には汚れ一つなく、窓のサッシにも埃は溜《た》まっていない。もう絶対に使うことのない勉強机と椅子も捨てずにきちんととってあって、電気スタンドも当時と同じ傾きでそこにある。

全くあの日と変わらないこの部屋を見る度、複雑な気持ちになる。どうしても脳裏に浮かぶのは当時のことだ。この部屋に籠《こも》っては家を恋しがって息を殺して泣いてばかりいた。あまり良い思い出ではないのは確かだ。

水村はこの部屋をどう思っているのだろう。相変わらず表情は見えず、細長いうなじをじっと見つめた。いっそもう面影を失くしてしまった方が良いのかもしれないと何度も思った。それでもやはり、この部屋に手を付けることは俺にはできなかった。

「こんな少女趣味なお部屋で寝泊まりしてるんすか」

ベッドに腰掛け、水色のブランケットをぽんぽんと叩く。ようやく見えた横顔からは何の感情も読み取れなかった。

「お前の趣味だろ、お前の」

「だって少女だもん。当時は」

少し距離を保って、隣に腰掛ける。ベッドが二人分の重力で少し揺らぐ。ふわりと柔軟剤の甘い匂いがした。

隣の水村の横顔を見つめる。いつまでも変わらない、と思っていても、やはり近くで見ると相応に歳を重ねているのが分かる。少し太った気もする。でももちろん俺も同じだけ歳を取って、同じように変化している。

「陸くんのこと、ほんとの子供だと思ってるわよ、だってさ。どう思う？」

先程の言葉を反芻《はんすう》しながら、ゆっくりと問いかけてくる。俺は何と答えて良いか分からず、押し黙る。残酷な言葉だと思う。水村の両親が坂平陸という男に見せる愛想や歓迎は、他人に対してだからこそできることだ。本当の子供にだけ見せるぞんざいさやいい加減さはそこには存在しない。水村が本当に欲しているのはそちらなのに。聞こえの良い言葉で溢《あふ》れた丁寧な愛情なんて、欲しいわけがない。

ばすんと音を立てて上半身を倒し水村はベッドに沈み込む。突っ伏した顔から、くぐもった声が聞こえてくる。

「私、今日ここに泊まろっかな」

くるくるとカールする後ろ髪をじっと見つめる。頼むから、泣いていないでくれ、と願った。

顔を上げたその下の、白いシーツに染みなんて作っていたら、俺はどうしていいか分からなくなってしまう。

「多分大丈夫だと思うけど、荷物置いて来ちゃったんだろ？　取りに行くか？」

　急にがばっと水村が起き上がる。驚いて仰《の》け反る俺の肩を、右手で拳《こぶし》を作って小突いてくる。

「冗談に決まってんだろー。泊まるわけないだろー」

　長い前髪に隠れてその表情は読み取れない。はぁと大きく息を吐いて、髪をかき上げた。そこにはいつもの水村の軽薄を装ったような笑顔があって、安堵《あんど》すると同時に安堵している自分を恥じる。泣いている水村を慰めたり宥《なだ》めたりする言葉や行動を俺は知らない。大丈夫だよと頭を撫《な》でることすらできない。水村の泣く姿は、もう見たくなかった。

「もう平気、ありがと。帰るわ、送ってってもらっていい？」

　分かった、と俺は頷《うなず》く。水村がベッドから立ち上がって伸びをする。

　俺たちは随分と奪い合って生きてきた。家族も友人も恋人も。奪い合って許し合って、狭い狭い秘密という殻の中で見付からないよう身を潜め肩を寄せ合い丸まって、十五年間生きてきた。もう慣れたと思っていたのに。それでもやはり唐突に秘密の代償が牙《きば》を剝《む》くこともある。

　水村が顔を埋《うず》めていた部分のシーツをそっと横目で確認する。白く綺麗《きれい》なシーツには、汚れ一つなかった。

24

俺たちは約束通り、七月の第三土曜日に逢瀬《おうせ》を重ねた。会わない間も日記は毎日欠かさずつけていた。一日で一ページを埋めていくノートはもう四冊目になっていて、お揃いだったのは一冊目だけでそれからは互いに好きなノートを購入していた。交換した万年筆は未《いま》だに使い道が分からず、一度も使わぬまま引き出しに眠っている。

逢瀬の場所はもちろん異邦人だ。話題のほとんどは近況報告だった。二人で一年の空白を埋めるように話す。良かったことも悪かったことも自慢話も愚痴も。それが三回目ともなれば、互いの環境もがらっと変化していた。

二人とも大学を無事卒業し、就職した。俺たちの代は東日本大震災の影響もあり過去最低ともいえるレベルの就職難で、俺は内定を取るのにかなり苦労したが、水村はあっさりと二つ三つと次々に内定を奪い去っていった。やはり器用な人間はこういった場面でも遺憾なく実力を発揮するものなのだ。

俺は印刷会社の経理、水村は雑誌の編集の仕事にそれぞれ就いた。久し振りに見た水村のストレートの黒髪にはつい笑いそうになってしまった。俺の反応に不満げに唇を尖《とが》らせていたが、さらさらの前髪は随分と若く見えて高校時代を彷彿《ほうふつ》とさせた。

しかし三回目のその日、水村の髪は少し波打っていた。

「なんだよ、パーマ復活させたの？」

「まあね。やっぱ髪いじくれないのつまんなくて。会社のおっさんたちには色気づいてるとか言われたけど」

そう言う俺も大学に入ってからずっと伸ばしていた髪をばっさりと切った。耳の下くらいまでの長さのショートボブで、夏は涼しいし何より髪を洗ったり乾かしたりするのが楽で快適だ。

「なんで髪切ったの？　ふられたから？」

「ちげえし、ふられたわけじゃないっての」

「あれ？　ふったんだっけ？」

「そういうわけでもないけど。自然消滅に近いかな」

結局、俺と田崎はうまくいかなかった。要因はたくさんある。本当に小さなことの積み重ねだったと思う。埃が電化製品を緩やかに破壊していくように、細かなひびが少しずつ入っていって、そして割れた。どちらが悪いというわけではないと俺は思っているが、田崎が本当のところどう思っているのかは分からない。結局最後は碌々《ろくろく》顔も合わせず別れてしまった。

そもそもやはり距離の問題はあったと思う。俺が学生の内は、田崎は働いているので、俺が田崎の都合に合わせて地元に向かうことの方が多かった。最初の方こそ気にならなかったが、だんだんと交通費という名の出費が負担になっていった。かといってそれを田崎に言い出すこともできず、どうにか切り詰めて通っていた。

俺が社会人になると、以前ほど融通は利かず、田崎が東京に来ることが増えた。田崎はその度に言っていた。東京なんて、人の住むところじゃねえな。

田崎は都会に並々ならぬコンプレックスを持っているようだった。家業のせいで地元を出ることができず、けれど東京に憧《あこが》れを持つ自分を認めることもできず、ひたすらに俺の住む街を馬鹿にすることで自尊心を保っているように見えた。東京の水はまずい。東京は人が多くて鬱《うっ》陶《とう》しい。東京の人たちは地元と違って冷血だ。当然のことながら俺もいい気分はせず、結局俺が地元に向かうようになった。

でも東京と違って地元には圧倒的に娯楽が少ない。遊んだりすることもなく、会っても飯を食ってセックスするだけで、だんだんと俺はその繰り返しにうんざりしていった。田崎もそれを察したのだろう、水村に相談していたらしい。詳細を訊《き》いても水村は相談内容を濁していたが。

そうやって友人に頼るくせに、その友人に対しての嫉妬《しっと》心も渦巻いていた。何かと言うと引き合いに出してくるのだ。どうせ俺は坂平みたいに都会的じゃないし、俺なんかより坂平との方がお似合いなんじゃないの。俺なんかじゃなくて坂平と付き合えばいいじゃん。最初は可愛く思えていたそのやきもちも、だんだんとただの醜い妬《ねた》み嫉《そね》みに見えてくる。あんなに快活で朗らかに笑う田崎にも、暗い部分はあった。その事実も俺にはショックだった。友達の一人として接し続けていれば、そんなところ、見なくて済んだのかもしれなかったのに。

好きだったところが嫌いになり、許せていたことが許せなくなり、気になってもいなかった部分が鼻につき始める。きっとそう思っているのは田崎だって同じだっただろう。最後まで俺たちは本音をぶつけ合うことをしなかった。真剣になることを嫌って、不満を奥歯で噛《か》み潰《つぶ》して飲み込んだ。胃の腑《ふ》に溜まっていく負の感情は二人をうんざりさせるには充分な重さだったように思う。

そして田崎を騙《だま》しているという罪悪感は最後まで消えることはなく、時折顔を出してはその都度俺を苦しめ続けていた。後ろ暗さを隠して笑い続けられるほど、俺は器用な人間ではなかった。

忙しくて、しばらく会えないと思う。ごめん。

実質それが別れの言葉だった。分かった、と田崎が言って電話を切った後、メールが来た。

今までありがとう。

ああ、また一つ失ってしまった、と思った。糸を紡ぐのにはあんなに苦心するのに、ぷつんと切れるときはあっという間だ。それから、一度も連絡は取っていない。

田崎のことは、今でも好きだ。あの言葉に、あの行動に何度も救われたのは確かだった。でもたぶんその好きという感情は、友人として接していたときのものとも、恋人として一緒にいたときのものとも違う。だから、この選択が正しかったのだろう。

それが去年の夏の終わりの話だ。もう一度夏が来る頃になれば、感傷も随分と薄れた。

「新しい恋をしてるからでしょ、それはー」

にやにやと笑って両手の人差し指をこちらに向けてくる。指差すな、と軽く手をはたく。

「どういう人なのよ、坂平くんのハートを射止めた男は」

「どういう人って言われてもな。優しい人だよ」

「そういう模範解答は聞き飽きたんだって。まず容姿を詳しく教えたまえよ」

「教えたまえよ、ってなんだよ」

容姿。そう言われて蓮見涼の姿を脳裏に思い浮かべる。

第一印象は、熊みたいな人だな、だった。熊といってもツキノワグマやヒグマみたいな野性味溢れる凶暴なものではなく、プーさんとかパディントンみたいな、マスコットキャラクター化されたクマだ。

とにかく背がでかかった。百九十センチ近い身長で、体もジムで鍛えているとかで大きかった。シャツから覗《のぞ》く首や腕は丸太のようで、スーツが窮屈そうだった。その巨大な体を丸めて狭そうにデスクで作業をする姿がなんだかおかしかった。

大きな体軀《たいく》とは裏腹に穏やかでにこにこと笑みを絶やさぬ人で、とにかく人当たりが良かった。いい人だよね、と皆口を揃えて言うようなタイプだ。優しい人っていう形容しかできない人だよね、と揶揄《やゆ》交じりに言う女子社員もいた。正直俺もそういった印象しか持っていなかった。そもそも部署も違うし、ほとんど関わり合いになることがなかった。

親しくなるきっかけがあった。俺が経理の仕事をしているときだ。取引先から渡された手形を確認していると、一枚足りないことに気付いた。机の中も金庫の奥も、隅々まで探したけれど見当たらない。血の気が引いた。手形はすなわち現金と同じだ。それも、数百万単位の手形だった。失くしましたごめんなさいでは済まされない。全身から一気に汗が噴き出た。どうしよう。どうすればいいんだ。

　そのとき、涼に声を掛けられた。はっきり言って、それどころではない精神状態だったので気もそぞろに返事をした。こんなときに用事言ってくるんじゃねえとすら思っていた。しかし彼は言った。

　これ、捨てちゃまずいやつなんじゃないかと思って。

　何故か気恥ずかしそうに手渡されたのは、俺が探していた手形だった。安堵で泣きそうになった。どうやら涼の部署に行ったときに余分な書類を捨てて、そのときに一緒に誤って挟まっていた手形も捨ててしまったらしい。それをたまたま涼が見つけてくれたのだ。

　何度も何度も礼を言った。全然いいよと涼はいつもののんびりした笑顔だった。考えてみれば、その時点で既に惹《ひ》かれ始めていたのかもしれない。

「まじか。チョロすぎるでしょ」

「うっせーなー。ピンチを救ってくれる男にクラッとくるもんだろ、女は」

「ついに坂平くんもいっちょまえに女を語るようになりましたか」

「まあな。何年女やってると思ってんだよ」

　そんなこんなで涼と親しくするようになった。一緒に飲みに行ったり、休みの日に映画を観に行ったりするようになった。普通の同僚の範疇《はんちゅう》じゃないよな、とその度思ったりはしたが、自分が彼の中でどうカテゴライズされているか分からず、悶々《もんもん》としていた。それにそのときはまだ田崎と付き合っていて、涼もそれを知っていた。ただ俺の心が田崎から離れ始めてしまった原因の一つに、涼の存在があることは間違いないと思う。

だから彼氏と別れたと告げたとき、俺の中に微《かす》かな期待のようなものがあったことは否定できない。涼は、そうですか残念ですねとだけ言って、慰めも励ましもしなかった。

その曖昧《あいまい》な関係のまま十二月の半ば、涼から言われた。クリスマスイブ、もし空いていたら一緒に過ごしませんか。同僚とか友達とかとしてじゃなくて、恋人として。

はっきり言って、そのときの俺はめちゃくちゃ舞い上がっていた。それでもその返事はすぐにしなかった。その夜、水村にメールした。告白されちゃったんだけど、どう思う？　涼のことは何度も話していて水村も知っていた。

よかったじゃん、つきあっちゃいなよ。そう簡素な返事がきた。

そして俺たちは、付き合うことになった。

「良かったら水村も今度会ってよ。めっちゃいい奴だから」

ああうん、そうだね、と珍しく歯切れの悪い答えが返ってくる。異邦人の店員が空になったコップに水を注ぎに来る。あのおばちゃんの息子で、最近はおばちゃんに代わって店に立つことが多いらしい。母親同様、客に無関心なのは助かる。

「いずれ元に戻ったとき、もしかしたらお前の恋人になるかもしんない相手だろ。会っとくに越したことないって」

「そっかあ。じゃあ、私のとも会ってもらわないとだなあ」

「お前はいいよ。どうせすぐまた変わるだろ」

「えーひどいなーそんなことないよー」
水村はまた恋人が変わったらしい。今度は男と付き合っているという。水村の愛情は男女平等に注がれている。世界が二倍に広がるからお得じゃん、と嘯《うそぶ》いている。まるでだらしない奔放な振る舞いに見えたが、そうではないことは俺はよく知っていた。水村は空っぽの器だ。誰かがそこに入りたいと欲すれば、水村は断らない。きっと俺の体になった途端彼女を作り、あっさり童貞を捨ててしまったのもそのためだろう。誰でも受け入れてしまうのだ。それは俺を黙って認めてくれていた水村そのもので、真面目かつ寛容な性格は何も変わっていない。きっと俺が俺の体のままだったら、当然だがこんな坂平陸にはならなかっただろう。

過去の自分が夢だったのではないかと思うときがある。今の俺が本当の俺で、過去の俺は偽物なのではないかと。怖くなる。男だった頃の自分を懐かしむこの感情すら、ただの妄想の産物なんだろうかと。

けれどこうやって水村と会うと安堵する。同じ体験をしている人間が目の前にもいる。俺のあの日々は嘘じゃなかったんだと胸を撫で下ろす。今更ながら俺は、年に一度会うという水村の提案に感謝していた。

しかしその年はもう一度水村に会うことになる。秋頃、水村から連絡がきたのだ。父が死んだ、と。俺の本当の父親が。

水村から電話が来たとき、嫌な予感がした、というのは今思い返すからそう感じるだけなのかもしれない。それでも水村から電話がかかってくることは滅多になく、妙だなと思ったのは確かだった。同棲《どうせい》している涼と並んでテレビを見ていたが、ごめんと断って電話に出た。

「もしもし？　いま、だいじょうぶ？」

「ああうん、大丈夫だけど。どうかした？」

ちらりと横の涼を見やる。テレビの音を消して、スマホに没頭するふりでこちらを気にしないようにしてくれている。ソファを立って離れたところに行こうかとも思ったが、なんだかやましさを露呈させるようで、深く座り直すだけに留《とど》めた。

「あのー、おちついて聞いてね。びっくりしないでね」

「なに、いいから早く言いなって」

なるべく男言葉が出ないように慎重に言葉を選ぶ。水村が大きく息を吸う音が電話越しに聞こえてくる。

「お父さん、死んじゃった。死んじゃったよ」

えっ。自分でもびっくりするくらい大きな声が出る。涼が一瞬こちらに視線を寄越《よこ》し、またスマホに目を落とす。

「え、ちょっと待って。どっちの？」

「坂平くんのだよ。坂平くんの、本当のお父さんだよ。いまさっき、死んじゃった」

水村の声が潤んで滲《にじ》む。おちついて、と声を掛けた張本人がかなり動転していた。無理もないだろう。俺も相当混乱していた。隣に座る涼の手を思わず握る。ごつごつしているのに柔らかい、大きな手だ。軽く握り返してきてくれる。そのお陰で少し落ち着きを取り戻して、頭の中で渦巻いていた疑問を一つ吐き出す。

「し、死んだって、なんで？　急に？」

「急だよ、ほんと急。ご飯食べてたら、急にもんどりうって倒れて。心筋梗塞《こうそく》だって。病院運ばれたけど、だめで。ほんと、いまさっき」

「ちょ、ちょっと待って。どうしよう、状況が全然摑《つか》めないんだけど」

「私だってわかんないよ。でも、死んじゃったんだもん。さっきまで手術してたんだけど、お医者さんが来て、だめだったって言ってて」

つっかえながらまくし立てる水村の声の向こうから、兄ちゃんと気だるげな声が聞こえてきた。禄だ、とすぐに分かる。電話機から少し離れたところで、わかったと水村が返事をする。

「ごめん、行かなきゃ。急に電話してごめんね。すぐ、知らせておいたほうがいいかなって。ごめん、また連絡する」

繰り返しごめん、と謝る声の後、電話が切れる。脳味噌《のうみそ》の中がぐちゃぐちゃのままスマホをソファの上に落とすようにして置いた。喉《のど》の奥が押し潰されそうな感覚に締め上げられて、うまく息ができない。

「大丈夫？」

涼が手を握ったまま訊いてくる。小さく一度だけ頷いて、頭を涼の肩に預けた。その頭を涼がぎこちなく撫でる。何も言わないでいてくれることがありがたかった。色々と尋ねられたって、俺だって何も答えられない。でも、傍に誰かいてくれていることでどうにか理性が保てている。

「涼は、いつも私がやばいときに傍にいてくれるからずるいわ」

「なんだよ、ずるいって」

「ずるいもんはずるいの」

父が死んだ。俺の本当の父親が。動揺こそしていたが悲しいという感情は湧いてこなかった。事実だけ一方的に突きつけられて、実感がないというのもあるだろう。耳に入ってきた言葉よりも、水村の上ずった声の方がその事実をありありと語っていた。

父の顔がうまく思い出せない。ただ記憶にあるのは、寝たふりをする俺の頭を撫でる大きな冷たい手の感触と、油の匂いだ。

心の中で、悲しんではいけない、という冷たい鉛のような決意が横たわっていた。だって俺はもうあの場所に家族を置き去りにしてきたのだから。だからもう関係のない人だ。一度少し話しただけの、ただの他人。けれどそうひたすらに自分に言い聞かせていること自体が、その重苦しい決意を枷《かせ》だと感じている証拠だとも思った。

水村から電話が来た翌日、改めてメールが来た。昨日は取り乱してごめん、という一文から始まる文面には、父の死の詳細と、通夜と告別式の日程が書かれていた。あまりにも事務的で無機質で、やはり実感は湧いてこなかった。

淡々としたその文章の中には、こっちに来いというようなことは一言も書いていなかった。それでも俺は、せめて告別式くらいには参列したいと思っていた。今はもう他人かもしれない。でも、別れの挨拶《あいさつ》ぐらいはしたい。

喪服を買って、一週間の有休を取った。涼には、親しい人が亡くなったからしばらく田舎に帰る、とだけ告げた。涼はいってらっしゃいとだけ言って、やはり深く詮索《せんさく》しようとはしなかった。

実家の両親は、俺が坂平陸の父親の葬儀に行くと聞いてあまりいい顔はしなかった。息子の方とは親しくしていて、毎年七月には家に連れてきているし、憎からず思っていることは確かだ。しかし俺が坂平家の母親に煙たがられていることを知っている身としては、快く送り出す気持ちにはなれないようだった。

俺にとってもそれは懸念だった。あの母の冷たく射竦《いすく》める眼をどうしても思い出してしまう。それでもいい、と思った。それでも俺は、父に会いたかった。

けれど実際に葬儀場の前に来ると、足が竦んだ。会場の手前に受付があって、弔問客が列を作っている。そしてその少し先に、老齢の男と話している母と水村の姿が見えた。

二人とも、憔悴《しょうすい》しきっているように見えた。母はその男と話しながら、時折嗚咽《おえつ》を堪《こら》える仕草でハンカチで目元を何度も覆った。その背中を頻《しき》りにさする水村の顔にも、遠目でも分かるほどくっきりと疲弊が見て取れる。そんな様子でも母はきっちりと化粧をしていて、夫の葬儀の日でも口紅を引かないといけないんだな、なんて思っていた。

その二人の姿を見て、俺はその場から足を動かせなくなってしまった。べっとりとした暗い感情が靴の底に貼り付いて、地面から引き剥《は》がせない。

俺が顔を出したら、母はどんな顔をするだろう。睨《にら》まれるのはいい。唾《つば》を吐きかけられたっていい。でも、ただ泣きそうな顔で見つめられてしまったら、俺はどうしたらいいのだろう。俺の存在は、母の苦痛をただいたずらに増やすだけだ。

水村だってそうだ。もしかしたら本当は、あんな姿は俺に見られたくないかもしれない。義務感であのメールを送ってきてくれただけかもしれない。だって俺は水村のあんな姿は初めて見た。水村はいつだって、笑って俺を励ましてくれるような、そんな奴のはずなのに。

早くここから立ち去ろう。そう思っているはずなのに、鉛のように重い両脚は後退すらできない。父に会いたい気持ちと、そして、まだ母の姿を目に焼き付けていたい気持ちがあった。水村から話は聞いていたけれど、こうやって実際目にするのはこの街を出ていったとき以来だ。蓋《ふた》をして、なかったことにしていたはずの感情が、溢れ出しそうだった。

「あの、水村さんすよね」

急に声を掛けられて、びくりとして振り向く。喪服に身を包んだ、煙草を咥《くわ》えた男が立っていた。

「あれ、水村さんじゃない？　人違い？」

黒く野暮ったい前髪に、大きいが眠たげな目が、やたらとその男を気だるげに見せていた。

少し舌っ足らずな喋《しゃべ》り方も彼の脱力感を示しているようだった。誰だこいつ、とまじまじと顔を見る。白目がちの真っ黒な瞳《ひとみ》がじっと俺を見据えていた。瞼《まぶた》の上まで覆われた重たい前髪の隙間から、右眉の上にほくろがあるのが見えた。

「あ。もしかして、ろ、緑君？」

「あ、やっぱ水村さんだ。焦ったなあ、びっくりさせないでくださいよ」

ちっとも驚いていないのんびりした口調だ。煙草を一吸いして、息を吐いた。紫煙が晴れた空に吸い込まれていく。半分以上残った吸殻を、銀色の筒状の携帯灰皿に押し付けて捨てた。

「いや、こっちこそびっくりしたって。最初誰だか分かんなかったよ」

磯矢から助けてもらって以来の再会だった。六年という歳月は大きかった。背は当時よりさらに伸び、俺を見下ろしていた。相貌《そうぼう》も随分と大人っぽくなっていたが、しかしそれにしても細過ぎだ。ちらりと見える手首はびっくりするくらい細い。真っ黒なスーツに咥え煙草と少しこけた頬は、あまりにも退廃的な雰囲気を放っていてこの場所にはとんでもなく不相応に見えた。

ちゃんと生きていけているんだな、と思った。当たり前のことだけれど、それが嬉《うれ》しかった。胸の辺りが熱く、詰まった感覚があった。思わず「大きくなったねえ」と呟《つぶや》いてしまう。

「やだな、親戚《しんせき》のおばちゃんみたいなこと言わないで下さいよ」

ばつが悪そうに視線を逸《そ》らして、鼻の頭を頻りにこする。見覚えのあるその癖に、どこか怒りに似た懐かしさが込み上げる。同じ仕草だ。最後に会った、六年前と同じだ。ほんの六年しか経っていないから、当たり前だろう。でも、もう六年も経っているんだ。

俺の生きてきた六年が、俺が過ごした時間と同じだけ禄の中にも流れていて、それを知らないことがどうしようもなく悔しかった。ころころと顔を変える感情をどうにか嚥下《えんげ》して、ぎこちなく笑みを作る。

「あ、てか私のことよく分かったね。なんか女の人の顔とか覚えるの苦手って言ってなかったっけ」

「俺、そんなこと言ってましたっけ。今では女の子の色々を覚える方が得意っすよ」

禄がにやりとわざと下卑た笑いを浮かべてみせた。いつの間にそんな表情をするようになったのか。妙なむず痒《がゆ》さがある。

「てか、来てくれたんすね。わざわざありがとうございます」

「あ、そうだよごめん。この度は、ご愁傷様です」

慌てて深々と頭を下げる。何故かまた、ばつの悪そうな顔をされる。

「ありがとうございます。で、いいのかな。そうやって言われても、なんて返していいか分かんないんすよね、俺」

「確かにね。何て答えるのが正解なんだろうね」

「まあ別にね、こんな状況なんだし、正しい答えなんて言わなくていいんだろうなって思うんすけどね。家族で俺だけっすよ、こんなこと考えてるの」

禄が会場の方に視線を向ける。俺もつられて同じ方向を見る。さっきの老人と共に、会場に入っていく二人の後ろ姿が見えた。俺の記憶の中の母の背中よりも、ずっと狭く小さかった。

「母さんも兄ちゃんも、父さんが死んでから泣き通しで。今日なんかもう、忙しさに背中支えられてようやく立ってるって感じ」

「あいつ、泣いたんだ」

　思わず呟いていた。禄が俺の方に視線を戻す。

「すげえ泣いてましたよ。わんわん泣いてた。正直、ちょっと意外でしたね。最近の兄ちゃん、家族には興味ないって感じで、あんまり実家にも帰ってこなかったし。昔の家族の話とか結構忘れてるし、ああなんかそんなもんなんだなって思ってたから」

　水村の泣く姿はどんな風なんだろう。あの余裕に歪《ゆが》んだ口元が、くしゃくしゃに乱れる姿を想像する。腹の底がもやっとした。なんだろう、この感覚は。あまり心地《ここち》好《よ》い手触りはしない。

　急に押し黙った俺を禄がじっと見つめてくる。黒いビー玉みたいな、光のない瞳だ。からからに乾いていて、悲しみを湛《たた》えているようには見えない。

「禄君は、結構冷静なんだね」

「別に、悲しくないとかそういうわけじゃないすよ。ただ、表面張力っす」

「表面張力?」

「コップにぎりぎりまで水溜めたときのあれっすよ。あと一滴で溢れ出す、ぱんぱんに水が張ってる状態の、あれ。俺、今そんな感じなんです。悲しいし、泣きたい気持ちはあるんだけど、泣けないっていうか。あの人たちがやたら泣いたり取り乱したりしてたから、俺が冷静にならざるを得なかったってのはありますけど」

ちょっと煙草いいですか、と訊いてくる。俺がどうぞと言うよりも少し早く、ポケットから四角い箱を取り出す。一本取り出して火を点ける動作がいやに様になっている。一体、いつから煙草を吸っているのだろう。

「俺だってね、色々思い出したりしますよ。でもまあなんていうか、子供のときの思い出ばっかなんすよね。この前まで大学生だった身分であれですけど、もう親がいなくても生きていけるようになりつつあるんだなって思って、ちょっとやっぱり寂しいす」

　以前磯矢から助けられたときも思ったのだが、禄の人を寄せ付けないような印象はあくまで印象に過ぎないようで、ひとたび口を開くと寡黙の仮面は外れて饒舌に言葉を紡ぐようだ。それが誰に対してもそうなのかは分からないが。煙草の先が乾燥した外気を吸い込んで、ちりちりと音を立てて赤く燃える。

「子供のときの思い出って、たとえば？　教えてよ」

「えー、まじっすか」

　禄が照れ臭そうに笑った。目尻にくしゃりと大きく皺《しわ》が寄って、口の端から歯並びの崩れた八重歯が覗く。今日初めて人間らしい表情を見せたな、と思った。んーなんだろうなあ、と思案しながら白い煙を吐く。

「俺が六歳くらいの頃かなあ、まだ小学校に上がってなかったくらいの頃、雪がめちゃくちゃ降って積もったんすよ。んで、兄ちゃんと二人で、うちんちの駐車場で雪だるま作ってたんす」

煙草を咥えたままで、雪だるまの輪郭をなぞるように両手で縦に丸を二つ作る。

「でもま、雪だるまって溶けちゃうじゃないすか。俺達それがすげえ嫌で、ちっちゃい雪だるま作って、冷凍庫入れようってなったんすよ。うきうきで作って家に持って帰って冷凍庫に入れてたら、母さんにめっちゃ怒られちゃって。こんなもん邪魔でしょ、捨ててきなさいって。仕方なくしょんぼりしながら、雪だるま外に戻して、泣く泣く諦《あきら》めたんです。そしたら翌日、冷凍庫に何が入ってたと思います？」

「雪だるまの写真でしょ」

思わず反射的に口にしてしまう。父のエピソードの一つとして俺と禄が何度も話していたものの一つで、その情景は今でもくっきりと頭に思い浮かべられる。

俺の言葉に、禄が目を丸くする。重たそうな瞼が押し上げられるのを見て、しまったと思ったが遅かった。

「兄ちゃんから聞いたんですか、それ」

しかし予想に反した反応が返ってくる。言葉もそうだが、表情もだった。想像していた戸惑いはそこにはなく、何故か安堵のような面持ちだった。どうしてそれ知ってるんですか。どこかで俺はそう言われることを期待していたのかもしれない。俺の中に兄の面影を見出《みいだ》して欲しかったのかもしれない。だがそんな願望はあっさり打ち砕かれてしまった。

「そう。坂平君から聞いたの」

そんな顔をされてしまったら、俺はそう答えるしかなかった。そっか、と呟いて、煙草を深く吸う。

「そうなんすよ。父さんが写真撮って、冷凍庫に入れてくれてたんです。馬鹿でしょ、父さん。いやいや、そういうんじゃねえんだよって。結局母さんにこんなもの入れるなって怒られて、めっちゃしょげてましたよ」

どうにか唇を笑みの形にしているような笑顔を俺に向けてくる。そして携帯灰皿に忙《せわ》しなく灰を落とすと、洟《はな》を二度すすった。

「そっか。兄ちゃん、覚えてたんだ。なんだ、よかった」

煙草を挟んだままの人差し指で、慌てたように目を拭《ぬぐ》う。しかしすぐに目頭に雫《しずく》が膨らんでいく。恥ずかしそうに笑って、鼻と口を手で覆う。また洟をすする音がくぐもって聞こえてくる。

「あーなんかすんません。ちょっとやばいな、これ」

そう言ってぎゅっと目を一度強くつぶる。眼球を覆っていた涙の膜が破れて、流水のように落ちてくる。それを手のひらで何度も何度も拭う。俺はその様子を、ただ黙って突っ立って見ていることしかできなかった。

「ごめんなさい、俺、そろそろ戻ります。なんかすんませんでした、急に変な話聞かせちゃって」

携帯灰皿にフィルターぎりぎりまで短くなった吸殻を押し付けて捨てて、ポケットにしまう。

全然いいよ、と俺は手をひらひらと振る。

「じゃあ、中でお待ちしてますんで。よかったら顔出してください」

ぺこりと頭を下げ、会場へと去っていく。その後ろ姿をぼんやりと見送る。おかしいな。いつも背を向けていたのは俺の方で、禄はそれを追いかけてきたのに。兄ちゃん待ってよ。走りながら泣きそうな声でそう叫ぶ禄が面白くて、何度も置き去りにした。やがて疲れてへたり込んで泣いてしまう禄を、俺は踵《きびす》を返して頭を撫でて慰めた。

でも今は違う。俺に涙を見せようとしない。俺も禄の頭を撫でることはできない。そして禄は俺に背を向けて、俺は禄の背中を追いかけられず眺めている。

おかしい。どうしてこうなってしまったんだ。絶対におかしい。泣くことも堂々と弔うこともできず、なんで俺はこんなところで立ち竦んでいるんだ。

会場に背を向けて歩き出す。涙は一滴も出なかった。コップの中身は空っぽでからからに乾いていて、ただ外には出せぬ陰鬱な空気だけが渦巻いていた。


その翌日、朝起きたら水村からメールが来ていた。

『葬儀来てなかったよね。どうかした?』

あくびを一つ放って、ベッドから這《は》い出る。寝ぼけ眼のまま指を滑らせる。

『俺が行けるわけないじゃん。他人なんだし』

苛立《いらだ》ち紛れに、わざと棘《とげ》の見える言葉で返事をする。返信はすぐに来た。

『そうか、ごめん。禄くんが見かけたって言ってたから、来てくれたのかと思って』

はあ、と思わず溜息を吐く。昨日から何度吐いたか分からない憂鬱がこの部屋の中にまた一つ積もる。スマホをベッドの上に放り投げる。ぽすん、と布が受け取る音がした。

　パジャマのままで階下に降りる。足音を耳にした母親が「おはよう」とキッチンから声をかけてくる。「おはよう」と俺も返す。卵の焼けるいい匂いがしている。

「ちょうど起こしに行こうと思ってたとこだったわ。朝ご飯できるわよ。顔洗ってきなさい」

「はいはい」

　生返事をして、洗面台へ向かう。鏡に映るのはもうすっかり見慣れた女の顔だ。肌の手入れはかなり気を遣っていて、決して安くはない化粧水や乳液を通販で取り寄せている。化粧品代だって馬鹿にならない。美容院も月に一度は通っている。

　一体俺は誰の為に綺麗であろうとしているんだろう。自分の為ではなく、男達の為でもなく、ただ一人の女の為だ。でもそれって意味があるんだろうか。この人生を守り続けることに、意味はあるんだろうか。

　水を出して、顔を洗う。冷えた水が指先に冷たい。洗顔も化粧水も面倒臭くて、冷水を顔に二度叩きつけるようにすると、タオルで顔を拭《ふ》き食卓へ向かう。

　テーブルには朝食が並べられている。高校時代を思い出す。今の家では朝食なんてほとんど食べない。夕飯だって母親が作っているようなしっかりしたものを食べたりしない。お前が帰ってくると飯が豪華になるな、と父親がぽつりと呟いていたのを思い出す。

「そういえば、昨日はどうだったのよ」

席に着くや否や、待ち構えていたかのように母親が聞いてくる。昨日は外で適当に夕飯を済ませ、帰ってすぐ自室に引っ込んでしまった。

「結局、行かなかった。直前でやめた」

「あ、そうなの。そうね、それがいいわね。行かなくてよかったと思うわよ、うん」

どこか安堵した様子の母親に少し腹立たしくなる。どうも今日は朝から苛々する。そういえばそろそろ生理だな、と頭の中で前回からの日数を数えてみる。

「今日はどこか行くの？」

「いや別に、特に予定ない」

「あらじゃあ、ちょっといっしょにお出かけしない？　お母さんちょっと気になってたケーキのお店あるんだけど、お父さん絶対にそういうところつきあってくれないじゃない？　かといって一人で行くのも、なんだかなあって思ってて」

次から次へと母親の口から吐き出される言葉を、トーストを頰張りながら曖昧な相槌《あいづち》でかわす。とにかく眠気が酷《ひど》いのも生理前のせいだろうか。思考がうまくまとまらない。

早々に食事を終えると、まだ食べている母親を残し食器をシンクへ持っていく。そのまま自室へ向かおうとすると、母親に呼び止められる。

「あらなに、お店つきあってくれるんじゃないの」

「別に今すぐ出かけるわけじゃないでしょ、ちょっと上で休んでる」

「どうしたの、体調でも悪いの」

「なんでもないってば、大丈夫」

強めに足音を立てて階段を上る。部屋のドアを開け、そのままベッドに倒れ込む。倦怠《けんたい》感と眠気が体を覆っているのに、睡魔がやってくる気配はない。布団に包《くる》まったままスマホに手を伸ばすと、水村からまたメールが来ていた。

『よかったら今からうち来てお線香上げる？　夜までだれもいないし』

その文面を見て逡巡《しゅんじゅん》する。今は水村に会いたくない。けれど、結局父にお別れも言えなかった。少し考えた後、画面に指を滑らせる。

『分かった。今から行く』

メールを送るとパジャマを脱ぎ、部屋着のスウェットに着替える。薄手のジャケットを羽織ると、階段を下りる。リビングでテレビを見ている母親に声をかける。

「ちょっと、出てくるから」

弾《はじ》かれるようにソファに沈めていた上半身を浮かせた。

「ええ？　ケーキは？」

「すぐ戻るから。行ってきます」

何時に帰ってくるのよ、という不満気な言葉に答えず、玄関の自転車の鍵《かぎ》を掴むと外に出た。

風が冷たい。秋から冬に変わろうとしている空気の匂いがした。空を見上げると重苦しいグレーの雲が辺り一帯を厚く覆っていた。ペロは雨の気配を察知しているのか、犬小屋からじっとこちらを見つめているが出て来ようとはしない。

空模様を気にしながら自転車で坂平家へ向かう。ハンドルを握る両手の指が凍ったように冷たい。手袋をしてくればよかった、と後悔する。団地へ行く道は昔とほとんど変わっていなかった。クリニックは変わらず老人でごった返しており、ボロ屋敷はまだ取り壊されていない。公園もまばらだが人の姿が見える。もう来ることはないと思っていたのに。

団地は俺の記憶よりも薄汚れてうらぶれていた。落ちない汚れにまみれた白かった階段を上がって、部屋の前に着く。チャイムを押す。もうドアの外に自転車は置かれていなかった。

がちゃりとドアが開いて、水村が顔を出す。ぼさぼさの髪の毛で、上下ジャージ姿だった。ぶ厚い黒縁眼鏡をかけており、普段はコンタクトだったなそういえば、と思い出す。いつも着飾って会っている俺たちは、今日は完全に武装解除していた。

「いらっしゃい。どうぞ」

「おう」

いつも靴でごった返していたはずの玄関先はすっきりしていた。家に入ると、以前よりも物が減り幾分か片付いて見える。ただ空気が籠ったような匂いがした。悪臭ではないが、これがこの家の匂いなんだろうなと感じた。

「お父さん、ここにいるから。お線香上げてあげて」

奥の部屋へ続く襖《ふすま》を開ける。カーテンの閉め切られた暗い部屋の隅に、ぼんやりと笑う父の顔があった。水村が部屋の電気のスイッチを押す。ちかちかと一瞬点滅を繰り返した後、蛍光灯が光る。写真立てに飾られた父の写真と白い陶器の壺《つぼ》、そして脇に束ねられた線香が照らし出された。既に上げられた線香が銀色のコップの中に何本か差してある。

「ごめんね、まだ仏壇がないから、こんなみっともない形で」

「別にみっともなくなんてねえよ。しかたないだろ、昨日の今日だし」

この状態よりも、その言葉の方が父を小馬鹿にしているようで少しかちんと来る。写真立ての前で正座をして、線香を一本取り出し置いてあるライターで火を点ける。手で扇《あお》いで炎を消すと、煙を吐き出す線香をコップに差す。そして、目をつぶり手を合わせる。

父がよく見せていた困ったような笑顔を目の前にしても、悲しさが実感できなかった。最後の言葉をと思っていたのに、いざこの場に来て一体何と言えばいいか分からない。父さん、俺です、陸です。そう心の中で話しかけられたところで、父とて理解できないだろう。ほとんど知らない女が息子だと名乗っているなんて。俺は死んだ父にすら、息子だと思ってもらうことができない。

目を開けて、立ち上がる。慣れない正座に少し体がふらつく。水村がわざとらしくおどけた様子で俺の顔を覗き込んできた。

「なに？」

「いやーなんか長々と手合わせてるからさ。もしかして坂平さん、泣いてます？　って思って」

へらへらとしたいつもの能天気な笑顔だ。分かっている。これは水村の優しさだ。水村はいつも俺のことを思って楽天的に笑っている。俺が追い込まれないように、いつも笑っている。本音をひた隠して、辛《つら》くてもそれをおくびにも出さず。

腹が立った。何様だ。お前なんかに、救われてたまるか。

「水村が泣いてくれたからね。俺が泣く分はもうないよ」

俺の皮肉めいた言い回しに、ぴたりと笑顔が固まった。それでもまだ口角は上がったままだ。

「お前はいいよな。遠慮なく泣けてさ。息子だもんな、坂平家の。存分に泣けるもんな」

「そんなことないよ。坂平くんだって泣いていいんだよ」

「泣けるわけねえだろ。葬儀に出られるわけねえだろうがよ。他人なんだよ、俺。坂平家とは何の関係もない女なの。そんな女がさ、線香上げながら泣けるわけないじゃん。考えろよ、常識的にさあ」

水村が困ったように眉を寄せて立ち尽くす。お父さんが亡くなったばっかだもんね、混乱しちゃうのは仕方ないよね。とりあえず落ち着くのを待たなくちゃ。そんな余裕に腹が立った。嗜虐《しぎやく》心が積み上がる。その表情を崩してやりたくなる。

だっておかしいだろう。何が、いらっしゃいどうぞ、だ。何がお線香上げてあげて、だ。この家の息子面しやがって。俺だって泣きたかった。母と一緒に声を上げて泣きたかった。母の背中を撫でながら弔問客に頭を下げたかった。弟と父の昔話をしたかった。泣く弟の頭を抱いて慰めてやりたかった。弟の表面張力を振り切る一滴は、俺でありたかった。なのに。こいつは、俺から全てを取り上げたのだ。

俺は無理やり笑顔を作って、言い放った。

「言うわ、俺。母さんと禄に。本当の坂平陸は、俺です、って」

水村の眼鏡の奥の目が丸く見開かれる。遂に顔に動揺が宿って、ざまあみろ、と笑い出したくなる。

「本当のこと話すわ、全部。実は入れ替わったんだ、って」

「なに言ってんの、いまさら。そんなの、信じるわけないでしょ」

「そうかな。お前が知らない家族のこと、俺はいっぱい知ってるんだよ。それ言えば信じるんじゃないかな。禄だってな、お前のこと変だってずっと思ってたんだよ。俺の話聞いたら納得するんじゃねえかな。あ、やっぱりそうだったんだな、って。お前のこと恨むかもしれないな。何年も騙しやがって、って」

水村が短く溜息を吐く。厚いレンズの奥の目には俺を疎ましがる色がしっかりと刻まれていて、俺は思わずたじろぐ。俺が見たことのない水村の表情だった。

「とりあえず、おちつきなよ。いいから座れば」

水村が顎《あご》をしゃくって促す。ちらりと部屋の奥の父の写真に目をやる。笑顔の父が俺をじっと見つめているように見えた。電気を消して襖を閉め、椅子に座った。大きく足を組む。

「言っとくけど、俺落ち着いてるし、本気だからな」

水村が苛立たしげに人差し指の爪でテーブルをかつかつと何度も叩いた。

「頼むからさ、坂平くんさ。こんなときに変なこと言い出さないでよ」

「何がだよ。別に変なことじゃねえだろ」

「変なことだよ。いろいろ動揺してるんだなってのはわかるよ。でもこんなの、お父さんが死んだ数日後にする話じゃないじゃん」

「お前がお父さんって呼ばないでくれる？　お前の父親じゃないんだからさ」

テーブルを叩く音がぴたりと止まる。その手で前髪をかき上げると、今度は深く溜息を吐く。

「かんべんしてよ。じゃあ今まで私たちがしてきたのってなんだったの。なんのためにばれないように、いろいろ苦労してきたっていうの」

「だからさ、それが無駄だったんだって言ってんじゃん。最初っから言えばよかったんだよ。俺たち実は入れ替わっちゃったんです、ってさ。そしたら馬鹿みたいな苦労することなかったんだよ」

「ばかみたい、って」

もう一度前髪をかき上げると、急に椅子から立ち上がる。椅子の脚がフローリングに擦《こす》れて不快な声を上げた。冷蔵庫を開けると、麦茶の入ったボトルを取り出す。「いる？」と訊かれ、「いらない」と答える。水切り籠《かご》からコップを取り出し中身をつぎ、ボトルを冷蔵庫に仕舞う。一口麦茶を飲むと、そのコップをテーブルに置いてまた椅子に座った。

「私たちは、それでいいかもしんないよ。そりゃ、入れ替わりましたって言えばすっきりするもん。でも信じてもらえるかどうかなんてわかんないよ。たとえば坂平くんしか知らないことを言ったとしたって、どうせ相手から聞いたんだろって思われるのがオチだよ。それにまわりだって混乱しちゃうじゃん。知らない女から、おれ、あなたの息子なんですって言われて、すんなり受け入れられると思う？　むりに決まってるじゃん。だから私たちががんばって、どうにか戻れるまでは、ってしてたんじゃん。なのにそれを、ぜんぶむだだった、ばかみたい、って言うわけ？」

　幼子の駄々を宥めるようなゆっくりとした言い回しが癪《しゃく》に障る。喉はからからに渇いていた。

「はいはい、そうだね。いつもの水村さんの優等生な模範解答だね」

「なにそれ、どういうこと」

「だってそうじゃん。周りの為に頑張ります、とかさ。超優等生だわー。俺はそんなこと聞きたいんじゃないんだって。お前は自分の母さんとか父さんに、自分は娘ですって言いたくないのかって訊いてんの。お前の本当の気持ちを訊いてんだよ」

「そりゃ、言いたいよ。言いたいに決まってるじゃん。けどさ」

「あーでもお前は充実してるもんな、俺と違って」

　言いかけている水村の言葉を遮る。水村が俺を睨むように目を細め、麦茶に口をつける。

「俺の体を満喫してるもんな。恋人もできてさ、友達だっていっぱいいてさ。俺とは大違いだよ。高校んときからぼっちで、変態教師にセクハラされて、実の母親からは敵視されて。田崎とだってあんなことになっちゃってさ。ほんと羨ましいよ」

「なにそれ、ぜんぶ私のせいって言いたいの？」

「そんなこと言ってねえだろ。むしろ俺のせいだよ。友達がいないのも恋人と別れたのも。でもお前が、田崎と付き合うように仕向けなければ、また三人で遊んだりできたかもしれねえけどな」

「やっぱり、私のせいって言いたいんじゃん」

　さっきまで努めて穏やかさを保とうとしていた口調は、もはや鋭さを隠そうとしていなかった。語尾がさっきよりも強くなっている。

「じゃあ言わせてもらうけど、坂平くんは私になんでも頼りすぎだから」

「は？　何それ」

「いちいち私に訊いてくるじゃん。この会社行こうと思うんだけどどう思う、とか、この人とつきあおうと思うんだけど、とかさ。やめてよそういうの、自分の好きなようにすればいいじゃん。勝手にしてればいいじゃんよ」

「何だよそれ。いずれ元に戻ったら、俺の今の生活はお前のものになるんだから、って思っていちいち訊いてんじゃねえか。親切心だろ、むしろ」

「なにが親切心だよ。私に責任おしつけてるだけじゃん。なにからなにまで私に委ねようとしないでよ。坂平くんがどこに就職しようがだれとつきあおうが、一切興味ない。坂平くんの人生に私を巻きこもうとしないで」

　強く言い切られて、言葉に詰まる。冷たい刃を突きつけられて、ならば俺もと更に強い言葉の武器を探す。傷付けられた分よりもっと傷付けてやろうとしてしまう。どんどんと取り返しのつかないところへ行ってしまうとどこかで分かっていながら。

「結構それ、ショックだわ。俺、水村とは運命共同体みたいに思ってたから」

　口調を湿らせると、眼鏡の奥の黒目がたじろいだように泳いだ。ここぞとばかりに畳み掛ける。

「でもまあ、これでよく分かったよ。お前、元に戻る気なんてさらさらないんだろ」

「え？　ちょっと待って、なんでそうなるの」

「だってそうだろ。充実した生活送っててさ、男を満喫しててさ、そんで俺がどんな人生送ってるのか興味ないとかってさ。戻る気ゼロじゃん」

「いや意味わかんないんだけど、そんなわけないじゃん」

「嘘つけよ。そりゃそうだよな、そりゃ色んなことやったところで戻れるわけねえわ。戻る気ない奴がいるんだもんな。本気で戻りたい、って思ってやってねえんだもんな。戻れないの、お前のせいじゃねえか」

　荒い口調のまま言い切る。水村は何も言わずじっと俺を睨んでいる。眼鏡の奥の切れ長の目から、ぽろっと水滴が落ちる。最悪だ。溜息を吐きたい気持ちを抑え、首をぐるりと回す。ぽきりと音がした。泣きたいのは俺だって同じだ。ただ感情の昂《たか》ぶりを表に出せるか否かの違いだ。躊躇《ちゅうちょ》なく泣けて、臆面《おくめん》もなく人前に涙を晒《さら》せる。そんなことをできるのが心底目障りで、そして羨ましい。

　水村が眼鏡を外してテーブルに置く。その間にも目頭からは球状に膨れた涙がぽたぽたと落ちていく。禄と同じ泣き方だ、と思って、また苛立ちが募る。

「戻りたくないわけないでしょ」

　鼻声でそれだけ言うと、テーブルの上のティッシュを何枚か出し、目を覆った。その仕草すらわざとらしく思えてくる。

「悪いんだけどさ、俺の顔で情けなく泣かないでくれる？」

ティッシュ越しに目頭を押さえるその指が一瞬ぴくりと止まる。そしてその指でティッシュをくしゃくしゃと丸めると、テーブルに放り投げる。そしてコップの中身を飲み干すと、静かに置いた。

「そろそろ出てってくれないかな。お母さん帰ってきちゃうから」

その言葉に、俺は何も言わず立ち上がる。無言のまま背を向けて、玄関へ向かう。

「私、今はじめて思った。べつにもう、一生このままでいいって」

靴を履いている俺の背中に、水村が呟く。

「俺も」

「そっか。じゃあ、もういいよね」

淡々とした口調だった。顔を見たくない、と思った。きっと俺が今まで一度も見たことのないような顔をしている。ただ、じっとりとした気配だけが背中にまとわりついている。

「そうだな。もういいよな」

それだけ答えると、背を向けたままドアを開け、外に出た。水滴が激しくコンクリートに打ち付ける音が聞こえて、空を見上げる。大粒の雨がぼたぼたと降り注いでいた。空を見上げるときは、いつも天気が悪い。

閉めたドアの奥から、がちゃんと鍵をかける音が聞こえた。拒絶によく似た音だった。

家にはびしゃびしゃに濡《ぬ》れたまま帰宅した。傘を差さずに雨の中を自転車で走ってきたのだから当然だ。グレーのスウェットパーカーを黒く染めて帰ってきた俺に、母親は慌ててタオルを持ってきて頭を拭いてくれた。どうしたのと詰問する母親に俺は、悪いけど今から帰る、と告げた。驚いた様子で更に問いかけてくる母親に、仕事ですぐに戻らなくちゃいけなくて、とだけ答えた。

　ばたばたと荷造りをし、逃げるように家を出た。とにかく一刻も早くこの場所から出たかった。母親が駅まで車で送ってくれるというので、甘えることにした。いつも饒舌な母親がずっと黙りこくっていて、フロントガラスに打ち付ける雨のばたばたという音だけが車内に響き渡っていた。もうすぐ駅という頃に母が、ケーキのお店今度行こうね、とだけ言った。俺は左右に振れるワイパーを眺めながら、そうだねと返した。

　新幹線に乗り込む頃には、雨脚はだいぶ弱まっていた。席に座り、窓ガラスにしがみついた水滴を眺めているうちにいつの間にか眠ってしまっていたようだ。目が覚めると、間もなく東京に着こうとしていた。

　スーツケースを引きずり駅を歩く。地元とは比べ物にならない雑踏の喧噪《けんそう》をすり抜けて、電車へ乗り込む。近くのサラリーマンに舌打ちされながら、満員電車で息を潜める。

　どうしてか家に帰りたくなくて、ファミレスで夕飯を食べながら無為に時間を過ごした。家に着く頃には、時計の短針はてっぺんを通り過ぎようとしていた。涼は既に寝ているようで、部屋は真っ暗だった。なるべく音を立てないようにドアを閉め、玄関の電気を点け、気配を消して部屋に入る。ぼんやりとした橙色《だいだいいろ》の光を背に、寝室を覗き込んだ。大きな体を折り曲げて眠る涼のシルエットが暗がりの中に見える。

スーツケースを玄関に置いたまま、リビングへ向かう。ソファの脇に置いてある木製の白いチェストの、一番上の引き出しを開ける。奥の方を探り、四角い箱の感触を確かめながら引っ張り出す。学校から贈与されたまま一度もまだ開けていない、箱に入った万年筆を手に取る。

フィルム越しに万年筆を眺める。黒く光る体の隅に、金色で小さくＲとＳの文字が彫られている。それを箱ごと握り潰す。ぐしゃ、と音がして、硬い箱の角が手のひらに食い込んだ。そのままごみ箱を開け、中に放り投げた。

これで、本当の意味で、水村まなみとして生きていくことになる。本来の俺の体とは決別して、元に戻ったときのための準備をやめて。

だって仕方ないじゃないか。もう、つらすぎるんだ。いつか戻れるんじゃないかと期待して、どうかと願って眠りに就いて、絶望する朝を何度も繰り返している。だったら祈ったりしなければいいと思うくせに、心の中のどこかでやはり期待を抱いている。

その一方で、この今の生活を失ったらどうしようという、恐怖心もある。涼のことは好きだし、少ないけれど時々飲みに行く友人だってできた。好きでも嫌いでもないがようやく慣れてきた仕事だってある。元に戻るということは、それらを全て失うということだ。

それでもやはり、自分の居場所はここではないという気持ちも強い。父が死んで、余計にそう思う。

要するにぐちゃぐちゃどろどろした、色んなものが綯《な》い交ぜになった奇妙な色の感情を抱えて生きてきた。もう限界だった。自分を偽るのも、誰かを騙すのも。

だから俺はそれが終わって今ほっとしている。俺の体に縋《すが》りつくように存在していた希望に、俺は切り捨てられたのだ。水村に射るように言葉を浴びせかけながら、早く俺を見捨てろと何度も願った。どうか、どうか早く俺から離れていってくれ。もう顔も見たくない、二度と会いたくないと憎々しげに言い放ってくれ。

そして結果、望む通りになった。きっともう水村と会うことはないだろう。母や禄とも、田崎とも。この体も、元に戻ることはおそらくもうない。そして初めて俺はやっと、自分だけの人生をきちんと歩んでいくことができる。そうすればきっと、えずくようなこの不安も消えてなくなる。

そのはずなのに。口を閉ざしたごみ箱の蓋をじっと見つめる。どうしてこんな、不安定な足場にひとり取り残されたような感覚に陥っているのだろう。

「まなみちゃん？」

背後から声をかけられる。涼だ。振り向きたくないな、と思った。きっと酷い顔をしている。

「どうしたの、帰るのもっと先って言ってなかったっけ？」

訝《いぶか》しげに問いかけながら、涼が近付いてくる。俺はくるりと振り返って、そのまま体当たりするように抱き着いた。涼が軽くよろけてたたらを踏む。

「結婚しよう、涼」

胸元に顔を埋めながら、更にしがみつく。寝起きのせいか体が温かい。

どうにか居場所を作りたかった。一生傍にいてくれる誰かが欲しかった。そうでないと、この体で生きていける自信がなかった。

「え、何、どうしたの？」

「結婚して、涼。お願いだから。結婚して下さい」

涼が戸惑うように、その大きな手のひらで俺の頭をゆっくりと撫でる。こんなときですら、涼は何も訊かない。今はそれが何だかやたらと寂しかった。

こんなに寂しくて、苦しくてつらいのに、やっぱり涙は一滴も出てこなかった。

30

「うん、まどかはもう寝た。特に何もなかったよ」

数十時間ぶりの夫ののんびりとした声が、電話の向こうから耳に入ってくる。普段これだけ長い時間離れていることがほとんどないせいか、たったそれだけの別離でひどく懐かしく感じる。

「ならよかった。戸締りとか気を付けてよね。あ、あと風呂《ふろ》とトイレ掃除しといてね。どうせ暇でしょ」

はあい、と信用ならない呑気《のんき》な返事が聞こえてくる。

「まなみちゃんこそ、あんま夜遅くまで出歩いちゃ駄目だよ。そっちらへん街灯少ないし、女の人は特にそういうところ危ないんだから」

その声が帯びた真剣さに、下手に茶化すこともできず、はいはい分かったよ、とあしらう。女性という性別にだいぶ慣れたつもりでいても、表立って女扱いされると、どうにもむずむずする。だからといって踏みにじられたりするとそれはそれでげんなりしてしまうのだが。

どうやら男というものは、どんな男でも男であろうとしたがるらしい。見た目に反して気弱な涼ですらその傾向はあって、たとえば俺の方から手を握ろうとするのを嫌がる。自分から握りたいらしい。思い返せば、月乃君にも田崎にも、少なからずそういう部分があったように思う。男のそういうところは面倒臭いなと思うし、同時に可愛いなとも思う。

　電話を切ると、助手席の水村がわざとらしくにやにやとこちらを見て笑っていた。

「何だよ、なんか文句あんの」

「べっつにい。きちんと主婦やってんなあと思って。あと、完全に旦那《だんな》を尻《しり》に敷いてるなあって」

「いいんだよ、夫は尻に敷かれてるくらいの方が。大体尻に敷かれるふりしてこっちを手のひらの上で転がしてるんだから、あいつらは」

　キーを回して、エンジンをかける。車が息を吐く音がする。ハンドルを握り、シートに深く腰掛け直した。

「お待たせ。んじゃ、行きますか」

「はあい。よろしくお願いしまーす」

「うわお前酒くせえ。運転手の目の前で酒がばがば飲みやがって」

「しゃーないじゃん、私免許ないんだし」

　そんな会話を乗せながら、車は夜の町を走り抜ける。東京とは全く違った夜。外は街灯がぽつりぽつりとあるだけで真っ暗だ。人はほとんどおらず車通りも少ない。それでもたまにある信号機は律儀に働いている。

　本当の闇はこんなに静かで怖い。だからこの世界で二人しかいないような気分になるし、どうでもいい話で沈黙を潰《つぶ》そうとする。

「坂平くん、入れ替わったとき、私のおっぱい触ったでしょ」

「何だよ急に。触ってねえし」

「えーなんで？　逆になんで触らない？　男女入れ替わりの醍醐味《だいごみ》じゃん、そういうの」

「はっきり言ってそれどころじゃなかったからね。股《また》から血だらだら出てるしさあ」

「まあそれはね、びっくりするよね。私もいじってたらなんか白いの出てきたとき、超びっくりしたもん」

「お前、そういうこと今言う？　セクハラで訴えんぞ」

「あ、そうそうセクハラといえばさ、磯矢捕まったって知ってた？」

「え、まじで！　何で捕まったの？」

「強姦《ごうかん》未遂らしいよ。なんかまたしれっと教師してたらしいんだけど、教え子襲おうとして、それが発覚して逮捕だって」

「まじか。ある意味ぶれねえな、あいつも」

「すごいよね。初志貫徹ってやつ？」

「それはまたちょっと違うような気がするけど。ってかそういう情報どっから手に入れてくるわけ？」

「飯田くんだよ、あの人なんか知んないけどこの地域の情報ぜんぶ掌握してんだよ」

「何それこわ。なにもんなの、あいつ」

「ただのゴシップ好き野郎だよ。そういう話をしたいがためにこっち帰ってきてるんだよ、あの人」

「もはやおばちゃん化してんな。てか、飯田とかとも未《いま》だに会うんだね」

「ふつうに会うよー。帰るタイミング合ったら田崎くんと三人で飲んだりしてるもん」

「そうか。まあなんにせよみんな元気そうでよかったわ」

「元気、元気。二人ともそろそろ結婚したいって話ばっかしてるよ」

「結婚したいって原動力で相手を見つけるのはなかなか至難の業な気がするわ」

「お、既婚者のご意見ですか」

「そういうわけじゃないけどさ。俺もなんつーか、ノリで結婚しちゃった感あるしさ」

「それ、いっつも言ってるよね。でもべつに後悔してるとかじゃないんでしょ？」

「そういうんはないかな、今んとこ。まあ正直たまに、結婚してなかったらどんな生活送ってたのかなあって思うことあるけど。でも、まどかも可愛いし」

「やっぱ子供いるとちがう？」

「うん、全然違うかな。こう、無償の愛を注げる相手がいるって、なんつーかすげえなって思うときあるよ。足枷《あしかせ》になるときがないって言ったら嘘になるけど、やっぱ原動力になるし。死んでる場合じゃねえ、ってなるよね」

「あー、いいねそういうポジティブな感じ。私もそうやって生きていきたいもんですな」

滑るようにお互いの言葉が静寂に包まれた夜に溶けていく。何の意味も生産性もない会話。

それでも俺たちにとっては大事なことだった。自分がひとりではないということを確認するための言葉たちだ。孤独ではないことに、隣に水村がいることに俺は安心感を覚えている。けれど水村だけじゃない、俺は色んな人たちに生かされてきて、今どうにかここにいることができている。それは水村も同じだろう。たぶん人はひとりきりでは生きていけないし、ふたりきりでも生きていけない。

車はだんだんと母の住むアパートへ近付いていく。いつの間にか車の中には沈黙が降りていた。ナビに表示された時計を見る。二十三時二分。今日という日が終わろうとしている。

「また一年後だねえ」

助手席で窓の外を眺めながら水村がぼそりと呟《つぶや》く。

「なんか年中行事みたいになってるよな。異邦人行って近況報告して、父さんの墓参りして、水村んちで夕飯食って解散、って感じで」

たしかに、と笑う声が聞こえる。

「今年でちょうど十五年だもんね。べつになにがあるってわけじゃないけど、ちょっと感慨深いよね、なんか」

そう水村が言って、また沈黙がやってくる。少しだけ開けた窓の外から、タイヤと道路の擦《こす》れ合う音が聞こえてくる。

「あのさ、水村」

「んー？」

「ちょっとさ、今から学校行ってみない？」

それ、いま私も言おうと思ってた。にやりと笑って、水村がシートに深く座り直す。

この先、右方向です、と行き先を告げるナビを無視して、Ｕターンした。

27

「それじゃあすみませんお義母《かあ》さん、よろしくお願いします」

何度目か分からない深々としたお辞儀を、涼がまた母親に向かって繰り返す。分かったから任せなさいって、と母親が苦笑を浮かべる。

「何かあったらすぐに呼んでね。すぐ行くから」

不安げに眉《まゆ》を寄せたその表情は小動物のようだった。体躯《たいく》は熊のくせに。

「分かったって。ちゃんと連絡するから」

「よろしくね。体にはくれぐれも気を付けて」

「はいはい。分かったっつうの」

俺の投げやりな口調を気にすることもなく、しゃがみ込んで俺の丸く突き出た腹を撫《な》でた。大きな手のひらの形で熱が伝わってくる。

「じゃあね。元気で出てくるんだぞ」

慈愛に満ちた表情だ。どうしてこの人はこんな顔ができるんだろう、と不思議になる。今はまだ、腹の中で小さな臓器を抱えて蠢《うごめ》いているだけの得体の知れない物体だ。これが人間として生を受ける予定だなんて到底信じられない。それなのに夫は、いつも愛《いと》おしそうに俺の腹を触る。

男は出産経験がないから父親としての自覚が出てこない、なんて話をよく聞くけれど、涼を見ていると例外もあるんだななんて思う。だって俺よりも立派に親の顔をしている。

それじゃあ、とまた深々とお辞儀をして、父が運転席に座る車に乗り込んだ。俺と母が並んで手を振って、去っていく車を見送る。

「ちょっとまなみ、あんた言葉づかい少し気をつけなさいよ」

「えー何か言ったっけ？」

「言ったわよ。わかったっつうの、なんて。涼さんが優しい人だからいいけどね、あんたはたから見たら下品よ」

「分かった分かった、気を付けますよ。ちょっとトイレ」

昔はあんなにかわいらしい言葉づかいだったのに、とぶつぶつ小言を言う母を置いて、トイレに入る。便座を上げ、腹を庇《かば》うようにしてしゃがむと、なるべく音を立てないようにしてえずいた。喉《のど》を溶かすような酸味がせり上がってきて、胃の中の物が逆流する。舌の上を激しい苦みを残しながら滑り落ち、黄土色の液体がぼたぼたと便器の水に混ざっていく。

悪阻《つわり》の時期はとうに過ぎたと思っていたが、今頃でも似たような症状が起こることがあると医師に聞いて納得した。吐き気は唐突に込み上げてきて、その度にトイレに駆け込んでは外に聞こえぬよう静かに吐いている。涼や母親には知られたくなかった。

　便器の中は噎《む》せ返るような臭いが充満していた。トイレットペーパーを小さく千切り、口を拭《ふ》いてそれと共に水を流す。

　涼が父親らしい顔をする度、俺は不安に襲われていた。今から自分は母親になる。そんな実感がちっとも湧いてこない。いっそのこと、早く産んでしまいたかった。命なんかではなく、異物としてしか認識できない。にきびや吹き出物といった類《たぐい》の、余計な物を包容した大きな腫《しゅ》瘍《よう》にしか思えない。

　けれど果たして、産まれたら本当にこの不安は解消されるんだろうか。

　舌の裏に溜《た》まっていく酸っぱい唾液《だえき》を便器に吐き出して、もう一度流す。洗面台で口を濯《ゆす》ぎ手を洗い、リビングに戻る。母がぱたぱたとスリッパをフローリングに叩《たた》きつけながらやってくる。

「あんた、調子はどうなの。なんか顔色悪いわよ」

「うん、ちょっと疲れた」

「ああじゃあ、そこに布団敷くから。横になってなさい」

「いいよ、自分の部屋行くから」

「なに言ってるのよ、階段危ないでしょ。転んだらどうするの」

「大丈夫だって、階段くらいどうってことないってば」

みぞおち辺りに未だ渦巻く不快感で思わず語気が荒くなる。突き放すような言い方をしても、母は何食わぬ顔で、一段一段ゆっくり上がりなさいよと俺を見上げる。里帰り出産を選んでよかったと思った。きっと涼にも同じように当たり散らし、その後で自己嫌悪に陥り、更に苛々《いらいら》してしまうという悪循環になっていただろう。ろくに家事をすることだってできないのだ。この家でなら、思う存分甘えられる。親って凄《すご》いな、と思った。無条件で甘えることを許してくれるのだから。同時に、自分がそんな存在になるのだと思うと不安になる。

部屋に入って、倒れ込むようにベッドに横になる。多少だが吐き気が和らぐ。せり出した腹を撫でる。確かに、この中には何かが存在する。それを主張するように、時々腹の中で何かが蠢く感触が時折ある。でもそれは微《かす》かに身を震わせる程度のもので、よく耳にする「蹴った」みたいな感覚はない。ここにいるのは、本当に人間なんだろうか。そんなことを思いながら、目を閉じた。

妊娠八ヶ月に入る頃、定期健診の際に病院側から入院を勧められた。どうやら切迫早産の可能性があり、絶対安静の必要があるとのことだった。

切迫早産という単語に少し慄《おのの》いたものの、医者は事もなげに話していて、その淡々とした態度に少し落ち着きを取り戻した部分はあった。俺よりも母親の方が慌てていて、医者に何度も質問を繰り返していた。

医者曰《いわ》く、自宅安静でもいいとのことだったが、母親が万全を期すべきだと騒ぐので即時入院することになった。俺もその方がいいと思った。何せ今は家で横になっているだけで、父親は怠け者を見るような侮蔑《ぶべつ》の視線で俺を一瞥《いちべつ》してくるのだ。

涼には結果的に事後報告になってしまった。そのことを謝ると、そんなことよりも大丈夫なの、と分かりやすく動転していた。

「大丈夫、切迫早産って別に珍しくもないらしいし、安静にしてれば問題ないらしいから」

電話越しに宥《なだ》めようとゆっくりと諭す。病院は携帯電話禁止というイメージが強かったが、場所によってはそういうこともないらしかった。大部屋だが俺以外に入院患者はおらず、通話も許されていた。

「そんなこと言ったって、入院は入院でしょ。とりあえず、すぐにそっち行くから」

「ええ、いいよ大丈夫だよ。だってすぐに産まれるってわけじゃないんだよ」

「それは分かってるけど。顔見ておかないと不安なんだよ」

涼は意外と頑固なところがあるので、こうなってしまってはきっと折れることはないだろう。じゃあ待ってるから、と告げて電話を切った。

大袈裟《おおげさ》だなと笑っていられた。このときまでは。けれど、日が傾くにつれてだんだんと俺の中で不安が増していった。考えてみれば、大病を患ったことは一度もなく、入院ももちろん初めてだった。

高を括《くく》っていたのかもしれない。漠然とした恐怖がだんだんと足元から這《は》い上がってくる。死への恐怖だ。もし、このまま子供が無事に産まれなかったら。もし、出産がうまくいかず俺まで命を落としてしまったら。白く清潔な病室は死を連想させるには充分すぎるほどの場所だった。

外が暗くなり消灯時間になって、辺りが真っ暗になっても目が冴《さ》えて眠れなかった。スマホで時間を潰そうと思ってもただ目が滑るだけだった。目をつぶってみても、瞼《まぶた》の裏で最悪の想像だけがくるくると繰り広げられる。こんなことなら、入院なんてしないで自宅療養を選べばよかった。布団を頭までかぶって、無理やり眠りに落ちようと強く目を閉じた。

翌日の昼には母親が様子を見に来てくれた。いつもは煩わしい小言やお節介も、このときばかりはありがたかった。それでも夜にはいなくなってしまう。ひとりになるのが怖かった。誰にも気付かれず、孤独に死んでしまうような気がした。大丈夫。不安な夜にもきっと慣れる日が来る。自分にそう言い聞かせて、母親には何も言わずいつものように接した。

けれど二日目の夜も恐怖心は和らがなかった。それどころか、更に増していくだけだった。おかしい。たかが出産だ。難病を患っているわけでもない。ただ子供を産むだけだ。みんなやってのけていることだ。けれど怖い。死にたくない。いやだ。早くここから出たい。逃げたい。死にたくない。怖い。いやだ。いやだいやだ。

激しい嘔吐《おうと》感が込み上げてくる。まずい、と思ったときにはもう遅く、口いっぱいに広がる固形物を伴った液体の不快感に耐え切れず思わず吐き出す。真っ白なシーツに中身をぶちまけてしまう。吐くときはこちらに、と用意されていた容器もあったのに。絶望的な思いで汚れたベッドを見つめる。枕にまで飛沫《しぶき》が散っていた。激しい異臭を放っており、このまま寝るわけにはいかず、ナースコールを押す。しばらくして、看護師さんが小走りでやってきた。どうしましたか、と聞きながら汚れたベッドに目を落としている。その伏せた視線が俺を責めているように見えて、また口の中が酸っぱくなる。

「すみません、間に合わなくて」

　本当のことを話しているだけなのに、どこか言い訳じみた後ろめたさを感じる。大丈夫ですよ、と言いながら俺を立ち上がらせ、てきぱきと汚れた布たちを片付けていく。まだ吐き足りなかったら吐いてくださいね、と言って差し出された容器に向かってえずいてみるが、吐き気はあっても異物がせり上がってくる感覚はない。

　何度も看護師さんに謝り礼を言うと、清潔なシーツにもう一度包《くる》まる。途端にまた吐き気が込み上げてきて、喉元まで逆流してこようとする液体を、唾液と共に思い切って嚥下《えんげ》した。焼け付くような感覚が喉の中を滑って落ちていく。激しい不快感が胸の奥で渦巻く。

　どうして俺だけこんなに怖いんだろう。きっと誰しもが難なくできていることなのに。暗闇に浮かび上がる白い天井が、眼球を覆う水分でぼやける。泣いてはいけない、と目を見開く。こんなことで不安を感じていてはいけない。だって俺は普通の女の人がするように、最愛の人と結婚して家庭を持って、子供を産んで育てて母になって、そうやって生きていかなくてはならないのだ。普通にならなくちゃ駄目なんだ。こんなことで、怖がっている暇なんてない。

　そう自分に言い聞かせれば言い聞かせるほど、眠気は不安に凌駕《りょうが》され、ただ瞬《まばた》きの回数を何度も増やすだけだった。

入院して四日目、涼が来た。右手をひらひらと振りながら病室に入ってきた涼の顔を見た途端、一気に緊張の糸が緩んで、思わず泣きそうになった。それでも、どうにか涙を堪《こら》える。電話口であれだけ突っぱねたからというのもあるが、明日には東京に戻ってしまうであろう涼に不安を与えたくなかった。

「なんか、あんまり具合よくなさそうだけど。大丈夫なの？」

そう言って涼が顔を覗《のぞ》き込む。表情を見られたくなくて、思わず首をひねって顔を背ける。

「なんだよ、なんで顔逸《そ》らすの」

「今、すっぴんだから。あんまり見ないで」

「今更何言ってるの。もう散々すっぴん見てるよ」

「でも今肌荒れとかすごいし」

「そんなことないよ。いつも通り綺麗《きれい》だよ」

「そんなことなくないの、やばいの。近くで見たらもう、超荒れまくり」

「分かった、分かったよ。近付かないから、こっち向きな」

宥めるように言われ、ゆっくりと涼の顔を見る。にこにこと柔和な笑みを浮かべるその顔を視界に入れてしまうと、今まで我慢してきた諸々《もろもろ》が決壊しそうだった。

「色々、お疲れ様」

涼が布団からはみ出していた俺の手を握る。相変わらず大きくて柔らかい手だ。少し汗で湿っていた。

「涼、汗かいてるよ」

「あ、ごめん。外暑かったから」

照れたように笑って手を放すと、ズボンに手のひらをこすりつける。そしてもう一度手を握ってくる。まだ汗ばんでいるような気もしたが、何も言わず握り返した。

「今日、暑いんだね」

「もう七月だからね、夏が来たなーって感じするよ。でも、こっちの夏は涼しくていいね」

「そうかな。そんなに変わる？」

「うん。東京ほどムシムシした感じしなくて、気持ちいい暑さだよ。今日は曇りだからちょっと湿度高いけどね」

「そっか、今日曇りなんだ。ここにいると天気とか分かんなくてさ」

「カーテン閉め切ってるからだよ。開けようか？」

うん、と頷《うなず》くと、涼がブラインドカーテンを開ける。大きな窓が外の景色を四角く切り取っていた。確かに空は曇天で、鈍色《にびいろ》の雲が厚く重なっている。なんとなく窓を開けるのは躊躇《ためら》われていた。きっと窓の外ばかり見てしまうだろうという予感があるからだった。空なんて、たまに見上げるくらいでちょうどいいのに。

その日の涼は饒舌《じょうぜつ》だった。あまり自分から喋《しゃべ》ることのない彼にしては珍しいことだった。俺を退屈させまいと必死になっているようにすら見えた。話しながら俺は、ただ静かに進んでいく時計の針ばかり気にしていた。面会時間が終われば、涼は帰ってしまう。そうしたら俺はまたひとりになる。やはり、涼には来てもらうべきじゃなかったのかもしれないと思い始めていた。今日の夜に耐えられる自信がなかった。こんな風に手を握って優しく話しかけられたら、俺はまた怖くなってしまう。

それでも空は暗くなる。曇り空のせいか月も星もない夜だ。やはり、カーテンなんて開けるべきじゃなかった。

「じゃあ、そろそろ帰るね」

小さく笑って、涼がずっと握っていた手を離す。名残惜しさを悟られないように、奥歯を噛《か》み締めた笑顔で頷いたのに、すり抜けていく指を思わず摑《つか》んでしまった。驚いたように涼がこちらを見る。慌てて俺は手のひらを広げる。

「あ、あー。ごめん。なんか反射的に摑んじゃった」

「ごめんね。また来週の土日に来るから」

さっきまで俺の手を握っていた右手で、くしゃくしゃと俺の頭を撫でる。思わずその手を払いのけてしまう。

「別にいいよ、大丈夫。涼だって忙しいでしょ」

「気にしなくていいよ。最近は仕事もそんなでもないし」

「でも、こっちに来るお金だって馬鹿にならないじゃん。私は平気だから、大丈夫」

「そういうんじゃなくてさ、僕が会いたいんだよ」

「うるさいな！　来るなって言ってるんだから来るなよ！」

思わず声を荒げてしまう。慌てて、ごめんと呟いて視線を逸らす。視界の端に困ったように笑みを浮かべる涼の顔が見える。最悪だ。こんなのただの八つ当たりだ。俺の中にある寂寥《せきりょう》感に、涼はきっと気付いているのだろうと思うと、惨めで情けなかった。

「じゃあ、せめてお守り置いていくよ。それくらいならいいでしょ？」

俺が何も答えないでいると、涼が鞄《かばん》を漁《あさ》り出す。そして取り出したものを、俺に差し出してきた。反射的にそれを受け取る。

見覚えがある箱だった。紺色で、くしゃくしゃにひしゃげている。その箱の上面はフィルムで、中身が見えるようになっていた。

万年筆だった。黒い塗装に、金色で小さくＲとＳの文字が彫られている。あのとき、確かに捨てたはずの万年筆だ。それを、どうして涼が持っているのだろう。視線を手の中のそれに落としながら、思わず「なんで」と呟く。

「これ、捨てちゃまずいやつなんじゃないかと思って」

何故か気恥ずかしそうに、涼が笑った。

何も答えられなかった。何も答えられないまま、それを強く握った。

「ごめんね、勝手にごみ箱から引っ張り出してきちゃって。でもさ、まなみちゃん前に言ってたじゃん、これは自分のお守り代わりなんだって。だから箱から出さないで取っておいてるんだ、って。それを捨てちゃうってことは、なんかそれなりのことがあったんだろうなって思ったんだけどさ。でもやっぱ僕は、捨てちゃまずいんじゃないかなって思ったんだ。いつ渡そうかずっと迷ってたんだけど、今日渡そうと思って、持ってきちゃった」

声が出せなかった。何と言っていいのか分からなかった。ただただ息がしづらくて、喉元まで込み上げてくる何かを抑え込もうと何度も唾液を飲み込んだ。嘔吐感とは別物の、もっと熱く柔らかいものだった。

「余計なことだったらごめんね。持って帰るから」

俺は何度も首を横に振る。どうしよう、何か言わなくては。膨張しきった感情が裂けて溢《あふ》れそうだった。また強く握る。くしゃ、と箱が更に歪《ゆが》む音がする。

「ほんとずるいわ、涼は」

かろうじて言えた言葉に、だからずるいってなんだよ、と涼が笑う。椅子から立ち上がって、俺を両腕で抱き締めてくれる。ふんわりと汗の匂いがした。でも嫌な匂いじゃなかった。右手に箱を握ったまま、俺も涼の背中に腕を回す。

「また来週も来て。絶対に来て」

俺の言葉に、涼が俺の頭をゆっくりと撫でて答える。

「当たり前だよ。お守りばっかりに任せてられないもん」

誇らしい気分だった。俺の夫はこの人なんだと叫び出したい気持ちだった。この人を好きになって、本当によかったと思った。そしていつか涼にも、きっとそう思わせてみせると、そのとき俺は誓った。

涼は結局面会時間ぎりぎりまでいてくれて、そして帰って行った。俺は涼が帰ってからずっと、ベッドの上に置かれた万年筆と、手の中に握ったスマホを交互に睨みつけていた。

連絡先の一覧の中に、坂平陸の名前はまだある。でも、結局あの日以来水村とは何の連絡も取っていない。あちらからも何のアクションもなく、どうしているかも全く分からない。

それでいいと思っていた。俺が下した決断で本当に正しかったのだろうかと悩むことももちろん多々あった。それでも間違っていないと何度も自分に言い聞かせていたのだ。なのに、涼が持ってきてくれた万年筆で、俺の気持ちは完全に揺らいでいた。

だって本当は分かっていた。激しい死への恐怖の根底に、この体は自分のものではないという認識があるということを。このまま俺が死んだら。俺は水村以外に真実を知られないまま、この体で死んでいく羽目になるのだ。そう考えるとぞっとした。

それだけではない。俺が死んだら水村は、本来の自分の体を永遠に失うことになるのだ。その重責に毎夜俺は押し潰されそうだった。

結局まただ。また俺は、自分が救われるために水村を利用しようとしている。一体今更何と声をかけるつもりなのか。そもそも、電話番号やメールアドレスが変わっていない保証なんてない。もしかしたらもう何も繋《つな》がる手段はないのかもしれない。

でも、それでも。震える指でスマホの画面をタップする。俺はきっと水村に謝らなくてはならない。たとえその先にどんな拒絶の言葉が待っていたとしても。

コール音が鳴った。耳の奥でやたらとうるさく響いていた。口の中が渇いて、舌の表面がやたらと粘ついていた。何コールその音を聞いただろうか。唐突にそれは途切れる。体中の血液が一気に逆流するような感覚に襲われる。

「はい、もしもし」

少し低めの男の声だ。どこか硬く、警戒と緊張感を伴う響きがある。息を静かに深く吸って、からからのまま口を開いた。

「もしもし、水村？」

沈黙が挟まれる。どれくらいの長さだったかは分からないが、その間俺は様々なことを考えていた。一体水村は俺に何と言うだろう。なんで連絡してきたのと冷たく突き放すだろうか。罵声《ばせい》を浴びせかけられるだろうか。それとも、そのまま黙って電話を切られてしまうだろうか。当然だ。当たり前のことだ。様々な予防線で自分の身を守ろうと、最悪の想像をいくつも頭の中で繰り広げる。

「坂平くん？　ひさしぶりー！　元気？」

でも返ってきたのは、何の邪気もない明るい声だった。思わず声を失う。そこには別れ際の険悪さも、三年間の空白も感じられなかった。

「げ、元気。水村は？」

かろうじて問い返す。元気だよー、とあの頃と何も変わらない口調だ。

そのまま、また沈黙が訪れる。一体俺は、水村に何と伝えるつもりだったんだろう。あのときはごめんねと、仲直りしようと言うつもりだったんだろうか。けれど水村は何もなかったかのようにしている。もしかしたら俺は、謝ることすら許されていないのかもしれない。

「う、嘘ついた。元気じゃない、俺。全然、元気じゃない」

慌てて思わず妙なことを口走ってしまう。え、どういうこと、と少し動揺した声が聞こえてくる。

「お、俺、今実は妊娠してるんだ」

「え、そうなんだ！　おめでとー」

「でも、ちょっと色々まずくて。入院してるんだ、今。かけてるのも病院からで」

「えっ。それ、だいじょうぶなの？」

「わ、分かんない。俺にも分かんないんだ。医者は、安静にしてれば大丈夫だって言うんだけど」

話しているうちに感情が昂《たかぶ》っていく。さっきまで渇ききっていた口の中に、唾液が溜まっていくのが分かる。

「こ、怖いよ水村。俺、怖い。このまま死んじゃったらどうしようって、毎晩思うんだ。死んだら、本当に誰にももう会えなくなる。そ、それに」

洟《はな》をすする。視界がだんだんとぼやけてきた。水村は黙って聞いている。

「俺が死んだら、悲しんでもらいたい人に、か、悲しんでもらえない。ママとか、禄とか、田崎とか。本当は俺が死んだのに、お、俺が死んだって、誰も思ってくれない。それだけじゃなくて。み、水村が。水村にも」

「私？」

「水村にも。お、おれ、水村にも謝らなくちゃ。だって、死んだら、水村を殺すことになる。ご、ごめん、水村。いやだよ、おれ。死にたくないよ。怖いよ、水村。やっぱり、おれ、むりだったよ。水村の人生は、おれには、荷が重すぎたよ。ごめん、水村。ちゃんと、生きれなくて、ごめん。ほんとに、ごめん」

　語尾は涙声で濡《ぬ》れて、もはや不明瞭《ふめいりよう》だった。気付けば俺は泣いていた。誰にも言えなかった感情を吐き出して、それが安堵《あんど》なのかそれとも高まった不安によるものなのかは分からなかったが、両目からはぼろぼろと涙が流れていた。冷静に自分を見つめる俺の中の俺が、恥ずかしい、と思っていた。こんな子供みたいに泣きじゃくるなんて、恥ずかしい。それでも涙は止まらなかった。濡れた頰を手のひらで何度も拭う。

「まあまあ、とりあえずおちつきなよ、坂平くん」

　ぐずぐずになって泣きながら話し続ける俺を、水村の能天気な声が遮る。

「あのねえ坂平くん。人ってのはね、そうそう簡単に死なないもんですよ」

「で、でも。わ、わかんないじゃんかそんなこと」

「わかるよ、坂平くんの気持ち。私もずっと、死ぬのが怖かったし」

「そ、そうなの？」

「そうだよ。入れ替わってから、ずっと怖かった。坂平くんの言う通り、このままだれにもほんとうの自分に気づかれずに死ぬのもやだったし、坂平くんの体を奪って死んじゃうっていうのもすごく怖かった。すぐ近くを車が通るだけでドキドキしたし、電車をホームで待つとき先頭に立てなかった。不便だったけど、免許取ることもできなかった。ずうっと怖かったんだよ、私も」

「し、知らなかった。そんなこと」

「そりゃあね。話したことないもん」

言われて思い返してみる。そういえば俺は、水村の話にきちんと耳を傾けたことがあっただろうか。俺ばかり話して、水村はただ笑っていたような気がする。いつも水村はどんなことを思っていたんだろう。どうして水村が、次々と二人の間の約束事を作っていったのか、俺は一度でも考えたことがあっただろうか。目の前に置かれた万年筆を見つめてみる。

「だから、不安になるなとは言わないけど。でも、気にしすぎるのもよくないと思うよ。って、私が言っても説得力ないかもだけどさ」

「で、でも。もしかしたらってこともあるかもじゃんか」

「そんなこと言ったらきりないでしょって。てか、私の顔で情けなく泣かないでくれる？」

唐突に言われ、きょとんとする。すぐに以前自分が発した言葉を返されたのだということに思い当たって、思わず身を硬くする。

「あー。あの、その節は、すみませんでした。本当にごめん」

「いいよもう、それはべつに。貴重な坂平くんの泣き声聞けたしね。顔を見られなかったのは残念だったけど」

「電話でよかった、マジで」

笑いながら、目の際に残った涙を指の腹で拭き取る。泣いてしまったせいか頭が鈍く痛かったが、不思議と気分はすっきりとしていた。溜まっていた膿《うみ》を全て絞り出したような、そんな感覚だった。

「でもほんと、無事に産まれてくるといいね」

「そうだな。でも、俺まだ全然実感ないよ。いい母親、みたいなのになれる自信がない」

「そんなの、産まれてみなくちゃだれだってわからないって」

「でもさ、だけどさ、産まれてもそういう親としての感情、みたいなのが一切湧かなかったら？　愛せないなって思っちゃったら？　とかってさ、そう考えちゃうんだよ。そういうのもやっぱ、正直不安」

「ま、そういうこともあるかもしれないよね」

水村があっけらかんと答える。俺は少し脱力してしまう。

「なんだよそれー」

「だってそんなの、産まれてみなくちゃわからないでしょ。今から不安になるなんて、時間のむだだって」

「なんか達観してるなあ」

「ああでも、ちゃんと大事に育ててあげてよね。私の子供でもあるんだから」

「は？　どういうこと？」

「そりゃそうでしょー。だって私の体から産まれてくるんだもん。私の子供でもあるでしょ」

「マジかよ。その発想はなかった」

そう言って笑い合う。両肩に重くのしかかっていた憂鬱《ゆううつ》が、いつの間にか随分と軽くなっていた。やっぱり、水村はすごい。ほんの少し言葉を交わしただけなのに。同時に、後ろめたい気持ちにもなる。俺はちゃんと、与えられた分だけ水村に返せているのだろうか。

「水村、ありがとうな」

思わず口に出していた。どうしたの急に、と戸惑うような笑いが返ってくる。

「ずっと思ってたんだよ。俺、いつも水村に助けられてるなあって。考えてみたら、入れ替わってからずっとそうだったと思う。俺、どうやってもうまくいかなくて、水村の人生をどんどんめちゃくちゃにしていって、そんな自分がすげえ嫌だった。どうして水村みたいにうまくできないんだろうって思うと、ほんと情けなくて。でも水村が言ってくれた言葉で、俺はどうにか自分を嫌いにならずに済んでたんだ。そうやって、救われてたんだなって、今になってすごく思うんだ。俺は、水村に何もしてあげられなかったけどさ。でも、ちゃんとお礼くらい言わなくちゃって、なんか今ふと思って」

「なんだそれ。いきなり真面目モードか」

「えー、キャラじゃないかな」

「うん、ぜんぜんキャラじゃない」

なんだか急に照れ臭くなる。さっき泣いてしまったことよりも恥ずかしかった。それでも、言わなくちゃいけないと思ったのだ。ただありがとうと言っただけだけれど、たぶんずっと伝えたかった言葉だ。

「でも、私も坂平くんにずっと助けられてきたよ」

「え。そうなの」

「そうだよ。異邦人で、コーラとコーヒー飲みながら、向かいあって話す時間は私の救いだったよ。あのときだけは、なんにも怖くなかった。あの時間があったから、私はきっとあきらめないでここまで過ごせてきたんだよ」

そっか。短く相槌《あいづち》を打つ。その言葉に俺はまた助けられてしまう。

「まあ、私はいつでも坂平くんを救いつづけるよ。坂平くんが、いつまでも坂平くん自身の味方でいられるように」

俺は何も言わずに、万年筆をまたぎゅっと強く握った。異邦人や学校の踊り場で話してきたことを思い出す。人の目を盗んで、誰にも聞かれてはいけない会話をするのは、なんだかいけないことの相談をしているようで楽しかった。誰にもばれてはいけない悪事だ。いつだって悪事は、孤独ではいけない。

「ね、きょうすごい満月だよ。そっから見える？」

水村の言葉に窓の外を見る。昼間の曇天は今時分まで続いているようで、真っ黒な闇が空を食い潰していた。

「いや、見えない。今日こっち、ずっと曇りだったんだ」

「そっか。じゃあ、私が代わりに見ておくよ」

「何だそれ。俺の代わりに見といてくれるの？」

「うん、見といてあげる。だから、坂平くんは安心して眠っていいよ」

ふと、夜空を見上げる水村の姿が頭に浮かぶ。ガスで薄汚れた都会の空に、それでもきっと丸い月は白く煌々《こうこう》と輝いているのだろう。ありがとう、と小さくまた呟く。耳に届いているのかいないのか、水村は何も言わなかった。

　そのとき、腹の中でぼん、と何かを叩きつけるような振動が起きた。思わず腹を押さえる。もう一度、軽い衝撃が中から起きる。

「み、水村。やばい。今、蹴った」

「は？　なにが？」

「子供！　赤ちゃん！　今蹴ったよ、腹ん中で蹴った！」

「えっほんとに？　ほんとに、赤ちゃんっておなか蹴るの？」

「蹴る！　蹴ってるわ、これ！　すごいよ、すごい脚力」

「ええーいいなあ、私もその感触味わってみたい。早く出たいって言ってるのかもね」

「おうおう、早く出てきてくれよ。母ちゃんはもうこの腹に飽きたよ」

「母ちゃんだって。うける」

「だって母ちゃんだもん、俺」

電波を介して、取り留めのない会話が続く。たぶん俺たちの人生はもうそれほど交わらない。きっと水村は生まれた子供の顔を見に来ることはないだろうし、俺も水村の結婚式に参列したりはしないだろう。でも、それでいいんだと思う。ただ俺たちは、また年に一度、七月に会う。会って話して、そしてまた来年ねと言って笑って手を振り合う。それだけで充分だ。それだけで俺たちは生きていける。誰かとの約束には、人を生かす力がある。

電話越しに水村が大きな声で笑うのが聞こえてくる。今夜は、久し振りにゆっくり眠れそうな気がしていた。

30

夜の校舎は昼間とは全く別の顔を見せていた。違う建物のようにすら見えた。当たり前だがどの教室も真っ暗で、グラウンドも大きく闇が口を開けているようにしか見えず、めっちゃ怖いと言った水村の言葉に同意するしかなかった。真夜中の学校は怖いということは知っていたけれど、外観だけでこんな不気味だとは知らなかった。

「ちょ、中入るまえに一服していい？」

別にいいけど、と答えると、尻《しり》ポケットから煙草とライターを取り出す。一本咥《くわ》えると、どこかぎこちない動作で火を点《つ》けた。

「なんだよ、いつの間に煙草なんて吸うようになったの」

「たまーにだけど、前から吸ってたよ。社会人になってちょっとしたくらいからかな。仕事でストレス溜《た》まったときとか、緊張してるときとかに吸ってる」

「なに、緊張してんすか」

「正直、めっちゃしてる」

それは俺も同じだった。余計なことをしようとしているのかもしれないな、と夜の校舎を見上げて思う。半ば衝動的に来てしまったが、今は後悔とほんの少しだけ残っている好奇心が体の中にあった。

「俺にも一本ちょうだい」

「いいよ。吸ったことあるの？」

「いや、ない。人生初煙草」

水村が一本煙草を取り出して、渡してくる。俺がそれを咥えると、ライターの火を近付けてきた。火つけるから、息吸っててね。言われた通りにすると、ちりちりと煙草の先端が赤く燃えて、煙を吐き出した。口の中に苦味が広がる。口を開くと、紫煙の塊が空へ昇っていった。

「煙、ちゃんと肺まで吸い込まなきゃ」

「ああ、そうか」

水村に言われるがまま煙を肺に落とす。途端に喉《のど》が拒否反応を起こしたように噎《む》せた。激しく咳《せ》き込む俺を見て、水村が小さく笑う。

それでも何回かそれを繰り返していると、だんだんとその作業に慣れてきた。ただ、いかにも有害そうな味が舌にまとわりつくだけで、美味《おい》しいとはとても思えない。

ふたりとも口を開こうとせず、ただ体に悪い気体を肺に送り込む作業を繰り返す。不思議と沈黙が苦痛ではない。だからみんな煙草を吸うのかな、とふと思った。

「よし、行こうか」

白い息を細く吐き出すと、銀色の筒状の携帯灰皿に小さくなった煙草の先端をこすりつけ、捨てた。どこかで見たことがあるな、と思ったら、以前禄が使っていたものと同じだった。よくよく見ると随分と使い込まれている。なんだかんだ言って、それなりにうまくやってるんじゃないか。俺はちょっとだけ安堵《あんど》して、そしてちょっとだけ嫉妬《しっと》する。

煙草を吸い終えて、それでもまだ水村の横顔からは硬さが取れない。その緊張感は、夜の校舎に勝手に侵入する後ろめたさからくるものだけではもちろんないだろう。きっと、万が一の可能性に思いを巡らせている。そして、その可能性に恐怖心を抱いている。それは俺も同じだった。元に戻ることは、俺達の長い間抱いてきた望みだ。けれどそれが今は、こんなにも怖い。

「水村」

声をかける。今にも泣きだしそうな顔で水村がこちらを見る。俺は右手をゆっくりと高く上げた。一瞬呆気《あっけ》に取られた顔をして、すぐに破顔する。そして水村も同じように右手を高く上げて、その手のひらを俺の手のひらに叩《たた》きつける。ぱあん、と破裂に似た音が、夜の校庭に響いた。厳かなふりをした静寂を裂いてやった気分で小気味良かった。

「男子っぽいことするじゃん」

水村はそう言ってにやりと笑うと、よし行こうか、ともう一度繰り返した。

スマホのライトで辺りを照らす。それだけでもう完全に悪事を働いているような気分だった。二人で重く口を閉ざしている正門をよじ登り、学校内へ侵入する。俺たちは足音を響かせないようにゆっくりと歩く。喋《しゃべ》ったら何か罰が下ってしまうかのように、二人とも口を開かなかった。なんだか心地よい静けさだった。

プールを囲う塀のところまで着く。正門よりも高かったが、どうにかこうにか二人で越え、プールサイドへと降り立つ。

星と月に照らされた水面はさぞかし幻想的だろうと思っていたが、闇で揺蕩《たゆた》う水は不気味にうねっており、目を凝らすと葉っぱや木の小枝がちらほらと浮いているのが分かる。

「ここまできてなんだけど、プールの水って毎日抜かないんだね」

水村がライトでプールを端から端まで照らしながら言う。何か潜んでいないか確認しているかのようだ。

「さすがに毎日毎日こんな大量の水入れ替えるのは大変なんじゃない」

静かに揺れる水面を二人でじいっと見つめる。俺たちは、どちらからともなく手を握った。

水村の手はびっくりするほど冷たかった。蒸し暑い夜にはちょうどよかった。思わずぎゅっと強く力を籠《こ》める。水村もそれに返すように、強く手を握った。

「水村はさ、女に戻れたらいいなって思ったこと、ある？」

「そりゃあるよ、何度も思ったことある。でも、男の人生もそれはそれで悪くはないよ。おかげさまで、楽しくやらせていただいてます」

「じゃあさ、男と女、どっちがいい？」

「えー。それ聞いちゃう？」

水村が俺の手を握ったまま笑う。

「やっぱり、女でいたかったって思うときもある。でもさ、結局ないものねだりなんだよね、これ。夏の暑さの中にずっといると、早く涼しくなれとか冬のほうがよかったとか思うでしょ。でも冬になると逆のこと思ったりするじゃん。ほんと、そんなかんじ。女に戻れたとしても、私たぶんすぐ男のほうがよかったって言いだすと思うよ」

「なるほどね。言い得て妙だな」

「でしょ」

恐怖心も緊張感も高揚もいつの間にか消えていて、不思議と凪《な》ぐような静かな気持ちになっていた。ただ、やらなくてはならないような気がしていた。その結果どうなったとしても。

「じゃあ、行こうか」

俺が声をかける。水村が手をほどいて、そしてまた握り返す。

「うん、行きますか」

いっせーのー、せっ。

俺たちは両足を屈《かが》めて、そしてプールへと飛び込んだ。

静寂に飛沫の音が散った。空気を掻《か》き乱すような音だった。目はぎゅっとつぶったままで、耳の奥でごぼごぼと水が渦巻いていた。水中に放り投げられた体がふわりと浮く。あのときもこんな感じだっただろうか。あのときの俺は、一体何を感じていたんだろうか。

手を繋いだまま、俺達はほぼ同時に水面に顔を出した。鼻に水が入り込んで、噎せて咳き込む。

「やばい！」急に水村が叫ぶ。「私、荷物置いてきちゃったんだった。着替えがない」

「あ。俺も、家帰んないと服ないんだった」

濡《ぬ》れた髪をかきあげる。思わず笑ってしまう。笑ってる場合じゃないでしょー、と言いつつ、水村も笑っている。パーマをかけた髪の毛が更に強くうねっている。

水を吸った服を引きずるようにしてプールから這《は》い出ると、プールサイドに並んで腰かける。体温が奪われたのか少し寒い。水につけた足首が暖かかった。

「入れ替わるかなあ」

水村が水面を蹴飛《けと》ばす。雫《しずく》が跳ねる。その声には不安も期待も宿っていないような気がした。

「明日、起きてみてからですかね」

「飛び込むときちゃんと、入れ替わりますように！　ってお願いしてから飛び込んだ？」

「いや。明日の夕飯何作ろうかな、って考えてた」

「えー、だめじゃん！　本気で戻りたい、って思わなきゃだめなんだよ？」

「なんかどっかで聞いた台詞《せりふ》だな、それ。そういう水村は何考えてたんだよ」

「月末に海行くんだけど、それ用に水着買いに行かなきゃなーって考えてた」

「お前も駄目じゃん」

そんなことを言いながら笑い合う。

このまま帰って寝て、そして目が覚めて。目の前に広がる景色が全く変わってしまっていたら、きっとまた俺達は戸惑いまくるだろう。久し振りの本来の自分の体に困惑するに違いない。そしてお互いがしたためたノートを確認し合って、万年筆を交換するためにまた会う約束をする。そういうのでもまあ、悪くはないのかもしれない。きっと俺たちなら、どうにかやっていけるような気がする。

「見て、めっちゃ満月」

水村の声につられて、空を見上げる。街灯の少ない濃い闇の中に、丸い月と星が夜をくり貫《ぬ》くように光っていた。二人して並んで、口をぽかんと開けてそれを眺める。

「空とか、あんまこうやって見ることないよね」

水村はどこか楽しげに言うと、滴る額の水を手の甲で拭《ぬぐ》った。かつて俺だったその横顔を見つめる。俺の代わりに、十五年間必死に生きてきた俺の姿を。

泣いてはいけないと、きっと俺たちはお互い思っていた。この顔で涙を流してはいけない、悲しむ姿を見せてはいけないと。けれど、もしかしたらたまにはそれもいいのかもしれない。どんな表情だって、二人だけのものなのだから。

「俺、入れ替わったのが水村で良かったと思ってるよ」

自然とその言葉を口にしていた。水村がきょとんとした顔で俺を見る。そして、それ私も今言おうと思ってた、とにやりと口元を歪《ゆが》める。嘘つくなよ、と軽く肘打《ひじう》ちする。

誰にも言えないことを言い合える人がいるということは、案外悪くないことだ。誰も知らなくていい。ふたりだけが知っていればいい。誰も見たことのないふたりだけの奇跡で、幾度も苦しんだりしながら、それでも互いに救い合って、言葉を交わし合っていければそれでいい。

そして、秘密も悪事もふたりで半分こして、こっそりと生きていこう。

それはたぶん、ひとりきりよりはずっと楽しいはずだから。

第十二回　小説　野性時代新人賞　選評

「個性」に続き「読み応え」を…………冲方丁

今回の選評では、過去にない読感を受けた。かねて、「もう少し推敲できなかったのか」と思わされる様々な点が、軒並みクリアされていたのである。個人的には、コロナによる巣ごもりが結果的に創作者に内省を促し、原稿を見直す機会となったのではと感じている。

また、例年に比べて選者の票が分かれ、拮抗に近い状態となったのも面白かった。ゆえに各作の長短が論じられたが、しばしば発せられたのが「物足りなさ」であった。興味深いのは、三作全ての選評において、各人からこの言葉が投じられたことである。

まず『どしょぼね』から話すと、執筆の動機が明白な点を私は推した。一つの技芸の盛衰に焦点を当てる。そのスタンスは非常に読みやすく、また史実を読み解きながら個人の感情にドラマを見出すことにも共感を覚えた。だが選評においては、私としても看過できない点が指摘された。主人公であり語り手である女性が何をなそうとしたかが、至極あっさり書き流されている。読者の視点そのものである主人公が、必要不可欠の存在として活躍したことが描かれねば、ただ出来事を傍観するばかりだ。書き手自身には興味深くとも、読み手はさほど関心を持たないと意識する必要があり、作家として頭抜けるための関門を越えていない。個人的には推したいが、今はまだ奨励賞とすべきと思わされたものである。

次に『連鎖するチョイスチョイスチョイスと天秤の帰結』を、私は面白く読んだ。軽薄ともいえる文章でもって重大なことがらを書きつづるスタンスは、読者のハードルを下げ、作者独自の世界観に招き入れてのち、思わぬところへ連れて行くという素晴らしい導線となりうる。

ただ、ここでも選評で論じられたのが、読み応えであった。本作において、とりわけ語られたのが、「なぜこれを読むか」という、読者への誘因である。どこかで見たことがある要素が多く、この作者ならではの底力を感じさせる設定なり描写に乏しい。読み終わったあと、既知の小説、漫画、アニメ、映画などと重なる点が多く、それ自体が悪いわけではないが、もう一つ「読んでよかった」と思わされる強い誘因力がほしかった。主人公の心情的な解決と、行動による戦闘的な解決が重なり、相棒の女性が救われたことに読み手が涙ぐんでしまうような強烈な読み応えがあれば、文句なく受賞となっただろう。

最後に『水平線は回転する』であるが、現代のジェンダー議論を余すところなく受け取り、あるいは抵触するところを上手に切り分け、かつ全てを登場人物の個性や、個人的な人生の選択としてとらえなおしたところに、高い筆力だけでなく書き手の精神的成熟、また現代に適した眼差しを感じさせられる。受賞作として刊行されることから、内容については詳らかに語るのを避けるが、読み応えという、読者に信頼を約束するという点では、推して悔いがないと断言できる作品である。

新たな小説に出会える喜び…………辻村深月

『水平線は回転する』を読み終わった瞬間、今回はこの作品を受賞作として推すために選考会に臨もう、と強く心に決めました。

　冒頭、「夫の知らない人に会いに行く」導入に「不倫の話？」と思いつつ読み進め、最初の節の終わりに「十五年前。俺達の体は入れ替わった。今に至るまで、一度も元に戻っていない」の一行に至る流れが見事。今こうやって選評を書いている最中にも、この設定は本来なら未読のまま読者に本編で読んでほしいのに！　ともどかしく思うほどですが、それくらい、その後は作品に引き込まれました。

　性別への違和感、体への違和感、「自分の家」「他人の家」への違和感、「自分の人生」に対する違和感。リアリティのある「他者との入れ替わり」の物語でありながら、細部に宿る描写のひとつひとつの奥に、たとえ体が入れ替わらなくても、私たちが普段少しずつ感じている「自分という存在」への違和感や生きにくさに通じる感覚があり、「入れ替わり」はそれを可視化する装置に過ぎないのだと感じました。その点がとても現代的かつ普遍的。作品全体に通底しているのは、たとえ、元は自分の人生であったとしても、それさえ、「他者の人生を尊重する」という主人公たちの、ひいては著者の誠実な願いではないかと思います。作中のような運命でなくとも、選べない運命や人生と格闘する、そんな私たち読者に対するエールのようにも読め、この作品を世に送り出せることが心から嬉しいです。これからのご活躍を期待しています！

『どしょぼね』もまた、受賞作と同じく、現在から過去に向けて回想することで語られる文楽座の物語。ただこの構成がいささか作り物めいた雰囲気があり、語り手となる茜と春の会話も、ここに至るまでその話を一度もしたことがなかったのか？　という疑問の方が先に立ちます。また主人公・春に「どしょぼね」のタイトルにふさわしい、際立ったエピソードがほとんど登場しなかったのが残念です。たとえば「浄瑠璃を見る目にかけては誰よりも長けている」「人間関係の機微にとことん敏い」など、読者が彼女に気持ちを寄せられる演出を用意してほしかったと感じます。おそらくは、著者の中に史実に対する圧倒的な敬意があるのでしょう。資料を丁寧に読み込み、そこからはみ出ないように構成を考えた結果、小説としての大胆な創作を混ぜ込むところまで至らなかったように思います。次はぜひ、ストーリーに思い切った味付けを施した小説を読ませてほしいです。

『連鎖するチョイスチョイスと天秤の帰結』。主人公たちの属する組織や敵との攻防の様子に既視感があり、「宇宙人」の描き方にも特段新しさを感じなかったのですが、この作品の何よりの持ち味は文体にあります。最初はまわりくどく、一文一義の文章が連なる様子も入り込みにくかったのですが、クライマックスではこの書き方がよく効いていました。この文体は、この著者の強い武器。ぜひ研ぎ澄ませてほしいと感じます。

しっかり書かれた三作品…………森見登美彦

今回は最終候補作の三作とも、しっかり時間をかけて書かれたという印象があって、その点はとてもよかったと思う。コロナの影響が思いがけないかたちで表れたのかもしれない。

受賞作に選ばれた『水平線は回転する』は、男女の入れ替わりという古典的な題材を扱っている。よくある題材とはいえ、これを身体の問題から逃げないで書くのはたいへんなことだ。本作はその点をごまかさないで正面から緻密に描き、しかもリーダビリティを失わない。その設定を生かして、自分の身体を受け容れていくむずかしさや、家族同士のコミュニケーションのむずかしさ、実存的な不安など、我々が生きていくにあたってぶつかるさまざまな問題を、新鮮なかたちで浮き彫りにしている。単純に上手いというだけでなく、作者はこの題材へ誠実に向き合っていると思う。

気になったのは、主人公たちが入れ替わるきっかけが曖昧で、その根本的な謎に対するアクションがほとんど描かれないことである。作者の書きたいものが入れ替わりの「原因」ではなく「結果」であることはよく分かるが、そうなると本作で描かれている事象は、男性と女性が日常的に経験する事柄をいったんバラバラに分解して再配置しただけのようにも見えてしまう（これは乱暴すぎる言い方だが許してください）。

入れ替わりの謎を解く必要はないが、その謎を活用して主人公たちの人生をもう少し交錯させることができたら、ひとまわり大きなエンターテインメントになったのではないか。贅沢すぎる要求かもしれないけれど、そう言いたくなるほど作者が上手いのである。

『連鎖するチョイスチョイスチョイスと天秤の帰結』は、仙台で宇宙人と戦う殺し屋たちの物語である。癖のある文章になかなか馴れることができなかったが、読み終わってみると、思いのほか面白く読んでいたことに気づいた。「エンターテインメントを書こう！」という志がはっきりしていて、こういう作品はきらいになれない。癖のある文章も妙な味わいを持っている。とはいえ、描かれるイメージや展開は既存の作品からの流用を思わせるものが多く、登場する宇宙人にもあまり目新しさがない。そういうわけで、残念ながら受賞作に推すまでには至らなかった。

『どしょぼね』は明治時代、人形浄瑠璃の文楽座を舞台にした物語である。文楽座の歴史をよく調べているし、文章も丁寧に書かれていると思う。気になるのは、主人公の春という女性を中心にしたストーリーに太い骨格がないことだ。本作ではストーリーの要所（義父の死、夫の死、襲名披露興行、文楽座の売却など）がほとんど省略されてしまう。春が主人公なのだから、彼女がそれらの困難にどう対処したかということを読者としては知りたい。タイトルにもなっている「どしょぼね」を春は備えているらしいが、彼女が肝心の「どしょぼね」を見せる印象的な場面がないのである。作者の目的は文楽座の歴史を描くことにあるのだとしても、春の運命を追いかけるという楽しみがなくては、読者は世界に入っていけない。それが残念なところだった。

本書は、
第十二回 小説 野性時代新人賞受賞作として
選出された作品「水平線は回転する」を改題し、
加筆修正したものです。

装画……………古塔つみ
装丁……………坂詰佳苗

君嶋彼方（きみじま　かなた）
1989年生まれ。東京都出身。「水平線は回転する」で2021年、第12回小説 野性時代新人賞を受賞。同作を改題した『君の顔では泣けない』でデビュー。

君《きみ》の顔《かお》では泣《な》けない

2021年９月24日　初版発行
2022年３月５日　６版発行

著者／君嶋《きみじま》彼方《かなた》

発行者／堀内大示

発行／株式会社KADOKAWA
〒102-8177　東京都千代田区富士見2-13-3
電話　0570-002-301（ナビダイヤル）

印刷所／旭印刷株式会社

製本所／本間製本株式会社

●お問い合わせ
https://www.kadokawa.co.jp/（「お問い合わせ」へお進みください）
※内容によっては、お答えできない場合があります。
※サポートは日本国内のみとさせていただきます。
※Japanese text only

定価はカバーに表示してあります。

ISBN 978-4-04-111796-5　C0093

最低キャラに転生した俺は生き残りたい 2

霜月雹花 Shimotsuki Hyouka　イラスト：キッカイキ

クロエ
ジン
登場人物紹介
Characters

レイ
レン

絶海のダンジョンを攻略した俺達は、
ひとまず休憩することにした。

CONTENTS

第一章　護衛任務の延長　006

第二章　レーヴィンの魔法教室　025

第三章　剣聖からの贈り物　050

第四章　やり残し　083

第五章　ゲーム本編の開始　141

第六章　自称四天王の豚　152

第七章　双子の冒険者　164

第八章　元工房長ルバド　188

第九章　拳闘士ルバドと迷宮へ　210

第十章　姉ヘレナ　221

第十一章　勇者の気配　242

第十二章　魔女の弟子　249

第十三章　最強種との追いかけっこ　264

第十四章　勇者　275

第十五章　師匠との話し合い　286

第十六章　フィオロとこれから　297

第一章　護衛任務の延長

フィアリス姫の護衛を始めてから、二ヶ月が経《た》とうとしている。

二ヶ月ということは、護衛任務の契約期限が切れてしまう。

冒険者ギルドの規則に、銅級冒険者は〝長期任務の上限期間は最大二ヶ月〟というのがある。

そのため、本来であれば姫様は俺達《たち》の代わりの護衛を探すか、もしくは新たに契約の結びなおしをする必要がある。

一度に長期間は拘束できないが、冒険者の合意を得たうえで必要な書類をギルドに提出すれば契約の更新が可能となる。

「姫様、一つ聞いてもいいですか？」

「あら、何かしら？」

「もうすぐ俺達が護衛の仕事を始めて二ヶ月経ちますけど、新しい護衛の候補、もしくは書類の作成はできてますか？」

「……えっ、もうそんなに経つかしら？」

「えっ、まだ一ヶ月くらいと思ってた……」

姫様は少し驚いた様子で聞き返し、クロエも期日を正確に覚えていなかった。

姫様は待機していたメイドに「ジンさん達との契約、あと何日残っているかしら？」と聞くと、
一週間もないと返答された。

「……お二人との日常が楽しくて、すっかり忘れていたわ」

「なにしてるんですか……」

俺は呆れながらため息をついた。

「クロエは何で忘れていたんだ？」

「その～、訓練が楽しくて日付を確認してなかったです！　ごめんなさい！」

クロエのその言葉に俺はさらに呆れ、二人を交互に見て「覚えてたの俺だけか」と呟《つぶや》いた。

「姫様、確か学園はもうすぐ長期の休みでしたよね？」

「ええ、あと一ヶ月で長い休みに入るわ」

「でしたら契約を更新して、護衛任務の期間をその長期休みに入るまで延ばしますか？」

そう聞くと、姫様は驚いた様子で「良いの？」と聞き返してきた。

正直、俺は今の生活を少し満喫していた。

早くこの王都から逃げることも大事だが、それにはある程度の力が必要になってくる。なので、俺は少し前に作ってもらった刀の性能を十分に発揮できるように、改めてリーザから戦い方を教えてもらっていた。

刀の柄《つか》を使った攻撃や刃の裏での攻撃。俺の知識にはなかった攻撃方法だったため、訓練しながら習得するまでの時間がもう少し欲しいと思っていた。

「王都を離れるにもまだ訓練が必要だなと感じていたので、護衛の仕事を続けたいと思ったんです。クロエはその様子だと、仕事を続けてもよさそうに見えるけど、どうだ？」

「私も賛成だよ」

そんな感じで、俺達は期間延長について乗り気だということを伝えると、姫様は契約の更新を希望して必要な書類を作成し始めた。

「楽しい日々を送ると、こういうことが起こるのね……新たな発見だわ」

「発見というか、単に忘れていただけですよね」

「……仕方ないじゃない。ジンさんとクロエさんが来て、私の日常が変化したのはジンさん達も知ってるでしょう？　今までたくさん、面白そうな子を見てきたけどジンさん達は別格だったのよ」

ツンッと拗《す》ねた様子で姫様はそう言った。

この二ヶ月近くで、一番変化したのは姫様と俺達との関係だろう。

当初は、王女という立場を弁《わきま》えてある程度振る舞い方などに気を使ったりしていた。

だが、ある時「この部屋にいる時は気を楽にして」と姫様に言われてからは、徐々に友達と話すような雰囲気で接するようになっていった。

ただ、依頼主の要望だから許されているとはいえ、流石《さすが》に相手は王族なので最低限のマナーは守って会話をしている。

「そう言ってくれるのは嬉《うれ》しいですけどね」

「だって今までも何人か見てきたけど、こんな短期間で私を何度も驚かせたのはジンさん達だけよ？　あのユリウスだって、こんなことはできなかったわ」

「まあ、普通の冒険者はたった数ヶ月で特大サイズの金塊やら、ミスリルの発見はしませんもんね」

「ええ、それにガフカの工房に武器を作ってもらうなんて本当に凄《すご》いことばかりしてるのよ？　ジンさん達は、本当にその辺りを自覚してほしいわ」

立て続けに驚くことばかりだったから感覚がマヒしたのよ、と姫様は言い訳した。

その後、書類を受け取った姫様のメイドが代理で冒険者ギルドに提出することになり、俺達もギルドで済ませたい用事があったため、姫様が用意した馬車に乗せてもらえることになった。

ギルドに到着し、俺達は契約の更新を結んだ。

「もう一つお願いがあるのですが、討伐した魔物の素材を買い取ってもらえますか？」

「はい、大丈夫ですよ」

俺は【異空間ボックス】に入っている魔物の素材を売った。

数が多いからとかではないが、ほとんどの素材が傷んでいないため、予想よりも高く売れた。

「いいお小遣いになったな。どうするクロエ。このまま真っすぐ帰っても良いけど、商業区で買い物して帰るか？」

「う〜ん、今は特に欲しい物はないし、帰って訓練したいかな？　ほら、必要な時にお金がないってなったら困るし」

「まあそうだけど、俺達の貯金、凄いことになってるからな……」

俺達は金塊を売ったお金だけでも数年は暮らせるほど所持している。

さらに魔物の素材を売却した分や、護衛任務の報酬なども加わって凄い金額になっている。

俺もそこまで欲しい物は今のところないので、城に戻って訓練をすることにした。

訓練場でリーザから教えてもらった攻撃方法を試していると、ユリウスが姿を現した。

あの事件からユリウスの体調は徐々に良くなってきていて、今では普通に剣を振るうくらいは問題ないところまで回復している。

「ユリウスさんも今から訓練ですか？」

「うん、そうですよ。ねえジンさん、少しだけ手合わせしませんか？」

「良いですよ。俺も相手してくれる人が欲しかったところなので」

俺は【異空間ボックス】から木刀を取り出し、ユリウスと模擬戦闘を始めた。

流石に今のユリウスには以前のような勢いはないが、剣の技術は衰えておらず、案外いい勝負となった。

「〝剣聖〟って呼ばれてるだけあって、寝込んでいたのにその強さですか……」

「これでもだいぶ、力は落ちてますけどね。なかなか、思うように自分の体が動かなくて辛《つら》いですけど、自業自得ですから」

ユリウスは辛そうな表情をしながらそう言った。

その後、俺達は互いに満足いくまで戦い続け、一時間ほど経った頃に模擬戦闘を終わりにした。

俺は自主練を続けるためにそのまま訓練場に残り、ユリウスは今日の訓練を終わりにして城の方へと戻っていった。

ユリウスが居なくなった後、訓練の様子を見ていた騎士団長のアンドルが俺に近寄ってきた。

「なあ、ジン。ユリウスの調子、どんな感じだ？　あいつ、俺とは戦ってくれないから、よくわかんないんだよ」

「まあ、以前ほどの強さは取り戻してませんが、だいぶ良くなってきてますよ」

「そうか、それなら良かったよ。あいつ、俺達に迷惑掛けたからって、いまだに距離置いてんだよな……」

「俺とかクロエとは普通に話してくれるんですけどね。何でアンドルさん達と距離を置いてるのかわからないですね」

「俺もだ……迷惑掛けた相手から距離を取るんなら、ジン達とも取るはずなのに、普通に接してるからな……特に俺とは距離を置いてて、本当になんでかわからん」

アンドルはユリウスの行動に頭を抱えているが、俺はなぜユリウスが距離を取ってるのか大体わかっている。

その理由は単純に、ユリウスがアンドルに自分の弱いところを見せたくないためだ。

これは設定資料を読んで知ったことなのだが、ユリウスはアンドルにライバル意識みたいなものを持っている。

「まあ、そのうちユリウスさんも落ち着いて以前と同じようになると思いますから、焦らず待っていましょうよ」

「……そうだな、焦っても良いことはないしな。あいつが元に戻るのを待つしかないか」

アンドルはシュンッと悲し気に、ユリウスが去った方向を見ながらそう言った。

それから俺は一人きりとなり、夕食の時間まで集中して訓練を続けた。

訓練後、俺はシャワーを浴びて汗を流し、食堂に向かった。

すると、先に来ていたクロエから声を掛けられる。

「ジン君、お疲れ様。今日もすごく集中して訓練してたね。でもあまり無理しちゃだめだよ？」

「ああ、わかってるよ。ただ装備を刀に替えてから、なんだか今までより体がうまく動かせるようになってさ、楽しくてつい長くやってしまうんだよ」

「凄いよねジン君、私も刀持たせてもらったけど、うまく使いこなせなかったよ」

「相性だろうな、俺は元々刀に合う剣術を自力で身に付けていたみたいだからな、それがうまくはまった感じだ」

そう言いながら俺は食事を取ってきて、クロエと同じテーブル席に座った。

「クロエの方はどんな感じだ？　魔法を集中的に訓練してるけど」

「うん、良い感じだよ。前までは動きながらの発動だと精度が少し落ちてたけど、慣れてきて魔法の精度と威力も落とさず攻撃できるようになったかな」

「お～、それは良いな。ってか少し前から、ほぼサポート側に回ってもらってるけど良かったのか？　クロエは前に出る戦い方が好きだったと思うけど」

俺がどちらかというと剣術中心で訓練していたせいか、クロエは魔法を中心に訓練をしていた。もしそれが俺のせいなら、申し訳ないと思いそう聞いてみる。

「好きか嫌いかで言うと好きだけど、最近は魔法も好きなんだよね。それにジン君なら安心して前を任せられるから、サポートに徹せるなって思ったんだ。だから私は私で、ジン君に後ろを任せてもらえるように頑張ろうって最近は思ってるんだ」

「今でも十分、クロエには後ろを任せられるよ。俺以上に探知能力は高いし、それに魔法も使えるからな、いざって時はクロエは剣術も得意だし、後ろに居てくれるだけで本当に安心するよ」

そう口にすると、クロエは「そ、そんなに褒めないでよ……」と顔を赤く染めて照れた。

まあ、言ってる俺も少し恥ずかしいけど、実際に思ってることだし、こういうのはちゃんと口にしておかないとな。

仲間同士で意見をちゃんと言えず、仲が悪くなり解散したっていう話はたくさんある。

今更、クロエと仲間じゃなくなるのはかなりの痛手だからな。

その後、クロエは自分の食事を急いで食べ終えると「また明日ね」と言って、小走りで去っていった。

その様子を周りで見ていた兵士達はニヤニヤと笑みを浮かる。

少し居心地が悪く、俺も急いで食事を済ませて食堂を出ることにした。


「ねえ、ジュン君。少し前から思ってたのだけれど、筋肉がついた？」

翌日、護衛任務で学園にいる俺は、姫様と話していたミリアーナからそう話題を振られてペタペタと体を触られていた。

この二ヶ月間、身体能力を上げるために兵士に交じって訓練なんかもしていたせいか、確かに以前よりも筋肉がついてきている。

「まあ、姫様の護衛ですからね。毎日鍛えていますよ」

「へぇ～、でもこの体、戦士科の生徒よりも鍛えているんじゃないの？　そこのところ、どうなのフィーちゃん？」

ミリアーナは、また宿題をするのを忘れて急いで書き写している姫様へと声を掛けた。

「強いわよ。だって、私が選んだ護衛なのよ？　学園の生徒より強くないと、意味がないでしょ？」

「お～、フィーちゃんが言い切るなんて、珍しいね？　それだけジュン君って強いの？」

ミリアーナは目をパチパチとさせて驚くと、興味津々といった様子で俺のことを見てきた。

姫様は「はい、ミリア。ありがとね」と言って借りていたノートを返す。

「それとこの子達の力は、私が危険な状況にならないと見せられないからね。興味があっても、たぶん見ることはないわよ」

「え～、フィーちゃんがここまで言い切る強さなら見てみたかったな～」

ミリアーナは残念といった様子でそう言うと、ちょうど先生が来たので席へと戻った。

よほど気になったのか、その後も何度かミリアーナは俺の強さに興味を示して姫様を質問攻めにしたため、なぜ今更になってと姫様が理由を聞いた。

「ほら、もうすぐ長期休みに入るでしょ？」

「ええ、そうだけど、それがジュン達の力を見たい理由にどう繋《つな》がるの？」

「ほらっ、前の護衛の子も休みに入った時に代わったから、ジュン君達もそうなのかなって。そしたら、フィーちゃんがあんなに強いって言ってた子達がどんな力を持ってたのか、ずっと気になったまますっきりしないよねってティアナと話してて……」

姫様は俺達のことを見てから「まあ、交代することはもう決まってるわね」とミリアーナに言った。

「や、やっぱりそうなんだ……」

「ええ、この子達も貴族の子だから、そんなに長期間預かることはできないのよ。家のこととかもあるし、今も無理を言って私の護衛に付いてもらってるのよ」

「そうなんだ～、残念」

ミリアーナは諦めたようにそう言って、自分の席へと戻った。

その後のミリアーナはどこか落ち込んだ様子で、姫様はずっとそれを気にしていた。


学園の授業が終わり、城に戻る馬車の中で、俺とクロエは話し合って決めたことを姫様に伝えようとしていた。

「姫様、ミリアーナさんとティアナさんになら、少しだけこの力を見せても良いですよ。二人のことはこの二ヶ月見てきて、言いふらさないと約束したら守ってくれる方達だと思うので」

「良いの？」

この二ヶ月、姫様の護衛である俺とクロエに二人は本当に優しく接してくれた。

それを見てきたからこそ、今回のミリアーナのお願いを聞こうと決めたのだった。

「まあ、学園内で見せると大勢の人にバラすことになるので、見せるなら二人を城に呼んでもらう形になりますが……」

「そのくらい、大丈夫だと思うわ。ありがとうジンさん、クロエさん」

その後、城に戻った姫様は二人を城に呼ぶ準備をするからと言って、嬉しそうに馬車を降りた。

「……良かったのジン君？　私は別にそこまで自分のことを隠そうとしていないから良いよって言ったけど、ジン君は隠したがってたよね？」

「正直な話、見せないなら見せないまま護衛の任務を終える予定だったんだが……あそこまで言われて、二ヶ月間よくしてもらったうえに何も返せないまま消えるのはどうかなって思ってな。それに変装はしてるから〝冒険者のジンとクロエ〟の強さがバレるわけじゃない」

二人に見せるのは、あくまで姫様が設定した地方貴族の兄妹《きょうだい》であるジュンとクロ。冒険者のジンとクロエとは、また別の存在だ。

「ジン君がそれでいいなら良いけどね」

それから数日後、学園が休みの日の朝早くに、ミリアーナとティアナが城にやってきた。

「フィーちゃん、今日は招待してくれて、ありがと～」

「姫様、本日は招待していただきありがとうございます」

二人は、姫様が待っていた部屋に入ってそう言った。

「フィーちゃんからお泊まりのお誘いなんて本当に久しぶりで驚いたよ～。もうしないのかなって、ティアナちゃんと話してたんだよ？」

「学園に入ってから皆忙しくしてたから、誘い辛かったのよ。それに二人とは学園でもずっと一緒にいるし良いかなって。でもジュン達から外で会うのと家で遊ぶのはまた違うって言われて誘うことにしたのよ」

ミリアーナは俺達の方を見て「ジュン君達が言ってくれたんだ！　ありがとう」とお礼を言った。

現在の俺とクロエは、学園で姫様の護衛をしているジュンとクロに変装している。

城の兵士や従者達にもそのことは伝わっていて、今日一日は俺達のことを〝姫様の護衛をしているジュンとクロ〟として扱うようにしてもらっている。

「姫様、部屋の様子は昔から変わりませんね。殺風景というか、生活するためだけの物しかありませんね」

「別に良いでしょ、それにティアナの部屋なんてまだぬいぐるみがたくさんあるんでしょ？　知ってるんだからね」

「そ、それは！　へ、減りましたから昔に比べて！」

「でもベッドの上にはたくさんあるって聞いたわよ？　それにいまだに、くまさんのぬいぐるみがないと寝られないって知ってるんだから。そこの大きなバッグのほとんどはその子でしょ？」

姫様はティアナが持ってきたバッグを見ながらそう言った。

ティアナは膨らんだバッグを体でサッと隠し「そんなことありません！」と顔を赤く染めて叫んだ。

「あの二人、学園にいる時とすごく違うんですけど……」

「ティアナちゃんってほらいつも厳しいでしょ？　フィーちゃん、機会があったらああしてティアナちゃんにやり返してるんだよ。まあ、結局後で説教されるんだけどね」

ミリアーナの言葉どおり、姫様の攻撃ターンはすぐに終わり、今度はティアナの説教タイムだ。

その間、俺とクロエはミリアーナとお話をしながら、説教が終わるのを待った。

「ティアナちゃん、お説教終わった～？」

「ええ、今日のところはこのくらいで良いです。すみません、お待たせしてしまって」

ティアナはやり切ったという顔でそう言った。

説教をされていた姫様は「呼ばなきゃよかった……」と早速後悔していた。

その後、ティータイムを挟み、姫様は今回二人を呼んだもう一つの理由を伝えた。

「えっ！　ジュン君達の力、見せてくれるの？」

「ええ、ミリアがあんなに言うから、この二ヶ月仲良くしてくれたお礼にって言ってくれたのよ。

ティアナは、ミリアのおまけよ」

「……おまけって何ですか！　ですけど、私も正直お二人の強さは気になっていましたので、呼んでいただけたことには感謝してます」

ミリアーナは喜び、ティアナは姫様の言い方に少し文句を付け足しながらそう言った。

姫様、説教されて少し拗ねてるな……。

「姫様、そんな言い方をしてたらまた怒られますよ……」

「ジュンさん、いいんですよ。姫様の気持ちはわかりましたし、また時間がある時にたっぷりとお話ししようと思いますから」

ティアナはニコリと笑みを浮かべながらそう言った。

姫様は、「ふ、ふん、怖くないわよ」と強がってみせているが、ティアナから睨《にら》まれるとビクッと反応して、クッションを盾に「怖くないわよ！」と叫んだ。

……こんな姿、姫様が晒《さら》していいのだろうか。

「まあ、その……強さは見せますけど、そこまで期待しないでくださいよ。俺もクロもまだまだ半人前ですし、姫様達より三つも年が下ですので」

それから姫様達と共に場所を移動し、訓練場へとやってきた。

今日に限っては姫様が使うと先に通達していたので、俺達と審判役のゼフ以外には誰もいない。

「剣術と魔法、どちらから見たいですか？」

「う〜ん……剣術かな〜。特にジュン君の剣術はずっと見てみたいと思ってたから」

「私は魔法が気になりますが、その後でも大丈夫です」

二人からの意見を聞いた俺とクロエはそれぞれ訓練用の剣を取り、模擬戦闘を始める。

「ジュン君、お手柔らかにね。最近、こっちはあんまりだから」

「ああ、わかっている。大丈夫だ」

そうして審判役ゼフが振り上げた手を下ろし、開始の合図を告げる。

「くっ！　ゆ、油断させておいて最初からその速度かよっ」

開始早々、クロエはいきなり猛スピードで俺に接近して斬り掛かってきた。

「先手必勝、ジュン君のペースに合わせてたら勝てないもん！　いくら模擬戦闘とはいえ、負けたくはないからねっ！」

クロエはさらに速度を上げて、斬撃を重ねてくる。

しかし、俺はその攻撃を全て弾《はじ》き返《かえ》し、徐々に俺のペースへ誘導していく。

「ジュ、ジュン君前より打ち合いの速度上がってる？」

「まあ、訓練してるからね。それにもっと力も込められるよ」

「わわっ！」

そうして俺のペースに飲まれたクロエは剣を弾き飛ばされ「……負けました」と降参した。

「わ〜、ジュン君の動きやっぱり凄いね！　それにクロちゃんも、ジュン君の動きについていってて驚いたよ！」

「前までは互角だったんですけどね……」

クロエは若干落ち込んだ様子でそう言うと、ミリアーナが「落ち込んでて可愛《かわい》い〜」と言って抱きしめた。

そんな二人の様子を見ていると、ティアナが近づいてきてジーッと俺の方を見つめてきた。

「あの、どうかしました？」

「いえ、その、凄い剣術だったなとは思うんですけど……ジュン君の魔力、かなり高い気がするのに魔法じゃなくて剣術が得意なのかなと……」

「あ〜、なるほど。まあ、確かに魔力は多い方ですけど、剣術だけが得意なのではありませんよ」

ミリアーナに抱きつかれて苦しそうにしていたクロエを救出し、今度は魔法の腕を二人に見せることにする。

ゼフの開始の合図とともに、第二戦目が始まった。

俺は一番得意な魔法の【光属性魔法】を、クロエは最近繰り返し訓練して以前よりも得意となった【風属性魔法】のデモンストレーションをする。

「す、凄いです。こんな魔法をその歳《とし》で放てる方なんて初めて見ました……ジュン君、少なくともスキルレベル3以上ですよね」

魔法に詳しく、色んな魔法使いを見てきたティアナはミリアーナ以上に驚いた様子だ。

普通、この年齢で使える魔法のレベルといえば1か2、天才と呼ばれる者でも3だろう。

俺のスキルレベル4の魔法の力は、魔法使いが生涯を懸けてたどり着くレベルの数値。

魔法の天才と呼ばれていても3で止まる者も多く、4に上げるのはそれほど難しいと言われている。

そんな魔法をこの年齢で使えている俺に、ティアナは心の底から驚いているのだろう。

というか普通、魔法を見ただけでスキルレベルがどのくらいかなんてわからないのに、ティアナが勘付いたのにはマジで驚いたんだが……。

「そこに関しては秘密です。力の詳細は隠すようにと家族からも言われていますので。今回見せたのはミリアーナさん達を信じてのことですので、他言はしないでくださいね」

「ええ、そこは約束します……ですけど、これだけの魔法の力があるなら、お父様が知ってるはずですが……」

ティアナは自分の父が俺達のような魔法使いを見逃すはずがないのにと、少し疑いの目で俺達のことを見てきた。

そんな話をしていると、ミリアーナは興奮した様子で「魔法も凄い腕だね！」とクロエにまた抱き着いていた。

クロエから助けてという目で見られたので、再びミリアーナからクロエを救出した。

クロエの救出後、なぜか俺はティアナと魔法の勝負をすることになった。

いや、何で勝負？　そう思ったのだが、俺の魔法を見ていたティアナが「私とどっちが魔法の腕が上か、確認したいんです！」と強くお願いしてきた。

「勝負って、流石《さすが》にティアナさんに魔法を放つなんてことはできませんよ……」

「大丈夫です。危なくなったら、すぐにその場から離れますから！　どうか、お願いします！」

俺は姫様に視線を向け、助けを求めた。

「ティアナ、あまり我儘《わがまま》言わないの。ジュンだって本来は見せるつもりがなかった力を見せたのよ？」

「で、ですが……これほどの魔法の腕を持つ方は、そうそうおりません。一度だけで良いんです。お願いします」

その後もティアナは諦めることなく、結局力比べのような魔法の勝負をすることになった。

また変なことになったな……まさかあのティアナと魔法の勝負をすることになるとは、思いもしなかった。

「ティアナさん、お願いですから怪我《けが》だけはしないでくださいね」

「ええ、わかっています」

そうして俺はティアナとの魔法の勝負を行った。

やり方は簡単で、互いに同じ属性魔法を放ち続け、徐々に込める魔力を上げていくというやり方。

これは主に実力が同程度の者同士や、師弟関係にある者同士が魔法の実力を測るための勝負方法だ。

ゲームでは一定の魔法の力を得ると、とある魔法使いとこの勝負を行い、勝利すると有能なスキルがもらえるということもあった。

まあ、ゲーム時代からそれで得られる見返りには興味がなく、二回ほど経験してからはその勝負を全てスルーしていたが。

「ティアナさん、まだいけますか？　もっと魔力を上げますよ？」

「はい、大丈夫です！」

流石に相手は公爵家の令嬢。

いくら相手からの頼みとはいえ、魔法を放ってる今の現状はすごくおかしい。

これでもし怪我でもさせたら、俺はどんな手を使ってもその傷を完全に治療して、即この国から出るつもりだ。

「まだ上げますよ。大丈夫ですか？」

「ま、まだいけます！」

その後、顔が徐々に苦しそうになっていくティアナ。

無理をしてると誰もがわかる表情をしていて、俺はいつでも魔法を消せるように注意を払っていた。

それから数分もしないうちにティアナは魔力を使い果たし、辛そうな表情で「降参です」と言った。

俺はすぐに魔法を消し、ティアナへと駆け寄って魔力回復薬を渡した。

回復薬を飲んだティアナだが、まだ辛そうな顔をしていたので飴《あめ》も渡して、どんな効果があるのか説明をしながら舐めてもらった。

「まさか、これほどの腕とは思いませんでした。完敗です……」

負けを認めるティアナだが、どこか嬉しそうな表情をしている。

「あら、ティアナ。初めて同年代の相手に負けたのに、嬉しそうね」

「嬉しそうですか？　……そうですね。私を超える魔法使いの天才に会えたのが、本当に嬉しいんだと思います」

ティアナはそう言うと、俺に向かって「ありがとうございます」とお礼を口にした。

「満足いただけたようで良かったです。俺としては、ティアナさんに怪我がなく終わったのでホッとしてます。いくら許可されてるとはいえ、公爵家のご令嬢。それもあのノルフェン家の方を怪我させたなんてことになりましたら……」

俺がブルリと震えると、ティアナは「そ、そんな酷《ひど》いことはいくらなんでもしませんよ」と言い返してきた。

「ジュンの言ったとおり、酷いことになっていたわね」

「うんうん、ティアナちゃんのお父様もそうだけど、特にレーヴィン様は怒ってたと思うよ～」

「ですから本当は断りたかったんですけど、あまりにもティアナさんが勝負をしたいとおっしゃるので全神経を注いでいつでも魔法を止められるようにしてました」

自分の我儘のせいで、俺に迷惑を掛けることになってたかもしれないと知ったティアナは、縮こまって「ご、ごめんなさい」と謝った。


その後、訓練場から姫様の部屋に戻ってきた。

「あんなに我儘なティアナ初めて見たわ」

「私も～、フィーちゃんが我儘なのはよく見てたけど、ティアナちゃんのあんな姿初めて見て驚いたよ～。ティアナちゃんもまだ子供なんだね～」

「うう～、恥ずかしいです」

ニヤニヤと笑う友人二人に、ティアナは顔を赤くしてぬいぐるみに顔をうずめていた。

「姫様、ミリアーナさん、その辺にしないとティアナさんが可哀想《かわいそう》ですよ」

「……そうね。散々弄《いじ》ったし、もうこの辺にしておくわ。仕返しが怖いし」

「うんうん、まあ仕返しされるのフィーちゃんだけだと思うけどね～」

その後は昔話で盛り上がり、姫様達は部屋で楽しそうな時間を過ごしていた。

夜遅くまでお泊まり会を楽しんでいた姫様達は、お昼近くまでグッスリと眠ったのだった。

第二章　レーヴィンの魔法教室

お泊まり会から数日後、俺はゼフからとある会議への参加を頼まれて城に残っていた。

その理由は、この数ヶ月ずっと調査をしてきたラージニア家についての報告を聞くためだ。

この日の姫様の護衛はクロエに任せてある。

姫様に一応「俺が抜けても大丈夫ですか？」と聞いたのだが、「こないだの模擬戦でクロエさんも十分強くなっているのがわかったし、そんなに心配しなくてもいいわよ」と言われていた。

「ジン様、準備ができました」

「はい」

俺はメイドに呼ばれ、部屋を出て会議室へと移動した。

扉をノックして中に入ると、たくさんの人達《たち》が集まっていた。

国王、宰相、大臣、他にも国の運営に欠かせない人物など国のトップが集まる中、俺が参加するのは場違いな気がしてならないが。

「それでは、これよりラージニア家の不正に関する調査報告を始めます」

司会はゼフが担当し、俺は手元に配られた資料に目を通す。

うわ～、かなり調べられている。

これゲームの時より詳しく調べられてるんじゃね？　毒薬の入手経路から、それに関わった人物。

さらに、ジンの母親の事件以外のことまで事細かに調べられてる。

「……これがあのラージニア家ですか。落ちるところまで落ちていたようですね」

そう言ったのは、フローラの父であるノヴェルだった。

その表情は冷たく、一目見ただけでブルリと体が震えた。

そのノヴェルの様子にゼフが「殺気、抑えてください」と言うほどだった。

「しかし、わかりませんね。なぜ、ラージニア家はここまでのことをしたのでしょうか？」

「侯爵家であり、歴史も古い家、領地も広く金に困った様子もないですよね」

「落ちてしまう要素が見当たらないのが不思議です」

貴族の長達《おさ》はそれぞれそう言うと、視線は自然と俺の方へと集まってきた。

いやいや、俺が知ってたらおかしいでしょ？　当時は軟禁状態だったんだから……。

「あの、一応申し上げますが私は何も知らないですよ？　資料にも書かれてあるとおり、生まれた時から疎まれるように別宅で過ごしてきましたので……。毒薬もたまたま見つけただけです」

「ジン様の言葉は本当です。それは今回の調査に協力した者も証言しており、その言葉が嘘《うそ》ではないことはすでにわかっています」

「すまないが、その調査に協力した者とは誰か教えてもらえないのか？　資料にも書いていないが」

ゼフの言葉に対して、貴族の長の一人がそう尋ねた。

「すみません。それをお答えすることはできません。調査に協力していただく代わりに、穏便に姿を消したいというのが協力者の望みですので」

「安心するが良い。儂《わし》はその者と一度会っておる。信頼できるかこの眼《め》で確かめるためにな」

国王ルフォンドルスがそう続けて言うと、貴族の長がそれ以上質問することはなかった。

「他に質問のある方はいらっしゃいますか？　いらっしゃらないようでしたら、このまま報告を続けます」

「だったら儂も一つ良いか？」

手を挙げたのはティアナの祖父であり、前魔法師団団長のレーヴィンだった。

あの人がこんな会議に出席するなんて珍しいな。ゲームではこの場に居なかったと思うが……。

「なぜ、こんな調査ばかりして件《くだん》のラージニア家の当主を捕縛してないのだ？　すでに貴族としてやってはならんこともしておるだろ？」

「それについて、ご説明いたします。これだけのことをしているラージニア家ですが、まだ何か隠している疑いがあります。私どもはそれを調査するため、彼らを泳がせている状況です」

「……まだこれ以上のことをしておるのか？　それは本当なのか？」

「はい、調べれば調べるほど悪事が露見しておりまして、それを追っていたためこの場を開くのが予定よりも遅れてしまったのです」

本来だったらこんなに長期間調査をするつもりはなかったと、俺は姫様経由で耳にしていた。

「では逆にそこまでしてるのであればこんな会議も開かず、すぐ捕まえた方が良いのではないか？」

そんなレーヴィンのもっともな意見に、他の貴族達も「確かに」と口にした。

「現在、わかっていることだけでも投獄するだけの理由はあります。しかし、今捕まえてしまうと、調査中のより大きな事件が明るみになることはなくなるでしょう」

「……ふむ、確かにその意見はわかるが。だとしても、ラージニア家の当主に気付かれ、逃げられるという可能性がないとは言い切れないだろ？」

「いえ、そちらに関しては協力者の方のお陰で、ラージニア家の者達が絶対に逃げることが不可能な状況をつくっています」

ゼフがそう言い切ると、レーヴィンはそれ以上言わなくなった。

しかし、協力者となった家の奴《やつ》は相当、国の調査部隊に情報を渡しているようだな……。

まあゲームでもそのキャラのお陰で事件が明るみになったわけだが、本当にそいつの考えがわからない。

その後も話し合いは進むが、この場ではラージニア家をどうするか決めきることはできず、昼休憩を挟んでから、午後も話し合いが行われることになった。

「こんな長く椅子に座ってたのは久しぶりで、腰がマジで痛い……」

そう言いながら俺は背伸びをすると、参加していた貴族の長の数人が俺のことを見ている気がして居心地がすごく悪かった。

いや、わかるけどさ、俺は何も知らないし、被害者の一人なんだけど……。

そう思いながら、その場にいるのが嫌になった俺はさっさと部屋を出て、食堂へと向かった。

「同席しても良いか？　ジン君」

「ノヴェル様……もちろん良いですけど、俺と食べても大丈夫なんですか？　今の俺は平民扱いですよ？」

「私はそんなことは気にしていない。そんなことを気にしているんなら、わざわざ平民となったジン君に近づいて娘と和解なんてさせてないだろ？」

まあ、確かにそう言われたらそうだけど……。

「それに、ジン君と少し話をしたかったんだ」

「俺とですか？」

「ジン君のやってること、姫様の護衛のことを聞いていたんだ。時折、見かけない子供がいるなと思っていたがアレはジン君達だったんだな」

ノヴェルが言ってるのは、護衛時の姿であるジュンとクロのことだろう。

まあ、あの変装に関しては俺もマジで凄《すご》いと思っている。

何せ声すらも変化しているからな。

「ええ、その、色々と目立つ行為は避けようと思いまして、姫様の護衛をするなら変装をさせてほしいと頼んだんです」

「なるほどな……確かにジン君が目立つと、調査の方にも影響があっただろうし、その選択は間違っていなかったと思うぞ」

あれ？　普通に自分の力が知れ渡るのが嫌で、目立ちたくないって言ったんだけど、良い感じに勘違いされてる。

まあ、そっちについて考えていなかったわけでもないし、訂正はしないでおくか。

それから俺はノヴェルと一緒に昼食を食べ、その間に世間話みたいなことを色々と話した。

この人とこういうことになるとは思ってもいなかった俺は、終始緊張していた。

そうして昼食を終えた後、俺はノヴェルと共に会議室へと戻ってきた。

「少し早いけど、部屋で待ってようと思ったら、ほとんど人が居ないな……」

部屋に戻ってきている者達は、俺を合わせて四人だ。

ユリウスとノヴェル。

そして、ティアナの祖父のレーヴィンだ。

レーヴィンは、引退後も国の重要事項の決定に関わるほどの人物として扱われている。

「ジンと言ったかね？　少し良いか？」

「っ！　れ、レーヴィン様？　は、はい大丈夫です」

ボーッと時間が来るのを待っていた俺は、自分に近づいてきていたレーヴィンの気配に気付くのが遅れ、声を掛けられた瞬間にビクッとなってしまった。

「そんなに緊張しなくても良いぞ、儂はすでに隠居した身じゃからな」

「いえ、流石《さすが》にレーヴィン様に緊張しないのは難しいですよ……」

レーヴィン・フォン・ノルフェン、ノルフェン公爵家前当主にして前魔法師団団長。

肩書こそ受け取らなかったが、当時の魔法の腕から【賢者】と呼ばれてもおかしくない存在だと設定資料に書かれていた。

その設定どおり、レーヴィンの力は凄《すさ》まじく、ゲームでも助《すけ》っ人《と》として登場する一人で人気も高いキャラだ。

孫もいるお爺《じい》ちゃんキャラではあるが、見た目は整っていて〝イケおじ〟として好かれていた。

「そうかの？　すでに儂が隠居してだいぶ経《た》つんじゃがの……」

ふむ、と悩んだ様子でそう言ったレーヴィン。

「それで、お話って何でしょうか？」

「おっと、そうじゃったそうじゃった。お主から出る魔力に興味が湧いての、その力は一人で鍛えたのか気になったんじゃ」

「俺に師匠がいるのかという質問でしたら、魔法に関しての師匠は居ません。一応、剣に関してはユリウスさんとアンドルさんに弟子としてではなく一人の剣士として教わる時はありますが、魔法は全て独学です」

「ふむふむ、なるほど。じゃから、お主の魔力は他の魔法使いとは変わった巡り方をしておるのじゃな……お主、【瞑想《めいそう》】スキルを持っておるじゃろ？」

俺のことをジッと見つめるレーヴィンは、確信した様子でそう口にした。

「えっ、なんでわかるんですか!?」

「儂も持っておるから似た魔力の巡りをしておると思ってのう。しかし、その歳《とし》で【瞑想】持ちとは凄いのお。儂が手にしたのは二十歳《はたち》を過ぎた頃じゃったか。便利なスキルで、手に入れた時は一人でダンジョンに挑みに行って怒られたの～」

　昔のことを思い出しながら、レーヴィンはそう言った。

　自分も持っているという理由だけで、俺が【瞑想】を持ってると特定してくるって、この人やっぱりおかしいだろ……。

　俺は心の中でそう思い、レーヴィンの異常さを改めて認識した。

「しかし、見れば見るほど、お主のその才能は興味がそそられるの～」

「そ、そうですかね？　まあ、魔法の才能は少しありますけど、レーヴィン様にそこまで言われるほどでは……」

　まずいぞ、この流れは……何となく、この単語聞き覚えがある。

　確かレーヴィンは自分が気に入った者を弟子に取りたがる、と設定に書かれていた。

　そのため、ゲームでも俺と同じく【瞑想】を持っていてさらに勇者という肩書に興味を示したレーヴィンは、勇者を弟子に取り魔法を教えていた。

「うむ、そうじゃ。お主、儂の弟子にならぬか？」

　終わった～、言われてしまったよ……。

　公爵家であり、国の重要人物であるレーヴィンの誘いを平民である俺が断れるわけないだろ……。

「レーヴィン様、ジンさんが誰かに弟子入りすることはありませんよ」

　返答に困っていると、ユリウスがそう助け舟を出してくれた。

　ユリウス！　助かったぞ、本当にマジでナイスタイミングだっ！

「ぬっ、ユリウス殿。そういえば、お主に剣を教えてもらってると言っておったが、弟子ではないとも言ってたの」

「はい、ジンさんは誰かの弟子になるのが嫌なようなんですよ」

「ふむ……たまにそういう性格の者がおるのは知っておるが、ジンもそうなんじゃな……う〜む、じゃがここまでの才能の持ち主を育てられんのはもどかしいの……」

レーヴィンは俺の性格を理解したが、それでも弟子にできないか悩んでいる。

レーヴィンがまだ人のことを考えてくれる性格の人で良かった。無理矢理《むりやり》弟子にするような奴もこのゲームにはいるからな……。

「う〜む……そうじゃ！　ジン、儂もお主にアドバイスするだけなら良いかの？　弟子にはせんから、爺《じじい》の戯言《たわごと》を聞いてみて納得したら試してほしいんじゃ！」

「……わかりました。弟子ではないなら、良いです。ただ、これはユリウスさん達にも言ってますけど、俺は冒険者です。なので事前に連絡を送れず、遠くに行く場合もあります」

「わかっておる。冒険者は自由に動く者達だと儂も理解しておるからの。じゃがしばらくは王都に居るんじゃろ？　その間でも、爺の戯言を聞いてほしいんじゃ。お主ほどの魔法の才能を持つ者はそうそう居ないから、何もせず見逃すのはできんし、儂は儂自身を止められん！」

熱く語るレーヴィンに近づく者が居た。

「父上、ジンには迷惑を掛けないという約束でしたよね？　なぜ、弟子がどうのこうのと叫んでいるのですか？」

「リオンッ！　ちっ、もう戻ってきおったか……ジンと話すために足止めも用意したというのに……」

「やはりあの者は父上が用意した者達でしたか……すまないねジン。父上が迷惑を掛けなかったか？」

そう優しく声を掛けてきたのは、魔法騎士団団長で、ティアナの父リオンだった。

クロエの修業を見ているリオンとは、何度か話をしたことがあり、城で気軽に話せるうちの一人だ。

「リオンさん、その、迷惑は掛けられていないので大丈夫ですよ」

「そうかい、本当はジンもいるから呼ぶつもりはなかったんだが、王がどうしても言ったのでね……もしかしなくても、王に頼んだのも父上ですか？」

「もちろん、何やら隠し事をしておる気配がしたからの。ドルスに会議に参加させるように言ったのじゃ」

「……隠居したんなら、そのまま山奥にでも住んでたらいいのに」

エッヘンと胸を張るレーヴィンに対して、リオンはボソッとそう呟《つぶや》いた。

この親子、ティアナの前では家族仲がいいように見せているが、実際のところはそんなに仲が良くはない。

というのもリオンは幼少期、レーヴィンに無茶な修業をさせられ、死ぬ気で魔法を覚えさせられたという過去がある。

確かにその修業のお陰で、今では王国の魔法騎士団団長という職に就いてるが、悪夢のように過ごした日々を忘れることはない。

今もなお、リオンは心の中でいつの日かやり返そうと思っていると、設定資料に書かれていた。

「それにしても不思議じゃな、リオン。お主がジンのことを知っていて、弟子に取らぬとは意外じゃ」

「ジンの性格は父上以上に知っています。それと、一応声を掛けて振られた後です」

この二ヶ月、城で暮らしていた俺はリオンから弟子にならないかと声を掛けられていた。

しかし、その時の俺は剣術に集中したいという思いと、弟子になるとこの国に縛られる可能性もあると思い、断っていた。

「ふっ、お主は振られ、何もしてやれていないようじゃが、儂はアドバイスをする権利を得た。ということは、ジンは儂を選んだということじゃな」

「ッ！　私は父上のように無理に頼み込んでいません！　ジンなら父上と私だったら私を選ぶに決まってますよ。父上の魔法は時代遅れの威力しか考えてないものですからね。私のような繊細な魔法の方が、ジンには合ってますよ」

「何じゃと！　儂に一度も魔法勝負で勝ったことのないくせに生意気じゃ！」

なぜか俺がレーヴィンを選択したことで、リオンとレーヴィンは喧嘩《けんか》を始めてしまった。

ちょいちょい、こんな会議室でそんな魔力出すなよ！　壁にヒビが入ってるぞ！

「「やめなさいッ！」」

「「ッ！」」

リオンとレーヴィン、一触即発という状況だったのが二人の女性の登場でシンッと静かになった。

睨《にら》み合《あ》ってた馬鹿親子は声のした方へと顔を向けると、驚いた顔をした。

「エイレーン、お主がなぜここに……」

「リネア、何で君がここにいるんだ……」

レーヴィンとリオンは女性の名を口にすると、女性達から睨まれその場で正座をした。

レーヴィンが口にしたエイレーンという女性、彼女はレーヴィンの奥さんで、リオンが口にしたリネアはリオンの奥さんだ。

この親子、お互いに嫌い合ってるが、どこまでも似ていて、奥さんの尻に敷かれているところまで同じだ。

「貴方《あなた》達が騒動を起こすかもって、王妃様からご連絡をいただいて待機していたのよ。レーヴィン、私に黙っていれば大丈夫とでも思ったのかしら？」

「だ、黙ってはおらぬぞ？　王都に行く用事があると伝えたではないか」

「ええ、そう言っていたわね。でも、今日この話し合いがあることは私には黙っていたわよね？　私は王妃様から教えてもらうまで知らなかったわよ？」

「そ、それはじゃな……」

エイレーンからそう詰め寄られたレーヴィンはしどろもどろになり、その様子を見たリオンはレーヴィンに〝ざまぁ〟と口パクをした。

リネアはリオンの頭に手を置いた。

「リオン、貴方は立派な魔法騎士団団長なのよ？　それがなんでお義父様との喧嘩のために、魔法を使ったのかしら？」

「そ、それは違う。魔法は〝まだ〟使ってなかった」

「まだって、それじゃあアレは何かしら？」

リネアはそう言うと、天井付近にできた焼け跡を見るようにリオンの顔を向けさせた。

あれはさっき、リオンがレーヴィンと睨み合ってた時に出した炎で燃えたところだな……。

その後、リオンとレーヴィンは共に奥さんに別室へ連れていかれ、その後の話し合いに参加することはなかった。

「ジン様、すみません。もうしばらくラージニア家に関して、お時間をいただく形になりました」

会議が終わった後、貴族達が出ていき、最後に残った俺にゼフはそう言った。

結局、今回の会議で決まったことは二つ。

一つは今後もラージニア家の監視と調査を続けること、もう一つはラージニア家を潰した後のことだ。

ゲームでは許されてしまったラージニア家だが、今回は許されずに潰すことが決定した。

家の取り潰しで決まっていることは、色々と問題を起こしている現当主の元父と義母の処刑。

子供は調査次第では、両親と同じ処遇になるかもしれないという感じだった。

「いえ、俺としては調べてもらってるだけでもありがたいので、いくら時間が掛かっても大丈夫です。それと俺に協力できることがあれば何でも言ってください、まだしばらくは王都で暮らす予定なので」

そうゼフに言った後、俺も会議室を出た。

色々あって疲れたので部屋に戻り、姫様が帰宅するまで少し横になることにした。

次に目を覚ました俺は、ふと窓の外を見ると陽《ひ》が沈みかけているのが目に入った。

「うん、完全に寝てた……」

予定していた時間よりも寝てしまっていたことに気付き、ベッドから起き上がって部屋を出た。

そして食堂に向かうと、城の者達が夕食を食べていて、俺もその中に交ざった。

「ジン、起きてきたのか。ジンが起きたら、姫様が部屋に来てほしいって言ってたぞ」

夕食を食べていると、顔見知りの兵士からそう言われた。

あ～、やっぱり姫様、会議の結果が気になってたか。

「ありがとうございます。後で向かいます」

兵士にそうお礼を言った俺は、目の前の料理を急いで食べて姫様の部屋に向かった。

そうして部屋に入った俺は、姫様に今日の会議のことを伝えた。

「なるほどね。ある程度は聞いていたけど、そこまで酷《ひど》いことになってたのね」

「俺もまさか、ここまで酷いとは思いませんでしたね。姫様と知り合って奇跡的に調査が始まったから良かったですけど、これ調査されなかったらわからないままになってましたからね」

「そうね……ジンさんのことを見つけて良かったと、改めて今回のことを聞いて思ったわ」

正直、俺もラージニア家のやらかしを全て覚えているわけではなかったから、今回の調査が行われて良かったと思っている。

会議で聞く限り、相当なことをやっていてよく三年後のあの時点まで隠蔽できたなっていうレベルのものもいくつかあった。

「凄いね、ジン君の元家族の人達。これだけのことをしていて今まで隠せてたって……」

「ああ、俺も同じことを思ってたよ。話し合い中にも、今までどうやって隠していたのかわからないって言ってたし。まあ、なんだかんだあの家は侯爵で力もあるからな……」

「ええ、そうね。それにラージニア家といえば、数多くいる貴族の中でも初期から国に仕えている家なのは周知の事実だから、そんな家がこんなことをしてるなんて誰も思ってなかったんでしょうね」

姫様はそう言いながら、疲れた表情で紅茶を飲み、ため息をついた。

その後、この話題のままだと辛気臭くなってしまうので、今日の学園はどうだったかと話題へと変えることにした。

「そうね。いつもどおり、特に何もなかったわね。ああ、でもティアナが久しぶりに祖父に会えるから楽しみって言っていたわね」

「祖父ってことは、レーヴィン様ですか？」

「ええ、レーヴィン様は基本的に領地で暮らしているからってティアナも言ってたから……って、どうしたのそんな顔をして」

レーヴィンの話になったので俺は、寝る前のことを思い出して少し複雑な表情になった。

その様子に気付いた姫様に何があったのか聞かれ、レーヴィンと話した内容を伝えた。

「ジンさんを取り合って、リオンさんとレーヴィン様が争ったの？」

「私達が居ない間に、凄いことが起きてたんだね……」

「いやもう本当に、勘弁してほしかった……」

俺はため息をつきながらそう言った。

「でもリオンさんに関して言えば、前からジン君に魔法を教えたいって言ってたもんね」

「ああ、一応のらりくらりと回避してリオンさんはそこまで強引に誘ってこなかったら良かったんだけど、レーヴィン様は若干強引でさ……」

「レーヴィン様はそういうところがあるのよね……私も昔、弟子にすると言われたけど、お父様に止めないとお父様のこと嫌いになるって脅して、なんとかなったのよね」

あの時は大変だったわ、と姫様は昔のことを思い出しながらそう話してくれた。

「それで、結局ジンさんはレーヴィン様の弟子になったの？」

「いえ、ユリウスさんみたいに弟子にはしないけど、アドバイスだけしてもらう形で収まりました。俺は誰かの弟子になるのは、今のところ考えていないので」

「前もそんなことを言ってたわね。それって、やっぱりいつでもここから旅立てるようにってことかしら？」

「まあ、その理由が一番ですね。俺は冒険者ですから、いつかはこの地を離れる可能性もあります。その時、誰かとの繋《つな》がりがあると旅立ちにくいですからね」

と言ってるが、実際は主人公である勇者と関係が深まる者達とはできるだけ離れていたいだけというのが本音。

助っ人キャラならまだいいけど、レーヴィンは助っ人キャラの中でも勇者を気に入ってほぼ師匠キャラのような立ち位置になっていた。

だから本当はアドバイザーとして関わるのも嫌だったが、まああの選択が妥協点だったと今は思っている。

「あら、それじゃあクロエさんはどうするの？　確か、王都にご両親もいるわよね？」

「そこは大丈夫ですよ。お父さんとお母さんには話をしてて、許可もらってるんです」

「あら、そうだったのね。羨ましいわ」

この二ヶ月の間、クロエともし旅に出ることになったらどうするという話をしていた。

元々クロエは俺が旅に出るならついていきたいと考えていて、両親にその話をしたら俺とならどこにでも行ってくると良いと許可をもらっていた。

ただし最低でも年に一度はギルドを通して手紙で生存報告くらいはするようにと言われたらしい。

俺としてはクロエの力は役立つことがたくさんあるし、今なら主人公との繋がりもないからついてこられるならついてきてほしいと思っていた。

なのでクロエから旅に同行できると聞いた俺は、クロエとクロエのご両親へ素直に感謝を伝えた。

「私もその旅に一緒に行きたいわ、無理かしら？」

「無理ですね。確実に」

反射的に俺がそう答えると、姫様は拗《す》ねた様子で「言ってみただけじゃない」と頬《ほお》を膨らませた。

翌日、ちょうど学園が休みということもあり、俺は早朝からレーヴィンに呼び出されて訓練場へとやってきていた。

レーヴィンが魔法を教えるという噂《うわさ》はすでに城内で広まっていて、教えてもらいたい者達が集まり、訓練場にはいつもの倍近くの人が集まっていた。

「こんだけ弟子候補がいるなら、俺は要らないじゃないですか？」

「数じゃない、才能じゃよ。儂はお主の才能に惹《ひ》かれておるんじゃからの」

満面の笑みを浮かべながらそう言うレーヴィンだが、リオンが現れてムスッとした顔へと変わった。

「リオン、今日は儂が教えると言ったじゃろ」

「別に許可してません、それに父上と喧嘩しに来たわけでもありません。私もジンに魔法を教えるために来たんです。……それにまた問題を起こしたら、妻に怒られますからね」

リオンの目線の先を見ると、城の二階部分からリオンとレーヴィンの奥さんがこちらを見ていた。

レーヴィンも奥さんの視線に気付いたのか、リオンに向けていた敵意を消して仲が良さそうに見せるためにリオンと握手を交わした。

尻に敷かれてる者同士、協力関係を結んだようだな。

「それで結局、俺はどちらに教えてもらえるんですか？」

「うむ、そうじゃな……ここはジンに決めてもらうのが一番いいじゃろう。そうじゃろ、リオン？」

「そうですね。それが一番公平ですね」

レーヴィンとリオンはそう言うと、それぞれ自分達が教えようとしている内容を話してくれた。

「儂は攻撃特化の魔法を教えようと思っておる。今時の魔法は、形やら美しさを競っておるようじゃが、儂のは実践向きの魔法じゃよ」

「父上はそうだと思いましたよ。私は以前にもお伝えしたとおり、魔力制御と魔法コントロールの上げ方を教えようと思っています」

「攻撃魔法訓練か、基礎の向上訓練ですか……だったら俺が今学ぶべきは、攻撃特化の魔法ですね。現状、自分の魔力制御に自信がないわけではないので」

熟考して決めたことをそう伝えると、レーヴィンは勝ち誇ったような顔をし、リオンは落ち込んでしまった。

いやまあ、別にリオンの基礎訓練が嫌というわけではないが、レーヴィンの教える攻撃魔法は、弟子にならずに教えてもらえるなら、習得しておきたいと昨日寝る前に思っていた。

「ふふっ、ジンなら儂の攻撃魔法に惹かれると思っていたぞ！」

「レーヴィン様の魔法の伝説は色々と聞いてますからね。気にはなってましたよ」

「そうかそうか」

リオンは悔しそうに自分が担当する者達を連れて、別の場所へと移動した。

そうして、俺はレーヴィンから攻撃魔法を習うことになった。

まず最初は、レーヴィンの魔法を学ぶ者達と一緒に、レーヴィンの魔法を見学だ。

レーヴィンいわく、言葉だけでは伝わらないから、見て感じて実践するというのがレーヴィン流の魔法の学び方なのだそうだ。

「まあ、割と理解できるやり方だな。言葉だけでイメージはできないからな……」

そう感じたのだが、ゲームの記憶を辿《たど》るうちにハッとあることを思い出した。

その瞬間、俺はできるだけレーヴィンの視界から消えようと、魔力も薄めて周りの兵士に溶け込もうとした。

しかし、俺が隠れる前に「ジン、こっちに来るんじゃ」と呼ばれてしまった。

「……な、なんでしょうか？」

「うむ、儂の魔法は相手がいる方がよりわかりやすいんじゃや、ジンなら多少儂の魔法に耐えられるじゃろうから相手になってくれんかの？」

「えっと、それって危なくないですか？」

「んっ？　魔法を覚えるのに、危険でない方がおかしいと思うぞ？」

真顔でそう言うレーヴィンに俺はため息をつき、「わかりました」と言ってレーヴィンの魔法の相手となることになった。

レーヴィンの魔法、それは基本的に攻撃魔法で、そのどれもが強力な魔法。

助っ人として登場する時は、その強力な魔法で敵を一掃できるので、レベル上げも簡単になる。

ただし補助系統の魔法は得意ではないため、レーヴィン頼りで先へ先へと進むと、後々痛い目に遭うプレイヤーも数多くいた。

当時の俺もその中の一人だった。レーヴィンを仲間にした際はその強さに頼り切ってしまい、結果的に他の魔法職の仲間を育成できずに詰んでしまった過去がある。

「お願いですから、手加減してくださいよ？　防御は多少できますけど、レーヴィン様の魔法を受けきるの、本当に厳しいと思うんで」

「大丈夫じゃ、こう見えて儂は数多くの弟子を育ててきた実績があるからの、手加減は得意じゃ！」

自信満々にそう言うレーヴィンに心配しつつ、俺は覚悟を決めた。

しかし、早朝から訓練が始まったせいで、道具類の準備がほとんどできていなかった。

できた物といえば、ミスリルの腕輪とシンシアの店で買った飴《あめ》。

防具系の道具を一つも準備できなかったのは、本当に痛いな……。

「むっ？　その腕輪の素材は、ミスリルではないか？」

「やっぱりわかるんですね。そうですよミスリルでできた腕輪です。流石にレーヴィン様相手に、何もなしでは俺が死にますからね。これくらいの道具は許してください」

レーヴィンはニヤリと笑みを浮かべて「よいぞ」と言った。

もしかしたら、何かレーヴィンの中の変なスイッチを押したのかも、と恐怖を感じた。

いや、大丈夫だ。

流石のレーヴィンもこんな城の訓練場で本気の魔法なんて出すはずないからな。ちょっと他の魔法使いより威力が高い魔法を使うだけに留《とど》まるだろう。

「レーヴィン様、ジン君。準備は良いですね？」

「うむ」

「はい」

俺達がそう返事をすると、審判役の兵士は開始の合図を送った。

レーヴィンの魔法、それを受けるのが俺の役目。

なら攻撃を全て捨て、防御に全振りすれば耐えられるはずだ！

「うむ、流石儂が見込んだ者じゃな！　その歳で、それだけの魔力壁を張れるとは大したものじゃ！　ならば、儂も期待に応えて最高の技を見せてやろう！」

高らかにそう宣言したレーヴィン。

体を空中に浮かせると、両手に魔力を集め始めた。

「ちょっ！　レーヴィン様!?　その魔力の量、ヤバくないですか!?　ここ王城の敷地内ですよ！」

「大丈夫じゃ、ちゃんと儂らの周りに魔力壁を展開してもらってるからの。それにこの程度ならジンも耐えられるから安心するがよい」

先ほどまではなかった魔力壁が、俺とレーヴィンを囲むように展開される。

何が安心するがよい、だ！　そんな魔法食らったら、俺の力でも厳しいだろ！

そう思いつつも俺は限界まで魔力を魔力壁へと注ぎ込み、できるだけ壁を強固にした。

「それではいくぞ、よく見ておくんじゃよ！」

「ッ！」

魔力を溜め終わったレーヴィンが、俺に向かって魔法を放ってきた。

その魔法の威力は、今まで見てきた中で群を抜いて高く、受け止める俺は必死に守ることに集中した。

やっぱりこの魔法か……レーヴィンの持つ最強魔法【極・魔力砲】。

属性魔法や希少魔法ではなく、ただ魔力を一点に集中して放つ魔法。

しかし、その威力は作中の魔法技の中でもトップクラスで、ボス討伐の際はかなりの有効打。

魔法耐性がない相手に対しては、その威力がそのまま効くという便利な魔法。

「おっ、やっぱり耐えられたではないか、流石儂が見込んだだけあるわ」

何とかレーヴィンの魔法を耐えきった俺は、魔力をほぼ失ってその場に座り込み、レーヴィンを睨んだ。

真正面からレーヴィンの魔法を受け止めことで、ある程度のことはわかった。

この魔法があれば今後役立つこともあるだろうし、理解できたのは俺としても有益だったけど
……釈然としないな。

「どうじゃ、ジンよ。あの魔法は実際に受けた方が習得するまでの時間が早いんじゃ。覚えられそうか？」

「……大体のことは感じてわかりました。ですけど、一つ疑問と言いますか、わからないところがあります」

「ほう、そのわからないところとはなんじゃ？」

「魔力を一点に集める際、自分の魔力だけではなく空気中にある魔力も集めてましたよね？　あれは、どういう原理でやったんですか？」

レーヴィンは嬉々《きき》として答えてくれた。

あれは、一度自身の魔力を周りに放出し、空気を吸うように体に魔力を引き寄せ、その際に空気中の魔力と合わせて一点に集める、というやり方なのだそうだ。

「……なるほど、そうやって自身の最大魔力以上の魔力を集めて放つ技ということですか」

「そういうことじゃ。説明だけでは伝わらない魔法なうえ、相手が居ないと集中できずに失敗してしまう可能性があったからのお。ジンに的のような役目をしてもらったんじゃ」

「まあ、実際に的でしたね。ですけど、そのお陰で大体のことはわかりました」

「じゃがあの魔法はいくら手加減しても威力が強くてのう。耐えられる人間はそうそう居ないんじゃ」

だろうな。俺はこの歳ではありえないレベルと魔力の数値、そしてミスリルの腕輪に、常時回復薬の飴を舐《な》めていたから耐えきることができたが、普通の人間だとあの魔法に耐えるのは至難の業だろう。

「それで、どうじゃ？　あの魔法は、ジンの役に立ちそうかの？」

「……そうですね。実際に使ってみないとわかりませんが、強い魔法を教えていただいたことには感謝します。ですけど、これはアドバイスというより、技の伝授ではないですか？　確かに攻撃魔法の訓練とはおっしゃってましたけど、あれはどう見ても自分の技を俺に教えたようなものでは？」

「そ、そんなことはないぞ？　確かに、技の伝授ではあるが、あの魔法は他の魔法にも応用が利くんじゃや。じゃから、決して儂がジンに自分の技を教えたくて、本来アドバイスしようと思ってたことを放ったらかして、あの魔法を教えたとかそんなことはないぞ？」

全部喋《しゃべ》ってるぞ……。

俺はそう思いながらジト目でレーヴィンを睨む。

そして、ため息をついて「もう良いですよ」と言って、とりあえず今回は許すことにした。

レーヴィンに魔法を習うと決めた時点で、いつかあの魔法を教えてもらおうと考えていたので、それが早くなっただけだと思うことにした。

レーヴィンに魔法を教わり、数日が経った。

以前は休日になるとダンジョンや依頼等で体を動かしていた俺だが、ここ最近は今まで以上に訓練に取り組んでいる。

その理由は、レーヴィンとリオンから魔法を教わる方が俺にとって有益だったから。

「ジン、流石儂が見込んだ男じゃや、もうほとんど儂の魔法を覚えたようじゃな」

「形は大体できてきました。ただまあ、威力はまだまだですね。ミスリルの腕輪のお陰で、多少威力があるように誤魔化《ごまか》せてるだけですよ」

レーヴィンの教えは思っていた以上に俺の成長に繋がった。

元々、神の加護もあるうえに体内魔力も桁違いに多い俺は、誰よりも成長している。

唯一そんな俺の成長速度についてきているのは、クロエだけだった。

「嬢ちゃんの方もなかなか筋が良いのう。儂の孫といい勝負じゃと思うぞ」

「あはは、そんなことないですよ。ティアナさんの方が凄いですよ」

レーヴィンは、俺とクロエが変装をしながら姫様の護衛をしていることを知っている。

というか、言っておかないとレーヴィンが自慢話で孫に話してしまうかもと、レーヴィンの奥さんであるエイレーンに忠告してもらった。

「父上、そろそろジンとクロエは私の訓練時間です」

「ちっ、時間どおりじゃな……リオンよ、もっとゆっくりしてくればいいものを……」

当初は日によって順番に教えるということにしていたが、主にレーヴィンがその約束を破り、また喧嘩が起きてしまった。

いい歳した親子が魔力壁を張ってガチで喧嘩を始めてしまったのだが、まあ、その喧嘩を止めたのは、言うまでもなく馬鹿親子の奥様方。

その喧嘩から魔法を教える日を決め、その一日のなかで時間を決めて訓練をすることになった。

訓練日を決めた理由は、その日なら奥さん方の監視ができるからだ。

馬鹿親子は、奥さん達からの信頼をこの数日間で完全に失ってしまったようだ。

「父上、良いんですか、そんな態度を取って？　母上が見てますよ？」

リオンはしかめっ面を浮かべてるレーヴィンにそう言うと、城の二階の方を見上げた。

訓練場をよく見渡せる部屋から、リオンとレーヴィンの奥さん達がこちらを見ていた。

「うぐっ、わかっておる……」

レーヴィンは、トボトボとこの場を去っていった。

第三章　剣聖からの贈り物

そんな感じで、案外悪くない訓練の日々を過ごしている。

そうして今日も訓練が終わり、汗を流すためにシャワーを浴びて着替えると、ユリウスが廊下で待っていた。

「既視感がすごくあるんですけど、まさかまたどこかに消えるとかではないですよね……？」

「だ、大丈夫ですよ。今回はジンさんにお礼と、ミスリルの受け取りに来たんです」

一歩後ずさった俺に、ユリウスは慌ててそう言った。

ここ最近、ユリウスは基本的に城にはおらず、姫様の頼み事をこなすために王都を駆け回っていた。

それが罰になるのかと姫様に聞いたが、ユリウスにとっていい罰なんてないから、とりあえず肉体的労働を毎日限界までやらせることにしたらしい。

「それにしても早かったですね。失態を犯した償い、もっと掛かるのかと思ってました」

「いえ、償い自体はまだ終わってないんですが、姫からいつまでもジンさんに持っててもらうのは迷惑じゃないかと言われまして……ミスリルの受け取りを許可されたんです」

「なるほど、そういうことだったんですね。それじゃ、もうミスリルはここで渡しても大丈夫ですか？　一応、この鉱石って丁寧に扱わないといけないので、どこか鍛冶屋に持っていくのでしたらそこまでついていきますよ？」

そう伝えると、ユリウスはしばらく考え込んだ。

これまで大事に保管してもらった恩を感じているのか、これ以上迷惑を掛けるのはと悩んでいるみたいだ。

「別に迷惑とかではないですよ？　今度の休み、自分の訓練道具の買い足しもあって訓練もお休みの日があるんですよ。その日なら、時間が取れるので王都内でしたらついていきますよ」

「それでしたら、お願いしてもいいですか？　加工してもらう相手は王都の方なので、そこまで運んでもらえたら助かります」

ユリウスは頭を下げてそうお願いをしてきた。

あの時の教訓から、手を貸してもらえるならその手を取るようにと姫様から散々言われたみたいで、前みたいに自分だけでやろうとはしないようになっていた。

「はい、それではまた今度の休日に」

「はい、ジンさんも訓練頑張ってください」

そう言って俺はユリウスと別れ、夕食を取るために食堂へ向かった。

◆　■　◆　■

それから数日後、仕事も訓練も休みとなった日。

朝早くから、俺はユリウスと共に城を出て王都の商業区へと向かっていた。

「そういえば、ずっと聞いてませんでしたけど、ユリウスさんはなんでああまでしてミスリルを手に入れようとしたんですか？」

償いで走り回っていたユリウスに聞くのが憚《はばか》られ、ずっと気になっていたことを聞いた。

「……ジンさんは私が元遺児だったということはご存じですよね？」

「はい、姫様から聞きました。まだユリウスさんが子供の頃に出会って、そのまま拾ったと」

「その時、私には遺児仲間と言いますか、まあ妹のような存在の子が居たんです。もちろん、姫様はその子のことも面倒を見ると言ってくれたんですけど、彼女は貴族には近づきたくないと言いまして一緒に来ることはなかったんです」

ん？　そんな妹のような存在がいるなんて、ユリウスの設定にあったか？

設定資料にも書かれていなかったぞ？

「幼い頃の自分は生きることに精一杯だったので、結局私は彼女を置いて姫様に拾われ、ここで生活をすることに決めたんです。そうして彼女と別れたわけなんですが、つい先日彼女が冒険者として、活躍してるのを見かけたんです」

「えっ、それまで手紙のやり取りとかしてなかったんですか？」

「遺児同士ですからね。別れた後の連絡手段がなかったんです。それで彼女に対しての償いと言いますか、子供の頃に約束したことを叶《かな》えようと思い、ミスリルを手に入れるために、あのような騒動を起こしてしまったんです」

「えっと、そこで何でミスリルの話が出るんですか？」

「子供の頃に自分が一番欲しい物は何かって彼女と話したことがあったんです。私は剣士としての最強の称号が欲しいと言い、彼女はミスリルでできた装飾品が欲しいと言ったんです」

なるほど、それで躍起になってミスリルを見つけようと、鉱石を掘りまくったのか。

なんかもっと、それなりの事情があるのかと思っていたけど、意外とピュアな理由だったな。

「子供の頃の約束のために、あそこまで必死になるなんてすごい想《おも》いの強さですね」

「……たぶん、私は衣食住が整った所で過ごして、いつ死んでもおかしくない環境に彼女を置き去りにしたことが、心の中でずっと自分を苦しめていたんだと思います。それを和らげるためにも、子供の頃の夢を叶えようと体が勝手に動いてしまったのかもしれません」

あの時は色々とご迷惑をお掛けして申し訳ありませんと、ユリウスは謝罪をした。

その後、先にシンシアの店に寄って色々と購入した俺は、ユリウスが加工を頼もうとしている鍛冶屋へと向かった。

「……ユリウスさん、本当にここですか？」

「あ、あれ？」

やってきた場所の建物には、張り紙があった。

要約すると親方が倒れてしまい、弟子もまだ育ち切ってないから店を畳むことにしたと書いてあった。

「どうします？　鍛冶屋は他にもありますから、どこか別の所に頼みますか？」

「……ミスリルは扱いが難しい鉱石で、持ち込みだとしても断る鍛冶師がいるんです。なのでこのお店も探し回って、ようやく見つけた所だったんです」

そう落ち込んだ様子のユリウスに、俺はできるかわからないが一応あることを言った。

「でしたら、一度リーザに頼んでみますか？」

「えっ!?　ガフカの工房にですか？　む、無理ですよ、ジンさんは気に入られてるからわからないと思いますが、あそこは王族からの依頼さえも断るんですよ？」

「話をしてみて無理なら他を探せばいいじゃないですか。ここで考え込んでる方が時間がもったいないですよ」

そう言って俺はユリウスを連れてリーザの店へと向かった。

正直、俺もリーザが受けてくれるかわからない。だけどあそこで立ち止まって考えているなら物は試しで聞くのは良いと思った。

「なるほどね。それで、あたしの所に来たってわけか」

「ああ、どうだやってくれるか？　俺の知ってる鍛冶屋はここだけだし、話だけでもと思って来たんだ」

「……いいよ。やってあげる」

「ッ！　良いんですか!?」

リーザはしばらく考え込んでいたが、結局は引き受けてくれた。

「ジンの頼みだしね。それに剣聖のそんな馬鹿な話を聞いて、なんかやる気が出たのよ。元遺児仲間のために、自分が死にかけても取ってくるなんて面白いじゃない。前までお高くとまった剣聖様だと思ってたけど、案外面白い奴《やつ》だったんだね」

「あ、ありがとうございます」

ニヤニヤと笑いながら言うリーザに、ユリウスは一歩後ずさってお礼を言った。

その後、ミスリルの鉱石をリーザに渡すと数日後にはできるからと言われ、俺達《たち》は店を出た。

「良かったですね。作ってもらえることになって、言ってみた甲斐《かい》がありましたね」

「は、はい。本当にジンさんには頭が上がりません。まさか、あのリーザさんに作ってもらえるなんて、思いもしませんでしたから……」

ここまで緊張しているユリウスは初めて見るな。

それだけリーザに作ってもらえるということが凄《すご》いことなのだろう。

リーザの凄さを改めて実感しつつ、俺とユリウスは用事が終わったので城へ戻ることにした。

◆・◆・

リーザの所でミスリルの加工を頼んでから三日後。

リーザから完成を知らせる手紙が届き、俺はユリウスと共に店に取りに向かった。

「いらっしゃい、待っていたよ」

店に入ると、リーザはそう言って出迎えてくれた。

「はい、これが頼まれていた物よ。どう？」

「さ、最高です……こんな美しい造りをした物は初めて見ました……」

ユリウスはリーザから受け取った装飾品を見て、そう言った。

ミスリルを全て装飾品に変えてほしいと頼んだユリウスの前には、首飾り・耳飾り・腕輪の三種が置かれていた。

「こんな短期間で、二度もミスリルを扱えるとは思わなかったよ。ありがとね、ジン」

「まあ、俺は紹介しただけだよ」

俺はそう返すと、リーザが作ってくれた装飾品を見て釘付《くぎづ》けになっているユリウスを呼んで支払いをするように促した。

そうして支払いを済ませたユリウスは、用意していたプレゼント用の箱に装飾品を入れて、リーザに深く頭を下げて「ありがとうございました」とお礼を言った。

リーザの店を出た俺は、そのままユリウスに同行して冒険者ギルドへと向かっている。

ユリウスから一人で渡すのは無理だと頼まれてしまったのだ。

「いい歳《とし》した大人が物を渡すのに緊張するからついてきてほしいって、剣聖様に憧れてる人が聞いたら笑いますよ……」

「し、仕方ないじゃないですか、彼女と会うの本当に数年振りなんですから……」

「だからといって年下の後ろに隠れながら歩くのはどうかと思いますけど……俺、目立ちたくないって散々言ってますよね」

ギルドに近づくにつれてユリウスの気持ちは小さくなり、俺の後ろに隠れながら歩いている。

俺は早くこの状況から解放されたいと考えていた。

「あれ、ジンさん？　今日は、ギルドに来る予定なんてありましたか？」

「いえ、俺はなかったんですけど、この人の付き添いで来ることになったんです……」

受付に出てきたフィーネさんの前に、帽子を被《かぶ》って俺の背中で隠れようとするユリウスを立たせる。

フィーネさんは今日ユリウスが来ることは知っていたみたいで、色々と察して俺達を部屋に案内してくれた。

「ユリウスさん、そろそろシャキッと歩いてくださいよ。もうここまで来てるんですから」

「そ、そう言われましても……」

こんな剣聖、ゲームでも一度も見たことないぞ……。

「ジンさん、ユリウス様、こちらでお相手の方がお待ちしております」

「案内ありがとうございます。フィーネさん」

部屋まで案内してくれたフィーネさんは、自分の仕事があるからと言って去っていった。

「はい、ユリウスさん入りますよ。もう相手は待ってるみたいですから」

「うっ、そ、そのもう少し気持ちの整理の時間を……」

「……失礼します。ユリウス様を連れてきました〜」

部屋の前まで来てなお覚悟を決められないユリウスの背中を押し、部屋の中に入ると、そこには見覚えのある人が居た。

「えっ、ジン君？」

「……アンジュさん？」

確認のため、アンジュさんの隣に座ってるパートナーのレイネさんに色々と聞いた。

すると、ユリウスが呼び出した相手はアンジュさんで間違いないことがわかり、俺は理解が追いつかなかった。

その後、何とか落ち着いた俺は、いまだに隣でビクビクしているユリウスをひとまず置いて、アンジュさんに質問をした。

「あんなに強くてキラキラしてた人が元遺児なんて言われても、全く信じられませんよ」

「ここまで成り上がるのに、結構苦労したのよ？　ずっと一人だったからね。どこかの誰かさんが姫様についていくって言って、妹同然の私を置いていったから」

「ッ！」

ユリウスはバッと立ち上がると、アンジュさんに頭を下げた。

「あの時はすまなかった！」

「……もう良いわよ。私もそこまで根に持ってないし、あの時離れるって最終的に言ったのは私だったもの」

アンジュさんはそう返すと、だから頭を上げてと言った。

「それで今更、あんたが私に会いたいってどういうことなの？　私はずっと王都で活動してたから、いつでも会えたはずよね？　もしかして、私が金級になったから近づいたのかしら？」

「ち、違う！　アンジュのことを知ったのは最近なんだ！　それまで、アンジュが王都で活動してるなんて全く知らなかったんだよ」

アンジュさんは疑った様子でそう言うと、ユリウスは必死になって弁明した。

流石《さすが》にそんな姿をしたユリウスが可哀想《かわいそう》だと感じて、俺は助け舟を出すことにした。

「アンジュさん、ユリウスさんの言ってることは本当ですよ。今まで色んな所を探していたけど、王都には居ないもんだと思い込んで捜索の対象外にしていたらしいんですよ」

「じゃあ、その捜索の対象外にいた私を何で今更見つけ出したのよ？」

「……偶然と言いますか、ほらアンジュさん、少し前に俺の昇格試験を受け持ってくれたことがありましたよね？」

「ええ、覚えているわよ」

「その時から俺ってこの国の姫様から色々と調べられていまして、その調査部隊の中にユリウスさんも居まして、そこからアンジュさんのことを知ったらしいんです。まあ、正直本当にそこで知ったのかと俺も思いますけど……」

アンジュさんは目を閉じてため息をついた。

俺は、隣でアンジュさんから疑われて泣きそうなユリウスを一瞥《いちべつ》した。

「わかったわよ。じゃあ、私の存在を知ったのがここ最近って信じるわ」

ユリウスは、眼《め》に涙を浮かべて「ありがとう」と言った。

それから、アンジュさんは再会して話すために呼んだの？　とユリウスに聞くと、ユリウスは首を振り「約束を果たすために来た」と言った。

「約束？　何かしてたかしら？」

「えっ、忘れてたの!?　昔にほら、ミスリルの装飾品が欲しいって」

「……えっ待って、あの時約束したのってまさか！」

ユリウスはアンジュさんの前に箱を置き、蓋を開けて中を見せた。

「嘘《うそ》、これって!?」

「ずっと前に約束した、ミスリルでできた装飾品。どうかな？」

「どうかなって……あの時、約束したことを本当に叶えてくれるなんて思わないでしょ普通……」

アンジュさんはそう言いつつ、嬉《うれ》しそうに箱の中身を見つめる。

「その、着けさせてくれるかな？」

アンジュさんは頷《うなず》き、ユリウスのそばに寄る。

ユリウスは首飾りと耳飾り、そして腕輪をアンジュさんに着けてあげた。

「すごく似合ってる」

「……」

装飾品を着けてもらったアンジュさんは目に涙を浮かべ、今にも泣き出しそうになっていた。

うん、これは俺とレイネさんは完全に邪魔者だな。

レイネさんとアイコンタクトを取り、ユリウス達の邪魔をしないように部屋を出た。

その後、部屋からアンジュさんのすすり泣く声が聞こえてきた。

俺の役目もここで終わりだろうということで、城に戻ることにした。

ユリウスに女ができた。

その噂《うわさ》が、贈り物を渡した日から数日後には流れ始めた。

今まで一切、女性の影がなかったユリウスが女性と密会している。

今ではそんな噂が城内に出回っていた。

「ユリウスさん、どうするんですか？　変に隠そうとした結果、騒ぎになってますけど」

「まさか、こうなるとは私も思いませんでしたよ！　た、確かに今まで女性と付き合ったこととかありませんけど、まさかここまで噂が広まるなんて……」

ユリウスは自分に女性の噂が立つだけで、こうも騒ぎになるとは思っていなかったみたいだ。

んっ、今ユリウス、なんて言った？

「ユリウスさん、今までお付き合いしたことがないって言いました？」

「そうですよ。今まで、誰とも付き合ったこと……あっ」

「……」

言葉を言い切る前にユリウスは気付き、顔を赤く染めるとその顔を隠して蹲《うずくま》った。

いや〜、まさかあの剣聖ユリウスがな〜、ゲームの設定資料には書かれてなかったから、普通になんとも思ってなかったけど……。

「童貞なんですね」

「あぐっ！」

ユリウスは俺の言葉を聞くと、そのまま地面に倒れてしまった。

うん、ユリウス関連で面倒なことに巻き込まれたけど、この情報を知れて対価としては割が良い。

「まあ、ユリウスさんが童貞ということは置いておいて、本当にどうするんですか？　このままだと、せっかく仲直りしたアンジュさんと簡単に会えないいんじゃないですか？」

「そ、そうだね。私のことより、アンジュのことを心配しないと」

なんとか立ち上がったユリウスは、フラフラの状態でそう言った。

「逆にもうユリウスさんが公表した方がいいんじゃないですか？　それで、アンジュさんには近づかないようにって言うのは、どうなんですか？」

「それだと、逆に近づく人が出ると思うよ。天涯孤独の身として今まで生活していた私に、妹分がいるなんて知られたら、一度は目にしたいと動く者が現れると思いますし」

「確かに……だったら、ユリウスさんに彼女を作ればそっちに注目がいくんじゃないですか？」

アンジュさんは貴族と関わるのを避けてるため、貴族の出が多い兵士達に知られると自《おの》ずとアンジュさんに貴族が近づく可能性がある。

だから、今の騒ぎの矛先を完全に別の誰かに移せれば、今後は安心して会えるようになるかもしれないと思ったのだ。

まあ、この場合うまくいって彼女ができたとしても、浮気相手か？　みたない噂が流れるかもしれないけど、今のこの騒ぎよりかはマシだろう。

「か、彼女ですか……」

「ええ、そしたらアンジュさんに向けられる興味が薄れると思いますよ。まあ、二人目の女とか、浮気相手とか思われる可能性もないとは限りませんけど」

「そ、それじゃあ駄目じゃないですか……」

ユリウスが落ち込んでしまったため、冗談ではなくちゃんと本気で対策を考え始める。

その結果、二人だけじゃ良い案が思いつかないとなり、とりあえず事情を知っているギルドに助けを求めることにした。

「なるほど、アンジュさんとユリウスさんの関係については先日お聞きしました。街の方では一切噂は流れていませんが、城内ではそんなことになっているんですね」

「はい、街ではかなり警戒して動いてましたけど、城内では少し気が緩んでいたのかそこで勘づかれたんだと思います」

姫様はもちろんのこと、クロエにもユリウスとアンジュさんの関係について話してある。

というのも、姫様は元々アンジュさんのことを知っているし、クロエには伝える義務があるとユリウスが話していた。

後は城内の人間という枠組みではなく、姫様直属の部下の間ではユリウスとアンジュさんの関係は知られている。

まあ、最初に見つけたのがその人達だし知っていて当然ではある。

「アンジュさんの思いとしては、ユリウスさんと会うのは良いとして貴族と会うのは嫌ということでしたよね」

フィーネさんはそう言うと、「少しお待ちください」と言って部屋から出ていった。

それから数分後、フィーネさんは資料を持って戻ってきた。

「ユリウスさんは確か、王国直属ではなく姫様直属の部隊で、姫様の命令のもとで動くことが可能でしたよね？」

「はい、そうです」

「でしたら、ユリウスさんは姫様の命令で遠征に行ったということにして、偽名と変装でギルドに冒険者登録をして、アンジュさんと会うというのはどうでしょうか？　これまでもユリウスさんは姫様の命令で遠征に行かれたことが多数ありますから、そのように偽装すればうまく会うことは可能だと思います」

俺はその手があったかと感心して、ユリウスも目を見開いて驚いた顔をしていた。

王国直属の兵士だと、一々面倒な手続きをしないと遠くに行くことは不可能だが、ユリウスは姫様の部下という立場。

その立場は他の兵士達とは違い、姫様の命令のもとで自由に動くことが可能。

そしてその姫様はこの秘密を知ってる人間の一人でもあるから、ユリウスのお願いだったら聞いてくれるだろう。

「流石、フィーネさんですね。俺とユリウスさんでは思いつきもしないアイディアでしたよ」

フィーネさんはニコリと笑みを浮かべて「お役に立てて良かったです」と言った。

その後、俺とユリウスは城に戻り、姫様の所へと向かった。

「なるほどね。それで私の所に許可を取りに来たのね。ユリウスがこんなにお願いすることは滅多《めった》にないし、今まで色々と動いてくれたから、できるだけ叶えてやりたいとは思うわよ。でも今は時期的に無理ね」

「……やっぱり、この間の騒動が原因ですか」

「ええ、今ユリウスを一人で動かすのは流石にお父様から何か言われそうね」

まあ、少し前にそれで大騒ぎになったばっかりだからな。

こればっかりは、周りが落ち着くまでは仕方がないだろう。

「だとしたら、また振り出しか……どうしますか、ユリウスさん？」

「そうですね……」

ユリウスに話を振ると、姫様から「何言ってるの？」と首を傾《かし》げられる。

「えっ、いやだって今、ユリウスさんを外に出すのは無理って……」

「外に出すのが無理じゃなくて、一人は無理と言っただけよ？　誰か付き添いがいるなら、別にその変装して冒険者になってアンジュさんと会うことは良いわよ」

「ッ！　良いんですか!?」

「ええ、この間のことだってその子のためだったんでしょ？　それにユリウスをアンジュさんと引き離したのは私だもの、そのくらいは許すわよ」

ユリウスは涙を流して、姫様に「ありがとうございます」と感謝した。

「となると、ユリウスさんに同行する人が必要ですね。この場合一番適任といえば俺達ですけど、それだとユリウスさんが変装した際にバレる確率が上がりますよね」

「ええ、だからユリウスの同行役は私の部下に頼むことにするわ。そっちの方が、ユリウスも良いでしょ？　表の子はユリウスとの関係性を疑われるかもしれないから、裏の子を使おうかしら」

「……良いんですか？　彼らを私のために使っても」

ユリウスは驚いた顔をしてそう聞いた。

姫様直属の部下は、基本的に姫様が直接スカウトした者達で構成されている。

その中で表立って活動しているのはユリウスを含め数名で、他の者達は基本的に裏の仕事、情報収集を主にしている。

「一人、怪《け》我《が》をして裏での作業ができなくなった子がいるのよ。その子のこと、どうしようかって最近悩んでて」

「姫様その裏とか表とか、俺に聞かせても良いんですか？」

「ジンさん達なら話しても良いと思ったのよ」

設定資料にも書かれてたけど、本当に凄い姫様だよ。

こんな姫様だから、国王から心配されて城からあまり出されないんだと思うけど……。

「とりあえず同行役に関しては、後で私の方から伝えておくわね。ユリウスが行動しやすいように、王都に隠れ家も用意しておいてあげる」

「そ、そこまでしていただかなくても……」

「良いのよ。冒険者が共同で使う家なら割とあるでしょ？　そういう風に偽装しておけば、あの子達も動きやすいし」

ユリウスのためだけに用意するわけじゃないという姫様だが、これまで必要じゃなかったものをユリウスのために用意するという時点でユリウスは感謝していた。

その後、変装道具は俺達用の余りがあるためそれを使うことになった。

「後、決めるのはユリウスさんの偽名ですかね？　何かいい名前思いつきました？」

「……ユーリという名にしようと思います。思い入れのある名でもありますから」

「そういえば、ユリウスと出会った頃、自分のことをユーリと言ってたわね。それって、その時に考えた偽名？」

「偽名と言いますか、あだ名のようなものですね。アンジュが私のために付けてくれた名前なんです」

エヘへと笑みを浮かべるユリウス。

こんなユリウスを見るなんてと考えていると、姫様も同じことを考えていたのか少し驚いた様子をしていた。

「とりあえず、今日のところはこの辺で終わりましょうか」

「はい、色々とありがとうございます。今後も姫のお役に立てるように頑張ります」

「ええ、ジンさんも色々とユリウスのために動いてくれてありがとう」

そうして、この日の話し合いは終わった。


その日の夜、俺とクロエはなぜか姫様に部屋に呼ばれて部屋に行くと、姫様と知らない女性が居た。

「姫様、こんな夜にどうしたんですか？」

「ええ、ジンさん達には先に紹介しておこうと思ってね。この子の名前はリリアよ」

「初めましてジン様、クロエ様。リリアと申します」

紹介された女性は、そう俺とクロエにお辞儀をしながら挨拶をしたので、俺達も挨拶を返した。

どこかで聞き覚えがあるなと思ったけど、この女性、ゲームでは姫様のメイドとして傍《そば》に仕えていた人だな。

脇役で特に設定資料にも細かく書かれていなかったが、姫様の部下の一人だったんだな……。

その後、呼び出されたのはリリアを紹介するだけだったので、俺達は姫様の部屋を出てそれぞれの部屋に戻った。


そして翌日、俺はユリウスと共にギルドを訪れ、ユリウスの冒険者登録を行っていた。

本来は受付でするところなのだが、フィーネさんが事情を知っているため、いつも使ってる相談室でやってくれることになった。

「ユリウスさんは冒険者として活動というより、アンジュさんと会うために冒険者になるんですよね？」

「まあ、そうですね。姫からは、一応冒険者としての活動もちゃんとするようにとは言われていますけど、基本的にはそっちを優先しても良いって言われています」

「だったら、俺みたいにパートナー登録をしておいた方がいいと思いますよ。俺もそのお陰でだいぶ素性を隠しながら活動できています。ユリウスさんの場合、目立てばアンジュさんと会うのも難しくなると思いますから」

そう俺がアドバイスをすると、ユリウスは「では私もパートナー登録をしておきます」とフィーネさんに言った。

その後、ユリウスの冒険者登録を終えた俺達は、そのまま帰るのではなく別室で待っていたアンジュさんのもとに向かった。

「それで、昔の名前で今後は冒険者としても活動するの？」

「うん、アンジュには迷惑を掛けられないからね」

「まあ、私としても変に貴族に目を付けられないなら良いけど……ジンに迷惑掛けすぎじゃない？　いくら任務で受けてるとはいえ、内容は〝姫様の護衛兼話し相手〟でしょ？　聞いたわよ。この装飾品のミスリルを手に入れるために、大騒ぎを起こしてジンに助けてもらったって」

「あっ、それは……」

アンジュさんに詰められたユリウスは、笑顔だったのが一瞬にして焦った様子へと変わった。

まあ、確かに依頼内容の中にはユリウスを助けるなんて書いてない。

金級冒険者のアンジュさんとしては、依頼内容に書いてないことをさせているユリウスに怒りを抱いてるんだろう。

「アンジュさん、一応そこは俺達が勝手にやったことなんで大目に見てやってください。それに今は、ユリウスさんに剣を習ったりして対価はもらってますから」

「……ジンが良いなら私が強く言う必要ないけど、それでも今後は気を付けてよね？」

「はい！　ごめんなさい！」

ユリウスは、頭を下げてそう謝罪をした。

「それとジン、ユリウスの剣術に飽きたら私の所に来てもいいのよ？　ユリウスに剣術を教えたのは私だからね」

「……えっ？」

アンジュさんとユリウスのやり取りを見て笑っていた俺に、アンジュさんは驚きの発言をしてきた。

剣聖ユリウスに剣術を教えたのがアンジュさんだって!?

そんなこと、設定資料にも書かれていなかったはずだぞ？

「それ、本当ですか？」

「うん、だって元々遺児のユリウスが姫様に認められるほど、剣がうまいなんておかしいでしょ？　私が何も知らないユリウスに一から教えたのよ」

アンジュさんの言葉が信じられない俺は、隣で頭を下げた状態のユリウスへと視線をやった。

「それは本当ですよ。私の剣の師匠はアンジュ。まあでも、今やったらどっちが勝つかわからないけどね？」

「へ〜、あの頃はたった一度も勝てなかったのに、そんな大口叩《たた》いて平気なの？　ジンの前だからって強気になって、後で恥をかくのはユリウスよ？」

「ふふっ、これでも剣聖としてその名に恥じない努力と経験をしてきたからね。あの頃とは違うんだよ」

うん、完全にこの二人やる気になってるな……。

義兄妹のような存在って言ってたけど、本当は血が繋《つな》がってるんじゃないか？

そう思っていると、二人は久しぶりの再会を祝うかのようにお互いの成長の確認も含めて戦うことを決めた。

「ちょ、ちょっとアンジュさんユリウスさん？　そんな急に戦うって、ギルド側も準備がありますから、無理ですよ？」

「大丈夫よ。こうなるかもしれないから、先にレイネに場所の確保をお願いしておいたわ」

「昔から準備が良かったけど、そこは変わってないみたいだね」

「一人でここまで成り上がった私だもの、これくらいで感心してもらったら困るわ」

お互いに睨《にら》み合《あ》う二人は、場所の準備ができたと伝えに来たレイネさんの言葉を聞いて部屋を出ていった。

まあ、でも俺の知らないアンジュさんの実力をこの眼で見られそうだし、これはこれでよかったな。

面倒な役割をしてるなと思っていたけど、この機会を逃さなくて良かったと思いつつ、二人の後ろをついていった。

「レイネさん、あの二人大丈夫ですかね」

「大丈夫だと思いますよ。私も兄がいるから何となくわかりますけど、アンジュさんはユリウス様に再会できてただ嬉しいんだと思います」

二人の様子を心配した俺に、レイネさんは笑みを浮かべてそう言った。

それから訓練場へと移動して、ユリウス達はそれぞれ準備運動を始めた。

その様子から二人ともガチでやるというオーラを感じる。

「二人とも本気で戦うみたいですね」

「そうですね。アンジュさんは、ユリウス様との戦いを楽しみにしていたんだと思います。ユリウス様と再会してから、ここ最近ずっと剣術の訓練を本気でやっていましたから」

なるほどな、顔には出してなかったけどアンジュさんもユリウスと再会できたのが嬉しかったのか……。

あれ？　だとしたら、おかしくないか？

「アンジュさんってユリウスさんがこの国にいること知ってたのに、自らは会おうとはしなかったんですか？　ユリウスさんが王都には居ないだろうって思い込んで、王都を探していませんでしたけど」

「……一応、アンジュさんなりにユリウス様にヒントは出していたんですよ。ただそのヒントに気付かないユリウス様に呆《あき》れて、ここ最近は何もしてなかったんです」

レイネさんはそう言うと、アンジュさんが出したヒントについて教えてくれた。

元遺児の冒険者は他にもたくさんいる中、アンジュさんは一人で活動を続けていた。

最初の頃は、自分の名が貴族に知れても良いからユリウスに自分の居場所を伝えるためにあえて隠していなかったらしい。

しかし、自分が銅級冒険者まで一人で上げたのにユリウスが気付く様子がなかった。

その状況でアンジュさんはユリウスが自分のことを探してないと思い込み、自分の情報は全てを隠すようになったとレイネさんは話してくれた。

「正直、あの頃のアンジュさんは冒険者の中でも一目置かれた存在でしたから耳に届いてもおかしくないと思っていたんですけど、私の方でその時のことを調べてみると、時期的にユリウス様が国外でアンジュさんのことを探している時と重なってしまって」

「ああ、見事に行き違いをしたということですか……」

「はい、アンジュさんもそのことを聞いて、あの時のことは水に流したのですが……それでも帰国後に噂ぐらいは耳にするでしょ！　と言って、少しの間、不貞腐《ふてくさ》れてました……」

まあ、アンジュさんの言い分もわかるけど、ユリウスが悪いとは言い切れないな。アンジュさんがどういう思いで過ごしてきたのか俺はわからないが、ユリウスはアンジュさんに大切な想いを抱いていた。

というのは、あの事件で目の当たりにしている。

「まあ、今はそんな感情はなく、ただお互いに成長した力を比べたいという思いしかなさそうですけどね」

レイネさんは笑いながらそう言うと、審判役として二人の間へと移動した。

金級冒険者のアンジュさん対剣聖ユリウスの試合か……こんなに面白いことが起きたって、姫様が知ったら怒りそうだな……。

っと、試合始まったみたいだな。ちゃんと見た後で報告すれば怒られはしないだろう。

そう思いながら俺は、ユリウス達の試合に集中した。

試合開始直後、両者同時に飛び出し、剣と剣がぶつかり合って凄《すさ》まじい風圧が起きた。

「ッ、目、目に砂が……」

目を離さないように集中して見ていた俺は、見事に目の中に砂が入り一瞬にして視界を奪われてしまった。

くっ、こんなことしてる場合じゃない！　早く見なきゃ！

俺は急いで水魔法で目を洗い、視界を戻してユリウス達の方へと視線を戻した。

「……すげぇ～」

これまでたくさんの戦いを見てきたが、ここまで凄い戦いはまだ見たことがない。

ユリウスが強いのは知ってたけど、アンジュさんもあそこまで強かったのか……。

以前はギルドの試験官として、魔道具で力を抑えられていたからここまでの強さを感じなかったけど、今はその枷《かせ》がない。

この強さ、金級冒険者でもトップクラスだろうな……。

「ハァッ！」

アンジュさんとユリウス、ユリウスが上だろうと勝手に思っていたが、予想とは違ってユリウスは防戦一方だった。

「くっ、アンジュ。あの時から、またさらに腕を上げたみたいだね」

「あたりまえでしょ？　あれから何年経《た》ってるのよ？　成長してない方がおかしいでしょ、そういうユリウスは能力は上がってるみたいだけど、弱点はあの時からあまり変わってないわね」

嬉しそうに言うユリウスに、アンジュさんは辛辣《しんらつ》な言葉を返した。

「そ、そんなことは」

「そう？　だったら、何でまだあの時に注意した癖が残ってるの？」

アンジュさんは左右にブレながら動くと、サッとユリウスに接近して足払いを放った。

ユリウスはアンジュさんの動きについていけなかったのか、その攻撃も簡単に食らっていた。

あのユリウスが簡単に攻撃を受けた？　マジかよ……。

「目に頼りきりになる癖、まだ直ってないわね。前に注意したことを直してないって、それでも成長したっていうの？」

「……ふふ、アンジュ。やっぱり、凄いね」

ユリウスは俯《うつむ》いていた顔を上げると、嬉しそうな顔を浮かべてアンジュさんを見た。

「ごめんねアンジュ。アンジュと戦ってると昔のことを思い出して、昔の癖が戻っちゃってたみたい」

ユリウスは起き上がると、先ほどまでとは違う剣の構え方をした。

アンジュさんはその様子の変化に気付くと、フッと笑って剣を構えなおした。

そういえば、さっきまでのユリウスの剣術、いつも見てる剣術じゃなかったな……もしかして、ユリウスの奴、ワザと昔の剣術で勝負してたのか？

ユリウスは普段の剣術でアンジュさんと戦い始め、さっきまで防戦一方だったのがいい戦いをしている。

「はあッ！」

「くっ！」

剣術の型を変えたユリウスが、アンジュさんを押していた。

アンジュさん、さっきまでとユリウスの剣術が違うせいで少し戸惑ってるみたいだな。

「へえ、思っていたより腕を上げていたのね。流石に教えられた剣術じゃなくて、自分で考えた剣術に進化させていたのね」

「まあね。さっきまでは、ちょっと昔のことを思い出して引っ張られてたんだ。こっちが私の本来の剣術。アンジュから見て、どうかな？」

「良いんじゃない？　……まあ、負けるつもりはないけどね」

それからお互いに魔法は一切使わないというルールの中、全力で戦い続け、勝者が決まらず一時間ほどが経過した。

「ジンさん、あのお二人はずっと戦ってるんですか？」

いつまでも訓練場から戻ってこない俺達のことを心配に思ったフィーネさんが、観戦してる俺にそう声を掛けた。

「一度、終わりかけたんですけど、再開してからはずっと戦い続けてますね。正直、剣術でユリウスさんに勝てる人はこの国に居ないと思ってたんですけど、その認識が変わりました。剣術においての最強はたぶんアンジュさんですね」

この国で一番の剣士として〝剣聖〟の名を王から授かったユリウス。

そんなユリウスの剣の師匠であるアンジュさんは、もちろん強いとは思っていたけど、戦う前まではユリウスほどではないと思っていた。

「ユリウスさんは試合が始まった時、昔の剣術で勝負してて防戦一方だったんですよ。そこから今の剣術に変えて戦いを再開したんですけど……アンジュさん、力を隠してユリウスさんと戦っていたんですよ」

「えっ？　ユリウス様相手に力を抑えていたんですか？」

「ええ、俺もそれを見た時は目を疑いましたよ。それまでの動きも速かったんですけど、力を解放したアンジュさんはより速く動いてユリウスさんの動きについていったんです」

たぶん、レベルや能力値で言えば、ユリウスの方が高いと思う。

姫様の頼みで色んな魔物を倒し、さらには冒険者以上にどこにでも入れるため、強い魔物と戦ってきた経験はユリウスの方が多いはずだ。

しかし、その経験差をアンジュさんは剣術、そしてたぶん何かしらの能力で埋めている。

アンジュさんは設定資料にも書かれていなかったから、どんな能力を持ってるのかわからないが、今までの戦いを見て〝神の加護〟は持っているとは思う。

「レイネさんからアンジュさんの強さはある程度、ジンさん達との試合前に聞いていましたが……まさか、剣聖であるユリウス様と互角にやりあえる力を持っていたなんて……」

フィーネさんはアンジュさんが自分が思っていた以上に力を隠していたと知り、驚いた顔をして二人の試合を見ていた。

その後、お互いに体力の限界を知らないのかずっと続けるので、レイネさんが「終わりです！」と言って強制的に終わらせた。

結果として勝敗は決まらなかったが、お互いの成長を感じたことでいい笑顔を浮かべて最後は握手をしていた。

「いや〜、アンジュが強いことは昔から知ってたけど、まさかここまで強くなってるとは思わなかったよ」

「何言ってるの？　ユリウスに剣を教えた私が強くない方がおかしいでしょ？　それにあの頃も、変な輩《やから》に目を付けられないように力を隠してユリウスに教えていたのよ？」

「えっ、そうだったの？　でも、最後の方は姫様に認められるくらいに剣がうまくなった私を圧倒してたよね？」

「それが師匠と弟子の違いよ。弟子に悟られないように力を隠すのも、弟子への心遣いよ」

そうアンジュさんが笑みを浮かべながら言うと、ユリウスは「アンジュはやっぱり凄いね」とアンジュさんの頭に手を伸ばして撫《な》でた。

一瞬嬉しそうな表情をしたアンジュさんだったが、この場に俺やレイネさん達がいることに気付いてサッと手を退《ど》けた。

「大人になったんだから、あの頃みたいに頭撫でないでよ……」

「あっ、ごめんごめん。アンジュ、頭撫でられるの好きだったからつい癖で」

笑いながらユリウスがそう言うと、アンジュさんは顔を赤く染めて「バカッ」とユリウスの肩を軽く殴った。

それから二人は、試合を見ていた俺に感想を聞いてきた。

「アンジュさんには申し訳ないんですけど、正直、ユリウスさんが圧倒すると試合前は思ってました。その、剣聖として色んな経験をしているし、剣術だって王国最強と言われてるくらいなので……でも実際に戦ってるのを見て、それは間違っていたと思い知らされました。剣術に関して言えば、ユリウスさんよりアンジュさんの方が上だと」

正直に感想を言うと、ユリウスは「ジンさんは正直だね」と笑みを浮かべながら言った。

「剣術だけって言われ方は癪《しゃく》だけど、今回は魔法の使用が禁止だったからそう言われても仕方ないわね」

「ふふっ、そう言うけどアンジュは魔法が苦手じゃなかった？」

「……一応、あれから少しはできるようになったわよ。まあ、戦う上で使うのは剣術だけだけど」

それから訓練場の使用時間も迫ってきてるとレイネさんに言われ、俺達は相談室へと移動することにした。


相談室へと移動してきた俺達は、フィーネさん達が淹《い》れてくれたお茶を飲み、一息ついた。

「アンジュさんって、どうやってあんな剣術を身に付けたんですか？」

「努力。自分の人生を変えるため、剣ならそこら辺に落ちてる棒でも鍛えられたから、食事に余裕がある時は一日中剣を振ったりしていたわ」

「そうだね。私とアンジュが会った時から、アンジュは暇さえあれば棒を握って剣の型の練習とかしてたね。アンジュの訓練時間を確保するため、アンジュの分もご飯を用意してその対価に剣を教えてもらってたよ」

ユリウスは昔のことを思い出しながらそう言った。

「今だから言えることだけど、当時ユリウスと出会った頃、一人じゃ何もできないユリウスのことを嫌ってたから無茶《むちゃ》な訓練とかさせてたのよね。このままじゃ、『剣士としての最強の称号が欲しい』って夢は叶えられそうにないぐらい弱々しかったし。当然、ユリウスはそんなこと知らないからその訓練を普通だと思ってやってたみたいだけど」

「……やっぱり、そうだったんだね。朝から晩までぶっ通しで訓練を続けてたから、薄々そうじゃないかなとは思ってたけど」

「ええ、でも別に酷《ひど》い訓練をさせてたわけではなくて少しキツイやり方をしていただけよ？」

「まあ、それのお陰で姫様に拾ってもらえたけど」

ユリウスは釈然としない気持ちのまま、ジト目でアンジュさんを見つめた。

この二人、遺児の集まる場所で出会ったと言ってたけど、設定にはその辺りは詳しく書かれていなかったな。

気になるところだけど、当時のことを聞いて二人が嫌な気持ちになる可能性があるしな……。

そう思っていると顔に出ていたのか、アンジュさんから「昔の話聞きたいの？」と逆に聞かれた。

「えっと……その、はい。ユリウスさんとアンジュさん、そんな凄い二人がどうやって遺児として生活していたのか気になります」

「別に面白い話はないわよ？　施設でユリウスと出会って、最初はユリウスが勝手について回って来てたのよ。それで次第に一緒にいる時間が長くなって、お互いに信頼して一緒に仕事とかをしていたのよ」

「遺児と言っても、私達の場合はまあちょっとした施設と言いますか、そこまで管理はされてないけど雨風は凌《しの》げる場所で過ごしていたんです。仕事もその施設が契約してるお店の掃除やお手伝いをして、お金やご飯をもらったりしていたんです」

「そんな施設があるんですね。知りませんでした」

そんな俺にアンジュさんは「私達が暮らしていたところだけよ」と言い、ユリウスも言い難《にく》そうに「そうなんです」と言った。

「その施設自体はもうないんです。随分前に色々と事件がありまして、施設を運営していた人達は全員捕まったんです」

「……もしかして、悪い系の人達がやってたんですか？」

「半分ですね。お店側は善意で協力していたんですけど、運営元の者達が色々とやっていまして、数年前にその施設は国が消したんです」

なるほど、なんとなく理解した。

でも逆にユリウス達はその施設のお陰で、他の遺児とは違いある程度の生活レベルを保った状態で生きてこられたということだろう。

「今となって思えば、あの施設のやり方に色々と不自然なところもありましたけど、あの頃は生きるので精一杯でしたからね。未来を見ていたのは、アンジュくらいだったと思います」

「私は当然、あの施設の黒い部分は知ってたわね。だから、信用せずに自分で生き残る術として剣術をずっと磨いていたのよ」

「話してくれて、ありがとうございます」

そうお礼を言った俺の視線には、俯いて悲し気な雰囲気を出してるレイネさんが居た。

「アンジュさん、私には昔のこと、頑《かたく》なに話してくれなかったのにジンさんが聞いたら話すんですか……私って、そんなに信用されてなかったんですか？」

「ち、違うわよ。ジンにはユリウスが色々と迷惑を掛けたから、それのお礼というか、そのアレよ！

本当だったら、このことは絶対人に話す予定はなかったの！　ユリウスのせいでおかしなことになったじゃない！」

それからアンジュさんはレイネさんを慰め、今度スイーツを奢《おご》るという約束でなんとかレイネさんの気持ちを回復させていた。

第四章　やり残し

あれから俺は魔法の訓練に集中しつつ、剣術の訓練も時間をちゃんと取るようにしていた。

「ジン、今日も剣の訓練かの〜？」

「そうですね。今日も剣の訓練をします。というか、魔法の訓練は明日ってこの間決めたじゃないですか」

「少し前まではこの曜日もしていたじゃろ〜」

「だから、それは言ったじゃないですか。剣の訓練を疎《おろそ》かにしないために、剣術の時間を以前と同じに戻しますって」

俺は、レーヴィンの魔法訓練を受ける前と同じ時間の剣の訓練ができるように、魔法の訓練時間を削ることにした。

だが、レーヴィンは「時間を削らないでほしい」と直接言わないものの、そういう風に聞き取れる言葉で付きまとってきていた。

「……レーヴィン様、これ以上訓練の邪魔をするのでしたら、残り期間の魔法の訓練はリオンさんのしか受けないようにしますよ？」

「それは良い提案ですジン」

転移魔法で突如現れたリオンは、俺の言葉に賛同してそう言った。

レーヴィンは「うぐっ」と悔しそうな顔をして諦めてどこかに行った。

「リオンさん、もしかして俺に監視か何かつけてますか？」

「たまたま廊下を歩いていたら父上がジンの邪魔をしていたから寄っただけだよ。今は仕事中」

そう言ってリオンは、サッと転移魔法でその場から消えた。

……くう！　転移魔法やっぱり良いな！

【空間魔法】の才能は俺もあるから、訓練さえすれば手に入れることは可能だけど、その訓練が難しいんだよな……。

収納スキルがあるから、それで何とか感覚を掴《つか》んでるけど、一向に習得できそうな雰囲気じゃないしな……。

希少属性は他の属性とは違い、才能と努力によって得られる魔法。

どちらかがなかったら手に入れることはできない魔法、と設定資料に書かれていた。

転移を簡単にできるようになるにも、あのリオンでさえ何年も掛かったと書かれていたし、手に入れるのに運も必要なんだろうな……。

まあ、いい。とりあえず今俺が頑張るべきは剣だ……。

ブンブンと頭を振り、頭の中を剣のことしか考えないようにして俺は訓練を始めた。

片手剣から刀に替えて、俺の剣術はそれまで迷走していたのが嘘《うそ》のように成長している。

やはり理想としているキャラ達《たち》が、刀を使ってるからそっちの方が俺にも合ったんだろう。

「ジン君、今良いかな？」

「クロエか、どうした？」

訓練を始めて三時間ほど集中してやっていると、クロエから声を掛けられた。

クロエの様子から、何か大事な話だろう。

「ジン君にお願いがあるの」

「お願い？　クロエの頼みなら、できるだけ叶《かな》えるぞ」

「その、私と戦ってほしいの」

クロエは真剣な表情をしてそう言った。

「クロエと、戦う？」

「うん、どれくらい成長したのか確認したいの。それでジン君なら前の私もよく知ってるから相手になってほしいと思って」

「なるほど、わかったよ。それでいつ戦うんだ？」

「今度のお休みの日にどうかな？　予定があるなら、別の日でも良いけど」

今度の休みの日か、その日はまだ予定は入れてないから大丈夫だな。

頭の中で予定を思い出しながら、俺は「その日で大丈夫だよ」と言った。

「ありがとうジン君」

クロエは嬉《うれ》しそうな顔をして去っていった。

そして入れ違うようにして、ユリウスが俺の所にやってきた。

「先ほど、クロエさんとすれ違いましたけど、なんだか嬉しそうな顔をしてましたね。何かあったんですか？」

「ああ、今度の休みの日にクロエと戦うことにしたんですよ。ほら、俺達が訓練を始めてだいぶ経《た》つじゃないですか？　クロエの力をよく知ってる俺に、対戦相手になってほしいってお願いされて了承したんです」

「なるほど、ジンさんとクロエさんが戦うんですか……それは面白そうですね。でしたら、審判役は私にやらせてくれませんか？」

「それは助かりますけど、仕事の方は大丈夫なんですか？」

アンジュさんと会うため、冒険者としても動くようになったユリウスは時間がないはずだ。

それなのに俺達の試合の審判なんてしてる暇、本当にあるのか？

「大丈夫ですよ。それにジンさん達がどれだけ強くなったのか、私も気になりますから」

「ユリウスさんが大丈夫ならいいですけど、一応姫様に確認をしてから決めてもいいですか？　姫様が駄目と言ったら、他の人に頼みますから」

ちょうど陽《ひ》も沈みかけてきたので訓練は終わりにして、汗を流して姫様に確認を取りに行った。

「良いわよ。その日は私も暇だから、ジンさん達の試合見させてもらうわね」

ユリウスの予定を確認すると、姫様は自分も見ると言って何時頃に試合をするのか聞いてきた。

流石《さすが》にそこまでちゃんとまだ決めてなかった俺は一度姫様の部屋から出て、クロエを連れて戻ってきて、模擬戦闘の予定をちゃんと決めることになった。

◆・◆・

数日後、模擬戦闘の当日。

俺は朝早くに起きて、訓練場で体を動かしていた。

一人で運動をしていると、「おはようございます」と挨拶をしながらユリウスがやってきた。

「ジンさん、今日の戦いが楽しみで早く起きたんですか？」

「おはようございます、ユリウスさん。はいそんな感じですね。クロエと戦うの、久しぶりでどれだけ強くなったのか楽しみで早く起きたんです」

昨日も早くに寝ようとしたけど、結局寝つけたのはベッドに横になってから二時間くらい経ってからだった気がする。

それだけ俺は、クロエとの戦いを楽しみにしていたんだろう。

それからユリウスは俺の運動相手として軽く打ち合ってくれて、模擬戦闘前に体を温めることができた。

「ジン君、今日はよろしくね」

予定の一時間前にクロエは訓練場へとやってきて、自分の体の調子を確認すると休んでいた俺にそう声を掛けた。

「ステータスを見せてもらわなくても、クロエがかなり成長したってわかるよ。今日の試合、すごく楽しみだ」

「うん、私も楽しみ」

ニコッと笑みを浮かべながら、クロエはそう言った。

その後、予定時間となりユリウスや姫様、リオンやレーヴィンといった俺達の訓練に関わった人達が集まった。

「あれ、今日は兵士の数が少ないですね？」

「ジンさんは目立ちたくないとよく言ってるから、兵士達は今日は下げさせたのよ。だからここにいるのは、ジンさん達の訓練に特に関わった人達だけよ」

「そうだったんですか、ありがとうございます」

俺は姫様にお礼を言い、クロエと離れて向き合った。

そうして互いの準備ができてるかユリウスが確認して、試合開始の合図が鳴った。

「速いッ！」

開始早々、クロエは接近戦へと持ち込むと、その素早い動きと手数で勝負をしてきた。

クロエが速いことは知っていたけど、開始早々クロエは【身体強化】をＭＡＸ状態で使用してきた。

クロエの奴《やつ》、俺との長期戦は不利だから短期戦に持ち込もうとしてるな。

「クロエ、せっかく魔法の訓練してたのに剣術ばかりで良いのか？」

「ふふっ、大丈夫だよ。ちゃんと、戦いながら準備してたから」

「ッ！　いつの間に、【無詠唱】で魔法を使えるようになったんだよ！」

油断していたが、クロエが魔法を完成させて放ってくる直前に気付き、なんとか回避することができた。

あぶね～、まさかあのクロエが〝無詠唱魔法〟を使ってくるとは思わなかった。

「訓練の成果だよ。まだ大きな魔法とかは無理だけど、ちょっとした魔法くらいなら無詠唱で使えるようになったんだ」

「それは凄《すご》いな……いや、本当にね。そんなクロエに、俺も少しいいものを見せるよ」

装備している片手剣を腰の鞘《さや》に戻し、一気に接近して一瞬で刀を鞘から抜き、クロエに攻撃をした。

アニメや漫画等で刀キャラが使う〝抜刀術〟を俺はこの世界用に改良した。

刀から抜く際に魔力を使い、より素早く、より強く刀を強化して攻撃を仕掛ける技を編み出したのだ。

正直、これをすると腕への負荷が大きく、何度もできるわけではないが、凄《すさ》まじい威力を誇る新技の一つ。

「魔力で強化してた剣が割れてる……ジン君、今の技凄い威力だね」

「ああ、自分への負荷も相当だけど、凄くカッコイイ技だろ？」

ちょうど距離も開いたのでそこから俺達は魔法戦へと切り替えた。

クロエは使える属性が少ない分、その少ない属性を徹底的にこの訓練期間中に訓練していて、最初に出会った頃の魔法と比べると、別人のような威力となっている。

「クロエ、本当に魔法の腕を上げたな……正直、最初に会った頃のクロエを知ってるから、本物のクロエなのか驚いてるくらいだよ」

「ふふ～ん、必死に訓練してたからね～。それにミスリルの腕輪のお陰で魔法の感覚を掴みやすくなって、魔法の上達速度が上がったのは本当に良かった～」

ミスリルの腕輪、付けるだけで魔法の威力が上がる最高の腕輪、とゲーム時代ではそういう認識だった。

しかし、この世界ではミスリルの腕輪というより、ミスリル製の道具を使えば魔力の感覚をより感じやすくなるというのを知った。

だから威力だけ上げるつもりだったが、訓練でも使える道具を手に入れてその日は興奮して眠れなかったのを覚えている。

その後、俺とクロエの試合は続き、開始から一時間が経過した。

「クロエ、体力も以前よりも上がったみたいだな」

「魔法だけ訓練してたわけじゃないからね。ちゃんと体の方も鍛えてたから、前より持久力も上がったよ」

「そうか、ならその持久力がどこまで成長したのか試してみるか」

俺は数十個の魔法を同時に発動させてクロエに放った。

一つ一つの威力は小さいが、当たればそこそこのダメージを負う。

クロエは瞬時に魔法の威力を確認すると、一つ一つ魔法を相殺して潰していった。

俺はさらに魔法を放ち続け、魔法の攻防戦を繰り広げた。

「はあ、はあ、はあ……もう無理〜……」

あの後、俺とクロエの魔法の攻防は数十分続き、クロエは先に魔力が枯渇して倒れながら降参の言葉を口にした。

倒れる寸前、リオンがサッとクロエを抱え、ソッと地面に座らせた。

「クロエ、本当にいい試合だったよ。魔法に関して言えばジンとの差はほとんどなかったと私の目には見えたよ」

「ありがとうございますリオン様……」

リオンに褒められたクロエはお礼を言うと、近づいてきた俺に視線を向けて「ジン君、負けました」と清々《すがすが》しい顔でそう言った。

「リオンさんが言ったとおり、俺との差はほとんどないように感じたよ。剣術も魔法も、出会った頃に比べて本当に成長したと思う。俺がこんなこと言うと失礼だけど、頑張ったねクロエ」

「ありがとうジン君」

それから俺達は、観戦していた姫様達に拍手を送られ、訓練の成果を確認するための模擬戦闘は終わった。

その後、俺が借りている部屋にクロエと集まり、互いのステータスを見せ合うことにした。

◆

名　前：ジン
年　齢：12

種　族：ヒューマン
身　分：平民
性　別：男
属　性：火・水・風・土・光

レベル：38
筋　力：914
魔　力：2841
　運　：76

スキル：【鑑定：3】【状態異常耐性：3】【剣術：5】
【魔力強化：5】【火属性魔法：4】【水属性魔法：4】
【風属性魔法：4】【土属性魔法：4】【光属性魔法：4】
【魔力探知：4】【身体強化：4】【瞑想《めいそう》：4】
【体術：3】【気配察知：2】【刀術：4】

固　有：【成長促進】【異空間ボックス】

能　力

称　号：神童　加護持ち　銅級冒険者

加　護：魔法神の加護　武神の加護　剣神の加護

◆

◆

名　前：クロエ・フィストル
年　齢：13
種　族：獣人
身　分：平民
性　別：女
属　性：風・水

レベル：29
筋　力：1003
魔　力：843
運　：81

スキル：【剣術：3】【体術：3】【身体強化：3】
【夜目：5】【魔力探知：4】【気配察知：5】
【罠《わな》解除：3】【警戒心：4】【風属性魔法：4】
【水属性魔法：3】【魔力強化：3】【魔力解放：2】

固　有：【獣化】【覇気】
能　力
称　号：英雄の子　加護持ち　銅級冒険者
◆加　護：獣神の加護

うん、クロエの訓練内容から魔法寄りにステータスが成長してるだろうとは思っていたけど、新しいスキルを二つも覚えていたのか。

というか、俺も持ってなかったスキルを覚えているな。

「なあ、クロエ。この【魔力解放】ってスキルはどんなスキルなんだ？」

「あ、これはね。レーヴィン様に教えてもらったんだ」

クロエはそう言うと、スキルの内容を教えてくれた。

スキルの効果は単純で自分の持ってる魔力を倍消費する代わりに、威力も倍になるというもの。

まあ、単純だけど結構使えそうなスキルだな。

「このスキル、ジン君との戦いでも使ってたんだよ。気付いてた？」

「なんとなく、威力が強いのは感じていたけど、ずっと訓練を頑張っていたからそれのお陰と思ってた。でも、このスキル俺も欲しいな……」

「レーヴィン様いわく、ジン君の場合は今のまま伸びた方が絶対に良いって言ってたよ。私はほら、魔力が少ない分それを補うために覚えたけど、ジン君は魔力も多いし、魔法センスも良いからそのまま伸ばすって言ってたよ」

「……レーヴィン様、弟子じゃないって言ってるけど、ほとんど弟子扱いしてくるからな。まあ、気に入られて悪い気はしないけど、それで変に目立つのが嫌なんだよな……」

本人も弟子ではないと口では言うが、俺だけ特別に扱ってきている。

「ジン君って目立ちたくないって言ってるけど、周りが目立たせるように動いちゃうもんね」

「ああ、たまに自分でやらかすことも多いけど、冒険者の件に関しては完全にアスカのせいだしな……」

たまに自分の行動でもおかしなところがあったなと、後で反省することもある。

ただ基本的に目立つ要因がやってきて、対処できずにそのままということの方が多い。

冒険者の昇格や、レーヴィンとの魔法訓練などがそれに当たる。

その後、ステータスの確認を終えた俺達は、今後のことを少し話し、また訓練を頑張ろうと言って解散した。

その後、特に日常の変化もなく、約三ヶ月の護衛任務の終わりの日がやってきた。

「ジンさん、クロエさん。この期間、護衛と私の話し相手になってくれてありがとう。本当に色んな話を聞けて、楽しい時間を過ごせたわ」

最後の日、姫様の部屋に俺とクロエは呼び出され、姫様にそうお礼を言われた。

正直、お礼を言いたいのは俺達の方である。

三ヶ月間、衣食住を確保してもらったうえに自由時間も長く、訓練も好きにやらせてもらった。

こんな依頼、たぶんこれから出会うことはないと思う。

「俺達の方こそお礼を言いたいですよ。最初は、いい隠《かく》れ蓑《みの》として受けましたけど、仕事内容は簡単なのに給金もよく、訓練も好きにやらせてもらって、この三ヶ月間で俺達は以前までの自分達から大きく変わることができました」

「ジン君の言うとおり、本当に姫様に感謝してます」

姫様はニコリと微笑《ほほえ》み「お互いにお礼を言うなんて、変ね」と言った。

「姫様は冬期休暇中は城で過ごされるんですよね？」

「ええ、学園が終わるまでは基本的に城から出る生活はしないと思うわ。卒業後、どうなるかは今のところわからないけど、流石に子供じゃないからその時になっても城から出してもらえないなら、たぶん暴れて出ると思うわ」

「目が本気ですけど……」

俺は、その目が本気でやろうとしている時の目だと感じた。

「ふふっ、ジンさん達の訓練を見てて私もたまに魔法の訓練をしていたのよ。ジンさん達がくれたミスリルの腕輪のお陰で前よりも威力のある魔法が撃てるから、あれを使えば容易に脱出できそうだわ」

「ジン君、どうしよう。私達があげた物のせいで、姫様が大事件を起こそうと考えてるよ」

「大丈夫だよ。もしもの時は、ユリウスさんが止めてくれるよ」

アンジュさんとの再会を果たしたユリウスは、それまで停滞していた剣術にさらに磨きがかかり、もの凄い成長速度で強くなっている。

あの感じだと、ゲーム初期のユリウスよりも強くなっているな。

「ユリウス、あの子と再会して本当に強くなってるわね。今のユリウスから逃げるのは、ちょっと難しそうね……」

ユリウスのことを思い出した姫様は、難しい顔をしてそう言った。

その後、俺達は城で世話になった人達の所へと行き、明日には城を出るということと感謝の言葉を伝えて回った。

特に世話になったユリウスとは長く語り合い、また暇があったら城で模擬戦闘をするという約束もした。

「ジン、本当に城から出て生活をするのかの？　行く場所がないなら、儂《わし》の所に来てもいいんじゃぞ？」

「いえ、戻る場所はありますから、それに訓練期間は依頼期間内という約束でしたよね！」

一番最後、レーヴィンの所へと挨拶に行くと「まだ教え足りん！」と泣きつかれた。

「あんた！　ジン君達に最後まで迷惑を掛けるんじゃないのッ！」

「あぐッ！」

そんなレーヴィンの頭に、【身体強化】を使った状態でエイレーンが拳骨《げんこつ》を落とした。

「ごめんね。ジン君、クロエちゃん。最後まで迷惑を掛けちゃって」

「い、いえ迷惑なんて」

「いいのよ気を遣わなくても、この馬鹿がジン君達は優しいから押せばなんとかなるって言ってたのを昨日聞いたのよ。ほんと、優しさに付け込んで……あんた聞いてるの!?」

「は、はい！　聞いています！　ごめんなさい！」

妻に怒られ、縮こまる前魔法師団団長。

こんな姿、ゲームでは一度も見たことがない。

本当にここでの生活はゲームでは見ること、知ることがないことだらけの生活だった。

「暇になった時に連絡をくれたらいつでも王都にくるぞ！　その時はまた魔法を教えるからの～」

エイレーンに引っ張られながらもレーヴィンはそう叫び、俺達の前から消えた。

その後、レーヴィンの泣き叫ぶ声が聞こえてきたが、俺とクロエは気にしないようにした。

その日の夜、俺達のために姫様が準備してくれていたのか、ちょっとしたパーティーみたいなものが開催された。

最初の頃、国王と同じ空間にいるだけで緊張していたクロエも、だいぶここでの生活に慣れたお陰で今では普通に会話ができるレベルになっている。

「ジンさん、そういえば旅に出るかもと言ってましたけど、あれはすぐに行くんですか？」

「いえ、流石に冬の時期に旅に出るのは難しいと思うので春先くらいに行こうかな、と今はぼんやり考えています」

「……冬の旅は辛《つら》いですよ。慣れてる私でも、この時期の遠出は少し嫌になります」

気温の変化は特に辛い、とユリウスは言った。

そしてユリウスから旅について少しアドバイスをもらい、他の兵士達からも旅について色々と聞くなどして過ごした。

そして夜遅くまでパーティーを楽しんだ俺は、約三ヶ月のことを思い出しながらベッドに横になり眠った。

翌日、姫様やユリウス達に見送られながら俺とクロエは城を出た。

「ジン君、色々とあったけど楽しい期間だったね」

「ああ、最初は俺の隠れ蓑として依頼を受けたけど、あそこで受けると決めて良かったと今では思うよ」

「うん、そのお陰で色んなことを学べたもんね」

最後の最後、姫様からせっかくならと馬車を貸してもらったので、歩きではなく馬車で冒険者ギルドへと向かっている。

「最後まで姫様には世話になったな。暇ができたらちゃんと顔を見せに行かないといけないな」

「うん」

冒険者ギルドに到着した俺達は御者さんにお礼を言ってギルドの中に入り、フィーネさんを呼んでもらって相談室へと移動した。

王城の方から事前に依頼の達成報告が来ていて、その場で報酬を受け取った。

今回の依頼、長期依頼ということで数日おきに前金のような感じで渡され、達成した最終日に大きな報酬を貰《もら》うという受け取り方だった。

「……聞いていた報酬額よりも多い気がするんですけど」

「ジンさん達の働きに見合った対価にと、報酬を倍にされまして」

金はあって困るものじゃないし、渡してきたものをわざわざ返すのも失礼だから、今回は素直に受け取るけどさ……。

「クロエ、金額に驚いて気絶してるな……」

チラッと隣に座るクロエを見ると、テーブルの上に載ってる報酬の多さに口を開けた状態で固まっていた。

「……お気付きかと思いますけど、ジンさん達の報酬は普通の冒険者とは天と地ほど離れております。ですので、くれぐれもお金が有り余ってるという雰囲気を出さないように気を付けてください。王都は安全な街ですが、危険がないわけではないので」

「ええ、わかってます。なので大半のお金はギルドに預けていますし、装備の見た目もそこまで凝ったものにしてません。まあ、このミスリルの腕輪は見る人が見ればすぐに気付きそうですけど」

別に戦闘中に付けるだけでも良いのだが、普段から付けていた方が何かといいというのはこの訓練期間でよくわかっている。

それに今の俺とクロエを相手に挑んでくるような者が居ても、ある程度対応は可能だ。

「ジンさん達は銅級冒険者ですので、襲おうとする者は少ないとは思いますが十分お気を付けてくださいね」

そう最後に忠告をされながら、俺達は相談室を退出した。

それから俺達はギルドの外に出て、長い任務を終えたばかりなので数日間ゆっくりと休むことを決め、解散した。

次にクロエとギルドで会うのは三日後だから、それまでにちょっと色々と準備でもしておこう。

俺はそんなことを考えながら、ひとまず住処《すみか》確保のためにリカルドの宿屋へと向かった。

「相変わらず、ここは人が少ないな～……」

「帰ってきて早々、宿の悪口か？」

「悪口じゃなくて疑問を感じてるだけだ。正直、この宿を拒否する理由って店主の顔が怖いくらいだろ？　それ以外はほぼ他の宿に引けを取らないのに、何で俺やルークさん、後はたまに常連の強面《こわもて》の人しか来ないんだろうな～って」

機能面に関してはそれこそシャワーを使えたり、部屋の広さもある程度あるからいい方だ。

飯だってあの店主の顔から想像もつかないほど、めちゃくちゃ美味《おい》しい。

それなのに人が少ないのは何でだ？　と、ゲームでは特に考えもしなかった疑問を俺は宿に戻ってきて早々に感じていた。

「場所的に他の宿の方に目が行くんだろうよ。まあ、常連の奴らのお陰で赤字ではないから、今はこのままで十分だがな。変に人が多くても対応できないだろうしな」

「それもそうだな、リカルドに嫁さんとか子供が居たらまだ切り盛りできたかもしれないけどな」

「……それもそうだな」

……えっ？　なんでリカルドの奴、俺の言葉に一気に気分が沈んだんだ？

も、もしかしてリカルドもユリウスと同じでその歳《とし》まで守ってる人間なのか!?

「じょ、冗談だぞ？　ほら、いつかいい人が見つかるって！」

「……勘違いしてるようだから言っておくが、俺は独り身じゃないぞ？」

……え、マジ？　嘘、そんな設定書いてなかったぞ？

「ただもうすぐ一人になるかもはしれないがな……」

「どういうことだ？」

リカルドの話はゲームには出てこない内容で、俺は驚きと興奮を同時に感じていた。

強面の宿屋の店主リカルドには、奥さんと子供がいるのだが、数年前に病にかかってしまったらしい。

最初はそこまで深刻ではなく、治療を受けると症状が消えたため、リカルド達は完治したと思って普段どおりの生活を送っていた。

しかし、一年前に病気が再発してしまい、今度は以前とは比べ物にならないほどに酷《ひど》い症状で、治療には高価なアイテムが必要と言われてしまった。

「一応依頼をかけたりはしたんだが、そのアイテムは入手が難しくてな……今はもう病も深刻化して寝たきり状態で、宿の仕事が終わった後はずっと看病してるんだよ」

「そんな状態で宿を続けていたのか。その……色々言って悪かった」

「良いんだ。気にするな。誰にも言ってこなかったけど、ジンになら話しても良いかなって思っただけだ。ずっと、自分一人で抱えていたから話しただけでも少し気が楽になったよ」

笑いながらそう言うリガルド。

「その治療に必要なアイテムの名前、教えてくれるか？」

聞けば、そのアイテムは俺もよく知っている物だった。

「リカルド、口は堅いか？」

「んっ？　まあ、口は堅い方だが何で今そんなことを聞くんだ？」

首を傾《かし》げるリカルドに、俺は【異空間ボックス】からそのアイテムを取り出した。

森の神秘薬、その下位互換であり、ゲームでもなにかと世話になったアイテム【森の秘薬】。

神秘薬から、神の文字が抜けただけで手抜きだなと、初めて見た時は笑った。

そのアイテムを見たリカルドは、「な、何でお前がこれを!?」と驚いた顔をしてそう叫んだ。

「ちょっとした伝手《つて》があっていくつか持ってるんだよ。そんなに深刻な状態なら、使ってくれ」

「ッ！　いや、お前これがどんだけ高価な物なのか知ってるのか？」

ああ、これが高価な品物であることくらいは、流石にこの世界に暮らし始めて半年も経つから大体は知っている。

だけど、その価値以上に俺はリカルドの家族を助けてやりたいと思っている。

知ってる仲だからというのもあるが、リカルドには家から出てきたばかりの俺に依頼を受けさせてくれた恩がある。

「初めて会った時、得体の知れないガキに破格な条件で依頼を出してくれたお礼だ。借りを放置してるのは嫌だったから、ちょうど良いから受け取ってくれ」

「……良いのか？　俺は本当に欲しいから、くれるんなら貰うぞ？」

「ああ、使ってくれ、それにまだ在庫はあるからな」

俺はそう言って【異空間ボックス】からさらに三本取り出すと、リカルドは呆《あき》れた様子で「凄い奴だな……」と言った。

その後、食堂を急遽《きゅうきょ》休みにして、俺はリカルドと共に宿の裏手にある民家の中へと入った。

そこは、リカルドが家族と住んでいる家。

その家の二階にベッドで奥さんと子供が苦しそうな表情をして寝ていた。

「最後に聞くが、本当に使って良いんだな？」

「ああ、俺のことは気にせず、奥さんと子供に使いな」

リカルドは軽く頭を下げて、奥さんと子供にそれぞれ一本ずつ【森の秘薬】を飲ませた。

すると薬の効果はすぐに現れて、それまで辛そうに息をしていた二人の呼吸が穏やかになった。

顔中にできていた湿疹《しっしん》も消えていき、綺麗《きれい》な奥さんの顔と可愛《かわい》らしい子供の顔がはっきりと見えるようになった。

「……子供は奥さん似だな」

「ああ、俺に似なくて本当に良かったよ。まあ、性格の方は俺に似てるけどな」

普段なら言い返してくるところだが、今のリカルドは家族が元に戻った喜びでそれどころではないみたいだ。

それからしばらくして奥さんと子供が目を覚ました。

リカルドはそんな二人を泣きながら抱きしめて、奥さん達も涙を流して抱き合っていた。

流石にこの場にいるのは気まずいな……。

そう思った俺は、リカルド達に気付かれないようにその場から離れ、宿の方へと向かった。


「あれ、ジンじゃないか？　ここにいるってことは、依頼は終わったのか？」

「ルークさん、お久しぶりです。はい、昨日終わって今日からまたこの宿で暮らすことにしました」

「そうだったのか、それなら事前に連絡くれたら歓迎祝いもできたのにな……って、そういえばリカルドさんが居ないけど、どこかに行ってるのか？」

「あ〜、それなんですけど、家の方で用事があるみたいです」

ルークは「そっか」と言ってそれ以上聞いてくることもなく、部屋の方に行ったので、俺も借りた部屋に入って落ち着くことにした。

……それにしても、【森の秘薬】。ゲーム時代も効果はすごく良かったけど、この世界でも相当な効果のある薬だったな。正直、いくら知識として知ってはいたものの、どの程度治せるのか疑問に思ってたから、試せたのは良い機会だったな。

ゲームでは知れなかったリカルドの家族のことも知れたし、薬を定期的に商人から買っておいて良かった。

これからも何かと必要になるだろうし、買える時に買っておいて損はないだろう。

それにしてもリカルドの奥さん、滅茶苦茶《めちゃくちゃ》美人だったな……子供も奥さんに似て可愛い女の子だったし……。

あのリカルドがどうやってあんな女性と出会えたのか、今後の知識として後でゆっくりと話を聞いておこう。

そう考えていると、扉をノックする音が聞こえた。

ベッドから起きて扉を開けると、そこにはリカルドが居た。

「もう家族との話は良いのか？」

「いや、気付いたらジンが居なかったら探しに来たんだよ。俺の妻と娘がお前にお礼を言いたいって言ってな、ちょっと来てくれないか？」

「せっかく、家族水入らずの時間を作ったんだけど……」

「ああ、お前の気遣いにも気付いていたけど、治してくれた相手にはちゃんとお礼を言いたいって言われてな……すまんな」


俺はリカルドと共に再びリカルドの家へとやってきた。

薬のお陰で病が治った母子だが、あの薬の効果が凄いのかすでに歩ける状態にまで回復していた。

「俺の妻のアイラ。そして娘のルリだ」

「初めまして、宿で世話になってる冒険者のジンです」

リカルドに紹介される形で挨拶をすると、二人は涙を流して「ありがとうございます」と頭を下げた。

「もう本当に駄目かと思ってました。本当に、助けていただきありがとうございます」

「たまたま、薬を持っていて俺はまだ使う予定もなかっただけです。それにリカルドには色々とお世話になったので、その恩を返せて俺も良かったです」

その後、リカルドは病気が治った奥さんと娘をルーク達にも紹介した。

約束どおり俺が薬を持ってきたという話は伏せて、病が完治したからこれからは一緒に宿を切り盛りするということを伝えた。

ルーク達はリカルドに美人な奥さんと、可愛い娘がいることに終始驚いていた。

リカルドは散々弄《いじ》られることになり、その日は楽しい夕食の時間を過ごした。

翌日、夜遅くまでどんちゃん騒ぎをしていたため、少し遅い時間に起きた俺は朝食を食べに食堂に向かった。

昨日まで、強面のオッサンしか居なかった食堂に、美人な女性と可愛らしい女の子が加わり、今までと少し空気が違っていた。

「女性二人が加わるだけで、ここまで変わるなんてな……リカルドは、もう裏方に回った方がいいんじゃないか？」

「俺はここの店主だぞ？　店主が裏方ってどういうことだよ……まあ、でも俺だけの時よりも空気が違うのはなんとなく俺も感じてる」

リカルドは俺の言葉を気にしてなのか「裏に回った方がいいのかな……」と小声で付け足した。

「冗談だぞ、俺はリカルドの顔が見えない方が寂しいと思うしな。それにアイラさん達だけだと、変な輩《やから》が入ってくる可能性もあるだろうし、怖いオッサンが居た方が良いと思うぞ」

「……確かにそうだな、裏方に回る話はなしだな」

奥さんと娘に変な男が寄ってくるシーンを想像したのかリカルドは、怖い顔をしてそう言った。

そんなリカルドは「パパ、また怖い顔してるよ」と、エプロンを着けたルリに怒られていた。

「ジンさん、はい今日の朝ごはん。昨晩は色々と食べさせられてたみたいですから、軽い物にしておきましたよ」

「気を使わなくても……でも、ありがとうございます。ルリさん」

昨日まで俺より年下だと思っていたルリ。

だが実際は、二つも年上だった。

元々ルリは小柄だったらしいのだが、病のせいで成長が止まってしまったらしい。身長も百四十cmほどしかなく、胸の膨らみもほとんどない。

母のアイラさんはある方だから、本来ならルリもあれくらい……。

「ジンさん、今何か変なこと考えてました？」

「イエ、ナニモカンガエテマセンヨ」

「……ジン、ルリは勘が鋭いから、気を付けろよ」

リカルドから注意された俺は頷《うなず》き、静かに朝食を口に運んだ。

◆　■　◆　■

その後、宿を出た俺はシンシアの店へと向かった。

「いらっしゃい、ジン。今日は何を買いに来たの？」

「いつものアイテムと、旅に必要そうな物を買いに来た」

「旅に必要な物？　えっ!?　ジン達、王都を出る予定なの？」

俺が旅に出ると言うと、シンシアは驚いた顔をしてそう言った。

「春先にちょっとな。ずっと王都で活動するのも良いけど、冒険者といえば色んな所を見て回るのも醍醐味《だいごみ》だろ？」

「まあ、確かにそうね。でも私の中でジン達はずっと王都で活動するとばかり思っていたから、少し寂しいわね」

「まあ、長い期間出ていく予定ではないからな、クロエの両親が王都に住んでるから定期的に帰ってくる予定ではいるよ」

何年も姿を消すわけではないと聞いたシンシアは安心したのか、「そっか、それじゃ帰ってきた時は顔を見せてね」と約束をした。

まあ、正直当初の予定では王都を出たら、とりあえず魔王討伐がされるまではこの王国から出る予定で居た。

だけど、準備している間に王都で色々と繋《つな》がりを築いてしまった。

だから俺は計画を変更して、色々と策を練ることにした。

魔王討伐が遅れ、魔王軍が王都や俺の知り合いの所を攻めてこようとした時のために。

まっ、表に自分の姿が出ると目立つから、陰から助ける予定だ。色々と難しいと思うけど、この世界の勇者の力がどれほどなのかわからないしな。

準備しておいて、損はないということは昨日の件で改めて思った。

「それにしても、今日は特に色々と買うのね。そんなに買って、お金は大丈夫なの？　もしパーテイーのお金なら、クロエちゃんも一緒の時の方がいいんじゃないの？」

「大丈夫だ。ここ最近、そこそこの金を手にしたし、それで今後に役立つ物を買ってくるってクロエにも言ってるから」

「それならいいけど……それにしても、よくそんなにお金を使えるわね。最初、会った時はまだ新米の冒険者だったのに」

「色々あったんだよ。色々な……」

そう言って俺は最後にシンシアの店を見て回って、特に見落としがないことを確認してから店を出た。

シンシアの店には定期的に新商品が並ぶ。今購入できる物でも数日後にはなくなってる可能性もある。

今後、春先まで定期的に訪れて、使える物は片っ端から購入しておこう。

それを買うための資金は、この数ヶ月間で稼いでいるからな。

とはいっても、使い続けたら金はなくなってしまうから、稼ぐ必要はあるが……。

冒険者で稼ぐとなると、依頼を受けて報酬を受け取る。

そうすると、達成度が溜《た》まってしまい昇格する可能性が出てくる。

それは俺にとっては不都合だし、他のことで金を稼ぐことにするか。

他のこと、すなわち依頼を受けずに魔物の素材を売ることなのだが、王都周辺の魔物はそこまで高くない。

ダンジョンに行けば、それなりの値段の魔物の素材もあるだろうが、人がいる場所でずっと狩りをしていたら、それはそれで目立つだろうし……。

まあ、考えたところで行く場所は一つだな。

そう俺は思いながら歩いていると、次の目的地のリーザの店の前に着いていた。

「リーザ、今大丈夫か？」

店に入ると、店頭にリーザの姿はなかった。

勝手に奥に入るのはまずいと思い、カウンターからリーザを呼ぶと、奥から作業服姿のリーザが出てきた。

「ジンか、今日来る予定だったか？」

「いや、ちょっと相談をしたいと思ってな、今時間大丈夫か？」

「ん〜……一時間ほど待っててくれたら、話せるが」

それぐらいなら、店の裏で剣の稽古をしていたらすぐだろう。

「ああ、大丈夫。待ってる間、店の裏で剣の稽古をしていても良いか？」

「いいよ。好きに使ってな」

リーザはそう言うと、再び作業場の方へと行った。

俺も店の裏に回り、剣の稽古を始める。

それから一時間ほど経ち、俺は再び店の中に戻ると、リーザがちょうど作業場から出てきた。

「時間ピッタリね。それで店に来るってことは、何か頼みに来たの？」

「ああ、実はまだ先のことなんだが春先くらいに旅に出ようと思ってるんだ。その時に合わせて、装備を作ってほしいんだ」

「旅ね。冒険者だからいつか行くと思ってたけど、なかなか外に行かないから王都で活動するのかと思っていたよ」

「知人からも同じことを言われたよ。旅に出るには色々と準備が必要だろ？　金もないのに旅に出て、日銭を稼ぐってやり方も良いとは思うけど、俺はちゃんと準備して旅をしたいんだ」

リーザは納得した様子で、どんな物が必要なのか聞いてきた。

それからひとまず、現段階で必要な物を伝えた。

「ジンとクロエは成長期だし、装備は旅に出る一月前から作り出すことにするよ。それ以外の物は今から作って、でき次第渡せばいいね」

「ああ、武器の予備は早めに欲しいかな、慣れも必要だろうし」

「わかってるよ」

リーザは前金を受け取って作業に戻ったため、俺は店を出た。

その後、商業区の普通の店で必要そうな物を買い込み、休日を全て買い出しに使った。

「えっ、ジン君買い出ししかしなかったの？　せっかくのお休みなのに？」

休みが終わり、クロエと集合場所で合流した俺は、クロエから休日どんなことをしていたのか聞かれた。

そして正直に二日間、買い出しに使ったと言ったら、驚いた顔をしてそう言われた。

「俺の場合、休んだところで宿で過ごすだけだから有効活用しただけだよ。そこまで気にしなくて良い」

「でも、私だけ休んだ感じで気になるよ……」

「う〜ん、別に休めてないわけでもないからな……まあでも、これからはお互いが休日って決めた日はなるべく、パーティーでのことはしないようにするよ」

そう俺はクロエと約束をして、俺達は馬車に乗り〝岩石山ダンジョン〟へと移動した。

俺達が唯一、現状で安心して金を稼げる場所といえばここしかない。

来る者は少なく、依頼でも来るような場所ではない。

それなのにゴーレムの素材はなかなかの値段で売れるし、今は二人分の採掘道具もちゃんと揃《そろ》っている。

「前回、ユリウスさんを助けるために三十層まで降りて転移ができるようになったお陰で、人の気配が全くしない場所で気楽に作業ができるな」

「そうだね。まあ、元々ここって人があんまり来ないから、人の気配なんて感じたことないけどね」

そうクロエは返しながら、俺達は楽々とゴーレムを倒している。

訓練のお陰でゴーレム程度は楽に倒せるくらいには成長した俺達は、個々で倒す時もあれば協力して連携したりと、色々と試していた。

「うん、前までより連携もよくなってるな。別々で訓練していたけど、お互いのことを意識して訓練していたお陰だな」

「どうやったらジン君のサポートができるか考えてたことが、実際にすんなりと決まって訓練の成果を感じるよ」

「俺もクロエならここで魔法を使ってくれるなって意識ができて、楽に動けてるよ」

一時間ほど狩りをした俺達は一旦、三十層の安全地帯に戻ってきて休憩しながら久しぶりの狩りの感想を語り合った。

正直、クロエが強いことはゲームで知っていたし、最近の頑張りも知っていたけど……。

ステータスでは見ることのできない、連携力や咄嗟《とっさ》の判断力は以前よりもよくなっていて、魔法の訓練をずっと受けたことでそういった力も上がったんだろう。

「……ところで、ジン君。キッチンの方に前はなかった調理道具がたくさんあるけど、もしかして料理するの？」

「これから先、王都から出たらどっちかが料理しないといけないだろ？　なら、今のうちから練習しておこうと思ってな」

鍋やフライパン等々、そこそこ良い材料でリーザに作ってもらった調理道具がキッチンにある。

市販の物でも良いかと思ったけど、ここは本気で取り組もうと思い道具から良い物を揃えた。

それを聞いたクロエは「私も頑張ってみようかな」と言ったので、交互に料理をして今から慣れておこうと話し合って決めた。

それから今日の食事当番は俺になり、【異空間ボックス】から食材を取り出して料理を始めた。

最初から難しい物を作って失敗するというのは、よくある話なので俺はこの世界でよく食べられる肉と野菜の炒《いた》め物《もの》と野菜スープを作ることにした。

「わ～、美味しそう。ジン君って本当に、なんでも器用にできるから羨ましい……」

「これ、そこまで難しい料理じゃないぞ？　焦がさないように炒めて、味の調整をしながら作った汁物だからな、誰でもできるよ」

そう言いながら俺は内心、ちゃんとできてホッとしている。

料理なんて本当に久しぶりにするから、注意深く焦げてないかを確認しながら作っていた。

というか、人のために料理するなんて初めてでちょっとだけ緊張していた。

「どう、美味しいか？」

「うん、美味しいよ！」

「よ、良かった。味付けちゃんとできてるか、不安だったんだよな……」

俺も食べると、意外と悪くない味をしていて失敗せずに済んだと安心して食べた。

うん、悪くない味付けだな、でももうちょっと濃くても良かった気がするな、まあ七十五点ってところだな……。

そんな風に自分の料理を採点しながら、食事をして食後は再び狩りに出掛けた。

「おっ、金塊ゴーレムだ。ほんと、俺達こいつと会う確率高いな」

「本当だと、こんなにたくさん出ないんだよね？」

「ああ、こいつがたくさん出てたらこのダンジョンの人気はもっと上だろうしな」

そう俺達は話しながら金塊ゴーレムを討伐すると、かなり大きいサイズの金塊が出てきた。

おいおい、これってまさかまた〝特大サイズ〟じゃないか？

「ジ、ジン君。このサイズってリーザさんに渡した物とほとんど一緒じゃない？」

「自分達の運の良さが怖くなってきた。こんな簡単に特大サイズの金塊、普通は出ないぞ……」

俺とクロエは二度目の〝特大サイズの金塊〟を手にして、自分達の運が壊れてるんじゃないか？

と思い始め、その日は怖くなって早めに狩りを終わることにした。

それにしても〝特大サイズの金塊〟か、流石に二個目は使い道が売る以外にないけど、これを売ったらまた目立ちそうだな……。

「一旦、この金塊はリーザに見せて、欲しいって言ったらリーザに売ることにしようか、要らないって言われたらとりあえず保管しておこう。変に売って、目立つのは嫌だからな」

「は～い、今すぐ売らなきゃならないほど、お金には困ってないもんね」

クロエも同意してくれて、とりあえず金塊はリーザが欲しくないと言ったら保管することに決めた。


そしてそれから数日間、俺達はダンジョンに籠もり狩りをして王都に戻った。

「どうでしたか、久しぶりのダンジョン探索は」

「良かったです。自分達の成長をちゃんと確認できました」

戻ってきた俺達は冒険者ギルドで素材の換金をして、フィーネさん達にダンジョン探索でのことを話していた。

「あの、クロエちゃんに聞きましたけど、二人は料理を始めたんですよね？　でしたら、こちら何か役立つと思いますから、よかったらどうぞお使いください」

先に相談室でダンジョンでのことを話していたクロエは、リコラさんに料理をするということを話していたみたいだ。

そしてリコラさんは俺達が料理を始めたならと言って、料理のレシピ本を渡してくれた。

「そちらはジンさん達と同じ冒険者の方が書いた本で、冒険者がよく食べる料理がまとめられています。色んな食べ物、特に料理初心者の方でも簡単に作れる物も載っていていいと思うんです」

「ありがとうございます。料理のレシピ本、ちょうど欲しいと思っていたところなんでありがたく使わせてもらいます」

「ありがとう、リコラさん！」

俺とクロエはリコラさんにお礼を言い、【異空間ボックス】に料理のレシピ本を入れた。

それから俺達はギルドを出て、金塊のことを話すためにリーザの店へと向かった。


リーザの店へと着き、扉を開けて中に入った。

そして店頭にリーザの姿がなかったから、名前を呼ぶと奥から作業服姿のリーザが出てきた。

「今回はクロエも一緒でどうした？」

「ちょっと、リーザに見てもらいたい物があってな、今少し時間あるか？」

「ん？　ああ、ちょうど今作業が一段落したところだから良いけど、なんだい？　もしかして、また〝特大サイズの金塊〟でも見つけたなんて言わないよね？」

俺は無言でカウンターの上に〝特大サイズの金塊〟を置いた。

それを見たリーザは無言でその金塊を見つめると、天井を見上げ自分の頬《ほお》を何度か叩《たた》き、もう一度カウンターの上に置いてある金塊を見た。

「あたしの目が悪くなったわけじゃないよね？」

「本物の〝特大サイズの金塊〟だ。俺達も出てきて、驚いたよ」

「金塊ゴーレム自体珍しいのに、こんなに大きいサイズをまた見ることになって自分達の運が怖くなりました……」

俺達の言葉を聞いたリーザはため息をつき、ドスッと椅子に座って金塊を見つめた。

「何年も探していた物がこうも短期間で二個も見つかると、なんだか変な気分になるね……」

「狙ってやったわけじゃないぞ？　たまたまだからな」

「わかってるよ。これを狙ってやるなんて、それこそダンジョンを作ってる神くらいしかできないよ……」

リーザはそう言うと再びため息をつき、俺達の方を見て「で、これは売ってくれるのか？」と聞いてきた。

その問いに対して、リーザが欲しいなら売るし、要らないなら保管すると伝えた。

それを聞いたリーザはしばらく考え込むと、金塊を買い取ると言い俺は金塊をリーザに渡した。

「それで買い取ったということは、二個目の特大サイズの金塊は何か使う予定でもあるのか？」

「まだ構想段階だけど、やってみたいことがあったんだ。ジン達が旅に出た後、ゆっくりと手を付けるつもりだよ」

「そうか、なら旅から帰ってきた時が楽しみだな」

そんな話をしながらこの日は解散した。

それから俺は宿に戻り、部屋で魔力の訓練をしていると、扉をノックする音が聞こえた。

「ルークさんでしたか、どうしました？」

「いや、ジンが帰ってきたって聞いて、ちょっと一緒に訓練しないか聞きに来たんだ」

「訓練ですか……わかりました。訓練ご一緒させてください」

よしっ！　ルークさんから訓練に誘ってもらったぞ！

自分から訓練に付き合ってくれと頼むこともできたが、ルークさんはこれまで多くの者に教えを請われ、それを全て断っていた。

自分が気に入った者や認めた相手じゃないと、訓練を一緒にしないというルークさんの性格を知っていた俺は誘われるのを待っていた。

「おっ、ジンが来たってことは振られなかったんだな、良かったなルーク」

ルークさんと共に裏庭に出ると、ドルクさんがルークさんを茶化《ちゃか》した。

その言葉にルークさんは「なんだと～」と笑いながら、ルークさん達のじゃれ合いが始まった。

「また始まったのね……せっかく、ジンが一緒に訓練をするっていうのに」

「仕方ないよ二人共、最近レベルアップして今までより動けるのが楽しいんだと思う」

確か三年後の世界でのルークさん達のレベルは、五十台だったはずだけどこの世界では今、いくつくらいなんだろうな……。

気になるけど、流石にレベルを聞くのは失礼だし我慢だな。

その後、ルークさん達のじゃれ合いは置いて、俺はエリスさん達と訓練を始めた。

「ジン君って剣と魔法、どっちが得意なの？　見た感じ、体は相当鍛えているようだから剣の方が得意なのかしら？」

「一応両方学んではいますが、自分が好きなのは剣ですね。魔法は元々才能があって、最初からなんでもできたんですが、剣の方は才能はあってもなかなか自分の物にはできなかったんです。それで少しずつ剣にのめり込んで、最近は魔法より剣術の方をよく鍛えています」

「へ～、両方の才能があるのね。羨ましいわ、一度見せてもらってもいいかしら？」

そうエリスさんに言われた俺は、まず最初に魔法の腕を見せることにした。

流石に宿屋の裏庭で大規模な魔法を使うのは迷惑になるだろうし、小さな魔法が良いだろう。

そう考えた俺は訓練をちゃんと積まないとできない魔法の技、属性を合わせた〝複合魔法〟をエリスさん達に見せた。

これなら威力や派手さがなくても、俺にどれだけの魔法の力があるか知れるはず。

「凄いわね。ここまで完璧な複合魔法の使い手、なかなかいないわ。ジン君、凄い魔法の力ね」

「褒めてくれて、ありがとうございます。ですが俺の力はこれだけじゃないですよ」

そう言って、俺は刀を取り出して【刀術】を披露することにした。

俺の太刀筋にじゃれ合っていたルークさん達も手を止めて、ジッと見ていた。

そうして俺は刀に集中して刀術の披露を終えると、パチパチとエリスさん達に拍手を送られた。

「凄く力強い剣術を見せてもらったわ、最初どっちも才能があるって言っててどの程度かと思ったけど、両方とも凄い使い手なのね」

「ありがとうございます」

エリスさんに褒められた俺は、お辞儀をしながらそうお礼を言うと俺の肩をルークさんがガシッと掴んできた。

「ジン、お前凄いな！　魔法も剣術もそのレベルで使える奴、なかなかいねーぞ！」

　ルークさん滅茶苦茶興奮してるけど、原作でこんな人だったかな？

　もっとこうカッコイイ感じのキャラだった気がするけど、なんかどっかの剣聖と似た雰囲気を感じる。

「ルークの言うとおりだな、ジン。お前、凄い奴だなって前からオーラで感じていたが、ここまでとはな……」

「あははは、そ、そこまでですか？」

「ああ、まずその剣術だが、俺達が使う剣ではなく〝刀〟という武器だろ？　それを使う冒険者と会ったことがあって、持たせてもらったことがあるがなかなか難しい武器だった」

「そうそう。剣術が得意な俺でさえ、真面《まとも》に扱えなかったからな。それでその刀を使う奴に普通の剣と刀ってどっちが扱いが難しいんだ？　って聞いたんだが、刀の方が難しいと言われたんだよ」

　ルークさん達は以前、刀を使う人と出会ったと言い、その人から刀の扱いの難しさを聞いていたと言って話を続けた。

　まあ、でも俺の場合はただ普通の剣よりも刀の方がイメージにピッタリだったんだよな、だからここまで褒められるとなんだか騙《だま》しているようで悪い気がした。

「その、そこまで褒めてもらって恐縮なんですが……俺、実は普通の剣の方の才能があまりなかったんですよ。それで鍛冶屋で刀と出会って、その形に惹《ひ》かれて使ってみたらそっちの方が自分にシックリ来ただけなんですよ」

「なら、尚更《なおさら》凄いと思うぞ？　刀の才能って、本当に稀《まれ》な才能らしいからな、剣はどちらかというと一般的で誰でも使おうと思ったら使えるだろ？　だが刀は違う。俺やドルクでさえ、真面に扱えなかったからな」

「そのとおり、剣にはそこそこ自信があったんだがな……」

そうルークさん達が話していると、今まで黙っていたエリスさん達が「そろそろ、ジン君を返してくれるかしら？」と言って俺の手を掴み、引き寄せた。

「さっきまでじゃれ合ってたくせに、ジン君が力を見せたら横取りなんてさせないわよ？　先にジン君と訓練するのは、私達だから」

「なっ！　それは約束と違うだろ！　それにジンは俺が連れてきたんだぞ？」

「連れてきたって、ただ声を掛けにいくジャンケンで勝っただけでしょ？」

「だとしても、連れてきたのは俺だ！」

楽しく会話していたと思ったら、なぜか今度はエリスさんとルークさんが言い合いを始めた。

その理由が、どっちが俺と一緒に訓練するかって内容に聞こえるけど……まさか違うよな？

「あのアニスさん、あの二人ってなにで言い争いしてるんですか？」

「ジン君とどっちが一緒に訓練するかの言い合いですよ。ジン君って自分のことを隠そうとしながら活動してるけど、ちょくちょく目立ってたでしょ？　それを聞いたルーク君とエリスちゃんが興味が湧いちゃって、才能を感じる方と一緒に訓練をしようって決めたの。それでジン君はどっちも才能があって私達の想像を超えてきたから、あの二人はああなってる」

マジか、好きなキャラが俺を取り合うように言い合いをしてるなんて、これゲームやアニメ好きからしたら、最高なことだ。

良かった～、どっちかに絞らず両方とも鍛えてて、それのお陰でルークさん達に気に入ってもらえた。

「ふふっ、ジン君って普段からちょっと大人びた感じしてたけど、そんな顔もできるんだね」

「あっ……」

ルークさん達に気に入られたのが嬉しくて、顔に出てしまっていたようでアニスさんからそう言われ笑われた。

その後、ルークさんとエリスさんは最終的にジャンケンをすることにして、ルークさんはパーを出して、エリスさんはチョキを出した。

そうして俺はその日、ルークさん達とではなくエリスさん達との訓練をすることになった。

エリスさんとの訓練では、まずエリスさんが得意とするスキルを見せてもらった。

そのスキルの名は【魔力視】といって、魔力の流れを見るというスキル。

今でもある程度の魔力の流れを見ることができるが、このエリスさんのスキルの効果はゲームでも凄い役立っていた。

「エリス先生、スキルとしてではなく普通に魔力を見てますけど、それとは違うんでしょうか？」

「本質は一緒だけど、私のスキルはさらに深く見ることができるわ」

魔力を見るという点では一緒の行為だ。だが、エリスさんの【魔力視】は敵の魔力の流れを見て弱点を探ることや、ダンジョンの罠の位置、姿隠しなどで見えない敵さえも見える。

エリスさんのこのスキルを使用後は、敵の弱点を突きやすくゲームではほぼ必須のスキルだった。

「そんな凄いスキル、俺に教えても良いんですか？」

「良いのよ。気に入った相手には教えるつもりだし、でも難しいスキルだからそんな簡単に自分の物にはできないわ」

そう言われながらも、俺はエリスさんから【魔力視】についてゲームでは省かれてた訓練方法を聞いて訓練を始めた。

◆・◆・

それから数日間、俺達は岩石山ダンジョンで探索しては二日休むというのを繰り返し、年を越した。

この世界でも年越しは落ち着いて過ごすという文化があるみたいで、冒険者ギルドもお休み期間に入る。

そして年が明けて二日目、俺はクロエの家に新年の挨拶をしに行った。

「クロエ、今年もよろしくな」

「うん、よろしくね。ジン君」

その後、豪華な食事をクロエの家でご馳走《ちそう》になった。

「新年からお邪魔したのに、食事までご馳走して頂いて、すみません」

「いいのよ。クロエちゃんと仲良くしてくれてるんだもの、ジン君と出会ってからクロエちゃん、すごく楽しそうに冒険者の活動をしてるのよ？　本当に感謝してるわ」

食事のお礼を伝えると、クロエの母のエレナからそんなことを言われた。

そんな母の言葉に「ちょ、ちょっとお母さん!?」と、クロエは慌てた様子で立ち上がった。


その後も楽しく新年を過ごした俺は、翌日も挨拶回りを行った。

流れで王城にも行くか迷ったが、流石に今は貴族の集まりで忙しいだろうと思い、王城への挨拶はとりあえずやめておいた。

「さてと、クロエ。残り大体四ヶ月くらいだけど、どうする？　春先に旅に出るのは決定として、それまでどう動くか」

「う～ん、そろそろ岩石山ダンジョンはクリアしてもいいんじゃないかな？　リコラちゃんに聞いたら、そろそろダンジョンクリアしても驚かれはしないとは思うって言ってたし」

「あそこのダンジョンに潜り始めて数ヶ月経つし、クリアしてもそこまで驚かれはしないか……うん、わかった。とりあえず、最初にやることは岩石山ダンジョンの攻略だけど、たぶん一日で終わるな」

とはいってもすでに三十層まで安全に行けるようになってるから、後はボスを討伐するだけだ。

そこまで時間も掛からないし、なんなら明日やろうと思えばすぐに終わる。

「残ってることといえば、後は訓練くらいだよね？　ジン君としてはこれ以上、昇格するのは嫌でしょ？」

「まあ、するならあと半年は待ちたいかな、一年でも銅級は早い方だけど、流石に今よりかは目立たないと思うし」

「う〜ん、だとしたら何が良いんだろう……」

流石に残り四ヶ月近くをまた訓練に費やすのは、別に良いけどなんか物足りない気がする。

だったら、姫様の護衛任務を春までしていた方が断然、給料も安定してもらえたから続けておけば良かったたってなる。

「昇格しない程度に依頼をこなすというのが一番いいのかな、前みたいに討伐系ばかりするんじゃなくて、街の依頼とかだったらそこまで評価されることはないだろうし」

「確かに、討伐系だと昇格の評価が高いけど街の依頼はそこまでないから、ジン君にとっては良いよね」

街の依頼と討伐の依頼だと、昇格に関わる評価値がだいぶ違ってくる。

評価値とは、依頼の危険度や内容の難しさで変動するから、街の依頼だと危険度はそこまでなく、さらに報酬も低いことが多い。

そんな依頼、誰が受けるんだ？　という疑問もあるが、怪我《けが》で討伐系をできない冒険者が日銭を稼ぐためだったり、初心者が少しでもお金を稼ぐためにやったりしている。

「その人達には悪いけど、時間潰しとしてやらせてもらうか。できるだけ皆がしなそうなやつを受ければ迷惑にもならないだろうしな」

「そうだね。街の依頼でもおつかい系は人気らしいから、清掃だったりお手伝いをメインにしていこっか、こう見えて掃除は得意だよ」

そうクロエは胸を張りながら言い、俺達の今後の動きは決まった。

翌日、その話し合いの結果をフィーネさん達に伝えると「それはギルドとしても助かります」と言われた。

「ここ最近、初心者の方でも無理して討伐系に行く方が多く、街の依頼が溜まり気味なんです」

「そうなんですか？　だったら、本当にちょうど良かったですね」

「はい、それにジンさん達は依頼の達成率も高く、ギルドとしても信頼を置いてますから信用がないと受けられない依頼等も任せられるので本当に助かります」

そうフィーネさんは言い、俺は「そんなに依頼が溜まってるんですか？」と聞いた。

「正直に言いますと、銀クラス以上の冒険者様にギルドがお願いして片付けてるレベルで溜まってます」

「それを聞いただけで、相当ヤバいということが伝わりました。でも仕方ないですね。冒険者に強制して、街の依頼をこなせとは言えませんからね」

「そうなんですよね。初心者の方には安全な依頼を選ぶようにと受付の方では言ってるんですが、なかなか街の依頼に手を付ける方は増えない状況が続いてます」

なるほどな。まあでも俺達としては良いタイミングだったし、できるだけ多く依頼を受けるとフィーネさん達と約束をした。

◆　◆

それから三ヶ月、俺とクロエは自分達のできる範囲で街の依頼を解決しながら、ダンジョンでレベルアップと金策を行った。

街の依頼は評価値としてはそこまで高くないが、ギルドからの信頼度はさらに上がり、他の土地に行ったとしてもギルド経由で俺達のことは優遇されると言われた。

「そんなつもりで依頼を受けてたわけではないんですけどね……」

「これは、ギルドからのお礼として受け取ってください」

正直、この優遇特典について知っていたが、狙って街の依頼をするようになったわけではないため、もらう際は少し遠慮気味に受け取った。

優遇特典、これはギルドの系列店舗での割引だったり、宿での宿泊費の負担軽減。

他にはパートナー契約をしている者に限っては、どのギルドでも専属のパートナーとの連絡役をしてくれたりと色んな特典がある。

「それにジンさん達はもうじき旅に出ますから、一番最後の連絡役は必要だとマスターが言って渡すことが決まったんです。それにパートナーなのに、何もできないのは嫌ですからね」

旅に出た際、パートナー契約を切るかどうかはすでに話し合っている。

完全に居なくなるわけではないため、切る必要性は最初からないと考えていた俺達は別のギルドでもパートナー料を取ってもらって構わないと伝えていた。

それがまさかこんな形で、仕事をできるようにしてくれるとはフィーネさんも行動力がある人だな。

「信用度といってもたった数ヶ月、街の依頼を受けてただけなのにこの優遇特典もらえましたかね」

「それ私も思ってた。だって、それなら他の人ももらってるよね？」

「そこに関しては、ジンさん達だからというのもあります」

そうフィーネさんは言うと、俺とクロエが優遇特典をもらえた理由を説明してくれた。

元々、達成率百%、依頼の失敗回数がゼロの俺達はギルド側としても信頼の置ける冒険者として扱われていた。

そこに高位の人、まあ姫様の依頼を受けて完璧にその依頼をやり遂げ、さらには依頼主側から追加での報酬を渡されるほどの貢献をした。

それによりギルドは俺達を高く評価することになり、今回の優遇特典を与えることになったと説明された。

「……姫様には本当に感謝しないとな」

「そうだね。また姫様が楽しんでくれる話ができるように、旅先で頑張らないとだね」

「ああ、本当にな」

その後、もうそろそろ旅も行けそうだからそっちの話も進めるべく、ギルドを出た俺達はリーザの店へと移動した。

数日前、リーザの所で装備を一新することにした俺達は、かなりお金を掛けていい装備を作ってもらっていた。

「楽しみだな、シンシアの店で買った装備ももちろん良かったけど、オーダーメイドでの装備って武器の時も感じてたけど、ワクワク感が半端ないよな」

「そうだよね。それに今回のは、たくさんお金掛けたからどんな物ができたのかすごく楽しみ」

「ああ、なんせ一人の装備に対して金貨百枚以上掛けてるからな」

成長期の俺とクロエだが、旅に出るしせっかくならいい装備をということになり、お金に糸目をつけずに装備を新調することにした。

装備に金を掛けて悪いことはないし、成長して体に合わなくなってもリーザはすぐに合わせられると言ってくれた。

それならば、いっそ大枚叩《はた》いて作っちゃえと決めた。

ちょくちょくリーザの店に顔を出して、話を聞いていたが、なにやら竜種の素材を使ったというのを聞いている。

「聞いた感じ、見た目ではわかりにくくしてるけど、見る人が見ればその価値がわかるって言ってたな」

「できるだけ目立ちたくないけど、いい装備を着たいっていうお願いだもんね。楽しみ～」

そう話しながら俺達は歩き、リーザの店へと到着した。

扉を開けて中に入ると、今回はすでにカウンターの所でリーザは待っていた。

「待ってたよ。ジン、クロエ。あんた達の新しい装備、完成したよ」

ニカッと笑いながらそうリーザが言い、俺とクロエは小走りでリーザのもとに近寄った。

そしてまず最初にリーザは、クロエの装備から説明を始めた。

クロエの装備に使われてる素材のほとんどは、獣系魔物の中でも特に防御力が高い〝ブラックベアー〟のものを使っているとリーザは言った。

サポート兼準アタッカーのクロエは、動きやすさと防御力を考えこの素材にしたらしい。

「わ～、凄いよジン君！　重いのかなって思ったけど、全く重くないし動きやすい！」

そうクロエは興奮した様子で、ピョンピョン飛びはねたり蹴りの動作をしたりと装備の動きやすさを確認している。

「一応、前に話していたとおり竜種の素材も混ざってるから、その分も防御力が上がってるよ。そこらの金属の装備より、防御力があるから安心して戦いな」

「はい！　ありがとうございますリーザさん！」

クロエはリーザにそうお礼を言うと、早く装備の性能を試したいとウズウズとしている。

滅茶苦茶、尻尾振ってて嬉しいんだなと一目でわかるけど、その尻尾がバシバシ俺の太ももに当たって痛いんですけど……。

ここで注意したらせっかく、上機嫌なクロエの気持ちを下げてしまうから、俺はグッと我慢した。

そうして、次は俺の装備の説明に入った。

装備の見た目的に革製の装備だが、鑑定してすぐにその革が竜種の素材ということがわかった。

「ジンの方は、もう全て竜種の素材で作ってるよ。魔法も使うけど、基本前衛って言ってたから、なら防御力特化にしておこうと思ってね。竜種の素材は少し重たいから、着てみてどんな物か試してみな」

「わかりました」

リーザからそう言われ、俺は更衣室で新装備を着て少し歩いたりジャンプしてみたりした。

うん、確かに今まで着ていた装備よりか重たい気がするけど、動けないというほどではないな。

「重たいけど、動きにくいってほどではないな」

「そう、それなら良かったよ。それで説明の続きだが、ジンの装備に使ってる竜の種族名は〝アース・ドラゴン〟と言って土竜《どりゅう》と呼ばれてる奴らで特に防御力に優れた竜の種族だ」

「アース・ドラゴンって言えば、砂漠地帯やたまに山岳地帯に住んでる上位竜の一種だな……よく、そんな奴の素材が手に入ったな」

「前もってジンから装備を作ってほしいって言われて、たくさん準備期間があったからね。このくらいなら、あたしの伝手を使えば揃えることは可能だよ」

流石、ガフカの工房だな……。

普通、王都の他の鍛冶屋だとこんな装備を作ることは不可能だ。

マジで〝特大サイズの金塊〟を見つけて、リーザとの縁ができたのは早々に王都を離れず、準備期間として残った成果の一つだ。

その後、装備は一旦、【異空間ボックス】に入れて俺達は店を出た。


店を出た俺達はその足で、とある所へと向かった。

向かった場所は馴《な》染《じ》みの冒険者が泊まってる宿で、その宿の食堂に目当ての冒険者が居た。

「あっ、クロエちゃんにジン君。久しぶり～」

「久しぶり～、レイちゃん！」

「久しぶり、レイ。レンは今日はいないのか？」

「レンなら、まだ寝てるよ。昨日夜遅くまで、勉強してたみたいで寝不足だったから寝かせてるの」

レイとレン、この二人は双子の兄妹《きょうだい》でクロエの友人達だ。

以前、俺がクロエと知り合った時に紹介すると言われ、知り合った仲で歳は俺の二つ上で唯一の同世代冒険者の知り合い。

兄のレンは物覚えが良く、以前俺が手に入れた薬学についての本を渡したらすぐに覚え、今では薬学についてならその辺の薬師よりも詳しい。

そして妹のレイは元気娘で、特殊なスキルを持っていて大の大人顔負けの怪力の持ち主だ。

「レンの奴、たまに頑張りすぎるからな……最近も新しい薬ができそうって、俺の所に見せにきてたよ。あいつたまに変なところあるよな」

「そうなの？　前までレン君って落ち着いたイメージがあったけど……」

「レン、一つのことに集中するとものすごく変になるよ。ジン君達と会う前、魔物の生態について調べてた時があったんだけど、もう依頼に行く時間なのにずっと本読んでて大変だったんだよ」

あの時は気絶させて依頼の場所まで連れていってたと、レイはため息をつきながらそう言った。

それから俺達はレイに、もうすぐ旅に出ることを伝えた。

「あっ、そっかもうだいぶ暖かくなってきたもんね……ジン君達と離れるの、なんだか寂しいな」

「俺も唯一の同世代の冒険者だからな、寂しさはあるけど、それが冒険者だしな」

「出会いと別れがたくさんあるのも冒険者だからね～」

その場の雰囲気が少し落ち込むと、誰かが食堂に来る。

「あれ、ジンとクロエ。どうしたんだ？」と俺達の名を呼ぶ声がして振り返ると、レンが居た。

「あれ、レン。お前、寝てたんじゃないのか？」

「うん、仮眠してスッキリしたから起きてきた。それで、なんか雰囲気が暗いけど、なんかあったのか？」

「ああ、旅に出る話をしにきたんだよ。もうすぐ、出発するからな」

そう俺が言うと、レンが「えっ、旅に出る話って本気だったのか!?」と驚いた顔をして言った。

「いや、前から暖かくなったら行くって言ってただろ？」

「そ、そうだけどなかなか行かないから、その話はなくなったのかと……え〜、マジか。それは寂しくなるな」

レンもまた俺達が旅に出ると聞いて、シュンッと気分が落ちてしまった。

正直、この二人を仲間にするかどうか、クロエと何度か話したことがある。

二人とはこの数ヶ月関わって、信頼もある程度あるし、実力も認めている。

それなのになぜ、二人を仲間にしないのか？　それは単純に誘うタイミングを失っていた。

レイ達と知り合った当時、俺とクロエは長期の護衛依頼を受けていて、二人と一緒に依頼を受けるタイミングがなかった。

そして護衛任務が終わって戻ってくると、今度は二人が少し長い依頼を受けていたため、お互いに仲間になるタイミングがなかった。

そしてここが最後のチャンスだよな……。

「……そこまで、寂しいって言うんならレイ達も一緒に旅に来るか？」

「えっ!?　……ジン君達って仲間を増やさないんじゃないの？　そう思ってたから、私達も仲間になりたいけど、言わなかったんだけど……」

「正直、そこまで仲間を欲しいと強く思ってるわけじゃない。俺とクロエでも、ある程度の依頼はこなせるし、なんなら二人の方が取り分も多くなるから、仲間を増やすつもりはほとんどなかった。ただレイ達を見ていて、二人が居ればもっと他のこともできるなって考える時があったんだ」

「レイちゃんとレン君、二人共私達が持ってない長所を持ってるから仲間になってくれると嬉しいなって、ずっと思ってたんだ。ただ誘うタイミングがなくて、ずっと言えなかったの……」

そう俺達が言うと、レイは涙を流し「なる！　仲間になる！」と叫んだ。

そしてレンも、レイ同様に「俺も仲間になりたい」と言い、俺達は一気に二人の仲間が増えた。

旅に行く、この一ヶ月前というタイミングで仲間が増えるということは、一から連携を考え直さないといけないが、それはまた後で考えればいいだろう。

とりあえず、今はレイ達と仲間になれたことを喜ぼう。

その後、一部始終を見ていた食堂のおばちゃん達から「よかったね～」と泣きながらお祝いされた。食堂に居た他の冒険者からも祝福され少し恥ずかしい気持ちになった。

翌日、パーティーメンバーの登録を行うため、四人でギルドへと集まった。

俺達は晴れて四人組のパーティーとなるため、まずフィーネさんとリコラさんと二人の顔合わせを行った。

「噂《うわさ》の双子の冒険者の方達ですか、素晴らしい人材を仲間にしましたね」

「えっ、私達って何か噂されてるの？」

「……そういや、レイ達ってそういったこと、全く気にしないタイプだったな」

この二人、お互いに珍しい力を持ってるため、一部では噂されるほどの冒険者だ。

ゲームでは出てこなかったから、俺もクロエから紹介された時は普通だと思っていたが、後に二人の力を知った時は「マジか」と素で驚いた。

まあ、ゲームに出てこない＝勇者との関わりがない者達ということで、俺もそこで安心して絡む機会が多かった。

「へ～、私達って噂されてたんだ。知らなかった」

「まあ、気にしたことすらなかったしな」

「二人ならそう言うと思ったよ」

その後、二人には俺とクロエがパートナー登録をしてるため、依頼の一部はギルドに行く等、これまでの成果を二人に伝えた。

その内容に二人は驚き、目が点となっていた。

「ジン達が凄いとは知ってたけど、まさかそこまでとは思ってなかった……」

「私も。王家からも認められた冒険者って、そうそういないよね？　その中でも許可証がないと入れない場所への許可証を持ってるとか、二人共すごくない？」

「頑張ったからな」

驚く二人に詳しいことは、まだ旅立ちまでひと月はあるからその間に話そうと言って、無事に俺達はパーティーとなった。

その後、俺達はギルドを出てリーザの店へと向かった。

「な、なあジン。俺達もガフカの工房に入って良いのか？　いくら、ジンが知り合いっていっても無理なんじゃ……」

「あ〜、そこは心配するな、前からレン達のことはリーザに話してるから」

「「へっ？」」

レン達はそれを聞くと、驚いた顔をして固まった。

そしてちょうど良くリーザの店に着いた俺は、扉を開けて中にレン達を連れて入った。

先ほど、帰ったばかりの俺達を見てリーザは一瞬驚いたが、レイ達の顔を見て何か察した様子で笑みを浮かべた。

「リーザ、紹介する。俺達の新しい仲間のレイとレンだ。前、話した双子の冒険者だ」

「ほ〜、あんたらがジンが気に入ってると言ってた冒険者達か……なかなか、いい力を持ってるね。あたしは、リーザ・ガフカだ」

「は、初めまして妹のレイです」

「は、初めまして兄のレンです」

レイ達はリーザに挨拶をされて、ガチガチに緊張した状態でそう自己紹介をした。

そんなレイ達にリーザは笑みを浮かべ「よろしくね」と言って、二人と握手を交わした。

「それでこの子達をただ紹介しにきたんじゃないんだろ？　一応、準備はしてたけど仲間になったばかりの相手に、本当に渡すのか？　あんた達の稼いだ金だよ？」

「そこはクロエと話しているから大丈夫だ。やってくれ」

そう俺は言って、リーザは頭を掻《か》きながら「あんたも変わった奴だね」と言った。

それから緊張しているレイ達をリーザは奥に連れていき、二人の装備の採寸を行った。

「じ、ジン君？　リーザさんに採寸されたんだけど、何をお願いしたの？」

「んっ？　お前達の新しい装備だ。一緒に旅をするなら、装備品の質を揃えた方がいいだろ？」

「「えっ!?　ええええ！」」

流石、双子だな、息ピッタリだ。

そう俺が感心してると、レイから襟を掴まれ「ど、どういうこと!?」と詰め寄られた。

「さっきの話し合いで、パーティーリーダーは俺がするって言っただろ？　このパーティーのルールの一つが装備は全員品質を統一する決まりなんだよ」

「そ、そんなの聞いてないよ！　それにガフカの工房で装備を作るって、大金が要るでしょ!?」

「そこはパーティー資金から出すから問題なし。聞いただろ、俺達が稼いだ金はこういう所で使わないと、後から後悔することになるからな」

「確かに装備が悪くて後で後悔するって冒険者でよく聞く話だけど、パーティー加入その日に高級な装備を渡すって言われる方の気持ちにもなってよ！」

レイはそう叫ぶと、酸欠になったのかフラッとしてレンの肩に掴まった。

今回、レイ達を急遽仲間に加えることにしたが、事前にもしかしたら二人増えるかもということはリーザに話していた。

クロエももし二人が仲間になったら嬉しいしと言って、その時に二人の装備代をパーティー資金から出すことも承諾してくれた。

「そもそもレイ、お前ら装備に金掛けないにもほどがあるだろ？　レイ、お前自分の装備出してみろよ」

「っ！　う……」

レイは指摘されたことに嫌そうな顔を浮かべながら、背に担いでる戦斧《せんぷ》を取り出した。

多少、手入れはしているものの、欠けていたりしてまともな武器とは言えない。

レンも同様で刃こぼれした剣を使っている。

「……あんた達、これでよく冒険者続けてこられたね」

流石のリーザもレイ達の装備の手入れの酷《ひど》さに、驚いた顔をしてそう言った。

「自分達で装備を揃えられないメンバーなら、リーダーが用意するしかないだろ？」

「ジン、これだけ良くするって、俺達のことを相当期待してるの？」

「ああ、期待してる。だから惜しみなく、投資することにしたんだ」

「……レイ。ここは素直に装備を受け取ろう。ジン達の期待に応えるのが、俺達にできることだし、それに仲間になるって決めたのは俺達なんだから」

そうレンが言うと、レイは「レンが言うなら……」と言って落ち着いた。

それからリーザから、すでに装備の素材の手入れはしてるから数日もすればできると言われて、その日は解散となった。

「しかし、レイ達を仲間にか……当初、考えていたとおりに事が進んだな、これで旅に心おきなく行ける」

王都で過ごした期間で、俺は旅に出るにあたって、ある程度の準備が必要だと考え、色んなことを想定して準備を進めていた。

その準備の一つとして、いい人材が居れば仲間に入れようと思っていた。

それこそアンジュさんを仲間にしたいとも思ったが、あの人はユリウスの近くに居た方がいい気がしたから、声は掛けなかった。

レイ達は仲間にしてもいい気はしてたが、タイミングが合わずずっと保留にしていて最後のタイミングだと思い今日声を掛けた。

「まあ、とりあえず残りの時間でレイ達との連携をうまくできるようにならないと、せっかく仲間にしたのに意味がないからな、もうひと頑張りするか」

そう考えながら俺は眠り、それから一ヶ月間レイ達との連携訓練を徹底的に行った。

そうしてある程度仕上がった頃、気温も暖かくなり遂《つい》に俺達が王都を旅立つ日がやってきた。

旅立ちの日、多くの人から別れの挨拶をもらった。

寂しい気持ちもありつつ、俺達は最初の目的地へ向かう馬車に乗り、王都を旅立った。

第五章　ゲーム本編の開始

自分がよく遊んでいた世界に似た異世界に転生して、約三年半ほどの月日が流れた。

旅立つ前に色々と準備をしていたお陰で、本来だったら困っていた場面も難なく乗り越えてきた俺達《たち》は遂《つい》にとあるダンジョンを攻略しようとしている。

「レイ、代わってくれ！」

「りょう、かいッ！」

王都を発《た》つ前、声を掛けた双子の冒険者の妹、レイ。

彼女の持つ固有能力【怪力】には、この旅の期間何度も助けられている。

「ジン君、はいポーション」

「ああ、ありがとう」

そして、双子の冒険者の兄、レン。

持ち前の記憶力で大金を使って覚えさせた薬学の力を発揮して、これまで多くの場面で助けられてきた。

マジであの最後の時に声を掛けて正解だったと、今でも思う。

「つと、昔のことを思い出してる場合じゃねえな！　クロエ、準備は良いかッ!?」

「もちろん、いつでも撃てるよ！」

「よし、いまだ！」

俺の掛け声と共に、俺とクロエは同時に戦っていたダンジョンのボスへと魔法を放った。

「――――！」

「皆、下がれッ！」

ボスは俺達の魔法をくらい、大ダメージを受けると最後の足掻《あが》きで暴れ始めた。

しかし、それから数秒後にはボスの体が崩れ、俺達は金級冒険者でもクリアが難しいとされている〝絶海のダンジョン〟を攻略した。

ボスを討伐して報酬を手に入れた俺達は、ダンジョンの外に出てひとまず休憩することにした。

「はぁ、マジで今回は死ぬかと思った……レイ、大丈夫だったか？」

「もうあちこち痛い！　レンの薬がなかったら、本当にいつ死んでもおかしくなかったよ」

「ああ、マジでそうだな、今回は今までで一番レンの薬に助けられたな」

そう俺とレイが言うと、レンは「それが仕事だから」とニコリと笑いながら言った。

今回、攻略したダンジョンの名前は〝絶海のダンジョン〟という海の中にあるダンジョン。

海の中ということもあって出入りが難しいため、俺達はそのダンジョンでひと月ほどずっと探索していた。

「それにしても、今回は本当によく勝てたと思うよ。準備をしてたとはいえ、ここのダンジョンは誰も攻略したことがなかったのに、ジンが最初にここを攻略するって言った時は流石《さすが》に頭が悪くなったのかと心配になったけど、本当にクリアしちゃうなんてね」

「それ私も思ってた。流石に四人でここは無理でしょって諦めてたけど、ジン君とクロエちゃんが行ける！　って自信満々に言うから、ついてきたけど本当に勝てるとは思わなかった」

「ジン君が自信満々の時は、大抵ちゃんと準備が整った時だからね。何度も見てきたんだから、レン君達もそろそろジン君のことは信頼しても良いと思うよ」

「いや、信頼はしてるよ？　ただ流石に、ここを攻略できるとは思わなかったんだよ。だってあの、剣聖からも『無茶《むちゃ》だよ！』って止められてたでしょ？」

クロエの言葉にレンがそう返し、俺の方へとレンは視線を向けた。

「よく、あれだけの準備してきたよね。時々、俺達が知らない道具まで使ってて……あれが言ってた〝ゴブリン商人〟の道具なの？」

「ああ、レン達はあいつらのことを信頼できないって言うけど、あいつらは今噂《うわさ》されてる〝魔王軍〟じゃないからな。そろそろ信用してやってほしい」

「う〜ん……」

俺の言葉にレンは悩み、そのまま黙り込んでしまった。

あれから世界は徐々に俺の知るゲームの世界へと変わってきた。

転生初期にはなかったダンジョンが現れたり、地殻変動が起きて新たな大陸ができたりと、世界は変わっていった。

そんな中、俺は着実に魔王軍との衝突に向けて、目立たないように準備を進めている。

その一つにこのダンジョンの攻略が必要だった。

「それよりここも攻略したし、一ヶ月間も手紙を出してないから街に戻るか。姫様からの催促の手紙が来てそうだしな」

「「は〜い！」」

今回のダンジョンはゲームでは別に攻略しなくても、ゲーム自体はクリアできる。

だがここのダンジョンの攻略報酬で手に入るアイテムが魔王軍との戦いで役立つ物だと知っていた俺は、それを手に入れるために長期間の準備のうえで攻略を行った。

最初、このダンジョンの魔物に苦戦することもあったが、四人で力を合わせて乗り越え、ボスを討伐することができた。

俺とクロエだけでは本当に攻略することができなかったな、レン達の力があってこそ攻略ができた。

そう俺は改めて思いながら、海の街レーシアの冒険者ギルドへと向かった。

その後、街へと戻ってきた俺達は一ヶ月前はこっちに居なかった人物と共に相談室へと入った。

「まさか、フィーネさんがこっちに来てるなんて思いませんでしたよ」

「ジンさん達がダンジョンに入ったっきり、一ヶ月間も音沙汰がなかったので心配になって来たんです。ですけど、その心配は要らなかったようですね……無事に〝絶海のダンジョン〟を攻略したみたいですね」

フィーネさんからそう言われた俺達は、全員でダンジョン攻略の証《あかし》を見せた。

「あのダンジョンは金級冒険者クラスとされていますが、今まで誰も攻略したことがないのにたった四人で攻略してしまうなんて、本当に凄《すご》いです」

そうフィーネさんから褒められた俺達は笑顔を浮かべ、それからダンジョンで手に入れたアイテムや魔物の素材を売ることにした。

〝絶海のダンジョン〟はその攻略の難しさ、出入りの難しさからダンジョンに生息する魔物の素材は高値で取引されている。

「あと、こちら姫様からお預かりしている手紙です」

「……凄い量ですね。これ全部、姫様からですか？」

「はい、姫様もご心配されていましたので戻ってきたら、すぐに連絡を寄越《よこ》しなさいと言ってました」

そうフィーネさんから言われた俺はギルドに通信魔道具を借り、デュルド王国の王城へと連絡を入れた。

向こうの連絡係の人は相手が俺とわかると、すぐに姫様を呼び、数分もしないうちに姫様の声が聞こえてきた。

「ジン、貴方《あなた》達一ヶ月間もダンジョンに潜って、心配したわよ」

「ちゃんと言ったじゃないですか、今回のダンジョンは今までで一番ヤバいから長くて半年は掛かりそうですって」

「そうだけど、心配しない方がおかしいでしょ！　まさか、あの〝絶海のダンジョン〟に行く人なんて今時いないわよ！」

「いや、攻略目的ではなく素材目的なら今でもたまに行く冒険者は居ますよ」

そう俺が訂正すると、姫様は「煩《うるさ》い！」と返してきた。

この約三年間で俺達と姫様の関係はいい方向に進んで、今ではこんな感じで言い合える仲になっている。

学園を卒業後、姫様の弟でありデュルド王国の王子様が留学から帰国して、学園に通うようになった。

王子の存在、王城で働いてる時にスッカリ忘れていたけど、それは仕方ないと後で俺は思った。

ゲームでもデュルド王国の王子は姉の姫様とは違い、ほとんど出てくることはなかった。

たまに学園編で優等生キャラとして出てきてたが、それ以外に目立ったところはなくゲームクリアまで特に表に出てくるようなキャラじゃなかった。

そんな王子様が帰ってきたことで姫様のこれまでの生活は変わり、今は弟の代わりに国王と共に国を守る動きをしている。

「それで姫様、そっちはどんな感じですか？」

「ジンのお陰で周辺国の損害はほとんどないわ、裏の子達もジンの情報網は凄いって褒めてたわよ」

「それじゃ、デュルド国の被害もそこまでない感じですかね？」

「ええ、人的被害は今のところそこまでないわね。ただ魔王軍に占領された土地はいくつか出てきてて、勇者の育成を急がないといけないって、こっちは忙《せわ》しなく動いてるわ」

勇者、姫様がそう言った瞬間俺は一瞬だけ固まった。

この世界に勇者が現れ、すでに数ヶ月が経《た》っている。

流石にゲームでジンを殺す相手が出てきたと聞いた時は、すごく驚いたが今では平静を装えるくらいには慣れた。

そんな勇者は今、学園設備が一番良いとされているデュルド王国の学園で、ゲームどおりの生活を送っているらしい。

「本当だったら、ジンには勇者の仲間になってほしいんだけど……それは嫌なのよね？」

「ええ、勇者と一緒ということは目立つじゃないですか、嫌ですよ」

「でも、もうラージニア家はなくなったのにまだ続けるの？」

約三年前、表に出てきた〝ラージニア家の不正〟は一年ほど時間を掛けて調べ上げたうえで取り潰しが決まった。

流石に密輸、脱税、人身売買、さらには殺害まで数々の悪事を重ねていたラージニア家に助かる道はなかった。

一族全員が処刑、もしくは牢獄《ろうごく》へと収監されることになり、魔王が復活するまではその話題で一時は本当に姿を消さないと騒がしかった。

そんな中、捜査に協力したということで処刑されずに済んだ者がいる。

「俺は表に出て注目を浴びるのが嫌なんですよ。それは、姫様がよくわかってるでしょ？」

「まあ、そうだけど……はあ、アンジュからも断られるし、何でこう強い人は目立つのが嫌なのかしら……」

「面倒事が増えるからですよ。魔王軍との争いが始まったのに、馬鹿な貴族は自分のところに力を集めようと動いたりしてるでしょ？　ルークさん達に手紙送った時、本当に迷惑だって言ってましたから」

魔王軍の登場によって、活躍している冒険者を自分の手元に置こうとする貴族が多く出てきた。

銀級以上の冒険者のほとんどが一度は貴族から、自分のところに来ないか？　という勧誘話が来ている。

そして特に目立つ冒険者には、何度も勧誘話が来ていて、その中の一人であるルークさん達は本当に迷惑だと愚痴っていた。

「私達のところにも来てたしね。ほんと、そんなことする暇があるなら国に協力すればいいのにね～」

「皆、頭がいい人ばかりじゃないからね」

クロエの言葉にレンがそう返すと、レイが「今度来たらぶっ飛ばしてやりたい！」と言った。

その後、姫様とある程度の情報交換をした後、俺達はもうしばらくしたら王都に一度帰ると伝えて通信を終えた。

その後、俺は椅子にもたれかかりため息をついた。

姫様から聞いた内容だと、勇者の育成はかなり手間取ってるみたいだな……。

まあ、ゲームでも初期の勇者は〝勇者の証〟を持つだけのただの村人だった人間だから、この世界でも育成に時間が掛かるのは仕方ないだろう。

「ジン、どうするんだ？　さっき姫様から勇者について色々言われてたけど協力するのか？」

「いや、勇者に直接近づきたくないから、やるなら装備の手配くらいだよ」

「……ジンさん、前から思ってましたけど何でそんなに頑《かたく》なに勇者様と会おうとしないんですか？　普通は一目見たいと思いますよね？」

フィーネさんは俺の〝勇者に近づきたくない〟という考えに、疑問を呈してきた。

「なんとなく、ですね。正直、勇者なんて目立つ存在の近くに居たら、俺まで目立つでしょ？　そしたら面倒な輩《やから》に見つかりますから、それが嫌なんですよ」

本当のところは、ゲームで勇者はジン《俺》を殺す存在。

そんな奴《やつ》の近くに居たくないし、できるなら俺は一生勇者とは関わりたくないと思っている。

だけどたぶん、それは難しいだろう。

現段階の国の力では、魔王軍との戦いに疲弊して押し切られてしまうだろう。

そうなると、王都は壊滅状態になるだろうし、そうなったら知人達が大変なことになる。

「ジン君の勇者様嫌いは今に始まったことじゃないですし、もういいんじゃないですか？　それに勇者様とは会おうとしてませんけど、それなりに王国に協力してますし」

俺の勇者との関係を作りたくないという姿勢は、今に始まったわけではないため、このことを知っているレン達はそう言って話を終わらせてくれた。

その後、王都に戻る日程を話し合い、俺達はギルドを出た。

「皆、ありがとな」

「いいよ。ジン君が今まで私達にしてくれたことに比べたら、このくらいではまだまだ返し切れてないしね」

「フィーネさんも悪気があって言ってるわけじゃないって知ってるから、ジンも強く言い返せなかったんだろ？　そういう時の仲間でもあるからな、いつでも頼ってくれよ」

実際そのとおりで、レンの言葉に「ありがとう」と言って俺達はこの街の宿を探して、数日間契約を結びそれぞれの部屋で休むことにした。

ダンジョン内では、いくら安全地帯とはいえ緊張感をずっと持っていて、心が休まることはなかった。

だが街に戻ってきて、その緊張感も解け、完全に休めるとなった俺はベッドで仮眠を取ろうと思い横になると、スンッと眠ってしまった。

そして次に目が覚めると、完全に陽《ひ》が落ちていて夕食の時間となり、レン達が起こしに来てくれた。

「危ね、もう少しで飯抜きになるところだった……」

「ジンは一番気を張ってたからな、仕方ない。起きないなら、寝かせてあげようって話もしてたんだが、大丈夫そうか？」

「ああ、少し横になって気分も落ち着いたよ」

そう俺は言って皆と一緒に夕食を共にして、シャワーを浴びて部屋に戻った。

色々と言い訳をして、王都からできるだけ離れようとしてたけど、そろそろ限界だな……。

勇者が現れてから俺は露骨に王都に戻る回数を減らしていて、それはクロエ達も気付いている。

すでに数年、行動を共にしてきた仲間達は俺の気持ちを大体理解してくれて、本来だったら勇者と知り合っていた方が得なのに俺に付き合ってくれている。

「仲間って本当にいいな……」

原作のジンなら絶対に言わないであろう言葉を俺は口にして、目を瞑《つぶ》り寝ようとした。

その瞬間、俺はある魔力を感じ取り、目をパッと開けて窓を開けた。

「入ってきていいですよ」

「……」

暗闇の中に声を掛けると、スッと外から人が入ってきて手紙を置いてサッと消えた。

今の黒い奴は、姫様の〝裏〟の従者の一人。

本当に急な知らせの時に姫様が使う者達で、俺は渡された手紙の封をおそるおそる切り、中を確認した。

「……おかしいだろ、何でもう四天王の一人が動いてんだ」

その手紙には、魔王軍四天王の一人が王都へと向かってきているという火急の内容が書かれていた。

翌日、もう少し準備してから出発する予定だったが、流石に四天王が現れたとなれば話は別なため、急いで街を発ち王都へと向かうことにした。

第六章　自称四天王の豚

レーシアの街を出て数日、ジン達《たち》は急いで王都へと戻ってきた。

四天王来襲の情報はまだ国民には知らされていないみたいで、人々は平和な日常を送っている。

「それでは皆様、私はギルドの方で確認をしてきます。乗せていただき、ありがとうございました」

どうせ戻る場所は一緒だからと、王都に戻る前にフィーネさんに声を掛け一緒に戻ってきていた。

フィーネさんはそうお礼を言うと、サッと馬車から降りて凄《すご》いスピードで去っていった。

あの人、アスカと元パーティーメンバーだから、身体能力高いんだよな……っと、そんなことを考えてる場合じゃないな。

「とりあえず、話を聞くため、このまま王城に向かうけど良い？」

「うん、良いよ」

「は〜い」

「リーダーがそう決めたなら、それで良いよ」

確認のため、皆に声を掛けるとそう言葉が返ってきて、俺は馬に指示を送り王城へと向かった。

王城の門番は俺の顔を見ると「おかえり、ジン」と声を掛けながら門を開けてくれた。

完全に友達の家に来る感じで入れてもらえるの、割と凄いよな……。

そんなことを思いながら、俺は馬車置き場で兵士に馬のことをお願いして、城内へと入り姫様の所へと向かった。

「早かったわね。勇者に会いたくないからって、来ないかと思ってたわ」

「……流石《さすが》にあんな報告をもらったら、来るしかないでしょ、姫様はいつわかったんですか？　話してる時は何も言ってませんでしたよね？」

「同じタイミングよ。裏の子達がジンにも知らせた方がいいって、同時に動いたみたいなのよ」

「なるほど……それでどういう状況ですか？」

魔王軍四天王。

魔王軍の中で軍隊を率いる四匹の魔族。

火・水・風・土の四属性を極めた者達で、一匹一匹がもの凄い能力を持っている。

よくゲームでは四天王には優劣があるみたいな設定があるが、この〝聖剣勇者と七人の戦女〟にはそんなものはない。

四天王との戦いはそれこそ魔王軍との最終決戦まで行われることはなく、それまで四天王の軍隊の一部だったり、幹部だったりを相手する感じだった。

だから何で今この時に四天王が動くのか、全くもって理解ができていなかった。

「被害は街がいくつか占領されてるわね。今までとは違って、被害状況もかなり酷《ひど》いみたい」

「……結構、それってヤバいんじゃないですか？」

姫様の言葉にレンがそう言い、俺も同じ感想を抱いた。

この数ヶ月、準備を続けてきたお陰で被害を抑えてきていた中、いくつもの街が占領されたとなると、一気に戦況が魔王軍に傾きそうだ。

「それで姫様、その四天王の見た目とかってわかってたりしますか？」

「裏の子の話によると、オークのような見た目って言ってたわね。ただ普通のオークより、少し身長が低いって言ってたわ」

「……えっ？」

オークのような見た目？　そんな四天王いたっけ？

あれ、待てよ、でもオークのような見た目で四天王って名乗ってる魔族……。

「……姫様、そいつもしかしたら四天王を名乗ってるだけのただの魔族かもしれません」

「えっ？　それどういうことなの？」

「俺の知ってる情報だと、四天王は〝火・水・風・土〟の四属性を極めた者達でその見た目もその属性に合わせた姿形をしてるんですよ。火の四天王なら、炎を纏《まと》っていたり。その中に、オークのような見た目の四天王は居ないんですよ」

姫様は眉を顰《ひそ》め「そんな情報どこで手に入れたのよ……」と言った。

「それについては前から言ってますけど、秘密ですよ。ですけど、これは確かな情報です。これまで伝えた情報も間違ったことはなかったですよね？」

「確かにそうだけど……だったら、この報告に上がった四天王と名乗ってる魔族はどういうことよ」

「魔王軍であることは間違いないと思いますけど、たぶん活躍して位を上げようとしてる奴《やつ》だと思います。たぶん、被害状況もあえて酷く見せてるだけで大したことはないと思います」

確かに今までの魔王軍の動きからして使える街はそのまま使ってるのに対して、今回は異様に被害状況が大きい。

姫様もそこに違和感を覚えていたからか、俺の話を聞いて納得した様子でいる。

「だとしてもそれを確認する術が今はないのよね……ジンの言うとおり、そこまで強くなくてもそこそこは強いんでしょ？」

「まあ、一般の兵士以上の力はあると思いますね」

「今は勇者の成長に人を回してて、そっちに向かわせる人員が足りないのよ」

「ならに俺達が倒してきましょうか？　その豚野郎」

そう俺が言うと、姫様はもちろんのこと、仲間であるレン達も驚いた顔をした。

「ジ、ジン君が自ら魔王軍の対応に？　あれほど、姫様からお願いされても決して、自分が動こうとしなかったジン君が!?」

「煩《うるさ》いな……まあ、今までのことを見てたら驚くのもわかるけど、今回の奴はそれほど大したこともないから早く対応して姫様の心配を解こうと思っただけだよ」

「それは嬉《うれ》しいけど、本当にいいの？」

再確認してきた姫様に俺は「はい」と言って、その自称四天王のオークを討伐すると俺は姫様に言った。

最初は四天王が現れたって聞いて驚いたけど、まさか〝アイツ〟だとはな……ゲームでもウザかったし、早々にこの世界では退場してもらおう。

そう俺は考えながら、ひとまず装備の手入れをお願いしにリーザの店へと向かった。

それから数日後、俺達は再び王都を発《た》ち、四天王と名乗る豚に占領された街へと向かった。

今回のお騒がせ豚、俺の勘違いじゃなかったら〝金オーク〟だろう。

金オーク、別に見た目が金でできてるわけではなく、その素材を売った時の値段が馬鹿みたいに高くてプレイヤーから〝金オーク〟というあだ名が付けられたのだ。

オークのような見た目をしてる自称四天王の豚だが、その正体はキングオークジュニアという特殊個体。

「ジン君、そんな情報もゴブリン商人は取り扱ってるの？」

「ああ、あいつらは色んな物を取引してるからな、情報も色々と取り扱ってるんだよ。まあ、流石に魔王軍の情報はそんなに手に入らないみたいだけどな。それでも四天王がどんな奴らなのか程度の情報は仕入れてたから教えてもらったんだ」

ゲームでもゴブリン商人は情報も取引していて、どこに宝があるのかなどの情報も商売のタネにしていたので俺はそれを利用して情報の出所はそこだと仲間達に伝えている。

実際は苦手属性すらも覚えるほど、ゲームをやり込んだからだとは言えないからな、商人が情報も取り扱ってることを思い出して良かった。

「それと今回の相手だが見た目はオークより小さいが、その正体はキングオークジュニアっていう特殊個体だから、詳しく説明しておくな」

そう言って俺は金オークとの戦い方をクロエ達に教え、約半日移動を続け目的の金オークに占領された街の近くにやってきた。

街の近くで姫様の裏の従者と情報交換を行い、金オークはまだ街の中にいると聞いた。

「移動する間に違うところに行くかもと心配だったけど、移動してなくて良かった」

そう俺は安堵《あんど》して、戦いの準備を始めた。

今回使う戦い方は至って簡単。

すでに都市は魔物の手に落ちていて、人は居ないみたいなのでそれぞれ全力で魔物共を叩《たた》き潰《つぶ》すというシンプルなやり方。

「久しぶりに大暴れできるんだね！　やった〜！」

「レイちゃん、どっちが多く魔物倒せるか競争しよう！」

「……ジン、良いのかあの二人はあのままで」

「大丈夫。最近、色々とストレス溜《た》まってたみたいだから、ここいらで発散しないと俺らに来るかもしれないしな」

そう俺が言うとレンは「ストレスが溜まってるなら仕方ないな」と、クロエ達をそのままにすることに同意した。

以前、クロエ達のストレスがＭＡＸ値まで溜まった際、もうそれはそれは面倒なことになり、俺もレンも当時のことを思い出しただけで身震いする。

その教訓を踏まえ、ストレス発散ができる時にしておこうというのを決めて、今回は人の目もないし、クロエとレイにはストレス発散しても良いと伝えた。

「まあ、クロエ達は雑魚《ざこ》相手に暴れてくれるだろうし、俺達は自称四天王の豚を一緒に倒すか」

「了解、リーダー。でも、二人で大丈夫なのか？　言っても魔族を率いてる奴なんだろ？」

レンが少し心配気味にそう聞いてきた。

まあ、心配に思うのは仕方ないだろう。

自称とはいえ、軍隊を率いているボスだから、ある程度の力があるとレンは心配している。

「情報によると、あいつが率いている魔物はゴブリンやオークといった俺達だったら一人で数百体は倒せる奴らなんだよ。都市が奪われたのは、その数による暴力に対応できなかったんだと思う。数に対してなら、俺達はそれぞれ対抗できる技を持ってるから心配することはない」

そう俺は言い切り、準備を進めた。

そうして戦いの準備を終えた俺達は、それぞれ配置について一気に街の中へと潜入した。

「ドッ——！」

潜入早々、入り口付近ではクロエとレイが暴れ始め、建物が崩れる音が響き渡り魔物達が入り口の方へと集まっていった。

一瞬、流石にこの量は大丈夫かなと思った俺だが、ふとクロエ達の方を見ると楽しそうに蹂躙《じゅうりん》していた。

「うん、大丈夫そうだな。行くか」

「そうだな、今のあの二人なら数千体の魔物が押し寄せてきても大丈夫だろう」

レンも俺と同じ気持ちだったようで、二人の暴れる姿を見た俺達はボスのいる方へと見つからないように向かった。

情報によると金オークの奴は、この都市の高台に位置する屋敷を根城にしていると聞いた。

なので俺とレンは魔力を消しながらそこに向かい、屋敷の近くに着いた俺は建物の中の魔力を確認すると一匹だけ周りと違った魔力を持ってる魔物を見つけた。

たぶん、アレが金オークだな……よし、早速討伐するか。

「早速やるか、準備は良いか？」

「良いけど……それ本当に役立つの？」

レンに準備してもらったのは、ちょっと匂いがキツイ香水。

俺が手に持ってる香水を見て、レンはそう言ったので「まあ、見てな」と言って俺は香水の蓋を開けて屋敷の入り口にサッと置いてすぐに姿を消した。

すると次の瞬間、屋敷の中から金オークがドスンドスンと足音を立てて現れた。

「ブホォォォ！　この匂い、好きぃぃ！」

その興奮した様子に俺は成功だなと心の中で思いながら、刀を抜いてサッと金オークの背後に立ち首を刈り取った。

「アッサリ終わったな、馬鹿で助かったよ」

金オークの倒し方、それはあいつの好きな匂いを餌におびき寄せるという作戦。

これはゲームでも同じで、その情報を知ってるプレイヤーは香水を用意して金オークを倒していた。

こんな簡単に倒せるのに素材はものすごく高く売れるから、本当にプレイヤー達から好かれた魔物だった。

討伐後、すぐに金オークを回収した俺はレンと共にクロエ達のもとへと戻った。

……うん、凄い死体の数だ。

「なあ、レン。あの死体の数ヤバいな」

「そうだね。魔物の死体って放置したら大変なことになるから、回収するか火で燃やすかするけど、あれの掃除は大変そうだね」

「本当にな……」

掃除担当は収納スキルを持ってる俺の役割なので、目の前の光景に俺はため息をついた。

その後、クロエとレイが満足するまで戦い、この都市に居た魔物は全て消えた。

「は～、楽しかった！　クロエちゃん、私の勝ちだよ！」

「む～、もうちょっと居たら勝てたのに～、でも楽しかったからいいや！」

レイとクロエは満面の笑みでそう言い合い、二人のそんな満足した様子を俺は掃除をしながら見つめた。

「……もうあの軍隊を倒してしまったのですか？」

掃除が終わった後、都市の近くで待機していた裏の従者に伝えると、驚いた顔をして聞き返してきた。

まあ、あれだけの数をたった数時間で片付けてきたら、そりゃ驚くだろう。

そう思った俺は、裏の従者を連れて都市の中に入り、全ての魔物の気配がなくなったのを確認させた。

そして最後に金オークの死体を見せて、本当に金オークの軍隊を全滅させたことを確認してもらった。

「ジンさん達の力はある程度知っているつもりでしたが、情報を新しくしないといけないようですね」

「まあ、今回は特にクロエ達がストレス溜まってたから、こんなに早く終わったんだよ。普通はもう少し慎重に動くから、時間は掛かってたと思う」

その後、裏の従者を都市に置いたまま俺達は王都に戻り、その日は宿にそのまま向かい、報告は次の日にすることにした。


そして翌日、報告のために姫様の所に向かうと、呆《あき》れた顔をされた。

「この数年でどれだけ強くなったのよ……言っておくけど、最低限とはいえ兵士を置いてたのに都市を取られたのよ？　それをたった数時間で、その軍隊を討伐って……」

「裏の人にも言いましたけど、昨日のアレはクロエとレイがやったんですよ？　俺とレンはボスしかやってません」

「そのボスにも兵士は手間取っていたのよ？　魔法の腕がすごくて、苦戦したって言ってたわ。それなのに裏の子の話によると、首を綺麗《きれい》に刈り取って他に戦闘の痕跡はなかったって……」

姫様は金オークの死体の報告を受けて、どんな倒し方をしたのか詳しく聞かせてと言ってきた。

詳しく聞かせてと言われてもな……。

「その情報によると、あいつはある匂いをすごく好きな奴でその匂いのする香水を餌にして、油断したところを後ろからシュパッと」

「……聞いた私が馬鹿だったわ、本当におかしな人達……」

「俺はジンから作ってと言われて、香水を作っただけですよ。他の二人もただ好きなだけ暴れて魔物を蹂躙したりしてましたけど、俺は至って普通ですよ？」

「レンも大概変よ。普通、話だけ聞いて失敗もなくオークの好きな香水を作るなんて、普通の人には無理よ。貴方《あなた》もジンのおかしさに汚染されてるわよ」

「嘘《うそ》、だろ……」

自分は普通だと思っているレンは、姫様からの言葉にガクッと膝をついた。

まあ、正直俺達四人の中で誰が一番異常かといえば、明らかにレンだろう。

出会った頃、レンはちょっと集中力が凄い程度だった。

しかしこの数年で色んなことを学んだレンは、もの凄い量の知識を脳内に蓄積している。

その蓄積された知識を掛け合わせ、俺が必要だと言った物をたった数時間で用意したりと最近その異常性は徐々に増しつつある。

「はぁ、本当にこんなに強いのに表に出ないのおかしいでしょ……今のジンなら、ユリウスと互角に戦えるんじゃないの？」

「どうですかね。昔のままだったら、まあ行けたと思いますけどアンジュさんのもとでさらに強くなりましたからね、ユリウスさん」

アンジュさんと再会したことでユリウスの止まっていた剣術のレベルはさらに上がり、ゲームのユリウスの力をすでに超えている。

その後、姫様から勇者の育成が行き詰まってることや貴族に対しての愚痴などを聞くことになり、俺達が解放されたのは報告を済ませてから二時間が経《た》ってからだった。

第七章　双子の冒険者

自称四天王の豚こと金オーク討伐から数日後、ギルドに売った金オークの報酬はゲームどおりかなりの金額になった。

俺達《たち》はその報酬を受け取り、ちょっと豪華な労《ねぎら》い会をすることにした。

絶海のダンジョンの攻略、金オークの討伐、その他にも色々やってきてここ最近はすごく濃い旅を続けていた。

「ジン、これからどうするんだ？　絶海のダンジョンも攻略したし、次のダンジョンは決めてるのか？」

「いや、まだ決めてないな。フィーネさん達に今、調べてもらってていいのがあったら連絡をしてもらうようにしてるから、数日はお休みだな」

休み、その言葉を聞いた皆は笑顔を浮かべ「「「久しぶりの休日」」」と言った。

最後にちゃんとした休みを取ったのは、それこそ絶海のダンジョンに挑戦する前だから一ヶ月はちゃんとした休みを取っていなかった。

「一応、スペアの装備を渡しておくからメインの装備はリーザの所にメンテナンスに出しておくよ。

この間は急だったから、全員分のをちゃんと見られてないってリーザ言ってたし」

「「は～い」」

クロエ達は俺の言葉にそれぞれ装備を出して、皆には予備の装備を渡した。

装備を渡してる途中、俺はふと皆のステータスが気になり、話題として出すことにした。

「そういや、ステータス。最後に確認したのって、絶海のダンジョンに挑戦する前だったよな？

たぶん、レベルとかも上がってるだろうし確認しておくか？」

「ふふ～ん、ジン君のその言葉待ってたよ～」

「私とクロエ、この間二人で戦ってる時に見てたけど、たぶんビックリするよ！」

「あっ、先に二人で確認してたのか。レンは見てないのか？」

「俺はジンと行動してたからな、最後に皆のステータスを見たのはダンジョンに行く前だったかな」

そうレンが言うと、俺達はそれぞれ自分達のステータスを出して見せ合った。

◆
名　前：ジン
年　齢：15
種　族：ヒューマン
身　分：平民
性　別：男
属　性：火・水・風・土・光

レベル：72
筋　力：3147
魔　力：6147
　運　：76
スキル：【鑑定：5】【状態異常耐性：4】【剣術：5】
【魔力強化：5】【火属性魔法：4】【水属性魔法：4】
【風属性魔法：4】【土属性魔法：4】【光属性魔法：4】
【魔力探知：5】【身体強化：5】【瞑想《めいそう》：5】
【体術：4】【気配察知：5】【刀術：5】
【魔力視：5】【剣気：5】【空間魔法：3】
固　有：【成長促進】【異空間ボックス】
能　力
称　号：神童　加護持ち　銀級冒険者
加　護：魔法神の加護　武神の加護　剣神の加護
◆
まず最初に出したのは俺のステータス。

【成長促進】と神の加護のお陰で、成長速度が異常に高く、レベルと見合わない能力値となっている。

「ジン君って本当に凄《すご》いよね。神様の加護を三つも持ってるから、成長速度が本当におかしいよ……」

「力の数値、３０００超えてるの!?」

「流石《さすが》、ジンだな一番おかしい」

三人それぞれからそう感想を言われた。

まあ、正直ここまで来ると俺もおかしいと思わざる得ないほどに成長している。

ゲームでもジンというキャラはチートキャラとして扱われていたが、俺はたぶんゲームでのジンを超えられるかもしれない。

それは一つの目標として、今後も頑張っていこうと改めて考えた。

「まあ、でもジンがこのくらいの数値があるってのは大体予想できてたから、今回はそこまで驚かなかったよ。前に見た時、一人だけ異常に高くて本当に驚いたけど」

「そういえばそうだったね。あの時、ジン君一人だけレベルが一気に10も上がってて、皆で二度見したもんね」

「固有能力の【成長促進】と加護の三つの成長速度の異常性は、あの時に納得させられたよ」

その時のステータス確認は、レベル上げに専念していた時に行われ、皆が3〜5上がってる中、俺だけがレベルを10上げた。

その時の印象が強く残っているのか、レンの言葉にクロエ達はウンウンと頷《うなず》いた。

「まあ、あの時は狩りがしやすい所で俺もかなり稼がせてもらったからな」

「ジン君って普段は刀で前衛してるからたまに忘れるけど、魔法の威力も凄いから本気を出したら今頃100レベルとか行ってたりするんじゃない？」

「100は流石に無理だと思うぞ、ユリウスさんでさえようやく85になったって言ってたからな」

ゲームでのユリウスのレベルは初期段階で70レベル以上あり、物語が進むと90を超えさらに強くなっていた。

しかしこの世界ではアンジュさんと再会したことで成長速度が増したのか、時期としてはゲームの序盤でありながらすでに80レベルへと到達している。

そういやゲームだとレベル上限が100って設定されてたけど、この世界だとその辺りはどうなってるんだろうな。

いつか検証してみたいなと思いながら、話題はクロエのステータスへと移った。

◆

名　前：クロエ・フィストル
年　齢：16
種　族：獣人
身　分：平民
性　別：女
属　性：風・水

レベル：59
筋　力：2314
魔　力：1874
　運　：81

スキル：【剣術：3】【体術：3】【身体強化：3】
【夜目：5】【魔力探知：4】【気配察知：5】
【罠《わな》解除：3】【警戒心：4】【風属性魔法：4】
【水属性魔法：3】【魔力強化：3】【魔力解放：2】
【瞑想：2】【集中：4】【魔力視：5】
固　有：【獣化】【覇気】
能　力
称　号：英雄の子　加護持ち　銀級冒険者
◆加　護：獣神の加護

出会った頃は武に偏っていたが、今ではもうほとんど魔法職と変わらないな。

ただまあ、やはりというか獣人族ということもあってか魔力の伸びがそこまで高くないみたいだ。

「やっぱり魔力の伸び率は悪いな」

「うん、そこはもう諦めてる。今はどうこの魔力で敵を倒すか、より効率的に魔法を出せるかを考えてる」

クロエはそう言うが、たまに魔法の威力に納得してない時がある。

魔法系の威力が上がる装備、まだ手に入れてない物があるから、それを手に入れたらクロエに渡すか。

「たまに忘れるけど、クロエちゃんって獣人なんだよね。それなのにあれだけ強い魔法使えるって、凄いよ！　身体能力も高いから、いざって時は接近戦もできるしね。私は接近戦しかできないもん」

「確かにクロエは基本、魔法で戦ってるけど居てくれると本当に心強い。俺はどっちも中途半端で、戦闘には向いてないから羨ましいよ」

そう二人から褒められたクロエは、嬉《うれ》しそうに笑顔を浮かべた。

まあ、皆それぞれ個性があって俺は良いと思っている。

クロエは魔法使いながらも前も任せられる力を持っているから、いざという時にレイや俺と交代もできる。

そうして次に確認するのは、レイのステータス。

◆

名　前：レイ

年　齢：17

種　族：ヒューマン
身　分：平民
性　別：女
属　性：火・土
レベル：58
筋　力：2547
魔　力：1247
　運　：74
スキル：【戦斧《せんぷ》術：5】【体術：3】【身体強化：5】
【火属性魔法：2】【土属性魔法：3】【気配察知：3】
固　有：【怪力】
能　力
称　号：銀級冒険者
加　護：
◆
スキル数はパーティー内で一番少ないが、加護がないのにレベルも60近くでスキルレベルも二つ

ＭＡＸの５になっている。

レイの持つ固有能力【怪力】は使用すると、筋力が倍になるという単純だが強力な能力。

「筋力が２５００ってことは【怪力】の使用時は５０００ってことか……そもそも素の状態でもクロエより上って、ヤバくないか？　獣人族に筋力で勝つって……」

「私も何だかんだ体を動かしてるけど、レイちゃんに負けてたんだ」

「見るまで気付かなかった。でも前は、クロエちゃんのが上だったよね？　何でだろ？」

「……この間の自称四天王の軍隊、レイのが多く倒したとか言ってたよな？　あの時、クロエは魔法使ってたけどレイはいつものように武器を使って戦ってたから、そこでレイのが上になったんじゃないか？」

そうレンが指摘すると、クロエは「そうかもしれない……」と言って少し落ち込んだ様子だった。

「クロエは俺と同じで魔法と武術が両方できるタイプだから、一つ劣っているからといって落ち込まなくてもいいと思うぞ、というか獣人族で２０００近い魔力はそうそう居ないだろうしな」

「知り合いに獣人族の人いるけど、まず魔法をうまく扱うことすら難しいって言ってたよ。だから、クロエは両方できる時点で凄いと思うぞ」

「うんうん、クロエちゃん頑張って魔法使えるようになってるから、それだけで凄いよ」

そう皆で励ますと、クロエは逆に恥ずかしくなったのか「あ、ありがとう」と顔を赤く染めながら言った。

クロエが復活したのを確認した俺は、最後となったレンのステータスを見ることにした。

◆名前：レン
年齢：17
種族：ヒューマン
身分：平民
性別：男
属性：水・光

レベル：56
筋力：1387
魔力：2247
　運：78
スキル：【水属性魔法：3】【光属性魔法：3】【魔力強化：3】
【剣術：1】【体術：2】【集中：5】
【調合：5】【錬金：5】【調理：4】
【状態異常耐性：5】
固有：
能力

称　号：銀級冒険者　稀代《きたい》の錬金術師
加　護：
◆
性格から戦闘向きじゃないレンは、スキルからもわかるくらいに戦闘系のスキルがない。

そのかわり俺達のパーティーには欠かせない【調合】・【錬金】・【調理】の三つのスキルを持っている。

旅に向かう前、料理は俺が担当しようかと思っていたが料理本をレンに渡すと、一日でほとんどの料理を覚えてしまった。

「称号手に入れてたのか、流石レンだな」

「【錬金】が5になったタイミングでもらったな、なんか二十歳《はたち》前にスキルレベルを最大にするともらえるらしい。称号の効果で錬金物の能力も上がるとか書かれていたから、役立つ称号だったぞ」

称号には二つの種類がある。

一つはただの称号として与えられ、受け取った人物がどういった者なのかがわかるだけのもの。

例えばクロエの持つ〝英雄の子〟や〝加護持ち〟だったり、冒険者ランク等がそれだ。

そしてもう一つが自身の能力を上げる強化系の称号。

俺の持つ〝神童〟だったり、レンの持つ〝稀代の錬金術師〟なんかは自身のスキルや能力が強化される称号だ。

「強化系の称号か、それは凄いのを手に入れたな、今後も頼りにしてるぞレン」

俺はそう言いながらレンと肩を組み、レンも嬉しそうに俺の肩に手を回した。

「それにしても皆のステータスを久しぶりに見たけど、良い感じに成長してきたな」

「そうだね。最初の頃はジン君との差が開きまくってたけど、今じゃ魔力以外はそこそこ食らいついてるよね」

「ジンの魔力は異常だからな、魔法そんなに使ってないのに何でそんなに上がってるんだ？」

まあ、そう思われるのは仕方ない。

何せ俺はここ最近の戦闘では、そこまで魔法に頼った戦い方をしていない。

「他で魔力を使ってるからな、【魔力視】を使ってたり【空間魔法】を多用してるからだろうな」

この期間で、一番手に入れて良かったスキルは【空間魔法】だと断言できる。

まだ長距離の転移はできないが、ちょっとした移動なら可能で戦闘でクロエと交代する時なんか本当に役に立っている。

まあ、このスキルを使えるようになって嫌なことも一つあったが……。

「そういえば、最近減ったよね。レーヴィン様の勧誘」

「前回来た時に、手紙を書いてレーヴィン様のポケットに入れておいたんだよ。それをエイレーンさんが見つけてくれたから、レーヴィン様を止めてくれてるんだと思う」

一番の厄介事、それは【空間魔法】を使えるようになってからのレーヴィンの勧誘だった。

【空間魔法】はこの世界では貴重な魔法の一つで、空間系の能力を持っていたとしても手に入れられた者は少ない。

そんな中、知人である俺が手に入れたと知ったレーヴィンは、リオンにも内緒で何度も俺の所へ勧誘しにやってきていた。

流石に面倒だと思った俺は、エイレーンが見つけてくれることを祈って手紙を送った。

ったく、あの爺《じい》さんどこにいても俺の魔力を辿《たど》って転移でやってくるから、マジで面倒だった。

「そういえば、リコラちゃんからそろそろ金級冒険者に上がらない？　って聞かれたけど、どうするジン君？」

「上げないよ。銀級冒険者にも本当は上がりたくなかったけど、フィーネさん達からどうしてもって言われたから上げただけだし」

すでに昇格記録内ではないからそこまで目立つことはないとは思うが、面倒事を避けるなら上げない方がいいだろう。

ただでさえ、現状でも勧誘話は色んな所から来ている。

「正直、ジンのその〝目立ちたくない行動〟ってたまに自分から目立つ行動してるから、意味あるの？　って思うんだが」

レンはそう言いながら、目立ちたくないなら隠居すればいいしなと言った。

「それは自分でもわかってる。ただ自分の考えでは、目立たないように行動しようって常に考えてるんだよ。それと隠居は考えたこともあるけど、今のところ俺には難しいと思う」

「難しい？」

「ああ、だって俺は美味《うま》い飯を作れないから、一人で隠居は難しい。レンが一緒に隠居してくれるなら、話は変わってくるけど」

この約三年間、本当だったら俺も料理の腕を磨こうと思っていた。

だが料理本を渡したらレンは自身の探求心から一気に料理に目覚めてしまい、俺は料理をする機会が全くなかった。

そのせいでもし隠居する場合、俺は一から料理を勉強しなきゃいけない。

まともに飯が食えるようになるまで、俺はたぶん耐えきれないだろう。

それほど、俺はこの約三年間でレンの料理に舌が鍛えられ、美味いもんが食えなくなるという行動は取れなくなっている。

「……とりあえず、これからはジンにも料理する機会をやるよ」

「別にレンが一緒に隠居してくれるだけでいいんだぞ？」

「……ねえクロエちゃん、ジン君がレンにしか声を掛けない、なんか悪意感じるんだけど？」

「うん、私も感じる。でも、料理に関しては仕方ないよ」

女性陣からの視線を感じるが料理に関してはクロエの言うとおりだ。

何せ料理がうまい順は、スキル持ちのレンが一番でその次が俺、そしてその次がクロエで、料理とも言えない物質を作るレイが一番下だ。

レイの作った料理、魔物すら食べようとしなかったから本当にヤバい物だったな。今でもにおいを思い出して寒気がする。

「でもまあ、料理がうまくなったのも錬金ができるようになったのも、全部ジン達のお陰だけどな、出会った頃の俺はそれこそ何もできない奴《やつ》だったし」

「……一番この期間で変わったのは、レンだろうな。何せ何もないところから、ここまで成長できたんだから」

俺はレン達と出会った頃のことを思い浮かべながら、そう言った。

◆・◆・

あれは俺達が銅級冒険者となってまだ日が浅い頃、クロエの知り合いとして俺はレン達を紹介された。

「初めまして、クロエとパーティーを組んでるジンです」

「初めまして、私はレイだよ！　それでこっちの不愛想なのが兄のレン。よろしくね！」

「勝手に人の紹介終わらすな、まあその、よろしくな」

初めて会った時の二人の印象は、レイは変わらず元気娘という感じだったが、レンはクールと言うより人付き合いが苦手だなと一目でわかるような奴だった。

二人が双子だと紹介された際、髪色が赤で目の色が黒と一緒な二人なのに、レイはパッチリした目に対して、レンはジト目で目付きは似てないと思った。

「ジン君だっけ？　ジン君は今、何歳なの？」

「俺は十二歳だよ。レイ達は？」

「十四歳だよ。私達の方が年上だね！　でも、クロエちゃんの友達なら敬語なんて使わなくていいよ！」

「ありがとう。普段から使わないから、そっちの方が楽で助かる」

そうお礼を言いながら俺はレンの方を見ると、レンも「俺も構わん」と言って二人からタメ口の許可を出会ったその日にもらった。

「そういえば聞いたよクロエちゃん、仲間に囮《おとり》にされたって大丈夫だったの？」

「うん、魔物に追われてる時にジン君に助けてもらったの」

「わ〜、凄い運命的な出会いだったんだね。その話詳しく聞かせて！」

この時、レイ達は少し遠くまで依頼で出ていたからクロエの事件を知らなかった。

なのでちょうど良く話題があって、出会ったその日に少しだけ仲を深めることができた。

「ジン君、どうだった初めての同年代の冒険者との会話」

「まあ、楽しかったな。クロエの友達だからか、俺のことも最初から友達のように接してくれたし」

特にレイは人懐っこい性格なのか、すぐに仲良くなった。

まあ、レンは人付き合いが苦手だと自分で言うだけあって、俺達の会話には一言二言口出すくらいで後は本を読んでいたが、まあ悪い奴ではなさそうだった。

「というか、クロエは何でちゃんとした友達いたのにあんな変な奴らと仲間になってたんだ？」

「パーティーに入った後に、レイちゃん達と知り合ったの。それで、人数的にもレイちゃん達は入れないしってなってパーティーは組んでなかったの」

「なるほどな、確かにあまり多すぎてもパーティーでの役割もなくなるし、今は今で二人で事足りてるからな」

実際会ってみて、いい奴らだと感じたが別に仲間に誘おうとまでは思ってなかった。

クロエの友達だから、俺が忘れてるゲームキャラとその時は思っていた。

だから俺は時間を掛けてレイ達がゲームに出ていたキャラか思い出そうとしたが、似たようなキャラは一人も居なかった。

「う〜ん、こんだけ時間掛けて思い出せないってことは、完全にこの世界の人ってことだよな……」

正直、この世界の人物と思うまでに紹介された日から一ヶ月が経《た》っていて、その頃は色々と忙しくレイ達とまともに話す機会もなかった。

それで久しぶりに会えるとなった俺は、二人が好きな物をクロエから聞いて手土産《てみやげ》に持っていくことにした。

「えっ、これジン君から？　いいの、もらっても!?」

「ああ、レイは甘い物が好きって聞いたからな、王城でも取り扱ってる菓子屋で買ってきたんだよ」

レイに渡したのは、王都でも有名な菓子屋のお菓子。

平民の俺達だとまず出入りすらできないが、そこは姫様に頼んで店に行ける権利をもらった。

あの店、ゲームでは好感度を上げるためのアイテムが売られてて、よく利用していたが一つ一つが高くて金策しても金が足りなかったんだよな。

この世界でも高価なのは変わりないが、なんとか手が出せるレベルだった。

「わ〜い、ここのお菓子いつか食べてみたいって思ってたの！　ありがとうジン君！」

「そこまで喜んでくれたら、俺も持ってきた甲斐《かい》があったよ。それでレンにはこれだ」

「……本？」

「ああ、レンは本が好きだって聞いたからな」

俺はその時、初めてレンに本をプレゼントした。

プレゼントした時の本は適当に、冒険者として役立つだろうと思って薬学系の内容だったのだが、まさかレンがあそこまで本が好きだとは後になってわかった。

「ありがとうジン。大切にする」

レンはいつもの落ち着いた雰囲気ではなく、少しだけ興奮した様子でギュッと本を大事に抱えながらそうお礼を言ってくれた。


そこまで喜んでくれるとは思ってなかった俺は、この世界のことをもっと知るために本を読むようにしてたまにレンと本の話題で話したりするようになった。

「ジン、この前もらった本を見ながら作ってみたけど、俺には【鑑定】スキルがないから見てくれないか？」

「作ったって、もしかして薬を作ったのか!?」

本を渡してまだ一週間くらいしか経ってないのに、レンはすでに読破して実際に薬を作ってしまっていた。

流石に本格的な道具とか、高価な材料は当時のレンには買えないから普通に薬の調合に使うアイテムを買って自作で回復薬を作ってしまったのだ。

簡単に作ってみたとレンは言ったが、本来簡単な薬を作るのにも相当時間が掛かると言われている。

まあ、形ができてるだけで効果はそこまでだろうと、鑑定する前まで俺はそう思っていた。

「……普通に市販で売られててもおかしくないレベルで、ちゃんとした効果も出るみたいだ」

「おっ、それは良かった」

「えっ、レン君が自分で薬を作っちゃったの？　私にも見せて〜」

レイと話していたクロエが、俺達の会話に入ってきた。

そしてクロエはレンの薬を見て「わ〜、本当に売られてる薬とほとんど一緒に見える」と言った。

「外見だけじゃなくて効果も一緒。というか、たぶん材料費とか考えたらレンが自分で作った方が安く揃《そろ》えられると思うぞ」

「まあ、その一本にたどり着くまでに少しお金が掛かったけどな、でももうコツは掴《つか》んだからこれからは自分で薬の調達はできそうだ。これでやっと、レイから白い目を向けられなくて済む」

「別に私はレンの薬作りの行動自体を嫌だと思ったことないよ？　ただ一緒の部屋で作るのは止《や》めてほしいって思ってるだけ、だって調合した薬の匂いって本当にすごく臭いんだよ？　毎回、換気のために窓開けてるけど、夏場はまだいいけどもう寒い時期になってくるから、部屋で作るのは止めてほしいなとは思ってる」

レイは隠すことなく自分の気持ちを言うと、レンは「ごめん」と素直に謝罪をした。

レイとレンは兄妹《きょうだい》ということもあって、男女ではあるが一緒の部屋を借りている。

そんな場所で薬作りをしたら、そりゃ片方は嫌がるだろうな。

「ギルドに話してみたらどうだ？　薬の調合ができる人間は、そう数は居ないからいくつか納品するから場所を貸してほしいって言ったら、用意してくれると思うぞ」

確か、ギルドには色々と作業場があって調合できる部屋もあったはずだ。

俺はその場所を思い出しながらレンに言うと、その次の日にはギルドで場所の提供をしてもらう代わり、月に決められた個数の薬を納品する契約をしていた。

「レンの行動力とか、普段のレンを見てるからおかしく感じるな……」

「レンは自分の好きなことに対してだけは、私以上に行動力あるよ」

「なるほどな、大人しいイメージだったけど、ただ単にそれに対しての興味がないだけだったのか」

この頃まで俺にとってレンのイメージは、クールで大人しい奴だった。

しかし、この手作り薬の件以降、好きなことへの行動力は半端ない奴で興味ないことにはとことん力を発揮しないタイプだとわかった。

まあ、堅物っぽい感じかと思ってたのが、そうじゃないとわかって絡みやすいと思うようになったから良かったと思っている。

「それにしても、レンがそこまで薬学に興味があるんなら、他にも本を渡して色んなことを勉強してもらったら面白いことになりそうだな……」

「ジン君、人の兄を面白いって」

「いや、だってたった一週間で手作りの薬を作ったんだぞ？　そんな奴、面白い以外何て言うんだよ」

「……確かに、そう言われたらそうだけど」

それから俺は特に仲を深めるとかそういう理由なしで、定期的に専門的な本をレンに渡しはじめた。

最初の頃はレンも、本は意外と高価な物だからもらいすぎだと返そうとした。

だけど俺は一度読んでいるから要らないと言って、不要だから受け取ってくれと無理矢理《むりやり》渡していた。

「レンだけズルいよジン君！　ジン君がレンに本渡すから、付き合いも悪くなっちゃったんだよ。責任取ってよ！」

それからしばらくして、レイから会って話がしたいとギルド経由で来たので会いに行くと出会ってすぐにそう言われた。

まあ、レイはレンとしかパーティーを組んでないから、レンが研究やらで忙しくしてると一人になってしまうんだろう。

「と、言われても俺達は俺達で護衛任務中だからな……いっそのこと、レイも何かやってみたらどうだ？」

「何かって、私レンみたいな薬作ったりできないよ？」

そうレイは言うと、自分は力が強いことしかいいところはないと続けて言った。

「それなら、レンの製作過程で失敗というか、効果が薄くなってしまったのを売ったりしたらどうだ？　レンはそういったのは苦手で、研究とかでだいぶ薬が溜《た》まってるんだろ？」

「そういえば、最近貸してもらってる部屋も荷物でいっぱいになってきたってレンが言ってた気がする……うん、ギルドの人と話してちょっとやってみるよ！　ありがとジン君！」

そう元気よくレイは言うと、笑顔を浮かべながら走り去っていった。

それから数日後、レイから「商売の勉強してる！」と商業ギルドに紹介されて商売のやり方を教わりに行っているという手紙が届いた。

「なんだかんだあの二人、兄妹だから本当に似てるな」

凄い行動力だなと、俺は感心しながらその日も訓練に勤《いそ》しんだのだった。

それから俺は、たまにギルド経由でレン達のことを教えてもらっていた。

レンの薬作りの腕は日々良くなっていっていて、たまに俺に見せるためにフィーネさんから渡されていたが、本当に凄く効果が上がっていた。

「まさか、ここまで薬を作れるようになるとは思わなかったな、ただ冒険に役立つだろうと思って渡しただけだったけど」

「レンさんの力は、ギルドでも高く評価しています。彼の薬作りへの熱意は素晴らしく、素材の提供も最近は始めました」

薬作りを始めて数ヶ月経った頃には、レンはギルドからも信頼される薬師として活躍していた。

素の集中力が高く、一度の作業で大量に作れるレンの薬作りの腕はギルドとしても重宝していて好待遇を受けていた。

まあ、今は薬だけに集中しているみたいだけど、最近は錬金術の本とかも渡しているからもしそっちに興味を持ったらもっと凄いことになりそうだな。

そう思いながら俺は色んな専門書をレンに渡しては、その成長を遠くから見守っていた。

◆・◆・

「ジン、どうしたんだ。さっきから黙って天井を見上げて？」

昔のことを思い出してたら、レンからそう声を掛けられた。

「いや、出会った頃のことを思い出してたんだよ」

「あの頃か……あの頃は全く俺は何もできない奴だったからな、レイの力に頼ってて若干拗《す》ねてたところもあったんだよな」

「出会った頃は本当に不愛想だったしな、全く話もしてくれないから仲良くできるか不安だったよ。まあ、本を渡したら一気に関係性は変わったけど」

そう俺が笑いながら言うと、レンは「本を読むくらいしか好きなことがなかったからな」と昔のことを思い浮かべながらそう言った。

それが今では薬師としても有名だし、錬金術師としても成果を上げて本格的にやってる人がわざわざ、レンに話を聞きに来るほどになっている。

「前に、貴族に薬を卸してる店の人が調合のことを聞きに来てたよな」

「うん、なんか俺の噂《うわさ》聞いて話を聞きたい、最初は店に来いって言われてたんだけど、行けないから用事があるならそっちから来ないと話はできないって使いの人を送り返したら、慌てて来たんだよ」

「……貴族に薬を卸してる人を追い返すなんて、大物になったな」

「いや、ジンのせいだからな？　お前が転々と色んな所に行くから、その人と話す場所を作ることができなかったからそういう対応をしたんだよ」

そういや、一時期必要なアイテムを取るために色んな場所を旅して回っていたけど、その時に使いの人が来てたのか……なんか悪いことしたな。

「それはすまなかったな、まさかレンの所にそんな大物から使いが来てるなんて思ってなかった」

「良いよ。そもそも、俺が向こうに行くことはなかった。だって嫌だろ、知らん相手に呼びつけられるって、その相手がそれこそ薬学について俺以上のことを知ってるなら話を聞きに行きたいけど、向こうが助けを必要としてるんなら俺が行く必要性は感じられんからな」

うん、こういう冷めた考えは昔から変わらない。

そしてそんなことを言うレンに対して、毎回叱るのがレイだ。

「そういう冷めた考え、止めた方がいいよって前から言ってるのに何で直さないの？」

「別に良いだろ」

また、始まったよ恒例の兄妹喧嘩《げんか》。

こうなると、しばらくは言い合いしないと互いに鬱憤が溜まって、逆にストレスを溜めてしまうから放置が一番いい。

「まあ、とりあえずリーザの店でのメンテナンスが終わったら、また旅に出ると思うから、それまではちょっとした休暇だ。皆、ちゃんと体を休めるんだぞ」

「は～い、レイちゃん達もほどほどにね～」

俺とクロエは言い合いをしている二人にそう言って部屋を出る。クロエは自分の泊まる部屋に向かい、俺はリーザの所に装備のメンテナンスを頼みに向かった。

第八章　元工房長ルバド

リーザの店に向かうと、リーザは店頭には居たがなんだか元気がないように見えた。

「リーザ、この間言ってたメンテナンス頼めるか？」

「んっ、わかった。そっちの箱に入れといて……」

こんなリーザ、初めて見たな……何かあったのか？

「リーザ、なんか元気ないように見えるけどなんかあったのか？」

「ん～……実はな、親父《おやじ》が武者修業とか言って数年前に出ていったってのは前に話しただろ？　その親父が、もうすぐ帰ってくるらしいんだよ」

「えっ!?　リーザの親父さんってことは、元ガフカの工房長!?」

ガフカの工房はゲームの時も世話になった鍛冶屋だが、リーザの父親が出てくるなんてそんなことはなかったぞッ!?　どうなってるんだ？

「その、何で急に帰ってくるって話が来たんだ？」

「それがどこから聞いたか知らないけど、ジン達《たち》のお陰で作れた特大サイズの金塊を取り込んだアレの話を聞いたらしく、俺も使いたいから王都に戻るって手紙が昨日届いたんだよ」

リーザは仕事でもして気を紛らわすよと言って、俺が渡した装備を持って奥の作業場へと消えていった。

王都で待っていたら、リーザの父親に会える。

そう思った俺は、皆に数日休暇を与えて良かったと心の底から思い、休暇中にリーザの父親が帰ってきますようにと願いながら店を出た。

リーザの父親が王都に帰ってくるという話を聞いて、その日は王都の外には出ずに街の中で休暇を過ごすことにした。

レイとクロエは女性同士で一緒に買い物に出掛けているみたいなので、俺はレンの部屋でちょっと雑談をしていた。

「へえ、ガフカの工房の前工房長が戻ってくるのか、それでジンは昨日からソワソワしてるんだな」

「ああ、だってリーザの父親ってことはリーザに鍛冶を教えた人物でもあるんだぜ？　あのリーザに師匠の腕がどのくらいなのか、単純に興味があるんだよ」

「……確かにそう言われたら興味が湧く気持ちもわかるな」

レンは、もし面白い人だったら後で教えてくれと言った。

その後、レンは研究に行ってくると出掛けたので俺は一人になり、自分の部屋に戻り【瞑想《めいそう》】を始めた。

翌日、俺はふと思い立ってリーザに店に行くと、珍しくリーザが店の中で誰かと話している声が聞こえてきた。

「んっ、ジンか。何しに来たんだい？」

「いや、昨日リーザが父親が来るって言ってたから、ガフカの元工房長に会ってみたいと思って来てみたんだが……その人ってもしかして」

リーザの横に立つ男性、どことなくリーザと似た雰囲気を感じる男性を一度見て、リーザに視線を戻した。

「そうよ。私の父の、リブル・ガフカ。数年前に修業してくるって、少ない金とこの工房を置いて出ていった馬鹿親父よ」

「ふむ、見たことがない顔ということはリーザの客か。儂《わし》はリーザの父、リブルじゃ。よろしくな」

「よろしくおねがいします」

リーザの父、リブル・ガフカ。

どことなく雰囲気がリーザに似ているが、性格はリーザのように荒くはなく落ち着いた男性といった感じだ。

「一応、言っておくけどジンが特大サイズの金塊を持ってきてくれた人よ」

「ぬっ!?　それは本当か？」

「ええ、まあたまたま見つけて」

「なんという幸運の持ち主なんじゃ、儂も修業をする一環で特大サイズの金塊をずっと探しておったがこの数年間で大サイズの金塊を数個見つけられたくらいじゃった」

そうリブルが落ち込んだ風に言うと、リーザは「ふっ」と嘲笑《あざわら》った。

「父さん知らないと思うけど、私この数年間で特大サイズの金塊を二つ手に入れたのよ」

「ッ!?」

リブルは目を見開いて声が出ないほど驚いていた。

リーザの奴《やつ》、今の状況楽しんでるな、そんなに親子の仲が悪い風には見えないけど何かがあったのは間違いないだろうな。

ゲームではリーザの細かな設定はそこまで描かれてなかったから、親父と何か起こっていたとしても俺はそれを知らない。

「もしかしなくも、二つともこのジン君が手に入れたのか？」

「ええ、そうよ。そんな凄《すご》い人が〝私のお客さん〟なのよ？」

「ぐぬぬ……わ、儂だって客の中には剣豪と呼ばれている男がおるし、他にも名の知れた奴らがいるもん！」

「じゃあ、その人達が父さんの欲しがってた特大サイズの金塊を手に入れた？　手に入れてないよね？　でも私の客のジンは二個も手に入れたのよ」

そうリーザは胸を張って言うと、リブルは負けを認めたのかシュンッと落ち込み「負けじゃよ……」とボソリと呟《つぶや》いた。

「リーザ、さっきから親父さん相手に何してるんだ？」

「子供の頃、私に色々と自慢話をしてきた仕返しをしてるのよ。特大サイズの金塊を使った溶鉱炉、構造は私が考えたけど作ろうとしていたのは私以外にもいるのよ。それが今ここで項垂《うなだ》れてる私の父親よ」

「……もしかして、自分が先に作ったことを自慢して、親父さんは負けを認めたって感じか？」

「そういうことよ。何度も今まで負けてきたから、今思う存分勝利の余韻を味わってるのよ」

……変な親子だな、俺は二人のことを見てそう感じた。

それからしばらく、リブルは落ち込んだ様子だったが、リーザから「溶鉱炉見る？」と言われると耳をピンッと立てて、ササッと店の奥の作業場へと行った。

俺もついていっていいのか迷っていると、リーザから「ジン、来ないの？」と聞かれたので俺は小走りで作業場へと向かった。

「こ、これが特大サイズの金塊を使った溶鉱炉……」

作業場に移動したリブルは、リーザの作った巨大な溶鉱炉を見て感激して近くに寄ろうとした。

しかし、リブルの襟首をリーザが捕まえ足を止めさせた。

「な、何をするリーザ！」

「何って、あたしの溶鉱炉に勝手に触ろうとするからでしょ。鍛冶はさせない。見せるだけよ」

「なっ！　こんな素晴らしい溶鉱炉を見せるだけなんて、リーザ！　お前はいつからそんな悪魔のような子になったんじゃ！」

リブルのその叫びに、リーザの雰囲気が一気に変わった。

あんなに怒ってるリーザ、初めて見る。

ゲームでも基本的に口は悪いけど、怒る姿なんて一つも見せたことがない。

そんなリーザが目の前で、父親相手に完全にキレてる。

「いつからって、父さんが私に少ないお金だけ残して居なくなった時からよ。確かにガフカの工房は代々、その工房長の腕で切り盛りするのが家訓。だけど、普通素材の材料費も全部持っていく馬鹿がどこにいるの？」

「あっ、いや旅の資金が必要で……」

「だからって、剣一つ分の金も残さずに？　あの時、あたしの作品も売ってたから全部父さんのお金じゃなかったよね？」

うん、これはキレていい案件だな。

なんかリブルさんが助けを乞う目で俺を見てきてるけど、流石《さすが》に金をほとんど持って出ていった相手を他人が擁護することはできない。

「あの時、祖父《じい》ちゃんが残してくれてたお金がなかったらこの工房大変なことになってたの、父さん知らないだろ？　祖父ちゃん達、父さん見つけたら顔の形が変わるまで殴るって言ってたよ」

「ま、マジ？　親父、ジジイになってから剣士みたいに剣振るようになって図体《ずうたい》よくなってるから、殴られたら痛そうじゃ……」

「言っておくけど、祖父ちゃん。父さんを説教するため、ここ数年は冒険者の真似事《まねごと》もして鍛えてるから覚悟しておくんだね」

そうリーザが言うと、リブルはガタガタと震え始め「リーザ、どうしたらいい……」と娘に助けを求めようとした。

しかし、そんな親父さんの言葉にリーザは耳を傾けることはなく「たぶん、もうそろそろ祖父ちゃんくるよ」と一言言った。

そしてそれと同時に店の扉をノックする音が聞こえ、リブルはビクッと体を揺らした。

うん、なんて都合が良いんだろうな、もしかしてリーザが仕組んでたのか？

「リーザちゃん、お祖父ちゃんが来たぞー」

「祖父ちゃん、奥にいるから入ってきていいよ」

店の方から野太い男性の声が聞こえると、その声にリーザは作業場に来るように言った。

そんなリーザの言葉にリブルは、もう逃げられないと悟り、心なしか魂が抜けた状態となった。

しかし、リーザの親父に祖父か、ゲームでは見ることができなかった相手を目にすることができて、

「んっ？　今日来て本当に正解だったな。そこで泣き崩れておるのは、愚息のリブルじゃな」

「お、親父……」

「ふんっ、娘に金すら残さず、自分が探していた物があると知ったら帰ってきおって、なんて恥知らずなんじゃ！」

作業場へと入ってきたのは、リブルよりもさらにガタイの良い男性だった。

あれが元鍛冶師なのか？　見た感じ、屈強な男性で背中に大剣も背負ってるから普通に冒険者と言われても信じるぞ？

「ガフカの名に恥じない行動、それが我らガフカの子孫の掟《おきて》なのはわかっているはずじゃろ？　それをなぜ、守らなかった？」

「そ、その金塊を探すために旅に……」

「だからといって、店の金をほとんど持っていく馬鹿がどこにおる？」

その後、リーザの祖父はリーザの親父さんをボコボコに殴り続け、リブルは気を失って床に倒れた。

その後、リーザの父親は地面に寝かせたまま俺はリーザの祖父と挨拶を交わした。

「すまんな、見苦しいところを客に見せてしまって。儂はリーザの祖父のルバドじゃ」

「初めまして、冒険者のジンです」

「ジン……ああ、お主かリーザに特大サイズの金塊を売ったという冒険者は！」

ルバドは驚いた顔をしてそう言うと、リーザに「その本人なのか？」と聞いた。

その質問にリーザは頷《うなず》くと、ルバドは「そうかそうかお主じゃったのか！」と俺の肩をバンバンと叩《たた》き嬉《うれ》しそうな顔をした。

見た目から力が強いと思ってたけど、滅茶苦茶《めちゃくちゃ》肩いてぇ！　たぶん、そんな力を込めてないと思うけど、手の大きさがほぼ俺の頭と一緒で厚みもすごくある。

あんな手で叩かれたら、そりゃ痛いに決まってる。

「祖父ちゃん、ジンが痛そうにしてるからその辺にしなよ」

「んっ？　おお、すまんかった！　つい嬉しくなっての！　儂もリーザが金塊を探してるって聞いて、色んな所を探しておったんじゃよ」

「そ、そうだったんですね。そのリーザのおじいさんは、リーザとすごく仲が良いんですね。親父さんとは違って」

「リーザのおじいさんって長いじゃろ、儂もルバドと気軽に呼んでくれ。それで儂がリーザと仲がいいのは当然じゃ。あんな馬鹿な息子から生まれたとは思えんほど、鍛冶師として優秀な子じゃからな、リーザが初めて作品を作ったのは五歳の時なんじゃよ。凄いじゃろ？」

「五歳で作品を作ったんですか!?」

「そんな凄くはないよ。作ったって言っても、力も技術もないからただ子供ながらに適当に作ったんだよ。祖父ちゃんもその話は恥ずかしいから、もうしないでって言ってるでしょ」

「そう怒らんでも良いじゃろ……今でも大事に持ってるんじゃから」

そうルバドは言うと、バッグから短剣を取り出した。

それを見たリーザは「なぁ！」と叫び、その短剣を取り上げようとした。

しかし、ルバドはサッとかわしてリーザから短剣を取られないように隠した。

「祖父ちゃん、何でまだそれ持ってるんだ！」

「そりゃあ、可愛《かわい》い孫の初めての作品じゃからな。それも儂へのプレゼントじゃから、大切にいつも肌身離さず持っておるんじゃよ。どうじゃ、ジン。リーザは五歳でこれだけ良い短剣を作ったんじゃよ」

そう言って、ルバドは俺に短剣を見せてくれた。

ちょっと刃の部分がガタガタしていたりと、ちょっと不細工な感じではあるがこれを五歳で作ったと言われれば、確かに才能を感じる。

いや、というか五歳で鍛冶を始めたってリーザの才能、マジで凄いな……。

「つたく、祖父ちゃん。なんでまだそんな粗末な物を持ってるんだよ……何個か祖父ちゃんにはプレゼントしてるだろ、そっちを持っておけよ」

「んっ？　ちゃんとリーザに作ってもらった物は、全部持ち歩いておるぞ？」

ルバドはそう言うと、もう一つのバッグからいくつもの武器を取り出した。

あれって、もしかして〝アイテムバッグ〟か？　この世界だと、収納スキルを持たない者が大金を払って買う収納用の魔道具。

それを普通に持ってるって、流石ガフカの工房長だっただけあるな。

その後、ルバドと俺とリーザは、工房の裏にある住居の方へと移動した。

気絶していたリブルはそのまま作業場に放置していると、起きた時に勝手に溶鉱炉を使いそうだからと、ルバドが担いで移動させてきた。

「凄い力持ちなんですね。鍛冶師っていうより、普通の戦士に見えますよ」

「引退した後に、体を鍛え始めたからの、そんじょそこらの剣士には負けない自信はあるぞ？」

フンッと鼻息を出しながら、ルバドは自身の筋肉を見せてきた。

さっき年齢を聞いたが、ルバドはまだ五十八歳と、予想していた年齢よりもだいぶ若かった。

鍛冶師を引退するくらいだから、かなり年齢がいってるのかと思ってけど、まだ五十代だったとは。

「あれ、でも五十代ならまだ現役でも続けられたんじゃないですか？」

「ガフカの工房の家訓の一つに、次の代の長《おさ》が自分より才能があると感じたら引退すると決めてるんじゃよ。まあ、引退後も鍛冶をしなくなるわけではないが〝ガフカの工房長〟という肩書きは譲る決まりなんじゃよ」

「なるほど、そういう家訓があるんですね。珍しい家訓ですね」

そう俺は言った後、ふとそれならルバドさんはリブルさんに才能で負けたと感じて引退したのか、さっきのやり取りを見て気になってしまった。

「ジン、お主が考えてることはわかるぞ、あの愚息に才能で負けて引退したのか、気になっておるじゃろ？」

「あっ、はい。顔に出てましたか？」

「うむ、出ておったよ。まあそうじゃな、あの愚息もあんな馬鹿な行動をしたが、鍛冶師としての腕はあるんじゃよ。リーザほど天性の能力はないが、そこらの鍛冶師よりかは上じゃ。ほれ、これがあ奴が現役でやっていた当時の作品じゃ」

ルバドの出したリブルの作品、それは普通の片手剣だがその造りは美しく綺麗《きれい》だった。

「性格はあんなダメ男なんじゃが、腕は確かにあったんじゃよ……どうして、あんな性格ができ上がったのかサッパリわからんが……」

「父さんだけだもんな、あんな馬鹿な性格は頭でも打ったんじゃないかって家族で話し合ったこともあったしな」

「うむ」

リーザの言葉にルバドは力強く頷き、「子供の頃は普通じゃったのにな……」と本気で考え込んでいた。

父親と娘からこうまで言われるリブルに、俺は少しだけ同情した。

◆　■　◆　■

ガフカ家のゴタゴタを見た翌日、俺はリーザの祖父であるルバドと共にギルドの訓練場へとやってきていた。

「ジン、お主のその隠し切れてない力、儂に見せてくれんかの？」

「……良いですよ。ルバドさんは、リーザのお祖父ちゃんですからね。リーザには世話になってるので、そのくらいのお願いなら聞けますよ」

ここに来る前、俺はルバドから「頼みたいことがある」と言われて連れてこられた。

リーザみたいに何か素材を取ってきてほしいのかと思ったが、力比べだったのか。このくらいなら断る必要もない。

それにルバドは爺さんだが、冒険者になって鍛え始めたと言っていた。鍛冶で鍛え上げられた肉体を駆使した現在銀級冒険者の一人だ。

「ハハハ、受けてくれて嬉しいぞ！　リーザから、ジンは目立ちたくない性格してるから断られるかもって言われておったから、心配じゃったんじゃよ」

「事前にギルドに訓練場から人を退《ど》かしてくれたのは、リーザから話を聞いていたからですか。まあ、そうですね、他の人なら俺も断わってたかもしれませんが、リーザの祖父ちゃんだから受けたんですよ」

「それはそれは、リーザに帰ったらお礼を言わないとじゃな」

ルバドは豪快に笑いながらそう言った。

ルバドの見た目は身長約二mもあり、服の上からも筋肉が浮き出るほどに鍛えられた体をしている。

武器はその体格にあった大きな大剣で、準備運動でその大剣を片手で振れるほど、凄《すさ》まじい力を持っている。

あの筋力、ほぼ【怪力】使用時のレイと一緒だな。ステータスは聞いてないがたぶん俺と一緒でランクよりも高い能力を持っているだろう。

「って、ルバドさん？　なんで武器を持ってないんですか？」

「んっ？　武器なら付けておるぞ、ほれ」

ルバドはそう言うと、両手の拳を前に突き出した。

いやまあ、確かに拳にはグローブが着いてるけど、えっ？　それが武器なの？

「さっき使ってた剣は、どうしたんですか？」

「ああ、儂の闘い方はこれじゃよ？　剣は飾りじゃよ！　武器を使うより、自分の体を使う方が簡単じゃ！」

「元鍛冶師なのに武器使わないって、どういうことなんですか……」

「うむ、儂も色んな武器は試したんじゃよ？　じゃが、どれもシックリと来なかったんじゃ、それで行きついたのが自分の体を使う戦い方じゃったんじゃよ。それと武器は、拳だけじゃないぞ？　武器は儂の体全部じゃ！」

ルバドはそう言いながら、フンッフンッと鼻息を出して如何《いか》に自分の筋肉が凄いのかを見せてきた。

うん、リーザと全く性格が違うタイプだな、でも嫌いじゃない性格の人だ。

「わかりました。でも俺は普通に武器を使いますからね」

「うむ、よいぞ！　それじゃあ、早速やろうか！」

それから俺とルバドはそれぞれ位置について、審判役のフィーネさんに合図をお願いした。

合図が出された瞬間、ルバドは地面が割れるほど、足に力を入れて突っ込んできた。

「ツ！」

咄嗟《とっさ》に剣で受け止めたが、とんでもない速さと重さだ！　武器を持ってないからと、少し油断していたがかなり真剣にやらないと、怪我《けが》しそうだ。

「おお！　儂の初撃を簡単に受け止めるとは、ジン！　なかなか、鍛えているんだな！」

「ええ、これでも前衛の銀級冒険者ですからね！」

ルバドを弾《はじ》き返《かえ》して今度は俺が突っ込んだ。

ルバドの素の能力もヤバいが、さっきみたいな突進からの攻撃はかなりヤバい。

アレを封じるには接近戦に持ち込むしかない！

「儂の動きを見て、瞬時に接近戦に持ち込むとはなかなか、戦い慣れてるんじゃな！」

ルバドは俺の作戦に嬉々《きき》としながら対応して、俺の攻撃を拳で全て受け止めた。

ちっ、たぶん筋力はほぼ同レベルだな……元鍛冶師なのに、どうなってんだよ……。

というか、さっきから少しずつ力で押され始めてるんだが、気のせいか？

「ジン、そろそろ温まってきたからさらに強くいくぞ！」

「今まで本気じゃなかったんですか!?」

「儂は年寄りじゃからな、動き始めはどうしても全力が出せんのじゃよ！」

ルバドはそう言うと、先ほどまでまだ余裕を感じながらも受け止められた攻撃が、徐々に強くなってきて、このまま接近戦は続けられなくなり一度後ろに下がった。

年寄りが、そんな動けるのおかしいだろ！

そう俺は心の中で思いながら、すでに足に力を入れているルバドの次の攻撃に意識を向けた。

「行くぞ、ジン！」

ルバドは叫び、足に力を込めて突進してきた。

その迫力はもうほぼ猛獣のそれ。受け止め切れない。

そう判断した俺は、剣を手放し構えた。

「な、何してるんですかジンさん!? 危ないですよ！」

その奇行に審判役のフィーネさんは叫び、ルバドもすでにほぼ避《よ》けられない所まで接近していて

「避けるんじゃや、ジン！」と叫んだ。

ふっ、剣だけをこの約三年間鍛えてきたわけじゃない。

突進してきたルバドの拳をサッと避け、ルバドの利き腕である右腕へとしがみついて、そのまま遠心力を使い地面へと叩きつけた。

「へ？」

「え？」

地面へと叩きつけられたルバドは、何が起きたのか理解できず審判役のフィーネさんも一瞬の出来事に驚いた顔をしていた。

試合後、ルバドは自分があんな形で負けるとは想定してなかったらしく、逆に想定外の倒され方をして嬉しそうにしている。

まあ、正直俺もルバドとの戦いで【体術】を使うとは思っていなかった。

「ジンは【体術】も使えたんじゃな、凄く綺麗な流れで驚いたぞ！」

「ちょっとだけですけどね。昔、鍛えていたことがあるんですよ」

俺が姫様の護衛をしてる時、剣術はユリウスから、魔法はレーヴィンやリオンから習っていた。

そしてそんな訓練の中、息抜きとしてアンドルに【体術】をちょっと教えてもらっていた。

ガッツリと教わらなかったのは、誰かさんと違ってアンドルは俺が他のことで忙しいと理解してくれる大人だったからだろう。

「さっきの最後の技、あれは儂の力を利用した技じゃよな？」

「一発でそれがわかるルバドさんは凄いですね。はい、そうですよ。ルバドさんの突進攻撃はかなりの威力でしたから、その力を利用して地面に叩きつけたんです」

「ほほう。それは興味深い戦い方じゃな……儂の知ってる【体術】使いは、そんな相手の力を利用した戦いなどしない者達じゃ、ジンはどうやってその戦い方を学んだのじゃ？」

「そこは秘密ですね。まあ、でも【体術】に関しては流れに任せて使うことが多いので、ルバドさんにやった技くらいしか真面《まとも》に使えるのはありませんよ」

俺は【体術】の訓練をそこまでしてないから使える技は少ない、だがそれは自分で望んでその形へとした。

正直、魔法がある世界で【体術】を極めたところで俺は意味がそこまでないと感じていた。

だから俺はあえて【体術】で習得した技のほとんどは、防御系の技でもしも武器がなくなった時に自身を守れればと少しだけ学んだ。

だけどまあ、その考えは今日の戦いで消えることになった。

今回の模擬戦闘、事前に魔法は使わないと宣言していた俺だが、たぶん魔法を使えるようにしておいてもなかなか使うタイミングが難しかったと思う。

ルバドは筋力も凄いが、足も速く一瞬目を離すことすら負けに繋《つな》がると感じていた。

あれは普通の魔法使いが相手だったら、攻撃すらできずに倒されていただろうな。

「俺としてはルバドさんの突進攻撃は、なかなか怖い攻撃でしたよ。溜めが必要な分、少し無防備になりますけどそれでもあの技の威力は半端ないですね」

「そうだろう？　儂のお気に入りの技の一つなんじゃよ。今回は、屋内での模擬戦闘じゃったから使わなかった技もあるんじゃが、突進は儂が使える技の中で一番好きでよく使ってる技なんじゃ」

ルバドは自身の技を褒められると、ニコニコと笑顔を浮かべてそう言った。

それから、借りてる訓練場の終了時間がきそうだったので、俺とルバドは一緒に外に出てそのままリーザの店に向かった。


「えっ、祖父ちゃんとジン、戦ったの!?」

リーザの店にやってきた俺達は、一緒に来た理由を聞かれてさっきまで模擬戦闘をしていたと伝えた。

すると、リーザは顔を驚かせてそう叫んだ。

「ど、どっちが勝ったの？」

「ジンじゃよ。完敗じゃった。儂はジンに傷をつけることさえできんかった」

「嘘《うそ》!?」

リーザは自分の祖父が負けたと知ると、さらに驚いた顔をして俺の顔を見てきた。

「ジンが強いのは知ってたけど、祖父ちゃんに無傷で勝利するなんて本当に強いんだね」

「まあ、運が良かったんですよ。俺の使える数少ない【体術】の一つが綺麗に決まったお陰で試合に勝てたんです」

俺はどんな試合をしたのか話をした。

その話を聞いたリーザは、ルバドを見て「ジンと戦ってどうだった？」と聞いた。

「うむ、凄い力を感じたのう。流石、一部で勇者よりも勇者に近い者と言われてるだけあるの」

「……えっ？　何ですか、それ!?」

リーザとルバドの会話を聞いていた俺は、何とも聞き逃したら大変なことになりそうなワードを聞いた。

勇者よりも勇者に近い者？　なんじゃや、そりゃ!?

「ジンのことを知ってる者は今の勇者の姿を見て、ジンの方が勇者に相応《ふさわ》しいじゃないかって噂《うわさ》をしてるんじゃよ。その話を聞いてた儂は、そこまで言われる者の力を知りたいと思って今日、戦いを申し込んだんじゃ」

「なんですかその噂、俺かなり情報収集はしてますけどそんなの聞いたことありませんよ？」

「うむ、それはジンが今まで力を隠していたからじゃろうな。儂は貴族に知り合いがおるからその者がジンの方が勇者に向いてそうじゃなって話していたんじゃよ。知り合いが言うには、ジンの力を知る者達は皆一度はそう思ったらしいんじゃ」

「……一体、誰なんですかその知り合いって」

そう俺がため息交じりに言うと、店の扉が開き「儂じゃよ」と聞き覚えのある声がした。

サッと後ろを振り向き、店に入ってきた人物の顔を見て俺はため息をついた。

「レーヴィン様……」

「久しぶりじゃのジン」

ニコニコと笑みを浮かべながら、レーヴィンは店の中へと入ってきた。

なるほどな、前魔法師団団長のレーヴィンなら、逆算して当時のガフカの工房の長がルバドになるからその時の繋がりか。

「それとルバドも久しぶりじゃ」

「うむ、久しぶりじゃなレーヴィン。ジンと戦ってみたぞ、すごく強かったわ」

「おお、早速もうやったのか！　どんな試合をしたのか聞かせてくれ」

レーヴィンはルバドの言葉に、興味津々といった様子で反応した。

そんなレーヴィンに対して、ルバドは今日の試合を一から話し始めた。

「リーザ、レーヴィン様ってここの店使ってたの？」

「あたしになってから一度も来たことがないよ。レーヴィン様は祖父ちゃんのお得意様の一人だから、引退後も祖父ちゃんに鍛冶を頼んでるはずだよ」

「引退後も鍛冶してるのか？」

「たまにだけどね。本当に世話になった相手だけ、そのまま鍛冶を引き受けてるんだよ」

リーザとそう話しながら俺は、目の前で楽しそうに喋《しゃべ》る爺さん二人へと視線を移動させた。

その後、爺さん同士の会話が終わったのを見計らい、俺はルバドの言っていた噂についてレーヴィンに聞いた。

「うむ、まあそういう話もあるというだけじゃ、流石に皆はジンのことをよく知ってるから、その噂が広まらないように口にはしないようにしておるんじゃよ」

「……じゃあ、何で俺のことを知らないはずのルバドさんがその噂を知ってるんですかレーヴィン様？」

「……ルバドにだけじゃ、酒の席でポロッと」

俺はボソリと「奥さんに連絡しておきますね」と言った。

すると、レーヴィンは俺の足にしがみついて「や、止めてくれ！」と必死な顔をして止めてきた。

うん、無理だね。

「というか、俺と勇者って比べたとして勇者の方が強いと思いますけどね」

「……ジンは、勇者の力を見たことはないじゃろ？　確かに普通の兵士クラスよりかはすでに強いが、まあその程度なんじゃよ」

俺の足にしがみついたまま真剣な顔をしてそう言ったレーヴィンに、俺は現在の勇者の力を詳しく聞いた。

ゲームどおり、勇者は剣術・魔法どちらも才能があり、日を分けて両方の訓練をしているらしい。

だがその訓練をつけてる人達は、剣術はユリウス、体術はアンドル、魔法はリオンとレーヴィンと、俺と共に訓練をしていた人達がやっているようだ。

そのせいか、どうしても俺と比べてしまっていると言った。

「勇者とジンは同い年じゃ、それも勇者の方はジンよりも幼い頃から魔物を狩っていて基礎がちゃんとできておるのに、ジンよりも成長が遅くてのう。皆も比べたらいけないとわかっておるんじゃが……」

「……まあ、多少俺の責任もあると思いますけど、そこはちゃんとしておかないと勇者が傷つきますよ。せっかくの魔王に対抗できる唯一の人材なんですから」

どんなに力が強い者だとしても、魔王を討伐できるのは勇者である主人公だけだ。

いくら俺と比べ、俺の方が強いかもと思っていようと、勇者しか魔王への対抗策はない。

まあ、〝アレ〟が俺を認めたら俺も魔王に対抗できると思うが、そんなことは起こるはずがないしな。

「とりあえず、レーヴィン様達は俺のことは忘れて真剣に勇者と向き合った方がいいですよ。魔王との決戦まで時間もないんですから」

「……わかっておる。じゃから、儂らも気を付けておる。今のところ、他の者には儂らの思いはバレておらんしの」

「まあ、それならいいですけど……そういえば、戦女の方達は全員見つかったんですか？」

「うむ、そちらも大丈夫じゃ。七人とも見つかっておる。中には強者も選ばれておるから、その者達がいるお陰で今は魔王軍に対応できておる」

前回、王都に来た時はまだ最後の一人が見つかってなかったが、無事に全員見つかったようだ。

勇者誕生から少しして、俺は姫様に戦女についての情報を渡していた。

この当時、どこに戦女がいるのか全てわかっている俺は、場所をそのまま伝えるのではなくヒントとして姫様に教えた。

　どうして、そのことを知ってるのか聞かれた時は、いつもどおりのらりくらりと質問を回避した。

「それなら良かったです。心配事の一つが消えました」

　黙って聞いていたルバドが一言、「いつまで、レーヴィンはしがみついてるんだ？」と言った。

　ルバドの言葉どおり、この会話中レーヴィンはずっと俺の足にしがみついていた。

　本人も忘れていたようで、スッと立ち上がるとわざとらしく咳払《せきばら》いをした。

「しかし、聞いていた話よりジンは強いみたいだな、儂との模擬戦闘でもまだまだ力を温存していたようじゃし」

「まあ、これでも強くなるために色んな所を旅して回ってますからね」

「祖父ちゃん、ジン達は本当に凄いよ。この間なんて、あの〝絶海のダンジョン〟をクリアしてきたくらいだしね」

「なんじゃと!?」

　リーザから〝絶海のダンジョン〟をクリアしたと聞いたルバドは、驚いた顔をしてそう叫んだ。

　それからルバドは真剣な顔をして、俺の方を見てきた。

「ジン、お主の力、この老い先短い儂に貸してはくれんか？」

　その真剣な様子に俺は、普通の頼み事じゃないなと察して「内容によります」と言ってその内容を聞くことにした。

　ルバドの頼み事、それは王都から馬車で三時間ほどで着く場所にあるダンジョン、〝谷底のダンジョン〟へ、一緒に攻略に行ってほしいと言われた。

「谷底のダンジョンですか？」

〝谷底のダンジョン〟は名前のとおり、谷の底にあるダンジョンで生息してる魔物はジメジメとした所が好きなスライム種が特に多い。

特に難しいという場所でもないのに、何でルバドはそこに俺に一緒に来てほしいと思ったんだ？

「ジン、あそこは確かに出てくる魔物は強くないから、銀級冒険者の儂なら一人でも攻略はできるじゃろう。儂にはあの場所で手に入れたい物があるんじゃ。じゃが、それを手に入れるには人手が必要での」

ふむ、リーザの祖父ちゃんの頼みだし、特に行きたくない理由もないな。

それに、あそこなら護衛も俺一人で大丈夫だろう。

一応、皆には声を掛けて、行けるなら一緒に行ってもらえばいいだろう。

そう考えた俺は、ルバドの頼みに「良いですよ」と答え、準備期間として一日もらい明後日出発することを決めた。

第九章　拳闘士ルバドと迷宮へ

ルバドから同行依頼を受けた夜、俺は皆を集めてルバドの話をした。

「リーザさんのお祖父《じい》ちゃんの頼みなら、私もついていくよ！」

「私も行く！　それにずっと動いてなくて、体動かしたいと思ってたところだったの！」

「俺も行くよ。ちょうど、そこのダンジョンに欲しい物があるみたいだし、ついでに取りに行きたい」

と、皆も参加することになり次の日、俺はルバドにクロエ達《たち》を紹介した。

「初めまして、儂《わし》はリーザの祖父のルバドという者じゃ。今日は儂のために一緒についてきてくれて、感謝するぞ」

「リーザさんにはいつもお世話になってますので、少しでもそのお返しができればと」

クロエ達とルバドが挨拶を交わしていると、リーザが俺の方へと寄ってきた。

「ごめんな、祖父ちゃんが世話になる」

「リーザには世話になってるからな。それにずっと休みってのも体に悪いし」

見送りに来たリーザにそう言った後、俺は馬を走らせ王都から出発した。

向かう途中、ルバドは馬車内で皆と楽しそうに喋《しゃべ》っていた。

リーザは少し人当たりが強い感じだけど、ルバドは全然そんなことなく、皆も話しやすそうだな。

その後、特に問題もなくダンジョンに着いた俺達は、ここに来るまでにポジションの確認をしてたのでその陣形を作り中に入った。

まず前衛は、レイとルバドの二人に任せ、後衛にクロエとレンを配置して、俺はいつもどおり全体を見つつ指示を出したり、攻撃に参加したりする。

「レイ、ルバドさんと初めて組むから最初はサポート重視でいく。ある程度慣れたら二人に任せるぞ」

「は～い、ルバドさんよろしくね」

「うむ、よろしくのレイ」

ここから見ると、祖父と孫が一緒に歩いているような感じだな。

「さて、いくらそこまで難しくないダンジョンとはいえ、油断は禁物だ。皆、怪我《けが》をしないように進むぞ」

「「はい！」」

それから俺達はダンジョンの奥へと進み、早速魔物と遭遇をした。

レイとルバドは同時に【身体強化】を使い、魔物へと接近して戦い始めた。

そのレイ達に近づこうとしている魔物に対して、クロエに指示を出して倒させ、俺は周りの確認をしながら前に出て魔物へと攻撃を仕掛けた。

今回の魔物は少し数が多かったが、ルバドの加入によりすんなりと殲滅《せんめつ》できた。

「流石《さすが》、銀級冒険者ですね」

「ふふんっ、儂は動ける爺《じじい》じゃからな、このくらいは朝飯前じゃよ」

ルバドを褒めると、嬉《うれ》しそうに笑いながらそう言う。俺の横にレンがスッと寄ってきた。

「さっき、魔物が爆散したように見えたけど、あれって幻覚？」

「いいや、幻覚じゃない。ルバドさんの拳の威力はマジでヤバいからな」

「俺の妹以外にも居たんだな……」

その後、魔物と何回か戦闘を行い、レイとルバドの連携がかなり仕上がってきたのを見計らい、目的の場所へと移動を始めた。

今回の目的地は、このダンジョンの中層だから今の場所からだと大体一時間くらいだろう。

「まっ、焦る必要はないだろうからゆっくりと行くか」

そう言って俺は皆に指示を出して、目的地へと向かった。

「ねえ、ジン君。ルバドさんって固定のパーティーに入ってたりするのかな？」

攻略を始めて三十分ほどが経《た》ち、後ろに休憩しにきたレイがそんなことを聞いてきた。

「聞いた話だと、特定のパーティーや仲間はいないらしいぞ。たまに知り合いとダンジョンに行くことはあっても、その時だけで組んでるみたいだ」

「そうなんだ。じゃあ、仲間に誘ったとしても来ない可能性の方が高いか～……」

そう言ったレイに俺は「ルバドさんを仲間したいのか？」と聞いた。

「居たら楽しいかなって、ほら前にジン君も言ってたでしょ？　メンテナンスするために王都に戻ってくるのがたまに面倒に感じるって。ルバドさんが居たら旅先でも装備の手入れはしてくれそうだしな～って」

「なるほどな、まあでもそれは無理だと思うよ。ルバドさん、リーザが心配で王都からはあまり出ないらしいんだよ」

実の息子が金を盗んだような形で旅に出ていき、それ以来ルバドはリーザの近くにいて見守っていると聞いた。

「それにメンテナンスは面倒だなって感じるけど、それは姫様へのお話のついでにすればいいからな、今は同行する鍛冶師を探そうとも思ってないよ」

「そっか、まあルバドさんにはルバドさんの人生があるもんね」

レイはそう言うと、休憩を終えて元の場所に戻った。

その後も順調に進み、予定時間よりも早く中層へと俺達は到着した。

ここからはいつもの陣形に戻り、ルバドは後衛へと入り、いつでも採取ができるようにした。

そうして目的地である採取場所に到着した俺達は、ルバドの採取が終わるまで魔物の対処を行い、採取が終わるのを待った。

「ルバドさん、どうですか？」

「んっ、もう少しで採れそうじゃ！」

今回、ルバドが欲しがっていた物はこのダンジョンで採れる水晶。

採掘系の中では少し難しい、水晶の採取にルバドは苦戦しているようだ。

俺が採ろうか？　と聞いたが、自分で採るために俺達に頼んだと言って、かれこれ数十分作業を続けている。

「そういえば、レンはすぐに戻ってきたけど、何を取りに行ってたんだ？」

「んっ？　ああ、この中層には湖があってそこの水は回復薬の素材としていいって噂《うわさ》を聞いて、採ってみたいってずっと思ってたんだよ」

「えっ？　そんなのがあったのか？　なら、俺のスキルにもっと入れておこうか？　すぐに来られる場所じゃないし」

「あ～……そうだな。試してみて、良かったら依頼して取ってきてもらおうと思ったけど、ジンの収納スキルはほぼ無限に入るからな」

俺の持つ【異空間ボックス】は、その名のとおり異空間に収納できるスキル。

このスキルはこの転生をしてから一番使っているスキルだが、いまだに限界を知らない。

容量とかどのくらいあるんだろうと試したことがあって、その時は土砂を何千キロと楽々収納できてしまった。

ゲームでは制限があったが、この世界ではその制限がないようだった。

以前、収納した物が先の方に入れたのが消えてるんじゃないか？　と考えたが、頭の中で【異空間ボックス】のことを考えると、入っている全ての物を確認できた。

それ以来、ああこのスキルはほぼ無限に何でも入れられるんだなと考えるようにした。

「……それにしても、ルバドさん苦戦してるみたいだな」

「ああ、あの筋力を抑えながらしてるからだろうな……後はたぶん、そもそも採掘に慣れてないんだと思う」

現にルバドは、少しピッケルの動作が不安定だった。

「とりあえず、俺達はルバドさんの採掘が終わるまで守り切るぞ。その後はレンが取りに行ったっていう水を採取だな」

「了解」

その後、三十分ほどが経ち、ようやくルバドは目的の水晶を掘り出し、疲れた様子で戻ってきた。

「ふ～、初めて採掘したからなかなか苦戦したの～」

「……初めてって、今までしたことがなかったんですか？」

「うむ、鉱石は頼んだ方が良い物が手に入るからの、ただ今回のだけは自分で手に入れたかったんじゃ」

そうルバドは言いながら、手に入れた水晶を大切にバッグに入れた。

「わざわざ自分で採りに来たいって、なにか特別な思いでもあるんですか？」

「うむ……もうすぐ、儂と妻の結婚四十周年記念日なんじゃよ。記念日には毎回特別な物を用意してるんじゃ、それで今回はこの水晶で作った物をプレゼントしようと計画していたんじゃよ」

そう嬉しそうに話すルバドを見て、クロエ達は笑顔を浮かべ、今回の依頼を受けて良かったと言った。

その後、採取中に予定していたとおり、ダンジョンの中の湖の水を大量に【異空間ボックス】に入れて、俺達はダンジョンを出ることにした。

行きは時間が掛かったが、帰りは安全地帯の転移で十分も掛からずに戻れた。

そして帰りも俺が馬車を動かし、陽《ひ》が完全に沈む少し前に俺達は王都へと帰還した。

「ジン、クロエ、レイ、レン。今日は本当に助かった。それに楽しかったぞ」

「俺達も楽しかったですよ。またいつか、一緒にダンジョン探索や依頼を受けましょう」

「うむ、またの」

ルバドはそう言って、馬車から降りて自宅へと歩いていった。

それから俺達も宿に戻り、夕食を食べてシャワーを浴び、久しぶりに体を動かして疲れていた俺はすぐに眠りについた。

翌日、俺は皆にはまた予定が決まるまでは休みと伝えて、それぞれの時間を過ごしていいと言った。

とは言ったものの、そろそろフィーネさんの調査も終わる頃だし、一度ギルドに話を聞きに行ってもいいかな？

そう思った俺は朝食後、冒険者ギルドへと話を聞きにやってきた。

「すみません、ジンさん。最近は魔王軍の動きもありまして、おススメできるダンジョンがなかなかないんですよ……」

「あ～、そうですよね。別に焦らせるために来たんじゃないので大丈夫ですよ」

魔王軍、自称四天王が現れ活発に動くようになってきてるし、そろそろダンジョン目的での旅はしにくくなってきたな。

ダンジョンに行く理由は、その場所で手に入れられる宝と素材、後は外よりも強い敵がいてレベル上げができるからだ。

だがレベルに関してはすでにクロエ達も五十後半のため、よほどの敵でない限りは戦える。

フィーネさんには報告を待ってますと言って、ギルドを出てリーザの店へと向かった。

「ジン、いらっしゃい」

「いらっしゃいませ」

以前までリーザの店は彼女一人でやっていたが、新たに店員としてリブルが雇われることになった。

といっても、給料はほぼなく、タダ働きと言ってもいいくらいだろう。

まあ、この程度で済んだと思えば良いだろう。

「ジン、昨日はありがとね。祖父ちゃん、喜んで水晶で作ったプレゼントを祖母《ばあ》ちゃんに贈ってたよ」

「まあ、俺はリーザに世話になってるから、少しでも恩を返せたらと思って動いただけだからな……それでリブルさんの対応だけど、よくあの程度で許せたな」

「……母さんから、頼まれたんだよ。戻ってきたなら縛り付けておいてって、鍛冶の腕はあるからコキ使えば良いって許可もらったんだよ」

「なるほどな、それでリブルさんに雑用を押し付けてるのか」

この会話中も、リブルは店先の掃除をずっとしている。

「まあ、ジン達以外にも最近は仕事を増やしたからね。人手が欲しいと思っていたところだったし、ちょうど良かったと思ってるよ。何せ、タダで使えるんだからね」

リーザは笑いながらそう言うと、リブルに裏の掃除をするように指示をしていた。

「そういや、ジン達は次はいつ王都を発《た》つんだい？」

「それが今のところ、未定なんだよ。最近は魔王軍の動きも活発になってきて、行けるダンジョンが少なくなってきてるらしくて。大体のダンジョンは攻略してるから、見つけるのも苦労してるらしい」

「確かに最近、よく魔王軍のことを聞くね。母さん達も王都に魔王軍が押し寄せてこないか心配してたな……」

リーザはそう言うと「王都は大丈夫と思うか？」と聞いてきた。

「まあ、この国で一番狙われてるのが王都だと思うが、一番安全とも言えるだろうな。何せ、ここには強者が大勢集まってるから、簡単に攻められないと思う」

「そうなのか？　あまりその辺は詳しくないんだが、この間の話からして勇者はまだ頼りないんだろ？」

「ああ、だけどこの国には剣聖と守護神、さらにレーヴィン様とリオンさんがいるからな、勇者がまだ未熟でもその人達がいるお陰で王都は大丈夫だと思うぞ」

普段、あまりこういった様子を見せないリーザの姿に王都の住民もだいぶ、不安を募らせてきてるんだなと察した。

リカルド達も心配してたし、せめて知り合い達が不安にならない程度に王都の守りを固めないとな。

まあ、一番は勇者様が強くなってくれるのが良いんだが……たぶん、勇者の成長の妨げになってるのが俺の動きだろう。

勇者の成長の妨げにならない程度にこれまで動いてきたつもりだが、原作と違う動きをしてる俺がいるせいでゲームどおりに勇者が強くなっていないんだと俺は考えている。

そもそも、一番最初のジンvs勇者の学園での戦いはジンが敗北して、勇者が戦女の一人フローラと親密になる大事なシーン。

その戦いがなく、現状フローラと勇者は一緒に戦う味方というだけの関係に留《とど》まっている。

ゲームでの勇者の力の解放には、戦女との絆《きずな》が深まることで解放されるものもあり、その力が一つも解放されていない状態が今の勇者だ。

なるべく、親密になる様にヒントを姫様に与え、それを察した姫様が戦女達と勇者の絆を深めさせるために色々としてるみたいだが、うまくいっていないのだろう。

「まあ、いざとなればリーザ達くらいは俺達が守るから、安心して過ごしててくれ」

「ふっ、確かに何も知らない勇者様よりジン達の強さは十分知ってるからね。なにかあったら、頼むよ」

その後、俺はリーザからメンテナンスが終わった装備を受け取り、宿へと戻った。


「おっ、ジン。いいところに来たな、お前さんに客だぞ」

「俺に？」

宿に戻ると、リカルドからそう言われて食堂に向かうと、そこには見覚えのある人が居た。

いや、何であの人がここに居るんだよ!?

そう俺は内心、驚きつつもその人物へと近づいた。

「……姉さん、と呼んだ方がいいですかね」

「久しぶりね。貴方《あなた》がまだ私のことを姉と思ってくれてるなら、そう呼んでほしいわね。ジン」

俺の客、その人物はラージニア家元長女ヘレナ・フォン・ラージニアだった。

第十章　姉ヘレナ

ジンとヘレナ、二人の関係は良くも悪くもない、というより「何もない」が正しい表現だろう。

父からは虐待され、義母からは嫌われ、義弟からは虐《いじ》められていたジン。

そんな中、ラージニア家の長女であるヘレナはジンに対して特になにかしたことはない。

それは家族とジンの間に仲裁に入るなどのことも含めて本当に何も関わりがなかった。

ジンとヘレナは、そこには何も関係がない、ただの姉弟だった。

「それで、姉さんは何で今更俺の所に来たの？」

あの後、そのまま食堂で話すのではなく、俺達は一旦自分の借りてる部屋に移動した。

「あら、姉と呼んでくれるのね嬉《うれ》しいわ」

俺が口にした〝姉さん〟という言葉にヘレナは笑みを浮かべた。

……こんな、ヘレナの姿はゲームでも見たことがない。

そもそも彼女は、基本無言無表情といった何もわからないキャラだった。

そして設定資料にすら、彼女のことは特に明記されていなかった。

「それで会いに来た理由は、貴方《あなた》で最後だからよ。ラージニア家のせいで、人生を狂わされた人がね」

「……どういうことですか？」

「ふふっ、そうね。これだけじゃ、わからないわよね。それじゃあ、私が何をしてきたのか教えてあげるわ」

それから俺は、ゲームでも明かされなかったヘレナ・フォン・ラージニアの話を聞くことになった。

◆　■　◆　■

ヘレナ・フォン・ラージニアは名前のとおり、ラージニア家に生まれ長女として何不自由ない生活を送っていた。

ある日、自分に弟ができたと聞いて喜んだ。

しかし母であるヘレン・フォン・ラージニアは妊娠した様子もなく、怒りの形相で暴れている様子を見て、何かがおかしいと察した。

その頃から感情を表に出すことがなかった私は、母の様子を察して弟について言及はしなかった。

「そういえば、私に弟ができたって聞いたけど、あれはどうなったの？」

数ヶ月の月日が流れ、母が暴れる様子も見かけなくなり、メイドの一人に少し前に騒ぎの原因を尋ねた。

「あっ、それは……」

その時聞いた内容はあまりにも酷《ひど》いものだった。

父の過ち、母の対応、そして家としての決定。

どれもが私の考えてる貴族像とはかけ離れていて私は、その頃からラージニア家が本当は悪い貴族なのではないかと思い始めて、家との対立を始めることにした。

対立といっても真っ向から勝負した所で、ただの貴族の娘である自分が敵《かな》うはずもないことを知っていた私は、徐々に味方を増やしていった。

「ヘレナ嬢、最近この家、危ない所と取引してるみたいですよ」

「ええ、知ってるわ。でも今公表したところで、もみ消されてしまうだけね。情報だけ確実に集めていて頂戴。来《きた》るべき時に備えるのよ」

ラージニア家は表では普通の貴族を装っていたが、中身は完全に腐りきった貴族だった。

時にラージニア家の当主、アルベールは金銭感覚がおかしく、借金もありその返済のために領民には苦しい思いをさせていた。

こんな家、さっさと潰れてしまえばいいのに、そう私はずっと思いながら生活をしていた。

「まさか、毒殺するなんてね。そこまで、母が愚かな人だとは思わなかったわ……」

自分の母ヘレンがジンの母ノーラを嫌っていることは、随分前から知っていた。

平民には珍しく美貌の持ち主で、自分の夫を誘惑した相手。

自分が劣っているとアルベールの行動でわからされてしまったヘレンが、ノーラに対して強く当たっている場面は何度も見たことがあった。

「ごめんなさい、ジン。そしてノーラさん、貴女《あなた》の死は決して無駄にしません」

自身の母の罪を知ったヘレンは、それからさらに家についての情報を細かく調べることにした。

それから数年間、ジンの様子を仲間に見守らせながら情報を集めていった。

そんなある日、ジンが家を出ると聞いた。

「それ、本当なの？」

「ええ、何でも弟のアルフォンスの遊び相手にならないなら、家を出ていけという当主命令だそうです。たぶん、遊び相手という内容も最近、アルフォンスが外で行きすぎた遊びをしたのがキッカケで家の中でストレス発散ができるようにジン様を使おうとしたのではないでしょうか」

「……心底、腐ってるわね。で、その要件をジンは拒否したの？」

ジンは家の決め事で長い間、一人で生活をしていたからその決定に従順に従うとばかりその時まで思っていた。

だけど私はその認識が間違っていたと、ジンが居なくなった後になって気付いた。

ジンは、力を蓄えていたのだ。

「凄《すご》いわね。まさか、ジンがこんなに強い子だったなんて」

「ええ、自分達《たち》も知りませんでしたよ。たまに剣を振ったりする姿は目にしたことがありましたけど、こんな成果を出せる人だとは感じませんでした」

家を出たジンの情報は、すぐに手に入れることができた。

その輝かしい成果に、私は自分の弟は知らない所で成長していたんだと嬉しく感じた。

「皆に伝えて頂戴。このままいけば、ジンは姫様に気に入られるはずよ。そうなったら、ジンは家のことを話すと思うわ。国が動けば、流石《さすが》にラージニア家とはいえ隠すことは容易じゃないわ。今が動くべき時よ」

数年間、家が悪だと気付いてから裏でコソコソと動いていた私はジンの活躍を聞き、すぐに動き出した。

そして私の考えどおり、それからすぐに国が動き、私は国の諜報員《ちょうほういん》と面会して家の情報を全て伝えた。

最初は信じられないと言われたが、証拠はたくさんあった。

すぐに誤解は解けて、私は捜査協力をすることになった。


それから私は家に居ながらも、国に家の情報を流してこれまでの悪事を一つずつ紐解《ひもと》いていった。

そうして一年の歳月が経《た》ち、ようやくラージニア家の取り潰しが決まった。

「ようやく、この長い戦いが終わったわね」

「お疲れさまでした。ヘレナ様」

「ええ、ありがとね。ルル」

ルル、彼女は私の最初の仲間で半分血の繋《つな》がった姉。

元は普通のメイドだったが、私が家のことを疑い始めた頃、自分の過去を話してくれて味方になってくれた。

「それで貴女はどうするの？　貴女の家を滅茶苦茶《めちゃくちゃ》にした、私の母は死刑になったから貴女の目的は達成したでしょ？」

「そうですね。ラージニア家のせいで、私の家族はもうこの世にいないので戻る場所もないですから、このままヘレナ様についていこうと思いますよ。良いですか？」

「そう。なら、今度から私のことはヘレナ様じゃなくてヘレナで良いわよ。よろしくねルルお姉ちゃん」

「ッ！　いつも無表情のくせに、こういう時だけ笑顔見せるのはズルいわよ！　全く、もう……」

それから私は調査協力をしたことで得たお金を旅の資金として、ルルと一緒にラージニア家のせいで人生を狂わされた人達の所を回って謝罪を行った。

謝罪を受け入れる者もいれば、もう関わりたくないと拒絶されたこともたくさんある。

中には石を投げられたこともあって、精神的・肉体的に本当に辛《つら》い旅だった。

そんな旅を二年続け、ようやくラージニア家によって人生を狂わされた最後の人、ジンのもとを訪れたのだ。

◆・◆・

まさか、そんなことがあったのか……なるほどな、それでゲームの本編では全く出てこなかったのか。

ゲームでもたぶん、独自に調べていたと思うけど、闇堕《お》ちしたジンのせいで事件はもみ消された。

それで彼女は家から消え、ゲーム本編でも語られることはなかったのだろう。

「まさか、姉さんがそんなことをしてたなんて知らなかったよ」

「これでも演劇とか好きだったから、普段は害のない子供を装っていたのよ」

「そうだったんですね。というか、今の話が本当なら姉さんは子供の頃から色々と抱えていたんですね」

彼女の話が本当なら、俺と姉であるヘレナとの歳《とし》の差は三つしか変わらない。

だとすれば、彼女は三歳の頃から一人で戦っていたことになる。

「ええ、そうね。色々と見てきたから辛い時もあったわ……でも、ジンとノーラさんの境遇に比べたら全然マシだった。自分にもっと力があればって何度も思ったわ」

そうヘレナは言うと、一瞬だけ悲しげな表情を浮かべたがすぐにいつもの無表情に戻った。

「私ね。ジンが追い出されると聞いて、本当はあの時すごく驚いてたのよ？」

「いつもどおり、顔に全く出てなかったのでそんなこと気付きませんでした」

「ええ、何度も確認を取って本当に居なくなったのを確認して、ああ本当に出られたんだって安心したわ」

まさか、姉がここまでジンのことを考えていたとは知らなかった。

彼女は基本、何事にも関わらない、そういった性格の人だから、ジンなんて別に関係のない半分血が繋がった相手としか思ってないと考えていた。

「あれ？　でも、姉さんにはもう一人本当の弟が居ましたけど、そっちには何も思わないんですか？あいつ死刑になったんでしょ？」

「えっ、アレを弟とは思ったことないわよ？　ラージニア家の血を色濃く受け継いで、十歳でもうほとんどの犯罪に手を付けていたのよ？　姉の裸を見て、欲情までしていたのよ？」

そういや、アルフォンスってそういう人間だったな。

というか、実の姉の裸を見て欲情って……。

そこまで設定資料に書かれてなかったけど、それが本当なら〝最低キャラ〟って異名はアルフォンスの方がお似合いだろう。

「だから、父達と一緒に処刑してもらったのよ。アレが生きてて、良いことはないもの、ジンもそう思うでしょ？」

「……まあ、確かにね。しかし、おかしな話ですね。半分血が繋がってるだけの俺のことは気にしてて、本当の弟のことは〝アレ〟呼ばわりって」

そう俺が言うと、ヘレナは「ん～、これ今更言うのもあれなんだけど」と前置きをして、驚きの内容を口にした。

「私とジン、全く血が繋がってないわよ」

「……え？　いやいや、姉さんはラージニア家の長女ですよね!?」

「ええ、そうだけど、これね。私も調べてわかったことだけど、私の母親は確かにヘレン・フォン・ラージニアだったのよ。でも、父親は違う相手だったみたいなのよね。だから、アルフォンスとは半分だけ血が繋がってるけど、ジンとは全く血が繋がってないのよ。ちなみにさっき、ラージニア家の血を色濃く受け継いでるって言った意味はアルフォンスだけ両親がちゃんとラージニア家の人間という意味も含めてよ」

「へっ？」

その驚きの内容に俺は理解ができず、フラッと立《た》ち眩《くら》みがしてベッドに座り頭を抱えた。

それからしばらく、俺は頭の中を整理して深呼吸をした。

「えっと、それじゃあつまり俺と姉さんは本当は姉弟じゃないということですか？」

「母親も父親も違うから、そうなるわね。でも、私はジンのことは弟と思ってるわよ？」

「……あんまり、関わってなかったのにですか？」

ジンとヘレナ、二人には本当に関わりがなかった。

それなのに、弟と思ってるという言葉はどこから来るのだろう。

「確かにジンとは全く関わりがなかったわ。それでも、私はジンのことを弟と思ってこれまで生活してきた。助けることもできなかったくせに何様とジンは思うかもだけど、これは私の本心だし、ノーラさんとの約束でもあるから」

「えっ、母さんとですか？」

ヘレナが言った言葉に俺はそう反応すると、ヘレナはバッグから少し傷んだ手紙を取り出した。

「これ、ノーラさんが残した手紙。もしも、自分が居なくなったらジンに渡してって頼まれていたものよ。本当はもう少し早く渡したかったけど、渡すタイミングがなくて時間が掛かってしまったわ」

「手紙、ですか？」

えっ、そんな物があったのか？　ゲームじゃ、何もなかったはずだけど……。

俺はそう思いながら、ジンの母ノーラが残した手紙を開けて中身を読んだ。

その中身はジンに対しての謝罪、そしてこれからの人生を自由に生きてほしいという母の願いだった。

そしてその手紙の中にはもう一つ、重要なことが書かれていた。

「……今まで、なぜ俺にフローラという婚約者がいたのか謎でしたけど、母さんが俺を守るために婚約者を付けたのか」

手紙の中には、フローラの母レリーナ・フォン・ルフィオスと母の関係が書かれていた。

フローラの母とノーラは、幼少期からの友人で茶会にも招待し合うくらいの仲だったみたいだ。

だから自分では守り切れないとわかっていた母さんは友を頼り、フローラという爵位が上の婚約者を俺に付けることで、ジンを守るように仕向けたと書かれていた。

ルフィオス家という爵位が上の婚約者が居たら、ジンに手出しはできないだろうと母さん達は考えての行動だったらしい。

それと、ラージニア家の問題をルフィオス家で解決しようかという提案もされたことがあるらしいのだが、それは母が断ったみたいだ。

変に動いたら、今の生活さえも危うくなる可能性もあったためだろう。

だから俺の母は問題の解決はせず、俺を守ってくれる相手だけを付けたみたいだ。

このことを知ってるのは俺の母と、フローラの母の二人だけみたいで、ノヴェルさんやフローラ達は知らないと書かれていた。

「ノーラさんとは何回かだけ話したことがあるけど、彼女は本当にジンのことを大切に想《おも》っていたわ」

「……ええ、知ってますよ。母さんの愛はたくさんもらってますから」

ジンの母、ノーラはあんな閉鎖的な空間の中でジンのことを大切に想いながら育てていた。

しかし、まさか母親とフローラの母が知り合いとは知らなかった。

そういえば、フローラの家に行った時にフローラの母親からなぜか抱きしめられたことがあった。

フローラの母は、ヘレナと同じく感情をあまり表に出さないタイプの人。

だから抱きしめられた時は困惑したがそれからは普通どおりだったから、気にしないことにしていた。

「今はルフィオス家には頻繁に勇者が通ってるから、勇者が前線に出たりしたタイミングで一度ルフィオス家に話を聞きに行った方が良さそうだな……」

「それがいいと思うわよ。彼女は私達以上に、ノーラさんのことを知ってると思うから」

そうヘレナから言われた俺は、色々と驚く内容の連発で頭がパンクしてこれ以上はもう驚く内容は聞きたくないと口にした。

「ふふっ、大丈夫よ。さっきの手紙で私が話したかったことは全て話したわ、だからもうお別れね」

「お別れって、姉さんはどこか行くの？」

「ええ、この二年間でやるべきことは終えたわ。だから、後は私の人生を歩むことにしたの、そんな心配した顔しなくても大丈夫よ。私には心強い味方もいるし、これでも銅級冒険者だもの」

そう言ったヘレナの顔は、清々《すがすが》しいものだった。

彼女にしてみれば、三歳の頃からの戦いがようやく全て終わり、やっと自分の人生を歩むことができるのだろう。

「姉さんも冒険者だったんだ。意外だね」

「旅をするには冒険者が一番都合が良かったから登録したのよ。それとこう見えて、私の魔法の腕はなかなかのものなのよ？」

無表情ながらもどこか自信のある様子でそう言ったヘレナは、椅子から立ち上がると「それじゃ、またどこかで会いましょう」と言って部屋から出ていった。

……。

「姉さん、ちょっと待って！」

ヘレナの腕を掴《つか》み、俺は部屋から出ていこうとしたヘレナを止めた。

「どうしたの？」

「俺が知らないところで姉さんには色々としてもらったみたいだから、そのお礼としてご飯を奢《おご》るよ。俺にとって唯一の家族の姉さんと、こんな別れ方は違うと思うから」

「ッ！」

ヘレナは俺の口にした〝家族〟という言葉に驚き、目に涙を浮かべた。

正直、俺はヘレナのことはよく知らないが、彼女の頑張りは本当に凄いと感じた。

そんな彼女に〝弟と思われてる〟と、一方的な状態で別れるのは違うだろう。

だからこれからは彼女を姉と思えるように頑張りたいと思い、手始めに食事に誘おうと考えた。

その後、ヘレナが泣《な》き止《や》むまで俺は彼女を抱きしめ、頭を撫《な》で続けた。

姉さんは泣き止んだ後、この後は予定があるから食事は明日のお昼なら行けると言って部屋から出ていった。

「……色々と驚く内容だったな、ヘレナの過去は大体察していた内容だったけど、まさかあんな幼少期から家との対立を決めていたなんてな」

その後、話の内容が濃すぎて頭を使いすぎた俺は頭痛がしたので横になることにした。

それから数時間後、夕食の時間になり食堂に行くと、出掛けていたクロエ達が戻ってきていた。

「クロエ達、戻ってきてたんだな」

「うん、本当はジン君に帰ったよって言いに行ったんだけど、ちょうど寝てたみたいだったから」

「ああ、ちょっと色々あって疲れてたんだよ。それと、皆の装備受け取ってきたから、後で渡すよ」

そう俺は言って皆と同じ席に座り、夕食を食べた。

それから、皆と部屋に戻ってきて装備を渡して、そのまますぐに解散となり、俺はシャワーを浴びて明日は予定もあるので早くに寝ることにした。


「……ジン、朝からそんな気合入れた格好してどうしたんだ？」

待ち合わせは宿の前だから、一階で姉さんを待っていると、リカルドから不思議そうな顔で見られながらそう声を掛けられた。

「ちょっとな、用事で人と会うから綺麗《きれい》な格好してるだけだ」

「もしかして、昨日来た女性ってジンの彼女だったりするのか？」

「何で、そうなるんだよ。別にそういう関係じゃない」

一日考えた結果、血は繋がってないけど姉と弟だと改めて思うことにした。

まあ、昨日の時点でだいぶその気持ちは固まってはいた。

「でも、ジンがそんなおめかししてる姿なんて見たことがないぞ？　やっぱり、彼女だろ？」

「違うっての、ったく……リカルド。ここだけの話だが、昨日来たのは俺の姉だ」

色々と誤解してるリカルドに俺は、姉さんとの関係を話した。

「あっ、そうだったのか……すまん。ちょっと調子に乗った。ジンがそんな格好して、人と待ち合わせてるって聞いて茶化《ちゃか》したい気持ちが少し出てた」

「良いよ。そこまで気にしてないから」

そうリカルドに言った後、宿に近づく人の気配がして入り口の方を見ると姉さんが居た。

宿まで走ってきたのか、姉さんは少しだけ息が荒い様子だった。

姉さんの服装は昨日のような姿を隠すためのローブではなく、俺と同じで少し着飾った感じの服装だった。

「遅くなってごめんね、ジン。ちょっと色々と準備に時間掛かっちゃったの」

「大丈夫だよ。行こうか、姉さん」

「うん」

その後、俺は姉さんと一緒に宿を出て、王都の街中を歩いて目的の食堂へと向かった。

その道中、姉さんは王都の街並みを見て「二年振りだから色々変わってる」と言った。

「二年振りって、そんなに長い間旅をしてたの？」

「うん、ラージニア家の被害者は色んな所に行ってたから、王都に戻ることなく転々と旅してたのよ」

「へ～、俺もかなり色んな所を旅してたから、姉さんの旅の話も聞かせてよ。俺の旅の話もするから」

「良いわよ。まあ、でも面白い話はあまりないわよ？　私の旅は謝罪のための旅だったから」

そう姉さんは言うと、少しだけ気分が落ち込んだようだった。

そんな姉さんの手を俺は握ると、姉さんは驚いた顔をした。

「姉さん、今日は暗い話はなしだよ。せっかくの初めての姉弟の時間なんだから、楽しもうよ」

「ッ！　う、うん。今日は色んなことを忘れて、楽しむよ」

姉さんは俺の言葉にハッとして、笑顔を浮かべてそう言った。

それから俺は姉さんに王都を案内しながら、予約した食堂へと到着した。


「って、何でこっちにロブがいるんだ？　いつもは屋台で客の呼び込みしてるだろ？」

「いや〜、ジンが食べに来るって聞いたから、今日はこっちに出たいって頼んだんだよ。それにしても、ジン。お前、こんな美人な彼女が居たんだな、知らなかったぞ！」

ウリウリと、肘でつついてくるロブに俺はため息をついた。

なんでこうもオッサンは、すぐに色恋沙汰にしたがるんだ……。

「ジ、ジンと私は別に付き合ってはないです！」

俺の彼女に間違われた姉さんは、顔を赤くしてそう否定した。

それから俺はロブの頭を叩《たた》き、誤解されたままだと面倒なので姉さんとの関係を話して予約した個室に案内してもらった。

個室に入った俺は、ロブに注文は後ですると言って部屋を出てもらった。

姉さん、なんかソワソワしてないか？

「姉さん、大丈夫？」

「えっ？　う、うん。大丈夫よ。ただちょっと、こんないいお店に連れてこられるなんて思ってなくて、ちょっと緊張してるだけ」

「……姉さん、元は貴族だよね？　俺と違って、普通に高い店とか行ってたんじゃないの？」

「全くなかったとは言わないけど、そんなに来たことはないわ」

姉さんはそう言うと、水を一口飲むと家に居た時のことを話してくれた。

昨日話したとおり、姉さんは家との対立を決めてからは普段は大人しい子を装っていた。

そのため、家族もそんな姉さんを疑うことはなく、頻繁に貴族が集まるパーティーに参加させられていたらしい。

だけど姉さんはパーティーには興味がなく、仮病で休むことが多かったと言った。

「だからあまり高価な物とかはそんなに口にしたこともないし、こういった場所にもほとんど来ることがなかったわ」

そう姉さんは言うと、メニューが載ってる表を見て「どれも美味《おい》しそうね」と呟《つぶや》いた。

それから俺は姉さんに、この店のオススメの料理を紹介して、その料理を注文することにした。

この店のオススメは出店でも出されてる肉串はもちろんだが、もう一つは予約しないと注文できない〝キングオークのステーキ定食〟が格別に美味《うま》い。

ロブとはこの三年間も戻ってきたタイミングで、色々と話をしたりしていて俺のためにいくつか取り置きしてくれてる。

「わ～、すごく美味しそう！」

姉さんはいつもの無表情ではなく、目をキラキラとさせてそう言った。

「ッ！　口に入れたお肉、すぐに消えちゃうくらい美味しい！」

「キングオークだから、その辺のオークの肉とは比べ物にならないほど、肉質が良いんだ。さらにこの店は焼き方も拘《こだわ》ってるんだよ」

そう俺が〝キングオークのステーキ定食〟について説明してる間も、姉さんは美味しそうに食事を続けていた。

こんな姉さんの姿、ゲームでも見たことがない。

「お肉も美味しいけど、野菜もすごくシャキシャキしてて美味しいね。普段は野菜はあんまり食べようとは思わないけど、ここのならいくらでも食べられる気がするよ」

「野菜に関してもこの店は特に気にしてて、契約してる農家から直《じか》で仕入れてるから鮮度もすごく良いんだよ」

「お肉から野菜まで丁寧に取り扱ってるんだ……ってことは、このお店それなりに高いお店なの？」

「まあ、それなりにするけど、気にしなくて良いよ。貯金してるから」

値段のことを気にした姉さんに俺はそう言うと、姉さんは「でも……」と言って財布を取り出そうとした。

「姉さん、この食事は俺が誘ったんだから俺に払わせてよ」

「……わかった。それじゃ、次いつか食事をする時は私に払わせてよ。お姉ちゃんとして、弟に奢ってもらってばかりは嫌だもの」

「うん、わかった。〝次〟は姉さんにご馳走《ちそう》してもらうね」

〝次〟という単語を俺は意識しながら姉さんに言うと、姉さんは察して「うん、約束するわ」と言った。

それから俺は、姉さんの冒険話を聞くことにした。

「姉さんの冒険って、謝罪のために色んな所を回ったって言ってたけど、国外にも行ったの？」

「ええ、ラージニア家の被害者の多くは国から離れてたから、一年くらい国外に行ってたわ。でも、調べてわかった人にしか謝罪はできてないから、もしかしたら調べきれてない人もいると思うの」

「まあ、そこまでしたんなら良いんじゃない？　そもそも姉さんが謝る必要はないと思うし、なんなら血筋で言うと俺の方がその旅をするべきだからね」

姉さんに流れてる血は、半分は確かにラージニア家の当主であるアルベールのもとに嫁いできた相手なだけだ。

だがヘレンは、ラージニア家正妻のヘレン。

だからヘレンとラージニア家とは関係ない男の間にできたヘレナが、その旅をする意味は本当はない。

「ジンはいいのよ。被害者の一人なんだから」

「だったら姉さんもそうだと思うよ。家のために二年も傷を負う旅をしたんだから、これからは自分のために生きてね」

そう俺が言うと、姉さんは笑みを浮かべて「そのつもりよ」と言った。


それから食事の時間は過ぎ、俺達は店を出た。

「ジン、ご馳走様。すごく美味しかったわ、ありがとね」

「このくらいはして当然だよ。姉さんのお陰で母さんの手紙も受け取れたし、もっとお礼がしたいくらいだよ」

そう俺が言うと、姉さんは「十分もらったわ」と笑顔を浮かべた。

それから俺と姉さんは少しだけ歩いて、王都にある広場へとやってきた。

「……本当は、ジンに手紙を渡して謝罪をしたらすぐにこの国を出るつもりだったの、私がジンの近くに居たらいけないと思ってたから、消えようって」

「……」

姉さんの言葉、それはゲームと同じで本編にその後が書かれないように、もうこの国や俺自身と関わらないと考えていたのだろう。

「でも今日、食事を一緒にしてその気持ちがちょっと揺らいじゃったみたい……ジン、私も貴方の近くにいてもいいかしら？」

「……俺は居なくなってほしいとは一言も言ったことがないよ。それに昨日から言ってるでしょ、姉さんの自由に生きてって」

ジンの気持ちを今の俺は知らない。俺はジンであってゲームをやりつくした仁《じん》でもある。ゲームをやりつくした俺は、姉さんに居なくなってほしいとは思っていない。

姉さんは、俺の言葉を聞くと昨日よりも多く涙を流し、俺はそんな姉さんを抱きしめた。

「……それで、ヘレナが泣き疲れて眠っちゃったから私を見つけて、呼んだのね。すごく遠くに居たのに、よく気付いたわね？」

「これでもパーティー内では二番目に察知能力が高いからな」

「貴方で二番目って……」

姉さんが泣き疲れて眠った後、俺は少し離れた所からずっとこちらを見ていた人を呼び寄せた。たぶん、この人が姉さんが話してくれた姉さんと父親が一緒のお姉さんだろう。

なんとなくだけど、姉さんと似てる。

髪の色は姉さんが金で、この人は赤と全く違うが、眼《め》の色は緑色で同じだ。

「姉さんは、貴女のことをルルお姉ちゃんと呼んでるみたいですけど、俺もルルお姉ちゃんと呼んだ方がいいですかね？」

「ヘレナの〝弟〟なら姉で良いわよ。でも、ちゃん付けは嫌ね。ルルお姉さまって呼んでいいわよ」

「間をとって、ルル姉で」

そう俺が言うと、ルル姉は「良いわよ」とニコリと笑みを浮かべてそう言った。

それから寝てる姉さんを外でこのままにするわけにもいかないから、とりあえず姉さん達の宿に運ぶことにした。

「それにしても、あんなに泣いてるヘレナは初めて見たわね。なんて言って泣かしたのかしら？」

「俺の近くにいても良いって、言っただけですよ。姉さんは家のことを考えないようにしてるみたいだけど、心のどこかでは考えていて俺から離れようってずっと思ってたみたいです。でも、今日の食事でその気持ちが薄れたみたいです」

「そう。それは良かったわ、それは私もずっと気にしてたのよ。ヘレナは抱え込む癖が昔からあるみたいだからね」

ルル姉はそう言うと、眠ってる姉さんの頭を優しく撫でた。

「でも、この国から離れないってなると、また一から旅の計画の作りなおさないといけないわね」

「すみません、俺のせいで計画が無駄になっちゃって」

「良いわよ。いい方向に向かったみたいだし、これからヘレナにはたくさん色んなことを経験してもらいたいもの。もちろん、ジンにも協力してもらうわよ？」

「ええ、いつでも力になりますよ。姉の命令なら」

茶化すようにそう言うと、ルル姉は笑い「頼もしい弟ができたわ」と言った。

そんな俺とルルの会話が聞こえたのか、他の部屋に居た姉さんの仲間が部屋にやってきた。

姉さんの仲間、結構色んな種族がいるんだな。

ヒューマン族のルルさん、それに加えて犬っぽい見た目の獣人族やエルフ、ドワーフもいるみたいだ。

少し安心したのが全員が女性という点だろう。

「ヘレナの弟のジンです」

「私は獣人族のコロン。よろしくね～」

「ジン君。私はエルフ族のシャーリーだ。よろしく」

「オラはドワーフ族のププル。よろしく」

姉さんの仲間達と挨拶を交わし、少し話をしてから俺は宿を出た。

姉さん、すごく良い人達を仲間にしたんだな、あの人達なら姉さんも一緒にいて楽しいだろうな。

少し話しただけで姉さんの仲間達が良い人だと感じた俺は、そう思いながら宿に戻った。

「ジン君、聞きたいことがあります。今日、一緒に居た女性は誰？」

「へっ？」

宿に戻ると、クロエ達に捕まり部屋に連行され、椅子に座らされてそう聞かれた。

あっ、姉さんといるところを見られたのか？

「俺の姉さんだよ。前に話したことがあるだろ、俺には腹違いの姉と弟がいるって、弟の方は処刑されたけど、姉は色々あって生きててそれで少し食事をしてたんだよ」

「えっ、ジン君の姉ってことはラージニア家の人ってことだよね？　生き残ったってどういうこと!?」

「あ〜、話すと長いんだけど」

それから俺は姉がどうして生きてるのか、なぜ俺が姉と食事をしてたのかを一から説明をした。

すると、クロエ達は「うう、ジン君のお姉さん頑張ったんだねぇ」と言って全員涙を流した。

第十一章　勇者の気配

姉さんと食事をしてから、俺はたまに姉さん達《たち》の所に会いに行っては話をしたり食事をしたりと過ごしている。

食事の席にはクロエ達も呼んで、お互いの仲間を紹介したりした。

「結局、ヘレナは貴方《あなた》に会ったのね」

「姫様はやっぱり知ってたんですか、俺の姉さんが国に協力してるって」

「ええ、だって最初にヘレナと接触したのは私の部下だもの、知っていたわよ。ジンには黙っていてほしいって頼まれていたから、何も言わなかったのよ」

姉さん達との食事会から数日後、俺は姫様の所に一人で来て姉さんのことについて報告をした。

やっぱり、姫様は知っていたのか。まあこの人なら知ってそうだとは思っていた。

「それにしても、ヘレナに加えてルルとも姉弟関係になったのね」

「ええ、姉さんの姉なら俺からしたら一番上の姉ですからね。姉さんとも血が繋《つな》がってないですけど、姉は姉です」

「ふふっ、たった数日でそこまで言えるような関係になったのね。羨ましいわ、私も弟と仲良くしたいんだけど、離れてた期間が長すぎてイマイチ関わり辛《づら》いのよね。それに今は、聖女としての役目もあるしでなかなか会えなくて」

姫様は聖女の力に少し前に目覚め、勇者とは別に訓練を続けている。

その訓練にはこれまで俺がダンジョンでとってきた魔道具などが活用されていて、一番役立っているのはやはりミスリルの腕輪だった。

まあ、姫様が聖女になることは知っていたから、俺も惜しみなく投資ができた。

勇者の力も大事ではあるが、俺にとっては姫様の力の方が大事だからな。

「どうですか、訓練の方は順調ですか？」

「そっちは順調よ。ジンから貰《もら》った物がすごく役立っているわ。もしかして私が聖女になること知っていたの？」

「誰が聖女になるかなんて知れるわけないですよ。ただ俺は姫様の役に立ちそうな物を渡していただけです」

聖女はゲームと同じで、この世界の神が選んだ相手に役目が渡される。

だから教会などが「この子が聖女です！」みたいなラノベとかでよくあるタイプではなく、本物の神が選ぶため、偽物も出ることがない。

もし偽物が出たとしても、本物の聖女には〝紋〟が手の甲にあるかないかで判別ができる。

これは勇者も同じで、勇者にも勇者の紋が与えられる。

「まあ、訓練が辛《つら》い時はあるけど、お陰でずっと叶《かな》えたかった王都の外に出られるようになったから、今はすごく楽しいわ」

「流石《さすが》に王様も聖女の役目を止めるのは無理ですからね」

「最初はたくさん兵士を付けられてたけどね……流石にそれじゃ、訓練にもならないから今は少人数で動けてるわ」

姫様はため息交じりにそう言い、俺は笑った。

その時、俺は部屋に近づく魔力に「やばっ」と口にして、姫様に「帰りますね」と言って転移で窓の外に出て、そのまま下に降りた。

「危なかった。話に夢中になって、勇者が近づいてくるのに気付かなかった……」

あともう少しで勇者と接触するところだった。

何とか逃げ切れたと安心した俺は、城門から入ったのでそこから出ないと怪しまれてしまうため、城門の方に向かった。

「あれ、ジンじゃないか？　お前、城に来てたのか？」

「アンドルさん、お久しぶりです。ええ、ちょっと姫様と話したいことがありまして」

城門近くで兵士の見送りをしていたアンドルと偶然出くわした俺は、彼に捕まってしまった。

ちょっ、マジで今日はここで話すのは嫌なんだって！

「最近な〜、魔王軍の動きが活発で本当に大変なんだよな」

「ア、アンドルさん、その話はまた今度聞きますから、今日は帰してくれませんか？」

「んっ、何か予定でもあるのか？」

「ええ、本当に大事な予定があるので」

さっきまで姫様の部屋近くに居たはずの勇者の気配がこっちに近づいてくるのを感じていた俺は、アンドルにそう言ってなんとか城の外に出ることに成功した。

その後は、普段は街中では使わない転移を何度も使い、宿まで最短距離で戻った。

「どうしたんだ。帰ってきたと思ったら、いきなり倒れて驚いたぞ？」

「魔力を使いすぎた……」

ちょうど、一階でリカルドと話していたレンを見つけた俺は宿に入った瞬間、バタッと倒れるとレンに支えられながら部屋に連れてきてもらった。

「今日は確か、城に行ってたよな？　何かあったのか？」

「あと少しで勇者と出くわすところだったんだ。ギリギリの所で逃げたけど、その逃げるために転移を乱発してな……」

「勇者から逃げるため、まだ練習中の転移を使ったのか……ジンのその勇者嫌いはどこから来てるんだよ」

「別に嫌いじゃないけど、会いたくないんだよ……」

俺はそう言ってレンが作ってくれた魔力回復薬を飲み、何とか少し気分が良くなった俺はそのままベッドに横になった。

それから数時間後、魔力回復薬を飲んだお陰でだいぶ楽になった俺は隣の部屋に行きレンにお礼を言った。

「まあ、それが俺の仕事でもあるからな、というかこんなことが起こるなら今のうちに【空間魔法】の訓練をしたらいいんじゃないか？　ダンジョンも見つからないみたいだし」

「……確かにな、時間もあるしもし次こんなことが起きた時の対処のために訓練しておいて損はないな。それに転移がちゃんと使えるようになれば、さらに遠くまで旅ができるからな」

姫様は外に出られるようになったが、いまだに俺達との冒険話をするという約束は継続されている。

そのため、定期的に王都に戻ってこないといけないから、そんなに遠くまで行くことができない。

それにクロエの親との約束もあるし、これからは姉さん達との時間も取りたいからなおのこと、旅について考え直さないといけない。

「まあ、でも頼りのノルフェン家の親子は勇者育成で忙しいしな……」

「そうだな……あれ、でもノルフェン家って確か、子供が居なかったっけ？」

「……あ〜、いるけどあの人は今は魔法騎士団で忙しいらしいからな」

姫様の元同級生のティアナさん、今は魔法騎士団の団員として忙しいと姫様に聞いた。

たぶん、姫様にお願いしたら時間を作ってもらえるかもしれないけど、迷惑だろうからな……。

「でも、頼れる相手がその人くらいなら、一度話だけでも聞いたらいいんじゃないか？　訓練を見る見ないは置いて、可能性があるなら話だけでもしに行った方がいいと思うぞ」

「……わかった。明日、ギルドから姫様に手紙送ってお願いしてみるよ」

レンから言われ、確かにと思った俺は姫様に出す用の手紙を書くために部屋に戻った。

その後、夕食の席でクロエ達にもしかしたらこれからしばらく、訓練のために王都か王都の近くに残るかもしれないと伝えた。

「なかなかいいダンジョン見つからないし、私はいいと思うよ」

「私も良いよ～、ちょうど新しい技とか考えたかったし」

「俺は提案した側だからな、ボチボチ研究をするよ」

皆は俺の言葉にそう言ってくれて、俺は「ありがとう」とお礼を言った。

そして翌日、俺は手紙を持ってギルドに行き、昨日の話し合いで決まったことをフィーネさんに伝えた。

フィーネさんは俺の話を聞くと、ダンジョンを見つけられないことに対しての謝罪をした。

「いえ、謝罪はしなくて良いですよ。魔王軍の動きが活発になって、それが原因というのは理解してますから」

頭を下げるフィーネさんに俺はそう言って、話を続けた。

「【空間魔法】の訓練ですか……確か、スキルレベルは3でしたよね」

「はい、なので短い距離の転移は可能な状態です。ですけど、何度も発動したり遠くに行くことは今のところまだ無理なので、それを可能にしたいなと思いまして」

「なるほど、わかりました。もしも、ノルフェン家の協力が得られなかった時のために【空間魔法】の使い手を探しておきますね」

フィーネさんはそう言うと、今度こそ仕事を全うするというやる気に満ちた顔をしていた。

それから俺はギルドを出て、久しぶりにシンシアの店へと向かった。

「あら、珍しい客が来たわね。久しぶり、ジン」

「久しぶり、シンシア。どうだ最近は？」

「昔より、収入は安定してるわ。レン君には本当に感謝だわ」

シンシアの店には、レンの作った薬を卸している。

レンの薬の効果は高く、王都に数人しかいない白金冒険者も買いに来るほど、人気があるらしい。

「それで、今日はどうしたの？　飴《あめ》もうなくなったの？」

「まあ、それの買い足しもあるけど、他に何かないかと思って探しに来た。新しく入荷したもの見てもいいか？」

「良いわよ。あっちにあるから、好きに見ていって」

シンシアからそう言われ、俺は新しく入荷したアイテムを見に向かった。

ああ、これはゲームで見たやつだな、こっちはゲームでよく使ってた物だ。

やっぱり、ゲームの開始時点を過ぎたからなのか、ゲームで知ってるアイテムが新しくシンシアの店に並んでいる。

中には見たことがないアイテムもあるが、たぶんそれは俺が色々と提案したりしてたからだろう。

「おっ、これは」

いくつかアイテムを選んでいると、とあるアイテムが目に留まった。

そのアイテムの名前は〝空間魔法の心得〟という【空間魔法】について学べる本だった。

これ魔道具とかではない普通の本だな、珍しいなシンシアの店に普通の本が売ってるなんて……

ゲームでもこんな本は見たことがない。

「シンシア、これって売り物なのか？」

「そうよ。お金に困ってる魔法使いの人が売りに来たのよ。中身見たけど、なかなかちゃんと書かれてたから買っておいてたのよ」

「そうか……なら、これも買うよ」

そう言って俺は本も買うことにして、代金を払って店を出た。

それから俺は宿に戻って、早速シンシアの店で購入した〝空間魔法の心得〟を読み始めた。

第十二章　魔女の弟子

「……ジン、お前徹夜したのか？」

「へっ？　ああ、うん。ちょっとやることがあってな……」

昨日、購入した〝空間魔法の心得〟という本を俺は徹夜で読み続けていた。

一旦、夕食の時にレン達《たち》に呼ばれて読書は中断されたが、その後シャワーを浴びて戻ってきた俺は朝まで読書を続けていた。

かなり、眠たいな……でも、それ以上に色々と収穫があった。

「そんなに昨日買った本が面白かったのか？」

「ああ、滅茶苦茶《めちゃくちゃ》ためになる本だったよ。空間魔法の師匠がいらない可能性すら出てくるほど、色々と書かれてた」

「そんなにか？　それそんなに高くなかったんだろ？」

「ああ、金に困った魔法使いが自分で書いたっていう本だからそこまで高く買い取らなくて売値もそんなに高く設定してなかったみたいだけど、これたぶん金貨数十枚でも俺だったら買ってたかもしれないな」

そう、あの本の内容は、それだけの価値のある物だった。

それと作者の欄に書いてあった名前、本を読んでる途中で気付いたが、あの名前はゲームに登場するクロエと同じお助けキャラの放浪の魔女マリアンナだった。

放浪の魔女マリアンナは名前のとおり、特定の場所にいるキャラではなくゲーム中、一度も会わないということも起こるほどに珍しいキャラ。

魔女という名に相応《ふさわ》しく、魔法系のスキルを多く所有していてその中には【空間魔法】も確かにあった。

制作陣は何でこんなキャラを作ったのか、ゲーマー達から質問されその答えが「そういったキャラが居た方が面白い」という単純な回答だった。

まあ、確かに俺も実際にマリアンナの設定は最初こそ不満を感じたが、たまに出てきてはすごく助けてくれるので好きなキャラの一人でもあった。

そんなキャラが書いた本がこの世界にあったなんて、ゲームでは知ることもできなかったから本当に気付いた時は久しぶりに興奮した。

「とりあえず、連絡が来るまではこの本で勉強することにするよ。良い教材が手に入ったよ」

「へ～、そんなに面白いなら、読み終わったら俺にも見せてくれよ」

その後、朝食を食べた俺は再度、本を読むために部屋に戻った。

それから一時間ほど読み続け、ようやく最終章とタイトルが書かれていた。

「なかなかのページ数だったな、だけど一日掛けて読み続けられるほど、中身がシッカリとしているのにはさらに驚いたな……」

朝食の時もレン達に呼ばれなかったら、俺はずっと読んでいたほど、この本は読みごたえがあった。

流石《さすが》、マリアンナが書いただけあるな……。

「って、なんだこのページ？　文字列がバラバラ？」

最終章と書かれたページをめくると、そこには見開きのページいっぱいにバラバラに文字が書かれていた。

んっ？　いやでも、これは読めるぞ？

「空間、世界は、無の世界、無の世界の住人、になれば、地上を、歩まずとも、世界を、旅、することができる？」

　バラバラになった単語を一つ一つ口に出して読むと、ページが輝き出した。

　その輝きに俺は耐えられず、顔を背けて目を瞑《つぶ》った。

「あら、意外と早かったわね。もうあの本を読んじゃう子が現れるなんて」

　目を瞑っていると、女性の声が聞こえた。

　俺は徐々に目を開けると、部屋の中に一人の美しい女性が居た。

　ッ！　放浪の魔女マリアンナ!?

「はじめまして、私は放浪の魔女マリアンナよ。そして、これからよろしくね。私の可愛《かわい》い初めての弟子ちゃん」

　ニコリとマリアンナは笑みを浮かべながらそう言うと、俺の頬《ほお》をサッと撫《な》でた。

　彼女との距離は数mあったのに、その間を彼女は一瞬で移動してきた。

「……貴女《あなた》があの本の作者ですか？」

「あら、意外と驚いてないのね？　もうちょっと驚かれると思ったのに、残念だわ」

「……」

「ふふっ、そう怒らなくていいじゃない。まあ、その質問に対しての答えだけど、そうよ。私が貴方《あなた》が読んだ〝空間魔法の心得〟の作者よ！」

　ババンッと効果音でもしそうなポーズをとったマリアンナは、俺の反応にムスッとした表情を浮かべた。

　マリアンナってこんなキャラだったか？　もっと知的というか、クールというか……。

「って待て、今俺のことを弟子って言ったか!?」

「随分と時間を空けての質問ね……ええ、私の弟子になる資格をあなたは手に入れたわ。だから、私は貴方を弟子にすると決めたのよ」

「し、資格って俺は何もしてませんよ？」

「したじゃない。その本を読んだんでしょ？　最終章の暗号は、空間魔法を使える者、本の中身を理解した者、そして一番重要なのが私の弟子になれる存在かを突破した者だけが読み解けるようになってるのよ。凄《すご》いでしょ！」

褒めなさいと言わんばかりに胸を張るマリアンナに、俺は理解が追い付かず目が点となった。

ただ本を読んでいたと思ったら、放浪の魔女マリアンナの弟子になるための試験的なものに挑戦していたなんて思うはずがないだろ……。

それからしばらく無言のまま時間が過ぎ、頭の中の整理がついた俺は椅子に座ってニコニコと笑みを浮かべてるマリアンナを見た。

「弟子って、俺以外にも見つけようとしてるんですか？」

「一人目だけ弟子にしようと思ってたから、他に弟子はとるつもりはないわよ」

「何で弟子を探していたんですか？」

「強いて言うなら、暇つぶしね。もう一つは私の力を受け継いでもらうためね」

「弟子になったら拘束されるんですか？」

「なったらってもうなってるわよ。まあ、拘束するつもりはないわよ？　でも課題はクリアしてもらうわ。そうじゃなきゃ弟子にした意味がないもの」

その後も俺はマリアンナに対して質問を繰り返し、本当にただ弟子を探していたということがわかった。

……で、あのマリアンナの弟子に俺がなるって、マジかよ。

「それで質問はもう終わりかしら？　まだまだ答えてあげるわよ。弟子の悩みを解決するのも、師匠の役目でしょ」

「その悩み自体が師匠のせいなんですけどね……まあ、でもマリアンナさんは俺が遠ざけようとしてる方達とは繋《つな》がっていないこともわかりましたし、これからよろしくお願いします」

「やっと弟子になる決心がついたのね！」

俺の言葉にマリアンナは、嬉《うれ》しそうに笑いながらそう言った。

「そういえば、さっきの質問の中に〝勇者とその仲間と関係してるか〟とか聞いてたけど、もしかして弟子ちゃんは勇者が嫌いなのかしら？」

「好き嫌いの問題ではなくて、近づきたくないという思いがあるだけですよ。勇者に近づいたら、何となく悪い予感がするんです」

「ふ～ん……まあ、いいわ。弟子ちゃんが勇者と近づきたくないなら、私も近づかないようにしておくわ～」

そうマリアンナが言った後、俺達は修業についての話し合いを始めた。

修業場所へはマリアンナが転移で連れていってくれるらしく、時間さえ作れば誰にも邪魔されない場所を提供してくれると言われた。

「さっきの話しぶりから、弟子ちゃんは目立つのが嫌いなんでしょ？」

「ええ、特に勇者の近くにいる人達にこれ以上注目されるのは嫌なので、そういう人達が居ない場所での修業だと本当にありがたいです。ちなみに他のことも修業しても大丈夫ですか？」

「他って言うと、剣術とかかしら？　別に良いわよ。私は【空間魔法】を教えるだけの師匠じゃないもの、こう見えて全属性の魔法に加えて剣術とかも使えるのよ」

エッヘンと胸を張るマリアンナだが、その実力は確かなものである。

というか、いつまでこの年若い風に喋《しゃべ》ってるんだろうな、マリアンナの実年齢って確か数百は——。

「弟子ちゃん、今何か変なこと考えたかしら？」

「イエ、マッタク。シショウ、ツヨインダナー」

あぶね〜、女の勘は鋭いって聞いてたけど、まさかちょこっと設定資料のことを思い出しただけで、こんな殺気をぶつけられるなんて思わなかったぞ……。

「ふふっ、せっかくの弟子ちゃんを殺したりしないわよ？　でも、機嫌が悪くなったらお仕置きくらいはしちゃうかもだから、これからは注意してね？」

「は、はい！　マリアンナ師匠！」

師匠の逆鱗《げきりん》ポイントは年齢と、ちゃんと心にメモしておこう。

「そうだわ、弟子ができたら渡そうと思ってた物があったのよ。えっと、どこだったかしら？」

ポンッと手を叩《たた》き思い出した風の動作をしたマリアンナは、空間からポンポン物を取り出してはまた別の空間に投げ入れた。

その動作を始めて数分後、ようやく目当ての品を見つけたマリアンナは「あった！」と叫び、俺にそのアイテムを見せてきた。

「……卵ですか？」

「ええ、卵よ。この卵の名前は【無魂獣《むこんじゅう》】って言って、魔力を与える主人によってその姿を変える生物が生まれるの。これを弟子ちゃんにあげるから毎日魔力を与えるのよ」

【無魂獣】？　そんなアイテム、ゲームではなかったな……この世界だけのアイテムということだろう。

んで説明を聞く限りだと、こいつは俺の魔力で生き物の形になって生まれるのか……。

「なかなか、面白いプレゼントですね」

「そうでしょ？　ちなみに私の【無魂獣】はこの子よ。犬の見た目をしてて、可愛いでしょ？　名前はペスよ。ペス、この子は私の弟子ちゃんよ。仲良くするのよ」

「わふっ！」

「影から出てきた!?」

影から出てくる犬なんて魔物は、この〝聖剣勇者と七人の戦女〟の世界に登場しない。

ということは俺の【無魂獣】も、この世界に存在しないような生き物が出てくる可能性もあるのか……すごく楽しみだ！

「師匠、何日ぐらいで卵は孵《かえ》るんですか？」

「私の時は一週間、毎日ずっとあげてたら生まれたけど、感覚的に人それぞれで違うと思うわ。もしかしたら、私より早くに孵るかもしれないし、もっと遅くなるかもしれないわ」

「わかりました。とりあえず、毎日必ず魔力を与えます」

俺はそう言って卵をなくさないために、とりあえず【異空間ボックス】の中に入れた。

その後、俺は師匠に昨日自分に【空間魔法】を教えてくれる人を探すため、姫様に手紙を送ったこととギルドで人探しをしてもらってることを伝えた。

なので、すでに師匠ができたことを説明に行ってもいいか尋ねた。

「そうね。私は弟子ちゃんを他の人と一緒に育てる意味はないと思ってるし、その方が良いわね。それじゃ、善は急げって昔知り合いが言ってたし、早速ギルドに行きましょうか」

師匠はそう言うと、俺の肩に手を置き次に目を開けると、そこはギルド近くの路地裏だった。

「私は姿を消しておくから、もし何か困ったら呼んでね」

「わかりました。それでは、行ってきます」

そう言って俺は路地裏から出て、ギルドへと向かった。

受付でフィーネさんに大事な話があると言って、相談室に移動した俺は今日の出来事を話すことにした。

師匠からは話してもいいという許可を取っていたので、俺が放浪の魔女マリアンナの弟子になったことも説明した。

「……放浪の魔女マリアンナ様の弟子にですか？」

「信じられないと思いますけど、これ一応師匠からギルドが信じない時のためにと一筆書いてもらいました」

そう言って俺は、師匠から渡された紙をフィーネさんに見せた。

フィーネさんはその紙を見ると、驚いた顔をして「マリアンナ様の字です」と言った。

「ということは、本当に弟子になったのですね……」

「偶然、師匠の弟子になるための試練に合格して、そのまま弟子になりました。なので昨日話した師匠探しの件なんですが」

「わかりました。そちらに関しては調査は終えておきますね。こちらから姫様の方へご連絡しておきましょうか？　今は城の方に勇者様が滞在してるみたいなので、ジンさんご自身が行くのは嫌ですよね？」

「そうして頂けると助かります。姫様から、詳しいことが聞きたいと言われましたら勇者が居なくなったら行くと伝えておいてください」

そうお願いをしてから俺はギルドを出ると、タイミング良く師匠が現れ、来た時同様に路地裏で転移して宿に戻ってきた。

「それにしても……魔力の痕跡すら残さない、完璧な転移ですね。ノルフェン家の人達でも、ここまで完璧な転移はできないと思いますよ」

「ノルフェン家って、たしかレーヴィンって子供の家だったかしら？　あそこの家は確かに【空間魔法】が得意だけど、私には劣るわよ～」

「……師匠。一応年齢について聞かないようにと約束しましたけど、レーヴィン様はもう立派なお爺《じい》ちゃんで孫もいる状態ですよ」

年齢については聞かない、それが師匠と弟子との間に決められた最初のルールだった。

だが今、師匠が言った言葉でレーヴィンが子供の時には、すでに師匠は生きてたということが確定した。

「あ、あら？　そんなにもう経《た》ってたの？」

「俺も注意しますけど、師匠も注意してくださいよ」

「はい……」

師匠は自分が悪かったことを自覚したのか、シュンッと落ち込んだ様子でそう返事をした。

それから俺は師匠を仲間達に紹介するため、皆の部屋に呼びに行き俺の部屋に集まってもらった。

「え～、俺の師匠になった。放浪の魔女こと、マリアンナさんです。これから皆ともよく会うと思うから、よろしく」

「よろしくね～、弟子ちゃんの師匠になったマリアンナよ。弟子ちゃんの仲間なら、悩み事があったら聞いてあげるからいつでも来ていいわよ。こう見えて、私色々と知ってるから」

「「「……え？」」」

俺と師匠の言葉を聞いた皆は、交互に俺と師匠の顔を見て驚いた顔をした。

その後、皆から詰め寄られた俺は何がどうなって、師匠の弟子になったのか詳しく説明を求められた。

なので俺はフィーネさんにも話したように、師匠との出会いから全部を皆に話をした。

「……ジンの近くに居たら驚くことがたくさん起こるけど、今回のは今までで一番の驚きだよ」

「うん、まさか魔女さんに会うなんて思わなかったよ……」

「ジン君、どんどんすごくなるね。悔しいな～」

レン、レイ、クロエの順にそう言うと、師匠は皆に「これからよろしくね」と笑顔を浮かべてそう言った。

それから俺達は、これからは師匠もこの宿で暮らすと言ったので親睦会を兼ねてロブの店に行き一緒に食事をすることにした。

弟子になった翌日、俺は早速師匠に修業場所へと連れてきてもらった。

その場所には師匠の転移でしか移動はできないらしく、クロエ達も行ってみたいと言ったので皆と一緒にその場所に向かった。

「ようこそ、ここは私とあなた達しかいない特別な場所よ。好きに使って良いわよ」

ババンと手を広げる師匠、そんな師匠に反応せず俺達は周りの光景に言葉を失っていた。

ここ、もしかしなくも空島だよな……えっ、マジで？

「し、師匠。ここってもしかして、空島ですか？」

「ええ、そうよ。人が全く居ないから、ジンも気兼ねなく修業に集中できるわよ」

「いや、まあ確かに空島は人類がいまだに探してる段階の所ですから人がいることはないと思いますけど……ええ、いやえっと……」

頭の中が色々と混乱して、うまく言葉を発することができなかった。

それから俺達は、この空島にある師匠の家へと連れていってもらった。

道中、他に浮かぶ空島からドラゴンが飛び立つのが見え、俺達はさらに驚いた。

ドラゴンが住んでる浮いてる島、完全にここは伝説の空島だ。

ゲームではこの空島は登場せず、その実態は不明のままだった。

ただ設定資料には空島に関することが少しだけ書かれていて、空島空域にはいくつもの島が浮かんでいて空の覇者ドラゴンが住んでいると書かれていた。

「師匠、どうやってここを見つけたのか聞いてもいいですか？」

「んっ？　どうやってって、普通に旅してて見つけたのよ。眺めも良かったし、水とかもちゃんとあるから慣れたら住みやすいわよ？　ただまあ、たまにお馬鹿ちゃんが来るのが迷惑だけど」

そう師匠が言うのと同時に、家が揺れ、地震か!?　と俺達は近くの家具に掴《つか》まった。

「はぁ〜、また来たのね。ちょっと、相手してくるから待ってて」

「えっ？」

師匠はそう俺達に言い残すと、転移で目の前から消えた。

そしてそれと同時に外から戦闘音が聞こえ、俺達は急いで外に出た。

「「「ええ……」」」

そこにはボコボコにしたドラゴンの上で師匠がなにやらドラゴンに文句を言ってる姿があった。

あんなことができるの、この世界では、成長した勇者か闇堕《お》ち後のジンくらいだと思っていた。

だけど俺の師匠は勇者や裏ボスとなるジンと同等以上、いやそれ以上の力の持ち主だということが目の前の光景から明らかになった。

いやまあ、確かに師匠が仲間になった時とならなかった時とのゲームの進み具合が異常なほどに変わってたけど、目の前の光景を見たら納得する。

「ジン、あの人が師匠ってヤバいな……」

「うん、俺も思ってた。ユリウスさんとかレーヴィン様から教わってた時も、滅茶苦茶運がいいなって感じてたけど、師匠の弟子になれたことはこの人生の運をほとんど使い果たした可能性すらあるな……」

そもそも、なんでこの人がメインキャラじゃないんだ？　ゲーム時代とこの世界だと、人の強さも変わってる点はいくつもあるけど、師匠のは次元が違いすぎる。

たぶん、あの強さはゲーム時代とそんな変わらないはずだろう。

もしかして、俺が知らないだけで魔女を仲間にする条件とかあって、その条件が勇者の能力が低い時のお助けとしてマリアンナが用意されていたとかなのか？

いやでも、何度かやり方を変えてこのゲームをプレイしてて、その中には最低レベルでのクリアに挑戦したことがある。

しかし、その時は仲間にならなかったから、もしかしてかなり絞られた条件で仲間になるみたいな設定なのかもしれない。

そんなことを考えていると、ドラゴンの上から師匠は飛び降りて俺達の前に降り立った。

「ごめんね～、お馬鹿ちゃんが予定を間違えて来たみたいだったから説教してたわ」

「……師匠。あのドラゴンと知り合いなんですか？」

「うん、ずっと前から相手してあげてるのよ。確か、竜王の子とか言ってたかしら？　強くなるために、私に修業相手になってくれって頼まれたのよ。なる代わりに珍しい物をくれるっていうから、相手してあげてるのよ」

師匠はなんてことはないといった感じでそう説明すると、倒れたままのドラゴンを放置して、俺達を連れてこの空島の案内を始めた。

第十三章　最強種との追いかけっこ

空島の案内は何気に時間が掛かり、時間的に昼食を食べてから初めての修業を行うと師匠から言われた。

そのため、一度王都に戻って、食事をして再び空島へとやってきた。

「それじゃ、弟子ちゃん。今日から早速、私の技の伝授と弟子ちゃんを強くするための修業を始めるわよ」

「はい、よろしくお願いします！　……ところで師匠。なぜ、俺の隣に先ほど、気絶させられたドラゴンさんがいるんですか？」

なぜか先ほど、空島の案内をする前に師匠に倒されたドラゴンが俺の隣に座っている。

この状況、普通に嫌な予感しかしないんだけど……まさか、ドラゴンと戦えとか言わないよな？

「ふふっ、さっき邪魔したお詫《わ》びにこの子には修業に付き合ってもらうことにしたのよ。ほらっ、ちゃんと挨拶しなさい」

「は、はじめましてだ。我は白竜族の王子スカイ。マリアンナとは古くからの友であるため、お主の修業を手伝わせてもらうことになった……こ、こんな感じでいいのかマリアンナ？」

「まあ、古くからって言葉は要らなかったけど、聞かなかったことにするわ」

師匠の言葉にスカイと名乗ったドラゴンは、安心した様子で一息ついた。

うん、完全に師匠のが上の立場みたいだな……いや、俺の師匠ヤバすぎだろ!?

「あの、無理に口調変えなくてもいいですよ？」

「……ほらっ、やっぱり気付かれた！　だから無理に威厳ある風に喋《しゃべ》らなくてもいいでしょって、言ったのに！　親父《おやじ》のばかぁぁぁ」

スカイは俺の言葉を聞くと、地面をドンドンと殴りそう叫んだ。

「あ、あの師匠。スカイさんはどうしたんですか？」

「スカイは、竜王の子って言ったでしょ？　父親から人間に会った時は、威厳を見せるために口調も変えろって言われてるのよ。でも、スカイはそんな器用じゃなくてね。私は別に指摘しなかったけど、ジンが指摘しちゃって恥ずかしい気持ちでああなってるのよ」

師匠から説明された俺は、その説明で理解して「その、ごめん」とスカイに謝罪した。

スカイは俺の謝罪に対し、「マリアンナの弟子が悪いわけじゃないから気にしないで」と目に涙を浮かべながらそう言った。

ドラゴンはそんな簡単に泣かないとか聞いたことあるけど、普通に今目の前で竜王の子が恥ずかしすぎて涙を流してるな。採取した方がいいかな？

そんなことを思いながら俺は、スカイが落ち着くまで待つことにした。

ちなみにスカイは自分の涙が貴重な物だということを師匠から教えられてたのか、流した涙をとってくれて師匠と俺に半分ずつ渡してくれた。

たぶんだけど、これだけでも金貨数百枚の価値はあると思う。

「ふぅ……二人共ごめんね、時間を取らせちゃって」

「良いわよ。貴重な物をもらえたし」

「俺も同じです。こんな貴重な物をこんな所でもらえるなんて、思ってもいませんでした」

師匠に続いてそう言うと、スカイは「人間って不思議だね。涙なんかが貴重って」と不思議そうにそう言った。

「ドラゴンの素材は、何でも貴重よ。スカイの排泄物《はいせつぶつ》なんかも売りに出されたら、かなりの価値がすると思うわよ」

「ええ、排泄物なんか売りたくないよ。汚いでしょ……」

師匠の言葉にスカイはウェッとした表情をした。

まあ本人からしたらそんな気持ちだろうな、俺も自分の排泄物が高価な値段で取引されるなんて聞かされたら同じ顔をするだろう。

「……師匠、例えが悪いですよ。スカイさんの鱗《うろこ》一枚ですら、価値がある物と言った方が綺麗《きれい》でしょ」

「まあ、そうだけどスカイがこんなにコロコロ表情を変えたことなかったら、つい楽しくなってね」

フフフと笑いながらそう師匠が言うと、スカイは「こんな人の弟子に本当になったのか？」という眼《め》で俺を見てきた。

「そういえば、マリアンナの弟子の名前を聞いてなかったね。名前は何て言うの？」

「あっ、忘れてました。ジンと言います。これから、よろしくお願いします」

「うん、よろしく」

スカイは器用に尻尾を使って、俺が差し出した手と握手（？）を交わした。

その後、スカイとの修業内容を師匠から伝えられた俺は驚き、聞きなおした。

「師匠、今なんて言いました？」

「だから、まずは追いかけるスカイから弟子ちゃんが十分間逃げ切る。それが最初の修業よ。もちろん、スカイに攻撃するのはなしよ。使っていいのは転移だけよ」

ニコニコと笑顔を浮かべる師匠の言葉に、俺はドラゴンと追いかけっこをしろと言われたことを理解して、心の中で「無理だろ！」と叫んだ。

だがしかし、それが修業ならやるしかないので、俺は準備運動と口の中に飴《あめ》を入れて、早速始めることにした。

修業開始と共に、俺は全力で転移でその場から離れた。

三十秒間の猶予の間にできるだけ遠く、かつ魔力の痕跡を極力残さないように移動した。

「ジン、バレバレだよ！」

「ッ！」

開始と共に俺の真上に現れたスカイ。

巨大な前脚を振り下ろされた俺は瞬時に転移を使い、その場から離れた。

だが転移した先にすでにスカイが居て、俺はアッサリと捕まった。

「弟子ちゃん、そんなわかりやすい魔力の痕跡の消し方じゃ、ドラゴンのスカイから逃げるのは一生無理よ～、もっとわかりにくく消さないと」

捕まった後、すぐに俺は師匠からそう言われた。

「わかりにくくって、かなりわかりにくく消してるつもりなんですけど……」

「う～ん、そうね。確かに弟子ちゃんの魔力の消し方、人間相手とかだと確かにわかりにくいけど、ドラゴンや高位の存在相手だと逆に不自然な違和感が残ってる状態なのよ。わかりやすく説明すると、汚れたテーブルの上をさらに汚してしまい、その部分だけ綺麗にする感じって言ったらわかるかしら？　消すにしても、わかりにくく消さないといけないのよ」

ふむ……師匠の言ってる言葉、何となくだけど理解できた。

痕跡を消すにしても、空気中にある魔力も今は俺は消している。

だけど本来そこに魔力はあるはずなのに、俺が消してしまってるから魔力の扱いがうまい人からすると逆に違和感を覚えられてしまうのだろう。

「師匠、説明うまいですね。今の言葉で自分のやってたことの間違いに気付きましたよ」

「えへへ、これでも師匠になるために色々と勉強したのよ」

師匠は俺から褒められると、嬉《うれ》しそうな顔をしてそう言った。

それからもう一度、スカイとの鬼ごっこをすることにした。

「今度は一分くらいは逃げられると良いね」

「ああ、頑張るよ」

二戦目、俺は最初の転移から早速教えどおりに魔力を消しすぎないように転移を行った。

だがその消し方に集中するあまり、距離が全然稼げなくてアッサリとスカイに捕まった。

続けて三戦目、今度は少し無理をしつつ距離を稼いで魔力の消し方にも気を付けていたのだが、

やはりスカイの速度が異常なため、一分逃げることすらできない。

「転移の技術が確かに劣ってるのは師匠も気付いてるはずだ。それでも、スカイさんとの追いかけっこを提案したということは俺が何か気付いていない点があるはずだ……」

無茶《むちゃ》な提案をされてる可能性もあるが、こんな序盤でそんなことはないだろうし師匠も無理難題

を押し付けてるわけではないと思う。

だとすれば、俺自身が【空間魔法】で気付けてない点が何かあるはずだ。

師匠はどんな風に使っていた？　本にはどんなことが書かれていた？

俺はそんなことを考えながら、追いかけっこを続けた。

「ジン、大丈夫？」

「大丈夫です。ちょっと、休憩したらすぐにやりましょう」

修業開始から約四時間が経過して、すでに百戦以上追いかけっこを行った。

だが俺は一度たりとも一分以上、スカイから逃げ切ることはできていない。

ただ全く成長してないわけでもない。考えながら転移を使っていたからか、距離は少し伸びて【空間魔法】のスキルレベルも4に上がっていた。

「成長はしてるはずだ。だけど、何が足りないんだ……」

「……ジン。マリアンナの転移の技術はこの世界で一番だと思うから、参考にしたらどうかな？　ジンなら、少しくらいはマリアンナの転移技術を見て何か感じたこととかない？」

「師匠の転移を見て、感じたこと？」

悩む俺を見かねたスカイからの言葉に、俺は頭の中で師匠の転移を思い出した。

師匠の転移を見たのは、まだ数回だが、その中でも特に印象に残ってるのが初めて師匠と会った宿の部屋。

あの時、数m離れていた師匠は一瞬にして俺の近くに現れていた。

魔法を使った痕跡もほとんど感じられず、感覚的には一歩歩いただけのように見えた。

「……歩く？」

その言葉に俺はピンッと来て立ち上がり、スカイに「もう一戦お願いします」と頭を下げ、すぐに実戦で使おうと考えた。

開始の合図と共に、これまでは勢いよく遠くを見てその場に〝一瞬〟で向かおうと考えていた。

だが今回は、焦らず精神を落ち着かせ、一歩軽く足を動かした。

そして目的の場所に転移した俺は、これまで何度もやって上達した魔力の痕跡を不自然に残さないように消して、さらに一歩足を動かした。

「ジン、飲み込みが早いね！　でもまだ逃がさないよ！」

一分、二分と、着々と時間が進むとスカイはさらに速度を上げて追いかけてきた。

だが俺は焦らず、一歩空間を歩くように落ち着いて転移を使い、五分が経過したタイミングで魔力が少し乱れ、先回りされたスカイに捕まってしまった。

「弟子ちゃん、凄《すご》いわね。たった百数回追いかけっこしただけで五分間も逃げ切るなんて、流石《さすが》私が選んだ弟子ちゃんだわ」

「スカイさんのお陰ですよ。師匠の転移の仕方を思い出して、感じたことはないかって……俺は今まで転移は指定した場所に瞬間移動するイメージで使ってました。ですけど、師匠の考える転移は今いる自分の空間とその場所の空間を一歩で移動する感じで考えてますよね？」

「ふふっ、たったそれだけの助言でそこにたどり着けたのは流石だわ。こんなに早く、正解にたどり着くなんて思ってなかったのよ？　弟子ちゃん、本当に凄いわ」

師匠からそう褒められた後、俺は少しだけ休憩して魔力を完全回復させて再びスカイとの追いかけっこを行った。

修業一日目は結局、十分間逃げ切ることはできなかった。

二日目も同様で徐々に時間は延びたが、スカイも徐々に本気を出してきて十分間逃げることはまだ無理だった。

そして三日、四日と過ぎ、修業を始めて五日目、俺は遂《つい》に本気の速度のスカイから十分間逃げ切ることに成功した。

「よっしゃぁ、遂に逃げ切ったぞ！」

「おお、遂にやりきったぞあの坊主！」

「すっげぇ！」

成功した瞬間、俺は雄叫《おたけ》びを上げると、俺の修業を観戦していたスカイと同族であるドラゴン達《たち》からも祝福の咆哮《ほうこう》を上げられた。

この五日間ずっと付き合ってくれたスカイも、喜んでる俺の所に来て「ジン、おめでとう」と言ってくれた。

「本気の速度で逃げられたの、これで三回目だよ。一回目は親父、二回目はマリアンナ、そして三回目はジンだよ」

「その並びに入れたのは本当に奇跡に近いな……スカイさん、この五日間修業に付き合ってくれて、ありがとうございました。本当に良い経験ができました」

俺はそうこの五日間、俺のために付き合ってくれたスカイにお礼を言うと、スカイは「楽しかったよ」と笑顔を浮かべてそう言った。

「……それにしても、ジンって本当に凄い成長速度だよね？　いくら特殊な力があるとはいえ、たった五日でそこまで転移の技術が上がるって、マリアンナも凄い人を弟子にしたね」

俺のことをジッと見つめたスカイは感心したような感じでそう言うと、近くに寄ってきた師匠にそう言った。

「ふふっ、私も弟子ちゃんがここまで凄いとは思わなかったわ。スカイから逃げるのも一月は掛かるかなって思ってたのよ？　それが一週間以内で逃げ切るなんて……もう、本当に凄いわ弟子ちゃん！」

「ちょっ、師匠!?」

師匠は突然俺を後ろから抱きしめ、俺は身動きができなくなった。

転移で逃げようにも、師匠はなぜかその魔法を止めて逃げないようにしてきた。

「ジン、マリアンナって結構感情豊かだからこれから大変だと思うよ。逃げるには、もっと転移の技術を上げないとね」

「スカイさんの次は師匠から逃げる訓練ですか……」

スカイの言葉を聞いた俺は、師匠に抱きしめられた状態で呆《あき》れながらそう言った。

その後、スカイとの追いかけっこは終わったので次の修業に移ることになった。

「師匠、次の修業はどんなことをするんですか？」

「うん、その前に聞いておきたいんだけど、弟子ちゃんのステータスを見せてもらえるかしら？　必要なスキルがあるか、確認しておきたいの」

「良いですよ。師匠ですから、弟子のことは知っておく必要もありますからね。というか、いつ見るのか思ってたので言ってくれて良かったです」
俺はそう言って、自分のステータスを出して師匠に見せた。

◆

名　前：ジン
年　齢：15
種　族：ヒューマン
身　分：平民
性　別：男
属　性：火・水・風・土・光

レベル：73
筋　力：3197
魔　力：6387
運　：76

スキル：【鑑定：5】【状態異常耐性：4】【剣術：5】
【魔力強化：5】【火属性魔法：4】【水属性魔法：4】
【風属性魔法：4】【土属性魔法：4】【光属性魔法：4】

【魔力探知：5】【身体強化：5】【瞑想《めいそう》：5】
【体術：4】【気配察知：5】【刀術：5】
【魔力視：5】【剣気：5】【空間魔法：5】
【空間把握：3】

固　有：【成長促進】【異空間ボックス】
能　力
称　号：神童　加護持ち　銀級冒険者
魔女マリアンナの弟子
加　護：魔法神の加護　武神の加護　剣神の加護

◆

前見た時よりレベルが1上がってるのは、たぶんキングオークジュニアを倒した時の経験値だろう。

それと新たに手に入れたスキル【空間把握】は、この修業期間中に手に入れたスキルで名前のとおり、空間把握能力が上がるスキルみたいだ。

「ふむふむ、スカイから逃げ切ったってことは【空間把握】も上達してると思ってたけど、スキルレベルが3まで上がってたのね。すごく速い成長ね」

「はい、固有能力の【成長促進】と神の加護のお陰だと思います。これまでも新しく覚えたスキルとか、かなりの速度で上達してたので」

「いい能力を持ってるのね。これなら、私が考えていた以上に弟子ちゃんは私の技をすぐに覚えてくれそうだわ」

師匠はニコニコと笑みを浮かべると、次の修業内容について話し始めた。

第十四章　勇者

修業開始から一ヶ月、俺はほとんどの時間を師匠との修業に費やしていた。

休みはほとんどなく、あったとしても姉さん達《たち》との時間に費やし、転移の強化及び剣術や戦闘技術の強化に集中していた。

そのお陰で俺はこの期間の間に【空間魔法】と【空間把握】のスキルレベルはＭＡＸになり、長距離の転移も可能となった。

今では行ったことのある場所なら、歩く感覚でその場に行けるようになり、空島にも簡単に行けるようになっていた。

流石《さすが》に一ヶ月でそこまで成長したのには師匠も驚いていて、俺の成長速度にものすごく興味を抱いて転移以外の技術も色々と教えてくれた。

「そういえば、ジン聞いた？　勇者が四天王の一人と戦って、倒したらしいんだよ？」

「三日前に王都に戻ってきて、大々的に発表してたね。久しぶりにいいニュースを聞いて、王都の人達もその日はものすごくはしゃいでたよ」

「……へ～、もう四天王の一人を倒すくらいには強くなってたんだ。それは知らなかったよ」

久しぶりの休日、俺は王都に戻って二人の姉と食事に来ていて、そこで勇者の話を聞いた。

ふた月前までレーヴィン達からは、成長速度が遅いと嘆かれていた勇者だが、強くなっていたようだ。

まあ、強くなってもらわないと困るからな、そのためにこっちも色々と物資を国に渡してたわけだしな。

俺はただ隠れていたわけではなく、勇者の成長に必要な素材などを姫様経由で国に渡していた。

「ジンもいたら、お祭りに一緒に行けたのにな～」

「ごめんね。その時はちょうど、修業で忙しかったんだ。また今度埋め合わせするよ」

そう言った後、姉さん達は俺の修業話を聞きたいと言って、最近の修業のことを二人に話して楽しい食事をした。

食事会が終わった後、姉さん達を宿に送った俺は再び外に出て、城に向かった。


「姫様、今いいですか？」

「あら、来てたのね。良いわよ」

転移を完全に使えるようになった俺は、姫様にそのことを話すと姫様の部屋の近くに俺が転移していい部屋を作ってくれた。

そこは完全に外から見えない場所で、いつ来ても誰にもバレない部屋。

唯一繋《つな》がってる姫様の部屋には、姫様側からの鍵を開けてもらわないと入れないような仕組みになっている。

「本当に何も感じないわね。これでも魔力感知には自信があるんだけど……」

「ドラゴンから逃げられるくらいには鍛えた転移ですからね。そう簡単にバレないですよ」

「……本当に貴方《あなた》が表に出てきてくれたら魔王との戦いに余裕ができるのに、頑固な人ね」

姫様はジト目でそう言ってくるが、すでにそのことは何度も話している。

ただし、いまだに言ってくるのは諦めきれないからだろう。

「それこそ、勇者が瀕死《ひんし》になって人間側がヤバいってなったら出るかもしれませんよ。まあ、国に〝森の神秘薬〟を何本か預けているのでそんなことにはならないと思いますけど」

「……アレを渡された時は本当に驚いたわよ。一つ手に入れるのも難しいって言われてる〝森の神秘薬〟をまさか十本も渡された時は、久しぶりに声を出して驚いたもの」

一年ほど前、ゴブリン商人との取引でだいぶ集まった〝森の神秘薬〟の在庫の一部を俺は国に渡している。

その時、対応した姫様は目の前に置かれた〝森の神秘薬〟を目にして、声を上げて驚いた。

その声にいち早く気が付いたユリウスが部屋に来た時、姫様の顔とテーブルに置かれてる〝森の神秘薬〟を見て、何があったかを察して呆《あき》れた表情で俺を見てきたことを今でも覚えてる。

「それで手紙では用があるから、この日は勇者を城から遠ざけておいてほしいって言ってたけど、何の用事だったの？」

「ああ、そうでした。実は俺の訓練に付き合ってくれてるドラゴンが人間と魔王軍が戦ってることを知っていて、俺の知り合いが困ってるならこれを使ってくれって言って渡してくれたんです」

スカイは魔王軍が人間と争ってる話を聞いて、自分の鱗《うろこ》を大量にくれた。なんでもドラゴンは成長するにつれて、鱗や角が生え変わるらしく、ちょうど生え変わりの時期とかでそれを俺は全部もらった。

流石にスカイの体から出たそれらを全部、国にやれば大騒ぎになるだろうから勇者と仲間達の装備が作れるくらいの量を俺は姫様の前に置いた。

「……ジン。貴方の知り合いのドラゴンって一体どのレベルのドラゴンなの？」

「秘密です。ただまあ、相当強いドラゴンとだけは言っておきますよ」

「ドラゴンが人間に協力するなんて、御伽噺《おとぎばなし》でしか聞いたことがないわよ……でも、ありがとね。これでまた少し、戦いが楽になるわ」

姫様は笑顔を浮かべてそうお礼を言うと、部屋に従者を呼びスカイの鱗をすぐに鍛冶師の所に届けるように言った。

それから俺は姫様に、四天王との戦いについて話を聞いた。

四天王には四つの属性〝火・水・風・土〟の特徴があり、今回倒した四天王はゲームでも一番最初に倒す土の四天王ドドラス。

見た目はほぼゴーレムで水の魔法が弱点。水魔法が使える仲間を強くしていればほぼ楽に勝てる相手だ。

「辛《つら》い戦いではなかったわよ。見た目がゴーレムってことで、水魔法を主に使った戦いをして最後は勇者の聖剣で倒したわ」

「そうなんですね。怪我《けが》とかはなかったんですか？」

「ないわね。あったとしても掠《かす》り傷《きず》程度だったら、私の魔法で治せるしね。本当に一ヶ月前とは比べ物にならないほど、強くなってるわよ」

姫様の能力は最初の時点でかなり高い聖魔法が使えたが、ここ最近の訓練でさらに強力になっていると話を聞いている。

このまま姫様の力が強くなれば〝森の神秘薬〟を当てにしなくても、勇者が瀕死になることはないから姫様にはもっと強くなってもらわないとな。

「それを聞いて少し安心しましたよ。二ヶ月前はユリウスさんやリオンさん、レーヴィン様が全員俺に表に出てきてほしいって言ってたので、そうならないように勇者に強くなってくれってずっと願ってましたから」

「……ユリウス達の気持ち的には、今もジンには一緒に戦ってほしいとは思ってるわよ。ただジンの頑固さもある程度理解してるから、皆はもう言わなくなったみたいだけど」

「それなのに姫様だけは言ってくるんですね」

「ええ、私の諦めの悪さはジンも知ってるでしょ？」

フフッと笑みを浮かべると姫様に、俺は「そうですね」と言葉を返した。

それから少し今の勇者についての話をした後、俺は入ってきた部屋に戻り転移で城を出た。

「ジン、おかえり」

宿の自室に戻ると、レンが俺の帰りを待っていた。

基本的にレンは勝手に人の部屋でまったりしないので、こうして待ってるということは何かしら報告することがある時だ。

「ただいま。レンが俺の部屋で待ってるってことは、何か話したいことでもあるのか？」

「……勇者に接触された」

真剣な表情でレンはそう言うと、詳しく話してくれた。

今日、レンは商品を卸しにギルドに向かったところ、その先で勇者がレンのことを待ち伏せていたらしい。

錬金術師としてレンは王都でも有名になりつつあり、その恩恵を受けてる勇者は一度レンと会いたかったと言い、食事に誘われたとレンは言った。

レンはその誘いを仕事があるからと断り、勇者もしつこく誘うことはなかったようだ。

「まあ、いずれ接触されるとは思ってたからな……俺達のパーティー、全員が注目されてる冒険者だしな」

俺はまあ色々とこれまでやらかしてるから有名で、クロエも同じく一緒に行動をずっと共にしてきたから魔法がうまい獣人として有名である。

そして双子のレンとレイは二人共凄《すご》い才能を持っていて、俺達は冒険者の間ではかなり有名なパーティーの一組であった。

できるだけ隠してはいるけど、ダンジョン内で力を完全に隠すことはできないため、そういった所から俺達の話が出て徐々に有名になっていった。

「それでレンから見て、勇者はどんな感じの奴《やつ》だった？」

「う～ん……そうだな、ジンを見ていなかったら凄い人だなって感じていたんだと思う。だけど、俺はジンの凄さを近くで見てきてるから、勇者が放つオーラに特に思うところはなかったな」

レンは真剣な顔をしてそう言って、話はそれだけだったみたいで部屋から出ていった。

それにしても勇者がレンに接触を図ってきたのか。いずれそうなるとは思っていたけど、そろそろ王都で隠れ続けるには無理がありそうだな。

前々から予定していたとおり、住処《すみか》を空島か他の場所に移した方がいい気がしてきた。

「だけど姉さん達を王都から離れさすのは無理があるし、空島とかだとレンに負担がかかるからな……」


どうにかしないといけないなと思いつつ、俺は解決策が見つからないまま数日が過ぎた。

そして俺は、あの時ちゃんと考えておけば良かったと後悔した。

「はじめまして、僕は勇者セイン。君とはずっと前から話したいと思っていたんだよ。ジン君」

ニコリと笑みを浮かべる勇者に、俺は顔を引きつらせ心の中で「やっちまった！」と叫んだ。


時は遡り一時間ほど前、俺はいつものように空島で修業をしていた。

「そういえば、ジン。鱗は何かに使ったの？」

「一部を国に渡して、残ったので全員分の装備を知り合いの鍛冶師に頼んでるところです。ドラゴンの素材を扱ったことのある鍛冶師なんですけど、スカイさんの鱗は初めて触るレベルの物だと言

って時間がかかると言ってました」

リーザはスカイの素材を見て、目を輝かせ「こんな良い素材を使わせてくれるのか！」と興奮していた。

ルバドもスカイの鱗を見て、リーザに一緒に作らせてほしいと頼み込んで、ガフカの工房は店の方は休みにしてスカイの鱗の装備づくりに集中している。

「人間が扱うドラゴンの素材は下に落ちた下くらいのドラゴンの素材だから、上に住んでるドラゴンの素材を人間が手に入れる機会は滅多《めった》にないからね」

スカイはそう言うと、装備ができたら見せる約束をした。

そうして修業が一段落し王都に戻ってきた俺は、もうすぐ姉さんの誕生日だからプレゼント探しをすることにした。

それが全ての間違いだった。

姉さんのプレゼントだからといって、色々と悩んでいた俺は近くに寄ってきていた勇者の気配に気付けなかった。

くっそ、これまで何のために逃げ続けてきたんだよ！　こんな凡ミスするなんて、俺は馬鹿かよ!?

「えっと、俺のこと知ってるんですか？」

「うん、色んな人からジン君のことは聞いてるよ。あっ、ごめんね。初対面なのにジン君って呼んじゃって、同い歳《どし》って聞いてたから君付けしちゃった」

「別にそこは気にしてないですよ。同い歳ですから、君付けで構いません。それより、今日はどうしたんですか？」

変にここで逃げたら、また絡まれそうだと思った俺は何とも思ってない風を装ってそう尋ねた。

すると、勇者も仲間の一人にプレゼントを買うために店を見に来たと言った。

なるほど、戦女との関係性が良くなることで勇者の力も強くなるからな……。

戦女との関係性が良くなることで勇者の力も強くなるからな……。それは良いことが確認できた。

「うん、話で聞いてたとおりジン君から強いオーラを感じるね」

ジーッと勇者は俺のことを見つめると、ニコリと笑みを浮かべながらそう言った。

この勇者、何を考えるのかイマイチわからないな……。

「そんなことはないですよ。それに強いオーラなら、勇者様からもビシビシ感じますよ。流石、四天王の一人を倒すほどの力を持ってるだけありますね」

「ジン君からそう言ってもらえると嬉《うれ》しいよ。ユリウスさん達がよくジン君の話をしていて、少し嫉妬してたんだよ？　僕と同い歳なのに剣も魔法も僕の師匠達から認められるほどうまくて、さらに冒険者としても活躍してるなんてね。もちろん、師匠達は僕に聞かせないように陰で言ってたけど、勇者になって耳も良くなったみたいでね。色々と聞こえていたんだ」

ユリウスさん達！　結局、勇者に聞かれてるんじゃんかよ！　ちゃんと隠してるって言ってたじゃん！

「その、俺がユリウスさん達に教えてもらってたのは約三年前なので当時の年齢からしたら、って意味も含まれてたんだと思いますよ」

「ふふっ、ジン君。気を遣わなくても大丈夫だよ。今日、ジン君とこうして会って師匠達が言ってたことが本当だってわかったから」

ニコリと笑みを浮かべる勇者は、ハッとした顔をすると「ごめん、あんまり時間がないんだった」と言って話しながら選んでいたプレゼントを購入して去った。

向こうから居なくなってくれたお陰で変に誤解されることなく解放された俺は、俺もプレゼントを選び転移で宿に戻った。

「あああ、俺の馬鹿！」

部屋に戻った瞬間、ベッドに寝転んだ俺は枕に顔を埋《うず》めてそう叫んだ。

あれだけ勇者から距離をとろうとしてたのに、結局会っちまったじゃないか！

「……いや、でもゲームみたいに敵対する流れではなかったな」

正直、勇者と会いたくなかった理由の一つは、何かしらの出来事で敵対する流れになる可能性を捨て切れていなかったから。

だけど今日会った感じは、俺と敵対する流れではなかった気がする。

まあ、これまで国に尽くしてきてるし、やってないことといえば表に出て魔王軍と戦っていないことくらいだ。

「よしっ、変に勇者に絡まれる前に王都から住処を変える計画を急ピッチで進めよう。今は大丈夫でも、いずれそうなる可能性があるかもしれないしな、転移が使えるようになったからクロエの家にはいつでも帰れる状態だし、姫様の所にも部屋を作ってるから……うん、行けるだろう」

王都にいる理由の主な二つ、クロエの両親と姫様の所に定期的に顔を見せるというのは転移で解決できる。

姉さん達も俺の話を聞いてくれて、一緒に居られるならついていきたいと言ってくれている。

そうなれば、師匠に話をして協力してもらうぞ！

そう考えた俺は、それから転移で空島へと再び戻って修業の準備をしていた師匠に勇者に会ったことを告げて空島に住処を移したいという要望を伝えた。

第十五章　師匠との話し合い

空島に移り住みたいと師匠に言うと、師匠はどうしてそんなことを思ったのか聞きたいと師匠の家に移動して、詳しい話をすることになった。

「……弟子ちゃんは前から勇者君と関わりたくないと言ってるけど、それはどうしてなのか私にだけでもちゃんと話してくれないかしら？　クロエちゃん達《たち》にも本当のことは言ってないでしょ？」

「そ、それは……」

勇者に会いたくないから空島に移り住みたいと師匠に言うと、師匠はそう俺に言った。

本当のこと、それはゲームでの勇者とジンの関係について話さないといけない。

だけどそんなことを話しても、師匠は信じてくれないかもしれない。

「弟子ちゃん。もしその話が信じられないような話でも、私は信じるわよ。だって、貴方《あなた》の師匠なんだから」

「師匠……わかりました。今から話すことは嘘《うそ》ではないことを誓います。ですので、師匠も真実だと思って聞いてください」

「ええ、わかったわ」

師匠に目を合わせてそう言った後、俺はこの世界が自分がやり込んだゲームの世界に似ていること、違う世界で生きていたこと、勇者とジンの関係性を全て話した。

流石《さすが》にこんな出鱈目《でたらめ》な話を信じてくれないだろうと俺は思ったが、師匠は俺の話を聞いて「だから色々と知っていたのね」と納得顔でそう言った。

「弟子ちゃん、たまに教えてないことも試そうとしていて、どこで知ったのか気になっていたのよね」

「ゲームにも師匠は出てきたので、その時のことを思い出しながら魔法を使ったりもしていました」

「そうだったのね。ちなみにその〝げーむ〟の中の私はどんな感じだった？」

「最強でしたね。バランスブレイカーで、仲間になった時の進み具合が異常に早かったです。お助けキャラなので魔王戦では使うことができないんですけど、雑魚《ざこ》敵相手には広範囲魔法で一掃したり、強いキャラの一人でした」

ゲームでの師匠はものすごく強かったと言うと、師匠はわかりやすく嬉《うれ》しそうな顔をして満足した様子だった。

「それにしても、色々と納得したわ。どうして弟子ちゃんが、何であれだけ勇者君から離れたいって思っているのか。弟子ちゃんは、勇者君の近くにいると自分が変わってしまうかもって怖いんでしょ？」

「……はい。俺自身、ジンとは別人格なので闇堕《お》ちはしないとは思おうとはしてるんですけど」

勇者に関わることで、自分が闇に落ちてしまう可能性があるかもしれない。

そのために俺はこれまで、なるべく勇者に関わらないように、その関係者とも親密にならないようにと色々と頑張ろうとしてきた。

結局自分の性格や、その行動での利益を優先して姫様やユリウスら、城関係者の人達とは仲良くなってしまった。

しかし、それ以外の勇者の関係者になりそうな人物には極力近づかないようにと、この約三年半動いてきた。

「弟子ちゃんの行動の理由は勇者君と関わりたくないというより、自分が変わってしまう可能性のあることを遠避けたいってことなのね」

「はい」

話を一とおり聞いた師匠はそう言うと、一息つくと考え込み始めた。

まあ、実際に別次元からの転生者で、この世界がゲームと似た世界と言われたら、誰だって考え込むだろう。

師匠はそれから数分間、悩み続けた。

「……難しい問題ね。〝げーむ〟での弟子ちゃんが闇堕ちをした理由は色々あるみたいだけど、一番の理由の勇者が存在してる以上、その不安が消えないのも理解できたわ」

「そうなんですよね。物語修正力みたいなのが働く可能性を捨て切れてないんです」

「私にとってこの世界は普通の世界だけど、弟子ちゃんからしたらその物語と酷似してるからその気持ちが芽生えるのもわかるわ」

師匠はそう言って深く息を吐くと「弟子ちゃんの闇堕ちした理由の原因を解決しましょう」と言った。

「解決って、勇者をどうにかするんですか？」

「いいえ、勇者じゃなくてもう一つの方、弟子ちゃんの最大の闇堕ちの理由である〝悪魔〟の方を解決しようと思うわ」

師匠のその言葉に俺は「そんなことができるんですか!?」と驚き反応すると、師匠はニコリと笑みを浮かべた。

ジンの闇堕ち理由には、勇者に敗北して全てを失った後に近づいた者が関係している。

その存在はこの世界の裏に住む住人、人の憎しみや嫉妬・怒りなどの感情や人が持つ魔力を糧にする存在。

そいつらのことを人々は〝悪魔〟と呼んでいる。

ジンはその悪魔の中でも最上位の存在に、魔力の質を気に入られてしまい完全な悪へと堕ちてしまう。

全てを失ったことで悪魔のことも受け入れたジンの強さは、普通の人間が悪魔を取り込んだ時よりもさらに強く、勇者をも圧倒した。

その力でジンはゲーム世界で好き放題暴れ回った。

「悪魔をどうにかするって、師匠そんなことができるんですか？」

「ふふっ、できるわよ。だって、私は魔女よ？　悪魔についてももちろん知ってるわ」

師匠はそう笑顔で言うと、本棚から一冊の本を持ってきた。

その本は黒い表紙でタイトル等も書かれていない、何となく不気味な本だった。

「師匠、その本は何ですか？」

「悪魔を呼び出すための本よ」

「へ？」

今、師匠なんて言った？

そんな本、ゲーム世界では見たことがないぞ？

「えっと、弟子ちゃんが言う悪魔はこれのことかしら？」

師匠はそう言いながら、本のあるページを俺に見せてきた。

そこには、ジンに力を与えた〝悪魔〟の姿と名前が載っていた。

「そ、そいつで間違いないですけど……師匠。本当に呼び出すんですか？」

「ええ、勇者との関係性は今はほぼない状態だけど、悪魔から狙われてる可能性はあるでしょ？ならこっちから呼び出して、抑え込んだ方がいいでしょ。心配しなくても大丈夫よ」

師匠はそう言うと、そのページを開いたまま何やら呪文を口にするとその本から、黒いモヤが出てきた。

そのモヤは徐々に形へと変化していくと、俺も見覚えのある悪魔が現れた。

悪魔界最上位種、銀色の悪魔フィオロ。

この悪魔はジンの魔力を気に入り、闇堕ちしたジンに力を与え最悪の存在を作り出した者だ。

見た目は長髪の銀髪に赤い眼《め》をしていて、黒いドレスを着用している。

若干、他のゲームやアニメ等の影響で吸血鬼っぽい見た目をしている美しい見た目の悪魔だ。

最低キャラを生み出した悪魔なのに人気がある。

「マ、マリアンナ!?」

「久しぶりね。フィオロ、ちょっと貴女《あなた》と話したいことがあって呼び出したのよ。理由は、弟子ちゃんを見たらわかるわよね？」

師匠の言葉にフィオロはビクッと反応をすると、ギギギと首を横に動かして「し、知らないわよ」と言った。

「へ～、シラを切るのかしら？　貴女を呼び出してから、弟子ちゃんの方に繋《つな》がってる魔力の糸が見えるんだけど、それは見間違いかしら？」

「ッ！」

師匠の言葉にフィオロはギクッとしたように、俺に繋げている魔力の糸をスーと薄くして隠そうとした。

いや、今更遅いでしょ……。

「いま、ここで、正直に話しなさい、さもないと……」

「はい！　そこの人間の魔力を気に入ってずっと見てました！　マリアンナの弟子になったことも知ってましたけど、バレてないと思ってずっと見てました。ごめんなさい！」

フィオロは師匠の言葉に、綺麗《きれい》な土下座をしながらそう謝罪をした。

ゲームでのフィオロを見てきた俺は、その光景に困惑していた。

あ、あの傲慢で何者にも屈しないフィオロがこんな土下座をするなんて、師匠は一体何者なんだ？

「弟子ちゃん、この子どうする？　弟子ちゃんがずっと心配してた闇堕ちの理由って、この子なんでしょ？」

「えっ？　正直に話しましたよ!?」

「弟子ちゃんがこれまで困ってたのに、なんのお咎《とが》めもないなんてそんなわけないでしょ？　さあ弟子ちゃん、煮るなり焼くなり好きな提案をしていいわよ」

「マ、マリアンナ!?　ちょ、ちょっと待ってよ！　私はただ見てただけよ!?　何もしてないじゃない！」

　師匠の言葉にここに来て、フィオロはそう反論した。

だがその反論に対して師匠は「見てたなら、さっきの会話も聞いてるでしょ？」と言うと、フィオロはあからさまに首を横に向けた。

「わ、私のせいじゃないもん……その子が別次元からの転生者だとしても、私はまだ何もしてないもん！」

「でも微量だけど、弟子ちゃんから貴女の魔力を感じたことがあったのよ。それってつまり、弟子ちゃんに貴女がなにかしたってことでしょ？　もちろん、魔力の糸で繋がってる分以外よ」

「ッ！　な、何でそのことも知ってるのよ！」

「気付かない方がおかしいでしょ？　初めて弟子ちゃんと会った時には、もう貴女の魔力が付いてたってことに気付いてないとでも思ってたのかしら？　貴女が弟子ちゃんになにかしたことがあるって証拠でしょ？」

えっ、そんなことされてたのか？　全く気が付かなかった。

そう俺が思っていると、師匠に詰め寄られたフィオロはその圧にしぶしぶ話し始めた。

「そ、そのそんなに悪いことは何もしてないわよ。ただちょっと、誘惑に負けるように誘導したり、面白い方にちょっと誘導しただけよ？」

「……弟子ちゃん、どうする？　流石にこの子を殺すと、悪魔の序列が崩れちゃうからおススメしないけど、苦しませるくらいなら良いと思うわよ？」

「ちょっ、ちょっと待ってよ！　ちゃんと話したじゃない！」

師匠の言葉に対して、フィオロは慌てた様子でそう反論した。

というか、思考の誘導ってそんなことをされていたのか？　全く気付かなかった。

悪魔の力がどれだけ強いのか、ゲームではあまりわかり難《にく》かったけどかなり厄介な存在なのかもしれないな。

その後、俺は師匠にお仕置きをしてくださいと頼み、フィオロは師匠からキツイお仕置きをされた。

悪魔相手に、お仕置きをする師匠のが凄《すご》いんじゃないのか？

俺は、楽しそうにお仕置きをしている師匠の姿を見ながらそう思った。

それからお仕置きが終わったフィオロは、ようやく解放されると思ったのか「それじゃ、もう戻るわね」と言って立ち上がった。

フィオロは目を閉じるがその場にずっと居たままで、帰る様子が全くなかった。

「あ、あれ？　な、何で帰れないの？　マ、マリアンナ何かした？」

「お仕置きしてタダで帰れると思ってたの？　貴女、弟子ちゃんに詫《わ》び入れたかしら？」

「謝ったじゃない！　あんな恥ずかしい格好して謝らせるなんて悪魔以上の悪魔よ！」

先ほどのお仕置き中、師匠はフィオロに反省の意を込めて顔面に〝反省中〟と書いた紙を貼り付け淡々と謝罪をさせた。

まあ、フィオロの言い分もわかるな。師匠のお仕置きが地味に酷《ひど》いのもあってどっちが悪魔かわからなくなってた。

「謝って済むなら法なんていらないのよ？　まあ、ここは法なんてない空島だけど、ここじゃ強者の言うことが絶対。それでフィオロ、貴女は私より上かしら？」

「い、いいえ……」

「じゃあ、貴女の処遇を決めるのは私よね？」

「はい……」

人間の圧に屈する悪魔。

俺の師匠、マジで人類で最強なんじゃないのか？

ゲームでこんなキャラが居たら、そりゃ物語もつまんなくなるからレアキャラなうえに力も制限されてたんだろう。

制限されてても、ゲームでの師匠は最強クラスのキャラだったからな……。

「そうだ。この子に力を与えられて闇堕ちするって言ってたし、逆にこの子を縛っていれば弟子ちゃんの心配事もなくなるんじゃない？」

「えっ、悪魔を縛るってそんなことできるんですか？」

「ちょっ、マリアンナ!?　それは止《や》めてよ！」

「フィオロ、静かにしなさい」

フィオロは師匠のやろうとしていたことを察したのか、反論しようとしたが師匠からそう言われて口を塞がれ、俺は師匠から説明を受けた。

悪魔の縛る方法にはいくつか方法があるらしく、今回はその中でも特に悪魔にとって全く得のない方法で縛ると説明された。

その方法とは悪魔の力を宝玉へと封印させ、その宝玉の持ち主の許可なしには力を出すことが不可能にするやり方。

「悪魔を縛り付けるなんて、なにか対価とかあるんじゃないですか？」

「私だったら魔力で済むから大丈夫。他の人なら、数万人の命を引き換えにしないとできない技だけどね」

なんでもないといった風に師匠はそう言うと、魔法陣を描いてその中央にフィオロを魔力の紐《ひも》で縛り付けた状態で連れていった。

「ね、ねぇマリアンナ？　嘘よね？　本当にやっちゃうの？　私、最強種の悪魔よ？」

「じゃあ、力ずくで逃げたら良いじゃない。まあ、逃げたらもっとキツイお仕置きをするから、その覚悟があるならだけど」

「……ねえ、マリアンナ。お願いだから、力を奪うのだけは止めて、本当にそれ以外なら何でも受け入れるから」

フィオロは師匠が本気でやろうとしていることに観念したのか、そうお願いをした。

その言葉に師匠は「イ・ヤ」と物凄い笑顔で答えると、魔法陣を発動させた。

そうしてフィオロはその陣に力を奪われていき、徐々に見た目が小さくなり美しい女性の姿だったのが可愛《かわい》らしい少女の姿となった。

そうしてフィオロの力を封印した宝玉を師匠は手に取ると、「はい、弟子ちゃん」と言ってその宝玉を俺へと投げ渡してきた。

「う、うえ〜ん。やめてっていったのに〜」

フィオロは自身の姿を見ると、大粒の涙を流しながら師匠にしがみついて「返してよ〜！」と叫んだ。

しかし師匠は、小さくなったフィオロを見て「貴女、これからずっとその姿の方が良いわよ」と笑いながらそう言った。

「酷い！　悪魔に酷いって言われる人間、マリアンナくらいしかいないわよ！　そのマリアンナの弟子も酷い人間よ！」

「えっ、俺？　俺は何もしてないというか、被害者なんだが……」

「被害者って、別にそんなに酷いことはしてないもん！　ただ観察して、ちょっと誘導しただけだもん！　返して、私の力！」

フィオロはそう叫ぶと、師匠の所から俺の方へとジャンプして襲い掛かろうとした。

だがその瞬間、俺は心の中で「止まれ」と思うと宝玉が光った。

そして、それと同時にフィオロはその場で地面に落ちた。

「あぐっ！」

「あら、説明する前にもう使い方がわかったのね。流石、弟子ちゃんね。その宝玉は力を封印するだけではなくて、悪魔の使役も可能になるのよ。弟子ちゃんの魔力も少し入れてるから、今のフィオロは私と弟子ちゃんのペットみたいな存在よ」

そうニコニコと笑いながら師匠は、地面に蹲《うずくま》ってるフィオロに近づくと「これからはペットらしく、大人しく過ごすのよ？」と言いながら頭を撫《な》でた。

そんな師匠に対してフィオロは「悪魔！」と再び叫びながら涙を流した。

第十六章　フィオロとこれから

それから俺達《たち》は宝玉に力を奪われ、俺と師匠のペット扱いとなったフィオロを交え今後について話し合いを始めた。

「まず、私を解放した方が良いわね。ほらっ、やっぱり上の悪魔である私が力がなくなったって気付いたら、他の悪魔が襲いに来る可能性もあるわよ？」

「その時は、貴女《あなた》の力を一時的に解放させればいいだけでしょ？　それと先に言っておくけど、その宝玉はただの媒介に過ぎないから、それを壊したところで貴女の力は封印されたままよ。まあ、今のその状態じゃ壊すこともできないか」

テーブルの上に置いていた宝玉に触ろうとしていたフィオロは、師匠の言葉にグヌという反応をするとため息をついて俺の方を見た。

「はあ、全くそこの人間に興味を抱いたばっかりにこんなことになるなんて……まあ、でも暇だったし、ありっちゃありなのかしら？　マリアンナの封印がある限り、どうせ私は魔界に帰れないんでしょ？」

「ええ、そうなるわね。まあ、帰そうと思えば帰せるけど、そうした場合向こうで他の悪魔から馬鹿にされるのは確実ね」

「……どうか、こっちの世界で暮らさせてください。お願いします」

フィオロは師匠の言葉に、頭を下げてそうお願いをした。

そんなフィオロの姿に師匠は満足気味に「ふふっ、それは話し合いで決めましょうね」と言って、フィオロを虐《いじ》めるのを楽しんでいるようだった。

「まずは、弟子ちゃんの今後についてね」

「……そうですね。俺がこれまで目立ちたくない行動をとっていたのは、悪魔に自分の存在を認識されないようにという想《おも》いが強く、色々と行動を制限してきました。ただその、隠れようとしていたのに、だいぶ前から気付かれていたんだなと少しショックは受けてます」

「……そういえば、フィオロはどうやって弟子ちゃんを見つけたの？」

「んっ？　転生者の魂がそこの人間に入る前から、見てたけど？　そもそも、元のそこの人間の魔力が気に入って見てたら、もう一つの魂が入ってきてなんだかおもしろいことになったたって思ってずっと見てたの」

……えっ、じゃあ俺の頑張りって全部無駄だったってことか？

闇堕ちの最大の原因は悪魔からの闇の力の譲渡により、ジンの秘められた能力が解放され、その力を使うことでゲームでは問題を数多く起こしていた。

だから俺はこの世界に転生した時から、この悪魔から隠れるためにと極力目立たないように行動しつつ、悪魔よけの魔道具なんかも買《か》い漁《あさ》っていた。

「弟子ちゃん、そんな落ち込むことはないわよ。弟子ちゃんの魔力がフィオロに気に入られたってことは、弟子ちゃんの魔力は悪魔にとって興味の対象であることに変わりないと思うわ。見た感じ、フィオロ以外の悪魔の魔力は感じないから、それを防げたってことだけでも良かったと思うわ」

「まあ、元々私が見てた人間だから多少隠してはいたけど、もしもさっきの話どおりだったらたぶん他の悪魔もちょっかいをかけていたと思うわよ。その〝げーむ〟の中だと、私だけが力を与えていたのかしら？」

「……いや、闇堕ちの原因は確かにフィオロだけど他の悪魔からも力をもらっていたって書いてたな」

最初の原因はフィオロだったが、それに釣られた他の悪魔もジンに力を与えていた。

悪魔にとって人間が苦しむのはいいことなので、力もあり、人間への復讐《ふくしゅうしん》心も強かったジンは悪魔にとって良い取引相手だった。

「なら、そこは守られたんだからいいんじゃないの？　まあ、そのせいでこんな罰を私だけが受けることになったんだけど……こうなるなら、他の子にも話して巻き添えにすれば良かったわ」

「あら、珍しいわね。貴女が他の悪魔に話してないって、それだけ弟子ちゃんを独占したかったの？」

「……正直、ここまで悪魔にとって魅力的な魔力はないわね。マリアンナの場合、別の意味で興味があるけど、ジンの魔力は美味《おい》しさだけで悪魔を使役することも可能なレベルね」

魔力に味なんてあるのか？　俺はそう思い「魔力に美味しいとか不味《まず》いとかあるのか？」とフィオロに聞いた。

「あるわよ。ジンの魔力、たまにおつまみ感覚で頂いてたけど本当に美味しくて、食べすぎないようにいつも注意してたわ」

「……俺の魔力食べてたのかよ」

「もちろん。まあ、それも今じゃ勝手に食べられないようにされてるけどね。話したついでに、ちょっとくれない？」

お願いと、可愛《かわい》らしいポーズをして頼んできたフィオロに師匠は「フィオロ？」と名前を呼ぶと、フィオロはビクッと反応して出していた手を戻した。

それから魔力の話についてはまた今度詳しく聞くことにして、今後についての話に話題を戻した。

悪魔についての問題が解決したと思ったが、どうやらフィオロの話を聞いた感じだと俺の魔力は悪魔にとって絶品ということになる。

「だとしたら、変に目立つと他の悪魔に興味を抱かれる可能性があるってことですよね」

「まあ、そうなるわね。ただ〝げーむ〟の中で弟子ちゃんの闇堕ちの原因のフィオロはそんな風になってるし、他の悪魔が介入したところでそうなるとは限らないんじゃない？」

「……私が言うのもあれだけど、私以外の最上位種の悪魔もジンの魔力に興味を抱くと思うわよ。現に私がそうだったから、私と同じ最上位種の悪魔ってことは同じことが起こる可能性もあると思うわよ」

師匠の言葉に対して、ムッとした表情のままフィオロはそう話をした。

ふむ、原因の一端であるフィオロはもうそう簡単に勝手に動くことはないけど、他の悪魔、特にフィオロと同レベルの悪魔に、俺という存在がバレるのは面倒事が増えそうだから阻止したい。

だとしてもどうやって阻止したら良いんだ？　フィオロへの対策として色々としていたけど、それらは全て無駄だったわけだしな。

「師匠。どうしたらいいですかね……」

「そうね。一体ずつだったら、フィオロに任せたら良いけど、複数で来られると面倒よね……」

「私をぶつけるのは前提なのが気に食わないわね……」

師匠はそう悩むと、文句を言ったフィオロを見るとニコリと笑みを浮かべた。

そうして師匠は「良い案を思いついたわ」と言って、その内容を俺に伝えてくれた。

その内容とは、悪魔以上の力を手に入れるというすごくシンプルな提案だった。

「悪魔以上の力って、人間がそんな簡単に悪魔を超えることはできないわよ？」

師匠の提案に対して、すぐさま文句を言うフィオロ。

正直、これに関しては俺もフィオロと同意見だな。悪魔を超える力ってそれこそ師匠くらいしか持ってないんじゃないのか？

「子供はちょっと黙ってて頂戴ね」

「うぐっ！」

文句を言ったフィオロに対して師匠は、魔法で口を塞いでその提案についてさらに詳しく話をした。

「そもそも、弟子ちゃんが悪魔に魅入られて力を渡されそうになっても力でねじ伏せたらいいのよ。

そうすれば、変な力に弟子ちゃんが目覚めることはないだろうし、悪魔も強すぎる弟子ちゃんに近づこうとはしないと思うの」

「……確かに、師匠を見ていたら力を付けるのは一つの提案としてありだと思いますけど、そんな力を付けられると思いますか？」

「大丈夫よ。だって、師匠は私なのよ？　不可能なことはないわ。それにフィオロもいるし、この子にも手伝わせたらすぐに力も身に付くと思うわ」

師匠は、大人しく話を聞いていたフィオロを指差してそう言った。

突然の指名に対してフィオロは「えっ？」と驚くと、なんで私がそんなことしないといけないのよ！　と反論した。

「私と弟子ちゃんのペットのくせに反抗するのかしら？　私が許可しないと食事もできない状況なのに？」

「食事で脅すなんて、酷《ひど》い！　鬼！　悪魔！」

師匠の言葉にフィオロはそう反抗して、食事の自由権を訴えた。

「それとは別だけど、弟子ちゃんの修業に付き合うなら、弟子ちゃんの魔力を少し食べても良いわよ。そのくらいはいいわよね弟子ちゃん？」

「まあ、そのくらいなら？」

魔力を与えるのは別に俺にとってそんなに苦ではないため、俺は特に深く考えずにそう答えた。

「ツ！　その言葉、嘘《うそ》じゃないわよね!?　手伝った後に、本当は嘘でした〜とかはなしよ!?」

俺の魔力を食べてもいいと聞いたフィオロは、それまでの反抗的な様子はなくなり、師匠に詰め寄ってそう言った。

あれだけ反抗的だったのが、一瞬でそう態度が変わるほど、俺の魔力って悪魔にとって凄《すご》い良い物なのだろうか？　自分ではよくわからないな。

「嘘は言わないわよ。ちゃんと、手伝ったらその報酬として確実にあげるわ」

「絶対だからね！　そうじゃなかったら、一生マリアンナとジンを呪うから！」

そう言うと、フィオロは協力すると師匠に伝えて、具体的にどんなことをすればいいのかを聞いた。

修業の内容、それを聞く前に俺は師匠から改めてその修業を受ける覚悟があるか聞かれた。

「えっ、そんなにヤバい修業をするんですか？」

「ええ、そうじゃないと悪魔以上の力は手に入らないでしょ？　それに弟子ちゃんがどこまで強くなれるのか、見てみたいのよ。もちろん、闇の力じゃなくて本来の弟子ちゃんの力を解放させる方向でね」

師匠は楽しそうにそう言うと、俺は師匠の期待にも応えたいと思い「わかりました。修業を受けさせてください」と頭を下げた。

「それじゃあ、覚悟も聞いたし修業の内容を説明するわね。簡単に言うと、強者との戦いに慣れることね。悪魔も強いけど、最強ってわけではないのよ。現にフィオロは私に負けてるし」

「別に改めて言わなくてもいいじゃない……」

「事実確認をしただけよ。それで、こう見えてもフィオロは悪魔の中でも最上位の一人だからフィオロを簡単に倒せるくらいまで強くなったら、悪魔なんて怖くないわ」

「あの、それって強くなれる前提の話ですけど、俺ってそこまで強くなれるんですか？」

「なれるわよ。だって、私の弟子よ？」

師匠はそう言うと、早速俺の修業相手を見繕ってくるわねと言って話し合いは終わり、師匠はすぐに転移でどこかに消えた。

そうして部屋に残された俺は、同じく残されたフィオロと目が合いなんだか気まずい雰囲気となった。

「なあ、フィオロ。さっき魔界に帰れないからこの世界で暮らすって言ってたけど、これからどこで過ごすんだ？」

「もちろん、ジンの所よ。マリアンナと一緒に暮らすなんて絶対に嫌よ。あんな悪魔と同じ家で暮らすなんて、安心して眠れないもの」

「えっ、俺の所!?」

フィオロの見た目は封印される前は二十過ぎの女性だったが、今は十歳、よくて十二歳前後だ。そんな少女を俺が連れてきたら、クロエ達は驚くだろうし、そもそも何て言って連れていけばいいかわからん。

「……師匠の所で暮らしてほしいんだけど」

「嫌よ。あんな悪魔よりも悪魔みたいな相手と同じ家なんて嫌。力も奪ってるんだから、そのくらいしてくれてもいいじゃない」

「いや、でもな、その見た目の女の子を連れて戻るのは……」

そう俺が言うと、フィオロは自分の手や足を見て何となく察してくれた。

それでも師匠とは一緒に住みたくないから、どうにかしてよと言われた。

「う～ん……もう少し見た目が大人というか、俺と同い歳《どし》くらいにはできないのか？」

「無理ね。その分も力を封印されてるわ。別にいいじゃない、知り合いの子供を預かることになったとか言えば」

「それで納得してくれるなら良いけど、変に思われそうだな……」

「大丈夫よ。マリアンナの所に寝泊まりしなくていいなら、私もちゃんと協力するわよ」

フィオロはそう真剣な顔をして言ったので、とりあえずフィオロを連れて宿に戻った。

リカルドには師匠の知り合いの子供の面倒を見ることになったから、その分の部屋を契約すると言って俺達と同じ日までとりあえず代金を支払った。

「……普通に驚いたよ。あんな演技できるんだな」

「ちゃんと協力するって言ったでしょ？　それに人間を騙《だま》すのは得意よ」

リカルドと話をする中、フィオロは完璧に〝子供〟を演じ切ってリカルドからも変に思われることはなかった。

ゲームでのキャラクターや、先ほどまでのフィオロを知っている俺はその〝子供〟を演じている姿を近くで見て驚いていた。

それから俺は自分の部屋に戻ると、タイミングよくクロエ達が宿に戻ってきたので皆にもリカルドに説明したのと同じように、師匠の知り合いの子供と紹介した。

クロエとレイは、フィオロの外見に「可愛い」と言い、すぐに仲良くなりそうな感じだった。レイ達ほどではないがレンもフィオロのことを歓迎しており、その日は姉さん達も交え、フィオロの歓迎会を行った。

翌日、フィオロが冒険者になると言い出した。

まあ、このまま師匠の知り合いの子供として演じていけば、いつかは正体がバレそうな時がくる。悪さをしないように見張るためにも、フィオロの冒険者登録をするべく、ギルドに向かった。

到着した俺達は受付でフィーネさんを呼んでもらい、別室へと移動した。

「ジンさん、そちらの子は？　もしかして、ジンさんの彼女ですか？」

「違いますよ……師匠の知り合いの子で、しばらく面倒を見ることになったんです。それで王都で暮らすなら冒険者になりたいってこの子が言い出したので、登録に来たんです」

「そうなんですね」

フィーネさんは、俺の隣で大人しく座っているフィオロの方へと視線を向けた。

「えっと、名前を聞いてもいいかな？」

「フィオロです！　よろしくお願いします！」

「んッ！」

フィオロの本性を知っている俺は、子供の演技をしている様子に少し笑いそうになってしまった。

「冒険者になって、たくさん魔物を倒したいの？」

「はい！　強くなるためにも、ジンに鍛えてもらうつもりなんです！」

その言葉を聞いたフィーネさんは、登録用紙を持ってくると言って部屋を出ていった。

「……せっかく私が演技してやってるのに、なんで笑いそうになったのよ」

「仕方ないだろ、本当のお前の性格と違いすぎて笑いそうになったんだよ」

「マリアンナの所に行きたくないから協力してやってるのを忘れないでよね」

ムッとした表情でフィオロはそう言った。

それから数分後にフィーネさんが戻ってくると、フィオロはその用紙に必要事項を書いた。

「意外と簡単にできたわね、冒険者登録」

「まあ、冒険者は誰でもなれる職業だからな。そこで成功できるかはその人次第だけど」

「ふ〜ん……まあ、いいわ。それよりジン、この後だけど用事はないわよね？」

「特に予定はないが……なんだ？」

「なら私の日用品を買いに行くわよ」

「まあ、確かに必要だな。だけど女性物がある店とか俺は詳しくないぞ？　服とかを買いたいなら、いったん宿に戻ってクロエ達に頼むか？」

「演技してるのも疲れるのよ？　せっかくの人間の街での買い物なのに、疲れたくはないわ。ジンは金だけ出してくれたらいいわよ」

「俺は財布扱いかよ……」

協力的なのだから仕方ないと思うことにして、今日の買い物代は全て俺が支払うことにした。


それから俺達は商業区へと移動した。

「あんまり大量には買うなよ？」

「ケチね。ジンがたくさんお金を持ってるのは知ってるのよ？」

「俺が稼いだ金だ。無駄遣いはさせないからな」

「はいはい。わかったわよ。あっ、あの店が気になるわ！」

フィオロは大はしゃぎで店の中へと入っていった。

あいつ、あれでも悪魔だよな……あれじゃあただの子供だな。

俺はそう思いながら、フィオロの後を追って店の中へと入った。

「ふふ〜ん、いいお店だったわね！」

「少し買いすぎじゃないか？　ってか、その量の服を置く場所はあるのか？」

「力は制限されてるけど、多少の荷物なら収納魔法が使えるのよ」

フィオロはそう言うと、購入した服をポイッと異空間の中へと入れた。

「それが使えるなら役立ちそうだな。どうせ暇になるんだし、冒険者として活動は続けるんだろ？」

「その予定ね。まあ、これからの事は今日は考えないわ。だって、好きなだけ買い物ができる財布役がいるんだもの」

「おい、もう一度言うが無駄遣いはさせないぞ？」

ルンルン気分のフィオロに、俺は改めてそう注意した。

次は日用品を買いたいということで、俺達はシンシアの店へと向かった。

「あら、ジンじゃない。隣の子は初めて見るけど、新しい仲間？」

「いや、この子は知り合いに面倒を頼まれて預かってる子なんだよ。それで宿で暮らすことになって、日用品を買いに来たんだ」

「そうなのね。ねえ、お名前を聞いてもいいかな？」

「フィオロよ！　よろしくね！」

フィオロは元気な子供らしく潑剌《はつらつ》と挨拶をした。

「いい子そうね」

シンシアは笑みを浮かべてそう言ったが、フィオロの正体を知ってる俺は苦笑いをした。

「必要な物は日用品だけ？　装備とかは必要ないかしら？」

「う〜ん……一応冒険者として登録はしたけど、装備はどうするかまだ考えてなかったな」

「そうなの？　それだったら、似合いそうな装備があるわよ」

シンシアは奥の部屋から装備の入った箱を持ってきて、その箱を開けた。

中には黒いドレスのような服が入っていた。

「これはどう見てもドレスじゃないのか？」

「見た目はそうね。でも使われてる素材は上等よ。その辺の装備より防御力がかなり優れてるの」

「それはまあいいとして、どうしてこんなのがあるんだ？」

「私が懇意にしてる職人同士で、服のような防具を作ってみたいって話になったらしくてね。素材もこだわった方がいいだろうって調子に乗ったらしいんだけど、途中で採算が取れないって気付いて子供サイズにしちゃったそうなのよね」

その後、懇意にしている手前、シンシアが買い取ったのだそうだ。

「それでどうかしら？　この装備、フィオロちゃんならよく似合うと思うんだけど」

「まあ、似たような服が好きみたいだし、これも気に入っているみたいだしな」

俺とシンシアが話している間、フィオロはこの装備から目が離せなくなっていた。

「この装備、欲しいのか？」

「もちろん欲しいけど……高いよね？」

「本来だと相当高価な物だけど、なかなか売れないのよ。だから私としては仕入れ値に少し上乗せした金額でいいわ。ふふっ、それに何も考えずに売ろうとしてるわけじゃないわよ？　ジンの連れてきた子ならフィオロちゃんは大物になりそうだし、今のうちに投資しておこうと思ったのよ」

「そういうことなら、フィオロも気に入ってるみたいだし買わせてもらうよ」

日用品と装備を購入した俺達は宿に戻った。

「ジン、装備までありがとね」

「別に良いよ。どうせ必要な物だしな。それにちゃんと人間の演技をしてくれている対価でもあるから、今後も頼むぞ」

「ええ、もちろんわかってるわ」

フィオロは買ってきた装備を着て、嬉《うれ》しそうな顔をしてクロエ達に自慢をするのだった。

最低キャラに
転生した俺は生き残りたい

最《さい》低《てい》キャラに転《てん》生《せい》した俺《おれ》は生《い》き残《のこ》りたい 2

2023年9月25日　初版第一刷発行

著者　霜月雹花
発行者　山下直久
発行　株式会社KADOKAWA
〒102-8177　東京都千代田区富士見2-13-3
0570-002-301（ナビダイヤル）
印刷・製本　株式会社広済堂ネクスト
ISBN 978-4-04-682890-3 C0093

企画　株式会社フロンティアワークス
担当編集　吉田響介（株式会社フロンティアワークス）
ブックデザイン　鈴木 勉（BELL'S GRAPHICS）
デザインフォーマット　AFTERGLOW
イラスト　キッカイキ

本書は、2021年から2022年にカクヨムで実施された「第7回カクヨムWeb小説コンテスト」で特別賞（異世界ファンタジー部門）を受賞した「最低キャラに転生した俺は生き残りたい」を加筆修正したものです。
この作品はフィクションです。実在の人物・団体・事件・地名・名称等とは一切関係ありません。

ファンレター、作品のご感想をお待ちしています

宛先
〒102-0071　東京都千代田区富士見2-13-12
株式会社 KADOKAWA　MFブックス編集部気付
「霜月雹花先生」係「キッカイキ先生」係

二次元コードまたはURLをご利用の上
右記のパスワードを入力してアンケートにご協力ください。

https://kdq.jp/mfb
パスワード
uauh8

● PC・スマートフォンにも対応しております（一部対応していない機種もございます）。
●アンケートにご協力頂きますと、作者書き下ろしの「こぼれ話」がWEBで読めます。
●サイトにアクセスする際や、登録・メール送信時にかかる通信費はご負担ください。
● 2023年9月時点の情報です。やむを得ない事情により公開を中断・終了する場合があります。

理不尽に婚約破棄されましたが、雑用魔法で
王族直系の大貴族に嫁入りします!
藤森かつき
イラスト:天領寺セナ
STORY
下級貴族の令嬢のマティマナは、
婚約破棄された直後にある青年から婚約を申し込まれる。
彼は大貴族の次期当主で、マティマナは彼の家の呪いを
雑用魔法で解決できると知るが!?
雑用魔法で大逆転!?
下級貴族令嬢の幸せな聖女への道♪

無職転生
～蛇足編～
理不尽な孫の手
Rifujin na Magonote
イラスト：シロタカ
本編の続きを描く物語集、
『蛇足編』開幕！
ビヘイリル王国での決戦の末、勝利した
ルーデウス・グレイラット。
彼を取り巻く人々のその後を描く物語集
『蛇足編』が開幕！
シリーズ第1巻ではノルンの結婚話
『ウェディング・オブ・ノルン』、
ルーシーの初登校を描く
『ルーシーとパパ』、
ドーガとイゾルテの婚活話
『アスラ七騎士物語』に加え、
ギレーヌの里帰りを描く書き下ろし短編、
『かつて狂犬と呼ばれた女』の四編を収録。
人生やり直し型転生ファンタジー、
激闘のその後の物語がここに！

MFブックス新シリーズ発売中!!
MFブックス
著 岡本剛也
イラスト：すみ兵
追放された名家の長男
～馬鹿にされたハズレスキルで最強へと昇り詰める～
【剣】の名家に生まれた長男は、【毒】で世界を制す!?
STORY
クリスは剣使いの名家の長男に生まれながら、適正職業が【農民】だと判り追放される。避難先の森は、まともな食料がなく絶望かと思いきや、職業【農民】に付随する《毒無効》スキルが特別な力を秘めていて——!?自分だけが使える《毒無効《ハズレ》》スキルで、生き残るために最強へと成り上がる!

MFブックス既刊

ほのぼの異世界転生デイズ　～レベルカンスト、アイテム持ち越し！　私は最強幼女です～　①～③
著：しっぽタヌキ／イラスト：わたあめ
転生した最強幼女に、すべておまかせあれ！

永年雇用は可能でしょうか　～無愛想無口な魔法使いと始める再就職ライフ～　①～③
著：yokuu／イラスト：烏羽 雨
新しい雇い主は（推定）300歳の偏屈オジサマ魔法使い!?

神様のミスで異世界にポイっとされました　～元サラリーマンは自由を謳歌する～　①～③
著：でんすけ／イラスト：長浜めぐみ
誰にも邪魔されず、我が道をゆく元サラリーマンの異世界放浪記！

食料生成スキルを手に入れたので、異世界で商会を立ち上げようと思います　①～②
著：slkn／イラスト：もやし
異世界転移したサラリーマン、夢だった商会運営を頑張ります！

使い潰された勇者は二度目、いや、三度目の人生を自由に謳歌したいようです　①～②
著：あかむらさき／イラスト：かれい
二度目の人生で酷使された勇者、三度目の人生こそ自由な生活を送りたい！

走りたがりの異世界無双　～毎日走っていたら、いつの間にか世界最速と呼ばれていました～　①～②
著：坂石遊作／イラスト：諏訪真弘
転生したから走りたい！　才能ないけど好きなことします！

最低キャラに転生した俺は生き残りたい　①～②
著：霜月雹花／イラスト：キッカイキ
最低キャラで悪に堕ちる3年後までに、転生者はゲーム知識で運命に抗う！

サムライ転移　～お侍さんは異世界でもあんまり変わらない～　①～②
著：四辻いそら／イラスト：天野 英
異世界を斬り進め！

蔑まれた令嬢は、第二の人生で憧れの錬金術師の道を選ぶ　～夢を叶えた見習い錬金術師の第一歩～　①
著：あろえ／イラスト：ボダックス
天職にめぐりあった令嬢の「大逆転幸せライフ」スタート！

隠れ転生勇者　～チートスキルと勇者ジョブを隠して第二の人生を楽しんでやる！～　①
著：なんじゃもんじゃ／イラスト：ゆーにっと
ある時は村人、探索者、暗殺者……その正体は転生勇者!?

カリグラファーの美文字異世界生活　～コレクションと文字魔法で日常生活無双?～　①
著：磯風／イラスト：戸部 淑
カリグラフィーを駆使した【文字魔法】で美味しいものや物作りをするぞ！

赤ん坊の異世界ハイハイ奮闘録　①
著：そえだ信／イラスト：フェルネモ
不作による飢餓、害獣の大繁殖。大ピンチの領地を救うのは、赤ちゃん!?

理不尽に婚約破棄されましたが、雑用魔法で王族直系の大貴族に嫁入りします！　①
著：藤森かつき／イラスト：天領寺セナ
雑用魔法で大逆転!?　下級貴族令嬢の幸せな聖女への道♪